上海市第一届"数建杯"数字城市建设成果赛

获奖作品全案精解

An Essential Guide for Awarded Cases of BIM Competition

主编 戴晓坚

同济大学出版社
TONGJI UNIVERSITY PRESS
·上海·

内 容 提 要

本书是上海市第一届"数建杯"数字城市建设成果赛典型案例的荟萃，从成果赛480个项目中遴选出27个项目案例精解。内容覆盖机场、港口、铁路、轨道交通、桥梁、隧道、高架、公路、水务、城市更新、地下空间、综合管廊、医院、室内场馆、公园、高端制造、电力、园区管理、社区管理等20多个领域，全面展示数字城市建设的全范围、全流程。全书内容丰富，通俗易懂。

本书适合数字城市建设的规划、设计、施工、运维等领域的技术人员和管理者参考借鉴。

图书在版编目（CIP）数据

上海市第一届"数建杯"数字城市建设成果赛获奖作品全案精解 / 戴晓坚主编. -- 上海：同济大学出版社，2024.9. -- ISBN 978-7-5765-1299-1

I. F299.275.1

中国国家版本馆 CIP 数据核字第 2024U105Z2 号

上海市第一届"数建杯"数字城市建设成果赛获奖作品全案精解

主　编　戴晓坚

| 责任编辑 | 马继兰 | 责任校对 | 徐春莲 | 封面设计 | 唐思雯 |

出版发行	同济大学出版社 www.tongjipress.com.cn
	（地址：上海市四平路1239号　邮编：200092　电话：021-65985622）
经　　销	全国各地新华书店
排　　版	南京文脉图文设计制作有限公司
印　　刷	上海安枫印务有限公司
开　　本	889 mm × 1194 mm　1/16
印　　张	22.25
字　　数	611 000
版　　次	2024年9月第1版
印　　次	2024年9月第1次印刷
书　　号	ISBN 978-7-5765-1299-1
定　　价	198.00元

本书若有印装质量问题，请向本社发行部调换　　　版权所有　侵权必究

编 委 会

主　　任： 徐祖远　姜　平
副 主 任： 刘　斌　刘千伟　陈　馨　王吉杰　沈立东　申伟强　戴晓坚
委　　员： 潘　祺　李哲梁　袁文平　徐志浩　周红波　熊　诚　裴　贞
　　　　　　谢雄耀　张建堂　马恩成　蒋应红　卢昱杰
主　　编： 戴晓坚
执行主编： 李哲梁　袁文平　张建堂
副 主 编： 田海洋　邢文明　周君俊　王臻倬　张　双　黄海丹　崔　静
　　　　　　余　飞　辛佐先　余芳强　曾莎洁　刘　健　杨海涛
参编人员： （按姓氏笔画为序）
　　　　　　于　辉　卫丽亚　马明雷　王　斌　王子瑞　王孙骏　王晓宇
　　　　　　王凌宇　王新花　尤旭东　仇春华　尹富秋　叶子青　代慧瑶
　　　　　　冯佳庆　朱红坤　朱季超　朱浩川　庄海清　刘　凡　刘惠哲
　　　　　　许铮铭　牟永来　李功绩　杨　光　杨　杰　吴华勇　沈皞然
　　　　　　宋妮蔓　张　芸　张晓松　阿依奔·公社别克　　　　陈百会
　　　　　　陈栋梁　陈望贤　范莉青　周　君　周　凌　孟　柯　赵　彦
　　　　　　赵荣欣　姜　弘　袁青峰　夏海兵　徐　佳　徐　瑜　徐业云
　　　　　　徐柘艳　凌旭辉　高　阳　黄　放　盛　楠　蒋　明　曾浩东
　　　　　　蒯晓豪　裴芳琼　滕　丽

序一

数字城市作为现代化城市的标配，是智慧城市的核心要素，是推动城市可持续发展的关键。近年来，我国政府高度重视数字城市建设，2023年，中共中央、国务院印发了《数字中国建设整体布局规划》，明确提出了加快数字中国建设的目标和任务。

根据《关于全面推进上海城市数字化转型的意见》和《上海市全面推进城市数字化转型"十四五"规划》，上海正致力于打造成为具有全球影响力的科技创新中心，推动经济社会高质量发展，提升这座伟大城市的能级和核心竞争力。

上海市第一届"数建杯"数字城市建设成果赛（以下简称"大赛"），是在上海城市数字化转型大背景下的一次重要实践。大赛自启动以来，得到了广大企事业单位的积极响应，共有480个项目、200多家企事业单位参与，涵盖了轨道交通、基础设施、房屋建筑、城市数字孪生等多个领域，全面展现了数字城市建设的全流程和全范围，充分展现了数字技术在城市转型发展中的广泛应用和创新潜力。这些成果不仅体现了参赛单位的技术实力和创新精神，更是上海乃至全国数字城市建设成就的生动体现，充分展现了数字城市建设的无限潜力和美好前景。

大赛涌现出了一批在数字城市建设中作出杰出贡献的"领军英才"和"技术能手"，他们是实现数字城市建设的重要力量。他们的出色表现和过硬技术，不仅为上海乃至全国的数字城市建设树立了标杆，也为推动经济社会高质量发展注入了新动能。他们的成就，不仅代表了个人的荣誉，更是上海乃至全国数字城市建设成就的缩影。

我们相信，通过大家的共同努力，上海的数字城市建设一定能走在时代的前列，助力上海经济中心的建设，成为全球数字城市的典范。

祝愿"数建杯"数字城市建设成果赛越办越好。

中国科协决策咨询首席专家、交通运输部原副部长
2024年8月22日

序二

当前，数字化正在以不可逆转的趋势席卷全球，越来越成为经济社会发展的核心驱动力。2024年7月，第二十届中央委员会第三次全体会议关于《中共中央关于进一步全面深化改革、推进中国式现代化的决定》中指出要加快构建促进数字经济发展体制机制，完善促进数字产业化和产业数字化政策体系，坚持人民城市人民建、人民城市为人民。全面推进城市数字化转型，是践行"人民城市人民建，人民城市为人民"重要理念，巩固提升城市核心竞争力和软实力的关键之举。上海作为全国改革开放排头兵、创新发展先行者，正用数字化赋能，形成超大特大城市智慧高效治理新体系，建立都市圈同城化发展体制机制；推动技术革命性突破、生产要素创新性配置、产业深度转型升级。

围绕建设"国际数字之都"的目标，2020年上海成立城市数字化转型工作领导小组，并在2021年发布了《上海市全面推进城市数字化转型"十四五"规划》，目标在2025年前上海对标打造国际一流、国内领先的数字化标杆城市，初步实现生产生活全局转变，数据要素全域赋能，形成国际数字之都建设基本框架，为2035年建成具有世界影响力的国际数字之都奠定坚实基础。

经过几年的努力，目前，数字化在上海已经像空气一样，感觉不到却又无处不在，带给城市新的活力和生命力，数据的开发利用不断催生新产业、新业态、新模式，进而助推新质生产力的成长，数字赋能正让办事越来越高效、城市越来越安全。

上海市第一届"数建杯"数字城市建设成果赛展示了以建筑信息模型（BIM）技术为核心的基础性数字技术在数字城市建设过程中的应用，为更好地加快城市数字化转型，推进上海国际数字之都建设提供范例参考。

祝愿"数建杯"数字城市建设成果赛越办越好，《案例集》越来越丰富。

姜　平
原上海市委常委、政法委书记，副市长
2024年8月

序三

为深入贯彻落实党中央关于加快建设科技强国、交通强国战略部署，统筹推进交通运输科技创新发展，支撑上海国际航运中心、国际科创中心建设，经上海市人民政府同意，2024年上海市交通委联合上海市科委印发了《上海市交通领域科技创新发展行动计划》（以下简称《计划》），《计划》明确指出研究构建交通基础设施数字化标准体系。推动交通基础设施智能化技术研发，推广建筑信息模型、地理信息系统等技术在工程全过程场景中的应用。攻克新一代基础设施精细化感知、轨道交通地下空间定位、交通仿真等关键技术。推进智慧机场、智慧港口、智慧航道、智慧高速、智慧轨道、智慧市域铁路等建设研究，创新应用数字孪生、大模型、人工智能等新兴技术，推动智慧交通融合发展。

上海市第一届"数建杯"数字城市建设成果赛的成功举办，契合上海市交通委加快发展交通行业新质生产力，提升智能交通服务能级相关工作，本次大赛充分发挥了先进协会的平台作用，推动竞赛成果转化为新质生产力，旨在通过"以赛助创、以赛聚才、以赛育才"，不仅为各参赛单位提供了一个展示技术能力的平台，而且为行业内的专业人才搭建了一个交流合作的平台，为推进新技术与交通深度融合，打造"交通强国"上海范式提供了决策参考。

刘 斌
上海市交通委员会副主任
2024 年 8 月

序四

习近平总书记强调，要"加快城市数字化转型""努力走出一条中国特色超大城市治理现代化的新路"。全面推进城市数字化转型，是践行"人民城市人民建，人民城市为人民"的重要理念，是巩固、提升城市核心竞争力和软实力的关键之举。《关于全面推进上海城市数字化转型的意见》的出台，标志着上海正式打响了建设具有世界影响力的"国际数字之都"的"发令枪"。

作为数字城市建设的新生力量，上海市建筑信息模型技术协会自成立以来，充分发挥智力密集、专家荟萃、联系广泛的优势，组织开展数字领域的学术论坛、技能竞赛、成果展演等活动，搭建起沟通交流的平台，汇聚科技资源、促进交流合作、推动成果转化，为探索城市数字化转型道路起到了积极的推动作用。特别是，协会成功举办的上海市第一届"数建杯"数字城市建设成果赛，展示了一批最新、最前沿的数字技术应用成果，涌现出一批数字城市建设领域的科技人才，激发了广大科技工作者的创新热情，有效促进了科技与经济、社会的深度融合。

推进城市数字化转型，离不开各方的共同努力和积极参与。上海市科学技术协会作为党和政府联系科技工作者的桥梁和纽带，肩负着为科技工作者服务、为创新驱动发展服务、为提高全民科学素质服务、为党和政府科学决策服务的职责。我们将与上海市建筑信息模型技术协会等科技社团携起手来，加强协同联动、拓展交流合作、强化优势互补，团结和带领广大科技工作者，为上海的城市数字化转型、加快建设"国际数字之都"作出新的更大的贡献。

陈　馨
上海市科学技术协会副主席
2024 年 8 月

前言

为贯彻落实《数字中国建设整体布局规划》，根据《关于全面推进上海城市数字化转型的意见》和《上海市全面推进城市数字化转型"十四五"规划》，以"科创上海 数字建设"为主题，由上海市交通委员会主办，上海市住房和城乡建设管理委员会和上海市科学技术协会指导，上海市建筑信息模型技术协会主承办了上海市第一届"数建杯"数字城市建设成果赛。

大赛共设铁路与轨道交通工程项目 BIM 技术应用成果赛、基础设施类项目 BIM 技术应用成果赛、房屋建筑类项目 BIM 技术应用设计成果赛、房屋建筑类项目 BIM 技术应用施工成果赛、城市数字孪生成果赛、数字城市建设软件成果赛六个分赛道。大赛自 2023 年 10 月启动以来，在竞赛组委会精心组织下，吸引共计 480 个项目，200 多家企事业单位参赛。经过预赛、复赛，15 个优秀项目脱颖而出，进入总决赛，最终上海浦东机场 T3 航站楼地下工程全场景 BIM 应用研究与实践、片区级项目设计建造数字总控创新方案（临港新片区 105 社区）、徐家汇体育公园"两馆一建"项目施工 BIM 技术综合应用、广联达设计平台 GDMP、上海港智慧指挥中心、全生命期数字化工程模型（BIM）数据共享与集成应用等 6 个项目获得特等奖（排名不分先后）。大赛还评选出了建筑信息模型技术"领军英才"10 人，"技术能手"20 人，大赛行业影响力显著提升。

大赛专家委员会由中国科协首席决策咨询专家领衔，7 位院士、8 位全国勘察设计大师、36 位业内顶尖专家共同组成，堪称行业专项赛事最高规格。本届大赛参赛规模、参赛项目质量、竞赛过程的精彩程度达到预期效果，并呈现出三个鲜明的特点：

一、覆盖领域广：参赛项目覆盖铁路、轨道交通、机场、港口、桥梁、隧道、高架、公路、水务、地下空间、综合管廊、医院、室内场馆、公园、高端制造、电力、园区管理、社区管理等 20 多个领域，基本涵盖数字城市建设的全范围、全流程。

二、技术创新多：比赛围绕"科创上海"，充分展示了数字技术在城市建设各领域中的应用，其中尤其以 BIM 技术为代表的基础性数字技术的应用成果最为突出。例如：上海浦东机场 T3 航站楼地下工程通过系统化、整体性 BIM 研究和应用，为本工程形成了应用类、数据类、网络安全类等数字化建设标准与管理办法；上海港智慧指挥中心自主研发并融合应用大数据汇聚分析技术、三维可视化引擎技术、风险引擎技术及相关算法，实时还原全港运作和管控场景，突破海量数字孪生体秒级动态生成瓶颈，实现全域、全要素、全流程高保真动态映射，有效优化码头管控能力；轨道交通 14 号线通过数据中台对多源数据进行融合处理，结合仿真模型以及云计算、大数据和人工智能技术，打造轨道交通数字孪生体。参赛项目中创新案例不胜枚举，为推动数字城市建设高质量发展提供了新动能。

三、平台效应强：大赛充分发挥平台效应，注重推动竞赛成果转化为上海市数字城市建设技术研发与应用推广的新动力，不仅为各参赛单位提供了一个展示技术能力的平台，而且为行业内的专业人才搭建了一个交流合作的平台，为推进科技创新与应用成果深度融合作出了贡献。

为更好地宣传、展示赛事成果，促进优秀成果推广运用，促进 BIM 等数字技术与城市建设和管理深度融合发展，特组织出版本书。本书收录了六个分赛道一等奖部分获奖成果，并在附录发布整体赛事的光荣榜。这些获奖成果经过大赛的层层比选，在大浪淘沙下脱颖而出，极具代表性和示范性，可供行业伙伴学习和参考。

编　者
2024 年 8 月

目录

序一　　序二　　序三　　序四　　前言

001 · **第一篇**
铁路与轨道交通赛道

003 · 案例 01　全生命期数字化工程模型数据共享与集成应用
　　　　　　　——以上海轨道交通 14 号线为例

015 · 案例 02　基于 BIM 技术的全过程数字化应用
　　　　　　　——以上海轨道交通 18 号线工程为例

025 · **第二篇**
基础设施赛道

027 · 案例 03　上海浦东机场 T3 航站楼地下工程全场景 BIM 应用研究与实践

042 · 案例 04　北横通道项目数字资产创新点

052 · 案例 05　绍兴智慧快速路工程 BIM 全生命期应用

059 · 案例 06　龙水南路越江隧道 BIM 应用

069 · 案例 07　闵浦三桥运营期 BIM 应用及智慧运维

077 · 案例 08　青岛国际资源配置中心北片区建设运营数智一体化项目

目录

085 · 案例 09　数字化助力城市基础设施低影响建设
　　　　　　　——济阳路快速化改建 1 标

094 · 案例 10　G15 嘉浏高速智慧建养一体化数字孪生 BIM 模型

103 · 案例 11　上海浦东工程建设管理有限公司数字化平台 2.0

113 · 案例 12　竹园污水处理厂四期工程 BIM 技术应用

131 · **第三篇**
　　　房屋建筑设计赛道

133 · 案例 13　片区级项目群数字总控方案研究
　　　　　　　——以上海临港新片区 105 社区数字化总控统筹为例

139 · 案例 14　上海西郊国际农产品交易中心改扩建一期项目 BIM 应用

146 · 案例 15　张江"智盒"BIM 智慧设计

155 · 案例 16　浦东美术馆全生命期 BIM 应用

185 · **第四篇**
　　　房屋建筑施工赛道

187 · 案例 17　仿古建筑数字化建造

195 · 案例 18　上海久事国际马术中心幕墙工程数字化应用

209 · 案例 19　徐家汇体育公园"两馆一建"项目数字化技术综合应用

219 · 案例 20　世博文化公园双子山项目 BIM 施工方案正向应用

231 · 案例 21　长三角一体化绿色科技示范楼及楼园一体化 BIM 应用

242 · 案例 22　前滩 21-02、03 地块超高层综合体数字化创新管理应用

253 · **第五篇**
　　　城市数字孪生赛道

255 · 案例 23　上海港智慧指挥中心

260 · 案例 24　基于数字孪生的桥梁运营安全检测与评估管控技术

269 · 案例 25　从"住有所居"迈向"住有宜居"
　　　　　　——临港新片区首个智慧社区数字孪生应用

281 · **第六篇**
　　　城市数字建设软件赛道

283 · 案例 26　国产 PKPM-BIM 助力 BIM 智能辅助审查试点项目应用

目录

291 · 案例 27　近乎无限承载力的 BIM+GIS 图形平台
　　　　　　　——"黑洞"三维图形引擎

301 · **附录**

303 · 附录 A　上海市第一届"数建杯"数字城市建设成果赛（光荣榜）
339 · 附录 B　大赛组织机构
340 · 附录 C　专家简介

342 · **后记**

第一篇
铁路与轨道交通赛道

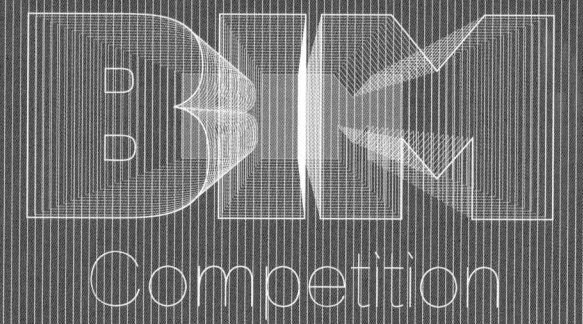

案例 01

全生命期数字化工程模型数据共享与集成应用
——以上海轨道交通 14 号线为例

1　工程概况

上海轨道交通 14 号线西起嘉定封浜站，东达浦东金桥桂桥路站，线路全长 38.514 km，共设 31 座车站，贯穿上海中心城区，是目前线路最长、最复杂、换乘最多的线路之一。本项目节点多，实施难度大，于 2014 年启动建设，2021 年 12 月通车运营。

上海轨道交通 14 号线自 2014 年项目立项初期就引入建筑信息模型（Building Information Modeling, BIM）技术，通过 BIM 技术创建三维数字空间模型，收集全生命期静态数据；通过物联网（Internet of Things, IoT）、视频 AI（人工智能）分析等技术采集反映设备实体实时状态的动态数据；通过数据中台对多源数据进行融合处理，结合仿真模型以及云计算、大数据和人工智能技术，打造轨道交通数字孪生体；建立地铁"数字底座"，助力实现管理对象数字化、管理业务数字化。在上海轨道交通 14 号线工程设计、建设、运营全过程中实践应用数字技术，有效提升了设计、建设质量与运营服务水平，推动上海轨道交通行业向信息化和工业化转型升级。

2　项目特点和组织架构

2.1　项目特点

本项目以运维管理业务需求为导向，以数字孪生技术为指导方法，建立地铁"数字底座"，实现全生命期"管理对象数字化"，项目技术框架如图 1 所示。

基于图 1 的项目技术框架，本项目具有以下特点：

（1）数字化工程模型数据建设及交付：在设计阶段和建设阶段，通过 BIM 技术创建三维数字空间模型，过程中开展 BIM 应用提升设计质量、助力复杂施工工艺研究，构建线路级数字资产库，交付竣工模型、竣工资料等静态数据至运维阶段。

（2）打造运维期数据综合感知体系：利用物联网、视频 AI 分析、移动端应用、既有系统对接等方式建立运维期数据综合感知体系，采集设备实体实时状态、生产管理行为数据等动态数据。

（3）构建轨道交通车站运维数字孪生体：通过数据中台对多源数据进行融合处理，结合仿真模型以及云计算、大数据和人工智能技术，打造轨道交通车站运维数字孪生体。

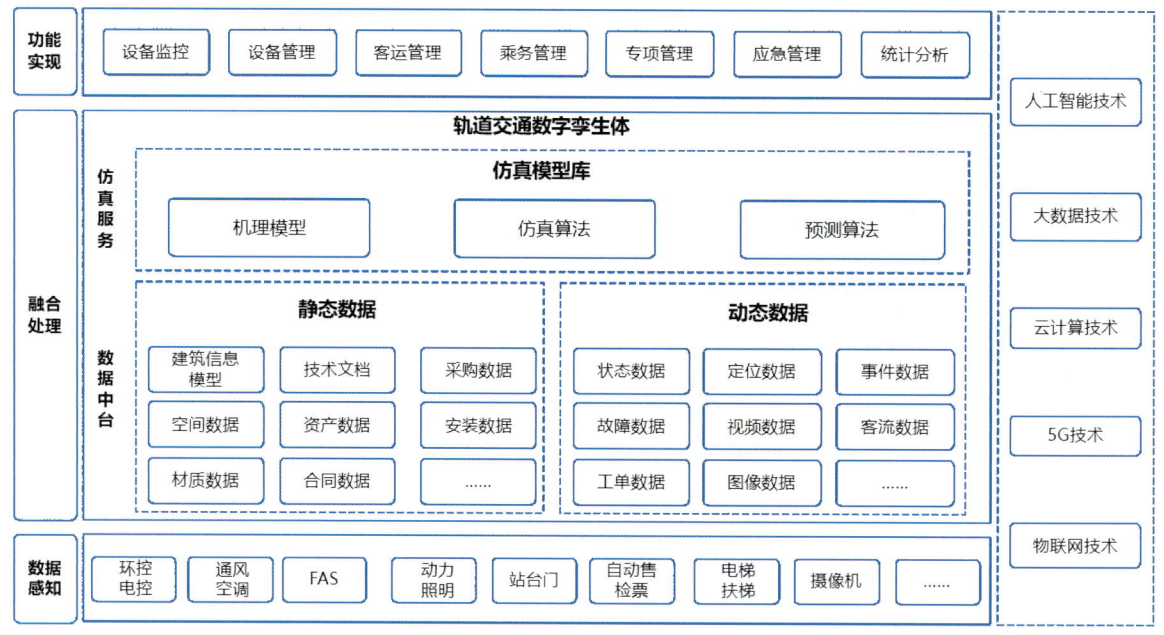

图 1　数字孪生技术架构[1]

（4）拓展轨道交通车站运维数字化应用场景：基于轨道交通车站数字孪生体，以维护维修管理、客运管理、站务管理、乘务管理、专项管理等业务应用为导向，拓展车站数字化应用场景，建设车站智慧运维管理平台，实现管理对象数字化和管理业务数字化，提升车站运维管理水平。

2.2　组织架构

本项目在上海轨道交通 14 号线开展全生命期数字化工程模型数据共享与集成应用，组建了以项目核心管理人员、咨询组、平台组、数据组为核心的项目团队，组织架构如图 2 所示。

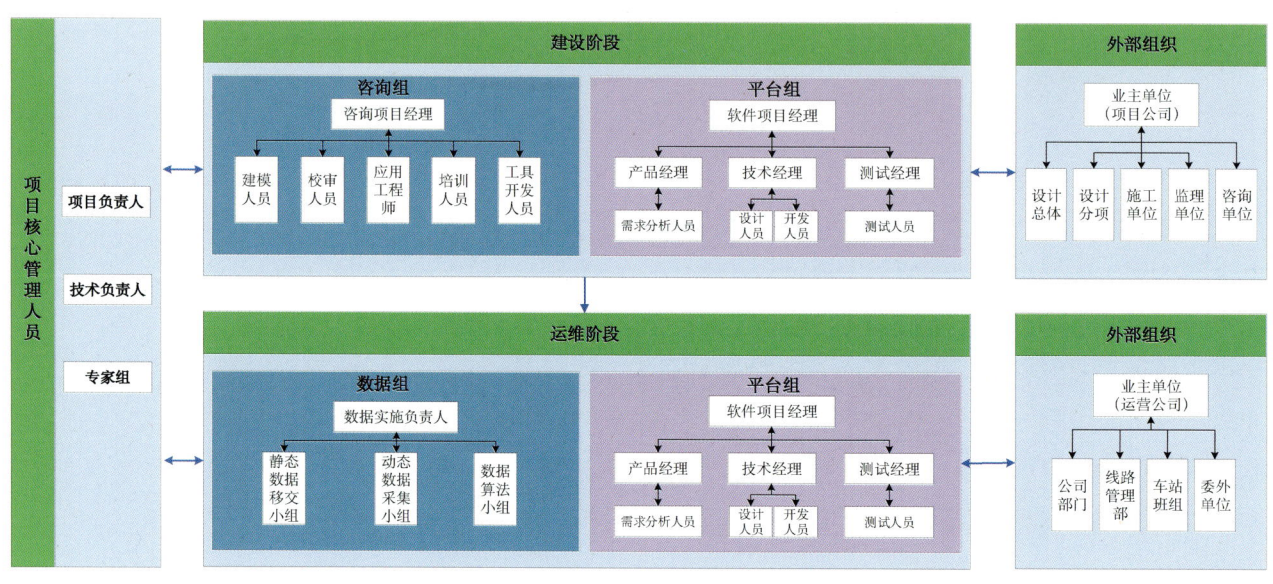

图 2　项目组织架构

3 数字化技术应用

3.1 痛点难点分析

1. 工程项目建设周期长，全生命期 BIM 应用不足

城市轨道交通工程项目建设周期长、项目体量大，以上海轨道交通 14 号线为例，建设周期长达 7 年，涉及单位多、人员多，BIM 应用管理难度大。BIM 的核心优势在于实现多方协作与信息共享，但在实际操作中，由于技术认知、人才技能、数据安全、权限管理、实时更新同步等问题，往往难以实现高效的协同工作，需要一套科学、高效、创新的管理模式和强有力的组织架构来支撑。

2. 全生命期内数据来源多，数据结构各异

城市轨道交通工程项目在建设阶段和运维阶段都有海量的数据，数据来源多，数据资料包括多个内外部信息化系统、各专业监测系统、各种基础数据台账等，数据形式也各不相同，有监测值这样的结构化数据，也有图片、视频、文档这样的非结构化数据，还有纸质表单记录的数据，在全生命期过程中的数据治理（数据治理包含业务和数据资源梳理、数据采集清洗、数据库设计和存储、数据管理、数据使用）没有统一的管理办法、数据标准和管理平台，因此造成数据壁垒、数据冗余、数据质量差等问题，难以发挥数据价值。

3. 车站运维管理业务数字化基础较差

轨道交通车站运维管理业务的信息化水平有限，数字化基础较差，主要体现在：

（1）业务信息化覆盖有缺失，例如车站日常管理工作仍有大量手写台账，数据没有被采集、汇总和分析，缺少数字化手段；

（2）管理流程散、旧、短，亟需对既有业务流程进行优化改造；

（3）同一信息被重复填，线上、线下以及不同业务管理条线存在重复填记情况；

（4）感知预警不充分，设施设备感知数据分散在不同系统中，不利于挖掘数据价值，缺少综合应用平台。

3.2 关键技术

1. 数据校验模板自定义技术

为保证 BIM 数据资源的有效性，对全生命期的数字化工程模型数据进行有效性校验。上海申通地铁集团有限公司已发布 7 部企业级 BIM 应用标准，保证竣工交付的 BIM 模型数据的标准统一，但缺少有力的平台工具对模型数据进行有效性验证。本项目开发了轨道交通 IFC 数据校验软件，对模型数据的校验需根据各业务系统应用管理的需求，进行不同类型的数据校验工作；研究并开发了校验模板自定义技术，可以供用户更新或修改校验模板，包括分类编码、信息类型、校验规则等。校验模板自定义是在校验算法不变的基础上，通过修改模板完成校验需求的更新，有利于保证轨道交通 BIM 模型数据校验方法的通用性和可扩展性。

2. 多源、异构数据的集成技术

为保证数字化工程模型数据资源能够对接动态业务数据，需提供多源、异构数据集成接口，如集成闭路电视监控系统（Closed Circuit Television, CCTV）、综合监控系统（Integrated Supervisory Control System, ISCS）、自动售检票系统（Automatic Fare Collection System, AFC）、办公自动化系统（Office Automation, OA）、基于位置的服务（Location Based Services, LBS）等业务数据。研究如何对接各类动态业务数据，通过开发接口，实现动态业务数据与数字化工程模型数据的自动化集成，为既有业务信息系统提供整合后的模型数据资源，打造数字化工程模型数据资源共享服务平台，实现在三维可视化环境中开展各类业务。

为保证既有业务系统能够调用数字化工程模型数据资源，制定统一、标准的开发协议，编制企业级数字化工程模型数据资源共享服务平台数据接口标准，研究对各业务信息系统接口的要求，定义各大业务板块的接口范围，如票务管理、资产管理、巡检管理等，提供平台所有基础功能的接口清单，形成企业级数据接口标准，为既有业务系统提供有效的数字化工程模型数据资源。

3. 数字孪生技术

采用数字孪生技术，实现基于 BIM+IoT 数据驱动的设备管理应用、基于 BIM+LBS 数据驱动的人员管理应用等内容。物联网感知数据由各专业设备的传感器、智能终端、摄像头等采集的设备运行状态数据、故障数据、视频监控画面等，基于 BIM+IoT 数据，构建轨道交通车站设备数字孪生，驱动设备自主巡检、自主报修、自动计划、自动履历、自主分析的全生命期管理应用；采用室内定位多方式融合技术，根据"三点定位法"计算得出实时人员位置，基于 BIM 空间数据叠加 LBS 人员定位数据，形成"人 + 物"完整的空间数字孪生，驱动日常事件、巡视管控、应急处置等人员管理应用。

3.3 应用内容

3.3.1 数字化建设及交付

1. 跨地域、跨单位、跨专业的三维协同设计和管理

为保证工期，提高效率，轨道交通 14 号线使用了基于 BIM 的设计协同平台，打通了设计全过程管理，实现了 BIM 协同设计与工程项目管理一体化，国内首次实现广域网环境下跨阶段、跨单位、跨专业的设计协同一体化，整合 BIM 设计施工管理流程，完成无纸化管理流程再造，数据可追溯，形成数字化档案（图 3）。

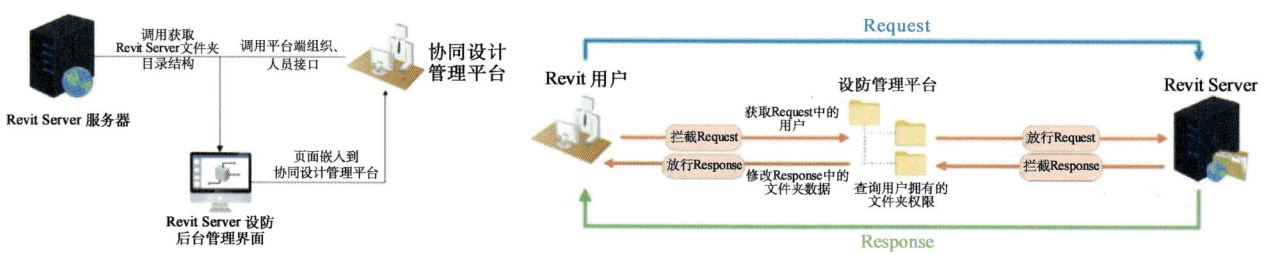

图 3　轨道交通 14 号线设计协同管理平台

BIM 设计协同管理平台围绕 Autodesk BIM 软件体系，进行二次自主开发，通过网络设置、线路中心文件架构、人员策划、数据追溯、协同方案部署，实现广域网跨单位协同设计，将线下设计管理流程提到线上进行。打通网页端接口、建设单位 OA 系统和移动端接口、企业微信接口，同时配备轻量化浏览模式，使设计人员、管理人员可以从任意电脑浏览器或手机、平板电脑（Portable Android Pevice, PAD）在线查看三维轻量化模型，并可在线对三维模型进行局部放大、剖切、漫游、测量、批

注等操作，批注意见实时同步线上流程表单，避免无效沟通，极大提升了模型的在线审核、分发和共享效率，充分发挥可视化设计的优势（图4）。

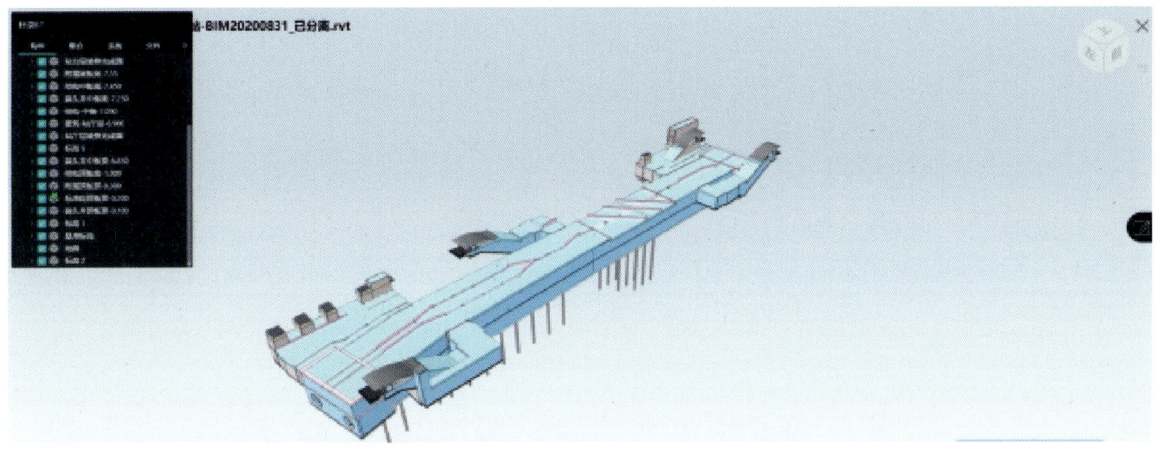

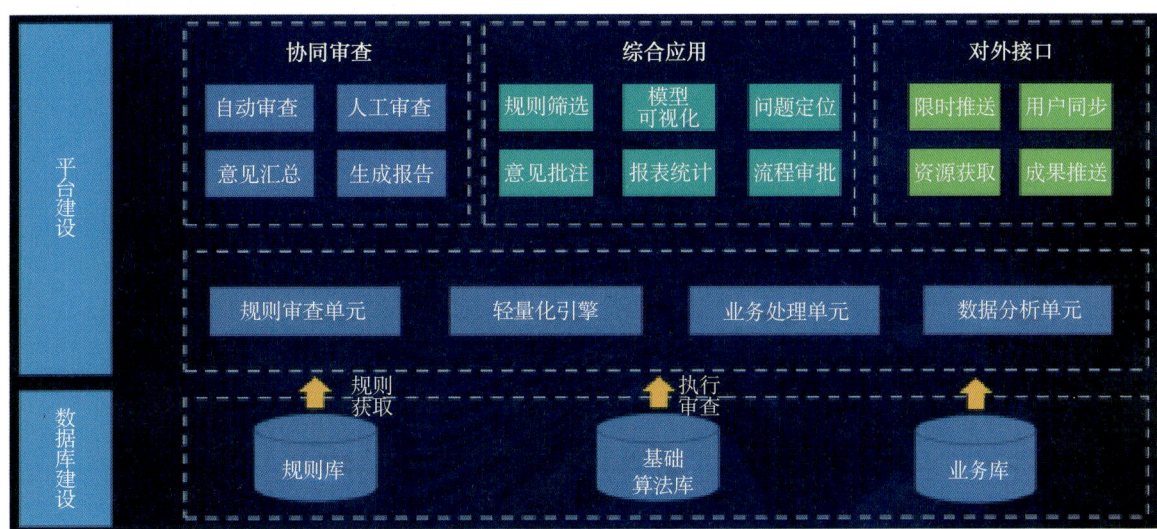

图4 在线查看轻量化模型

2. 三维数字化技术助力打造全网最美地铁车站

在设计阶段，以BIM技术的三维可视化提高地铁设计方案沟通决策效率，通过车站周边场地现状复原，优化车站主体出入口与周边环境关系，使出入口的布置更加合理、便民（图5）。

图5 轨道交通14号线浦东大道站场地现状仿真

在公共区通过BIM对管线进行梳理，并对各类终端进行整合，将管线走向和布置结合装饰整体效果展现出来，通过机电装修多专业整合优化，从BIM模型中直接导出可用于指导施工的专业管综图，既方便施工，又有利于检修维护（图6）。

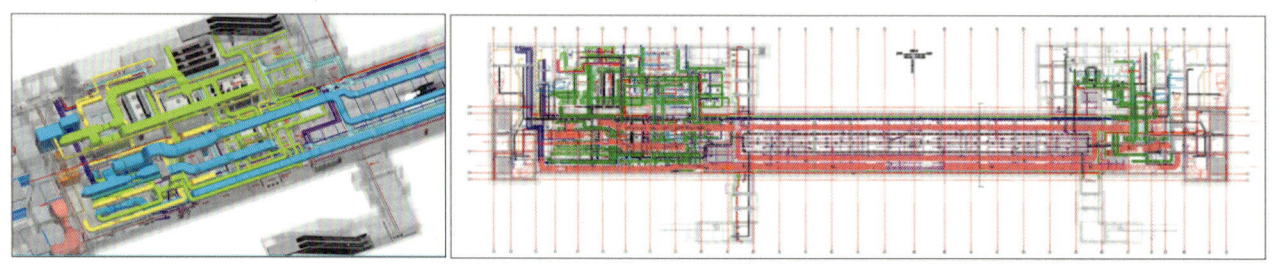

图6　轨道交通14号线云顺路站BIM模型导出管综图

在14号线全线的装修设计中引入了空间艺术和艺术空间的概念，通过数字化模型直观地展现空间感，最大程度地利用顶面空间艺术和管线的有机融合，使整个车站呈现出艺术空间的美感。通过不同形式、不同材质、不同维度，从传统的视觉表达到仿真视觉、触觉、听觉、空间等多角度进行体验。通过可视化、个性化定制仿真模型，与空间的相互融合、搭配，创造令人印象深刻的地铁车站形象（图7）。

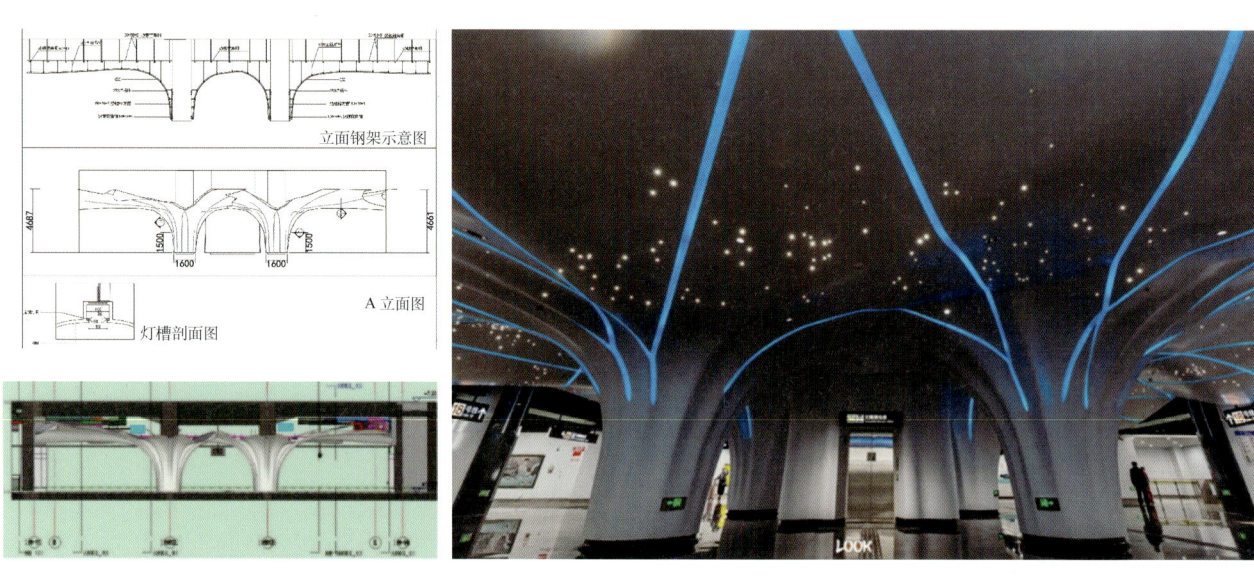

图7　轨道交通14号线重点车站装修方案（多角度展示）

3. 数字化施工仿真模拟，助力复杂施工工艺、复杂车站改造方案研究

在施工阶段，应用BIM并通过施工专项方案模拟与优化、施工进度的科学管理、产品模型单元收集以及竣工模型构建等多项应用点的开展，减少工期，提高施工质量，控制项目造价，提高施工管理水平。

浦东大道站车站主体穿越大连路隧道，施工空间狭小且有障碍物，冻结孔施工难度大，施工时容易引起地层沉降。利用BIM技术模拟冰冻施工法过程中的每一道工序，确保施工可行性、安全性，减少对环境的影响（图8）。

桂桥路站是一座超长特大断面管幕法建造的地铁车站，首次运用管幕技术，通过BIM模拟研究新的保安全、少搬迁、轻影响的施工技术和施工工艺，进行大断面车站的施工技术研究，为复杂的施工条件提供技术储备，为后续暗挖车站施工提供积累。从研究到最终实施，总体水平达到国际领先（图9）。

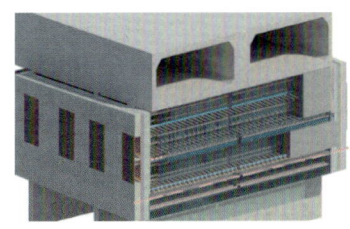
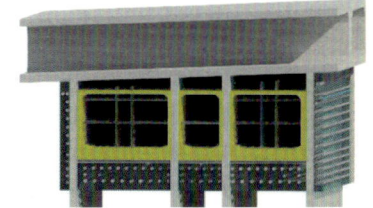

图8 轨道交通14号线浦东大道站下穿大连路隧道冰冻施工法模拟

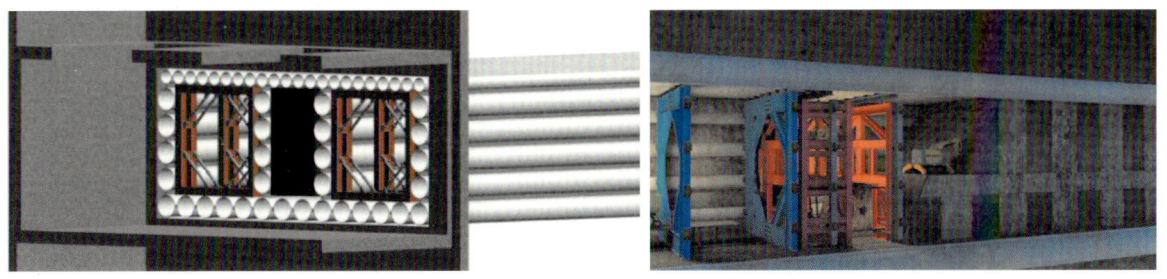

图9 轨道交通14号线桂桥路站管幕法施工模拟

4. 基于BIM技术构建线路级数字资产库

轨道交通14号线通过设备供应商数据资料收集平台，将收集、审核、归档流程规范化，提升数据的规范性和质量。收集的设备供应商产品模型数据覆盖环控、给排水、动力照明、供电、通信、信号、火灾报警系统（Fire Alarm System, FAS）、设备监控系统（Equipment Monitoring Control System, EMCS）、门禁、气灭、AFC、屏蔽门、电扶梯、接触网、工艺、主变共16个专业或系统，共计约500种类型产品模型，约3 000个模型单元。除模型外，包含技术规格书、设备图纸、设备交付模型信息表、参数汇总表、设备模型、设备图片、设备说明书、验收文件、售后服务书等文件，最终形成轨道交通14号线数字化资产库并统一移交至空间组态平台（图10），为申通地铁的应用层平台提供空间数据。

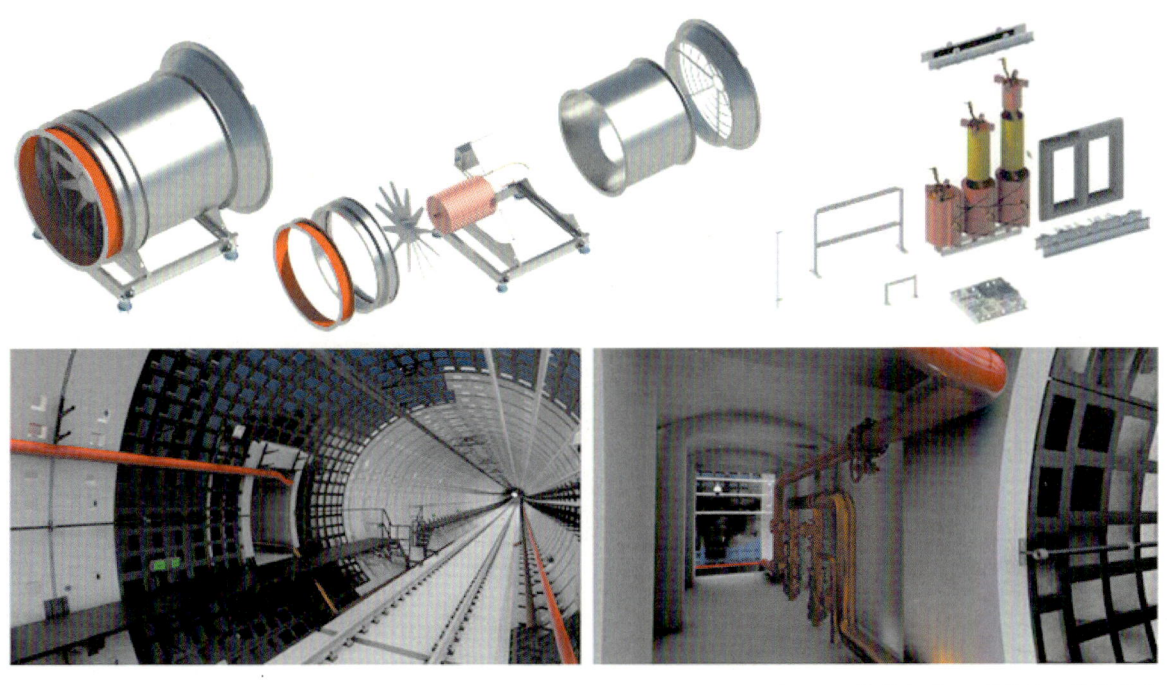

图10 轨道交通14号线竣工模型精度

3.3.2 数字化智慧运维

在运维阶段，本项目通过空间静态平台提取轨道交通 14 号线数字化资产库中的空间信息数据和属性信息数据作为数字化运维静态数据重要组成部分。同时搭建车站数字底座，通过物联网采集设备实时状态作为数字化智慧运维的动态数据。结合先进的图像分析算法、融合定位算法、可视化规则引擎，实现数字化智慧运维的设备管理、客运管理、乘务管理、应急管理、专项管理和统计分析等应用。

1. 设备管理：孪生交互、智能运检修

在轨道交通运维阶段，本项目通过物联网数据与轻量化数字模型融合，实现了在三维场景中实时监测设备运行状态、故障告警、联动故障报修。并且基于统一的应用层协议，实现了在三维场景中反向远程控制现场的设备，如开启、关闭、模式调整等，实现虚实孪生交互。

根据维修规程对轨道交通车站机电设施设备的维修检修工作进行流程再造，结合自定义工作模板、服务等级协议（Service Level Agrement, SLA）流程和标准化表单，将维修检修工作拆解至最小工作单元，基于数字底座空间特性将所有最小工作单元与空间位置进行关联，灵活组合最小工作单元并自动形成巡检维护任务。移动应用实现派单、接单、执行、退单等全流程线上化，配件更换全过程留档。从而实现运维场景可视化、工单流程无纸化、巡检工作线上化、维护计划精细化、设备运维动态化、物耗管理规范化和服务监管科学化，有效避免漏检、错检、巡检不及时等质量问题（图 11）。

图 11　设备巡检

2. 客运管理：规范作业、高效服务

本项目基于三维可视化运维场景，融合多种室内定位技术，实现基于数字化场景的客运巡视、视频巡视（图 12）。平台聚合投诉信息、遗失物品信息、出行路径查询等运营信息，可作为"移动客服中心"，避免线上、线下和系统之间的切换，面向乘客提供一站式服务，对外提升服务质量。

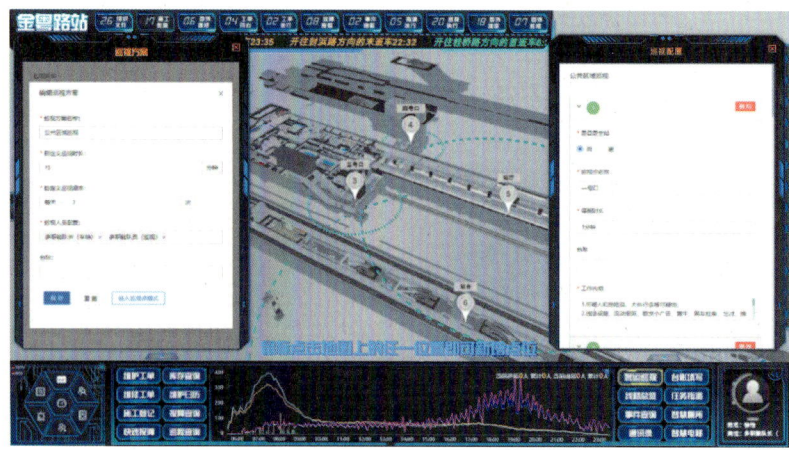

图 12　客运巡视

3. 乘务管理：车况可视、助力转型

本项目为全自动驾驶线路定制开发了乘务管理 App，向多职能列控人员提供信息聚合终端。一方面，乘务管理 App 可自动切换车次号，查看列车时速、网压、风缸压力等实时数据，使列控人员对车辆状态快速感知、快速处置。另一方面，通过采集列车检车、列控登乘等信息，为列控队员精细化管理提供有效的工具，助力多职能列控的岗位转型（图13）。

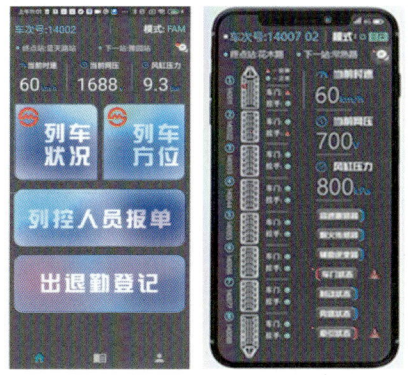

图 13　乘务管理 App

4. 应急管理：智慧布岗、过程全跟踪

通过图像分析算法、融合定位算法，计算车站重点区域实时客流，预测短时客流并及时预警。当车站发生应急情况后可将预案信息一键下达、布岗情况实时跟踪、处置信息快速上报，实现事前可预警、事中可跟踪、事后可追溯（图14）。

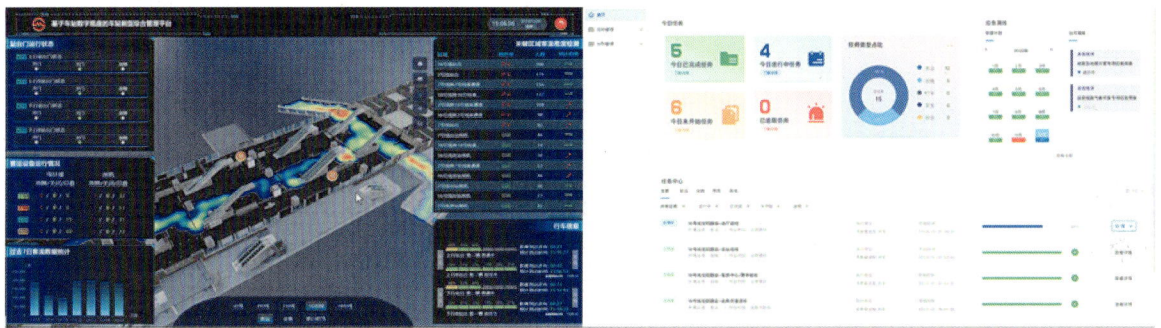

图 14　应急管理

5. 专项管理：聚焦痛点、专题运维

以车站运营管理需求为导向，解决运营管理方的难点、痛点问题，建立多个专项专题管理数据库，包括电梯管理、客流管理、能耗管理、智慧厕所等，结合数字孪生场景实现可视化管控，通过数据挖掘、数据贯穿、数据分析等技术实现电梯一梯一档可追溯、落实一梯一长责任人、电梯风险等级可视化等数字化智慧运维，辅助车站运营决策（图15）。

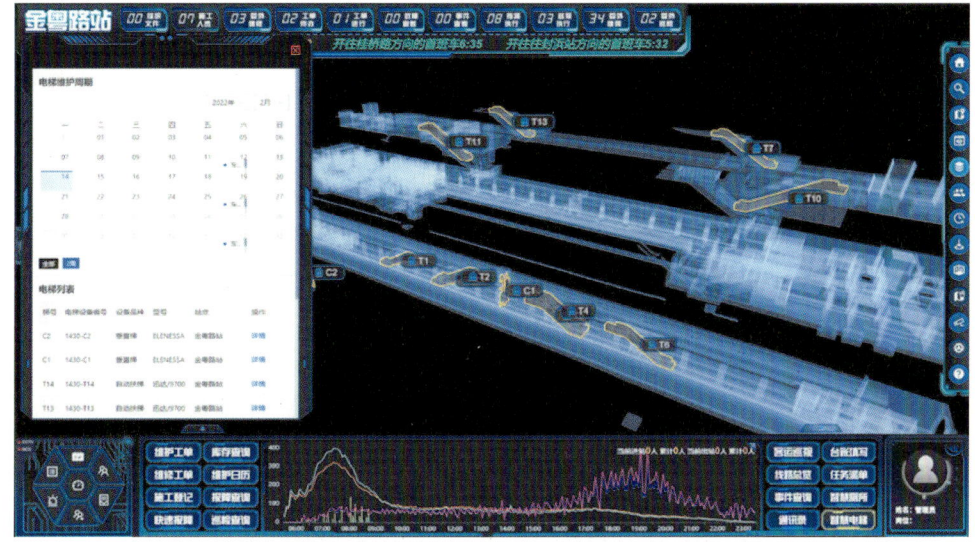

图 15　电梯管理

6. 统计分析：各类指标清晰可视化

通过与运营单位深度沟通交流，结合运维阶段的各类结构化数据，本项目实现了故障数据、资产数据、客流数据及委外工单数据等数据的自动统计，并支持报表导出，为运营单位人员日常工作提供数据支撑（图16）。

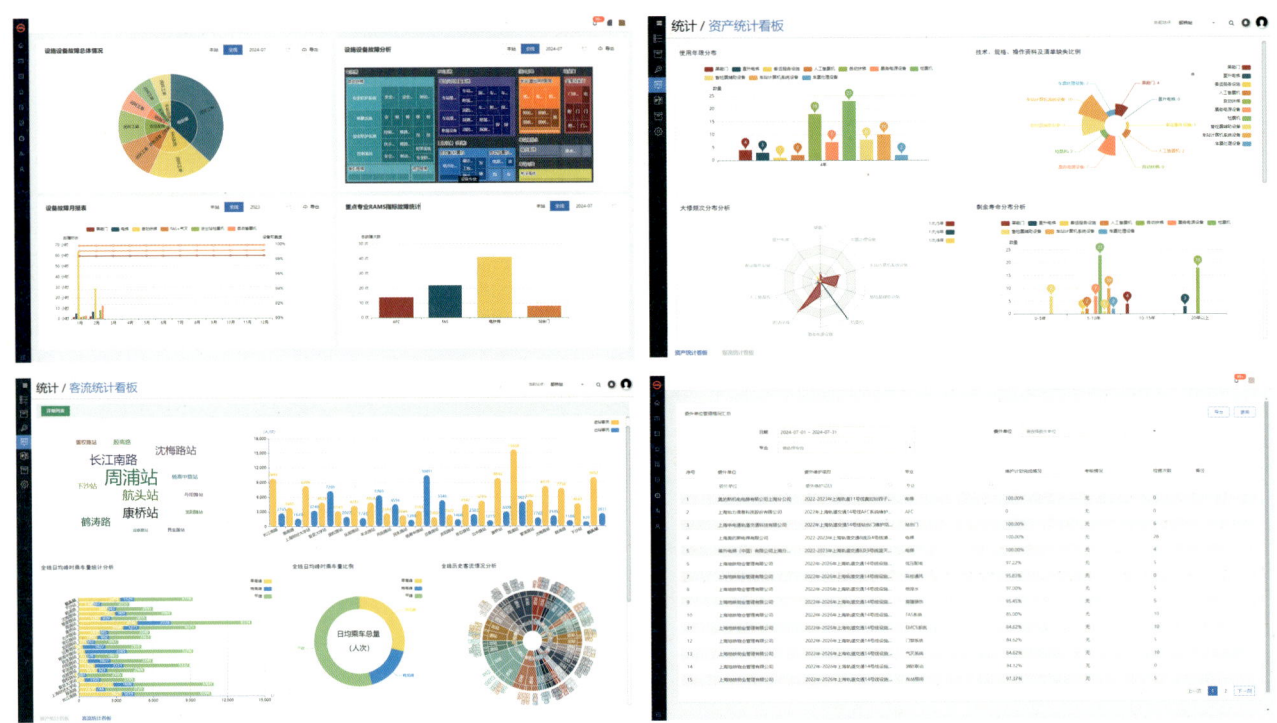

图 16　统计分析

3.4　创新亮点

1. 创新轨道交通全过程数字资产建设、应用及交付技术

研发设计协同管理平台和设备供应商数据资料收集平台，为设计、施工阶段数字资产建设和应用提供平台工具，支撑方案仿真、三维正向设计、施工工法模拟、设备产品模型收集等应用，实现数字化协同设计、数字化高效施工，竣工后形成符合申通地铁集团企业标准要求的数字资产并交付至运维阶段。

2. 构建基于BIM+IoT的轨道交通车站数字孪生体

开发轨道交通运维期多源、异构数据的通用接口，在浏览器／服务器（Browser/Server, B/S）和客户端／服务器（Client/Server, C/S）双构架下，结合BIM+Web+GIS+AI+IoT技术，实现物理世界实时状态数据、动态业务数据与数字化模型的自动化集成和轻量化共享，实现全业务链数据深度融合及海量空间数据的实时可视化，并结合图像分析算法、融合定位算法以及可视化规则引擎，初步构建了车站数字孪生体。

3. 探索数字化驱动的轨道交通车站机电设施设备管、用、修模式

深度探索全自动无人驾驶（Unattended Train Operation, UTO）模式线路车站机电设施设备运维特点，以数字孪生底座的设备树数据为基础，通过自定义模板、流程和标准化表单，进行车站机电设施设备管、用、修模式创新和流程再造，形成设施设备全生命期动态履历，提升设施设备管理智能化水平。

4. 构建需求导向的轨道交通车站运营管理综合系统

以轨道交通车站运营多业务条线的需求为导向，建立全方位一体化的综合管理系统，覆盖保障车站运营的各单位各环节人员，通过统一标准的底层数据采集解决车站之间、公司之间的信息壁垒、信息滞后等问题，实现多岗位、跨站协同工作，形成具备精确指向的应急处置能力，迅速处置各类突发事故。

4 总结与展望

轨道交通14号线工程在全生命期数字化工程模型数据共享与集成应用中取得了良好的数字化应用效益，包括：

（1）协同设计流程简化：解决设计问题约2 000个，配合大型设计方案21个，专业协同效率提升60%。

（2）高精度复杂施工工艺仿真：提升施工质量、效率；解决难点、全程可视化；工艺优化使施工效率提升55%。

（3）高质量数据资产交付：数据无缝传递数据资产约400 G，重要设备数据资料完整性达100%。

（4）高质量客运服务：视频巡视提升效率50%以上，乘客问询、登记提升效率40%以上。

（5）全生命期设备管理：故障维修闭环效率提升50%，委外管控水平大幅提升。

轨道交通14号线自2021年12月通车运营以来，车站智慧运维平台已投入使用两年多时间，共完成了巡检任务164 000余条、维护工单37 000余条、维修工单1 900余条，形成质量记录表112 000余条，取代人工填记纸质表单，实现维修巡检工作全部线上化，所有流程环节精准管控到人、管控到点，提升管理质量，降低运营管理和使用成本。经粗略估算，以一个标准地下车站为例，共4个常开出入口，地面、站厅、站台3层结构，单站每月可减少约2人的资源投入，经济效益和社会效益较为显著。

轨道交通14号线项目形成了从项目前期、设计到施工、运维的全生命期数字化工程模型数据共享与集成应用的技术路线，并在实践中得到了应用和验证。通过建立统一的应用管理体系，明确工程各阶段参与方的工作模式与职责，对数字化工程模型数据的生成、审核、校验、移交的过程进行规范化管理；依据数据标准，对数字化工程模型数据的完整性、通用性、可靠性、时效性进行约束，并通过智能辅助设计工具落实标准的执行，保障数据建设的质量和效率；将数据使用方的业务需求前置，采用融轨道交通设计、施工、运维于一体的全生命期数据共享与集成应用技术框架，打造轨道交通车站数字孪生体，承载车站运维业务应用功能，突破了轨道交通信息化管理瓶颈。

本项目荣获上海市质量协会质量技术奖一等奖、浦东新区"张江杯"大数据创新应用竞赛特等奖等奖项，入选住建部智能建造新技术新产品创新服务典型案例集（第一批），项目成果和实践具有较高的推广应用价值，可进一步向轨道交通新线、老线车站推广。

参考文献
[1] 辛佐先，裴芳琼，王柳. 城市轨道交通数字孪生技术架构及其应用［J］. 城市轨道交通研究，2023，26（8）：213-217.

DOI:10.16037/j.1007-869x.2023.08.041.

供稿人：裴芳琼　辛佐先　周君　孟柯　陈亚冬
上海市隧道工程轨道交通设计研究院

专家点评

　　本案例依托上海轨道交通14号线工程，创新性地提出了轨道交通数字孪生的技术框架，在全生命期开展了数字化工程模型数据共享与集成应用实践，构建了线路级数字资产库，结合物联网、视频AI分析等技术打造了轨道交通数字孪生体，建立了地铁"数字底座"，实现了管理对象数字化和管理业务数字化。项目的技术路线科学合理，在行业内具有先进性和创新性；项目的实践应用全面深入，有效提升了设计、建设质量与运营服务水平，取得了显著的经济效益和社会效益；项目还突破了轨道交通信息化管理瓶颈，成功探索了轨道交通数字化转型的方向，为上海轨道交通行业向信息化和工业化的转型升级提供了助力，具有较高的推广应用价值。

案例 02

基于 BIM 技术的全过程数字化应用
——以上海轨道交通 18 号线工程为例

1 工程概况

1.1 工程背景

随着国务院关于"十四五"规划和 2035 年远景目标纲要[1]的发布,通过信息化、数字化手段实现交通强国、打造良好的数字生态,已经成为轨道交通行业的主旋律。上海申通地铁集团始终关注国内外行业的动态发展,积极探索利用创新技术手段来提升建设、运营服务质量。从 2012 年开始就提前布局,探索信息技术在轨道交通领域的试点应用,充分挖掘其潜在价值。从 2014 年起,在新一轮的轨道交通建设中,将 BIM 技术全面推广到所有新建线路工程中,这其中就包含了上海轨道交通 18 号线一期工程。

1.2 项目概况

18 号线一期工程是上海市东部南北向的一条切向线,起于宝山区长江南路站,终于浦东新区的航头站,沿线经过宝山区、杨浦区和浦东新区三个行政区,线路全长约 36.93 km,全部为地下线,设车站 26 座,停车场 1 座,见图 1。2020 年 12 月 26 日,南段(御桥—航头)开通运营,2021 年 12 月 30 日,北段(长江南路—莲溪路)开通运营。

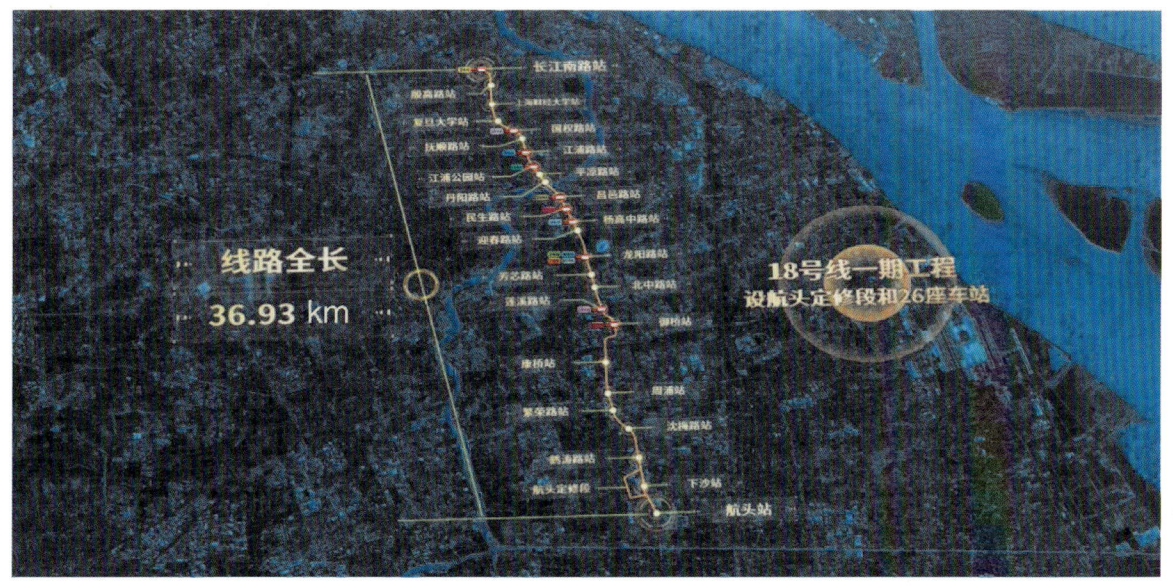

图 1 上海轨道交通 18 号线一期工程线路示意

2　项目数字化建设目标

本项目建立面向轨道交通全生命期的 BIM 数字化应用技术体系，实现以 BIM 为核心的信息化技术整合应用，切实服务于上海城市轨道交通规划设计、建设管理、运营维保三大业务板块，提高项目建设与运维质量和管理水平，实现上海轨道交通全生命期全方位的 BIM 系统性应用及集成化管理。通过建立企业级数字资产库，部署基于 BIM 的智慧运维管理平台，实现基于 BIM 技术的数字化、信息化管理，提高项目管理水平和效率。项目数字化建设的目标包括：

（1）全面深入推进上海轨道交通 BIM 技术数字化应用，实现全生命期全方位的 BIM 系统性应用。借助基于 BIM 技术的数字化应用，设计阶段实现信息共享、多方协同，提高协作效率和设计质量；招标阶段提升统计准确性，增强成本控制，辅助提升造价管理水平；施工阶段通过数字化管理辅助提升进度、质量、安全等综合管理效率；交付阶段创新核验技术手段，保障数字资产质量。

（2）通过 BIM 应用标准体系和数字化平台，规范全生命期数据的传递与交付，实现 BIM 数据资源成果共享，建立企业级数字资产库并传递至运营阶段，打通数据链条。

（3）以 BIM 模型数据为基础，整合运维期间各类动态数据，以数据驱动标准化运营维护业务流程，并对运维数据进行综合分析和深度挖掘，实现虚实结合的高效运维管理。

3　BIM 数字化建设方案

为实现信息化建设目标，项目聚焦进度、质量、安全、造价及合同，组建了以建设方为主导、其他所有参建方协同工作的 BIM 应用组织体系，通过制定 BIM 应用标准、进度管理、质量管理、文件管理以及例会制度等，形成一套行之有效的管理体系。并以 BIM 为抓手，结合工程建设进度，针对设计、施工阶段存在的难点，通过疏散模拟、算量复核、方案比选、设计深化以及施工模拟等方式，贯彻落实标准，辅助项目管理。同时开发供应商资料收集平台和智慧运维平台，赋能轨道交通 18 号线实现"数字孪生"和高效运维管理，并借助对人员条件、硬件网络和管理环境等资源的科学管理，实现人、材、机的整合与协作，优质、高效地完成数字化建设任务（图 2）。

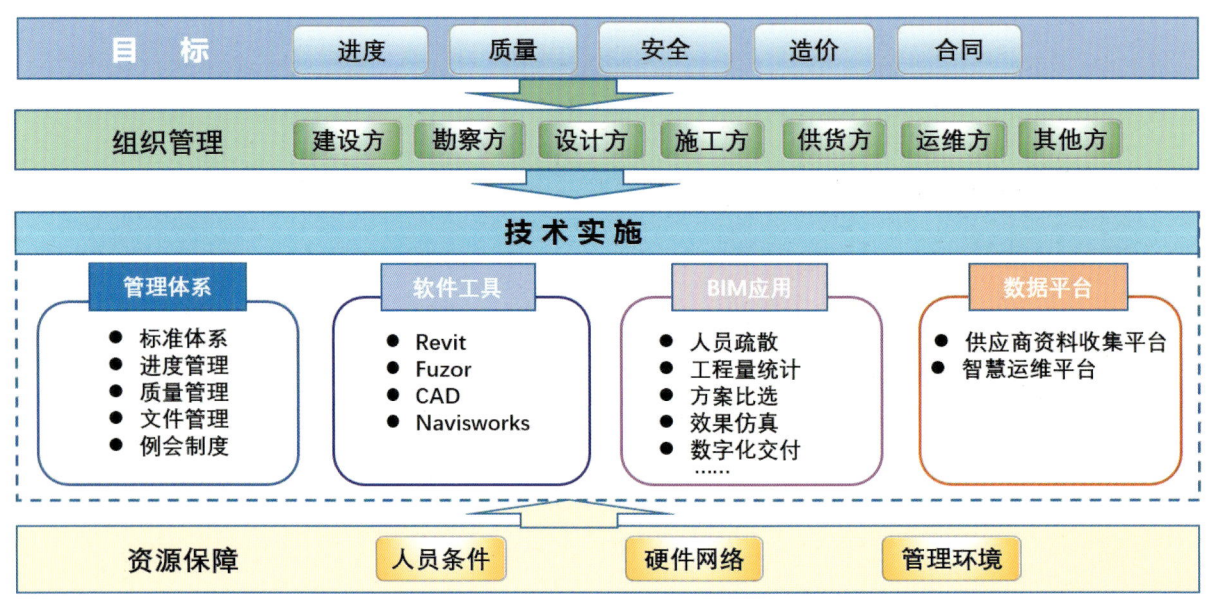

图 2　基于 BIM 技术的数字化应用技术路线

4 组织架构

项目采用业主牵头协调，委托 BIM 总体单位主导，BIM 分项单位、施工单位及供货单位等具体实施，各参与方配合的组织模式，如图 3 所示，各司其职，共同推进本项目基于 BIM 技术的数字化应用。

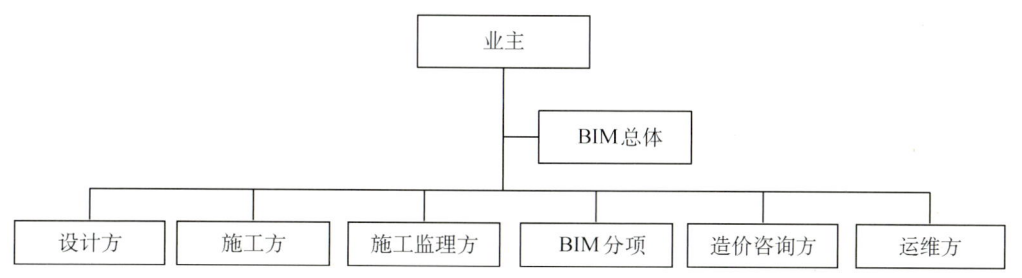

图 3　BIM 应用组织架构示意图

5 基于 BIM 技术的应用成果及特色

轨道交通 18 号线一期工程在建设之初，明确围绕项目的实际情况，综合网络化运营管理需求和申通地铁集团总体战略响应的需要，开展全生命期 BIM 技术应用。为此，项目以业主需求为目标、以解决实际工程问题为导向，针对设计、施工、交付、运维等不同阶段业主关心的难点、痛点，建立面向轨道交通全生命期的 BIM 应用实施体系，实现以 BIM 数据为核心的数字化技术整合，从而提高建设期与运维期的质量和管理水平。

5.1 设计阶段

初步设计阶段利用 BIM 技术将地下障碍物、管线、周边环境和车站方案模型以及雨污水、四大管线搬迁模型并结合道路交通组织方案模型等进行整合。通过碰撞检查，能够清晰展示车站与周边各类场地要素之间的关系，从而得到优化方案。在此基础上，本项目龙阳路站为国内首个五线换乘枢纽，客流大，线路多，换乘路径交错复杂，通过 BIM 三维仿真并结合客流模拟分析，优化设计方案，辅助运营形成一套逆时针单循环、一体化管理的换乘模式，提升了客流集散的安全性和效率（图 4）。

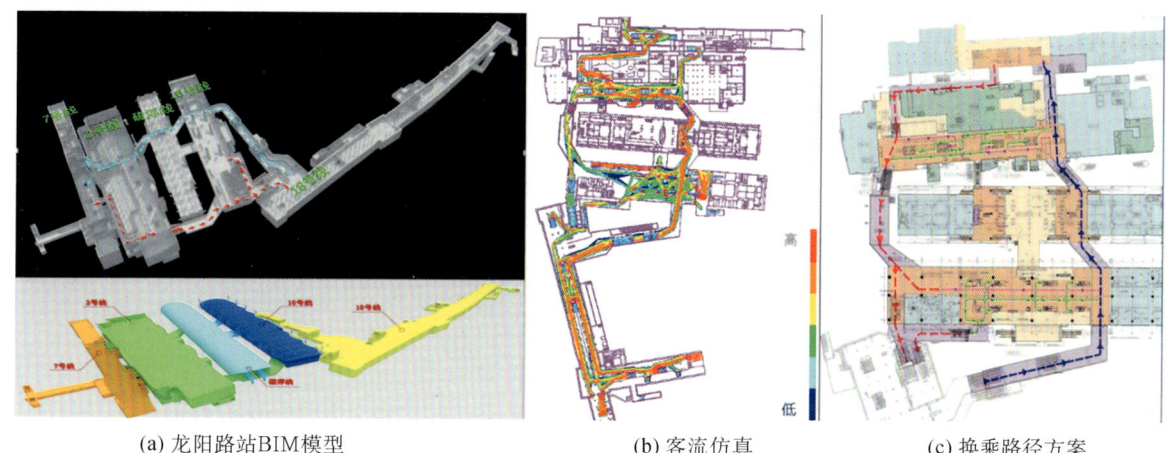

(a) 龙阳路站BIM模型　　(b) 客流仿真　　(c) 换乘路径方案

图 4　龙阳路站客流仿真

设计阶段应充分利用 BIM 技术的三维、直观优势，通过多专业整合进行管线综合碰撞检查，形成碰撞报告并反馈给设计，以减少施工阶段因设计存在的"错漏碰缺"问题而造成的损失和返工，从而提高设计成果整体质量（图 5）。

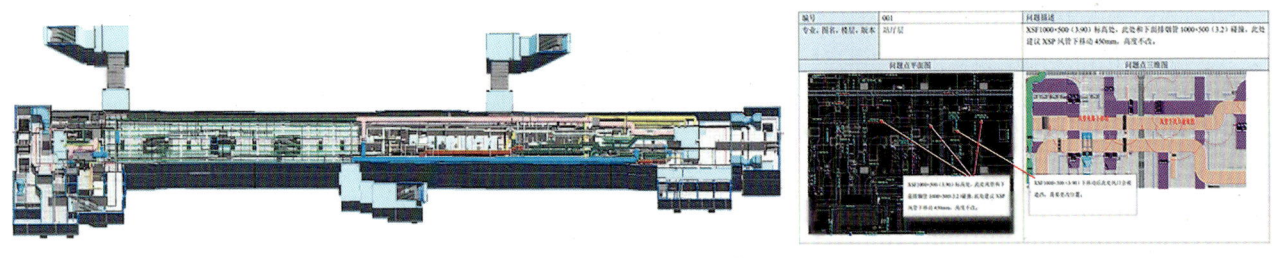

(a) 车站管综模型　　　　　　　　　　　(b) 管综碰撞报告

图 5　管线碰撞模型及报告

项目部分车站探索试点三维正向设计，突破行业传统的二维平面设计模式，实现了多专业协同、信息共享，在提升设计质量的同时，从管理岗、设计岗、职能岗三个层面重新梳理各专业工作职责，探索设计、校审新模式，形成一套契合正向三维设计的技术流程，为后续线路拓展全面正线设计积累经验并提供借鉴（图 6）。

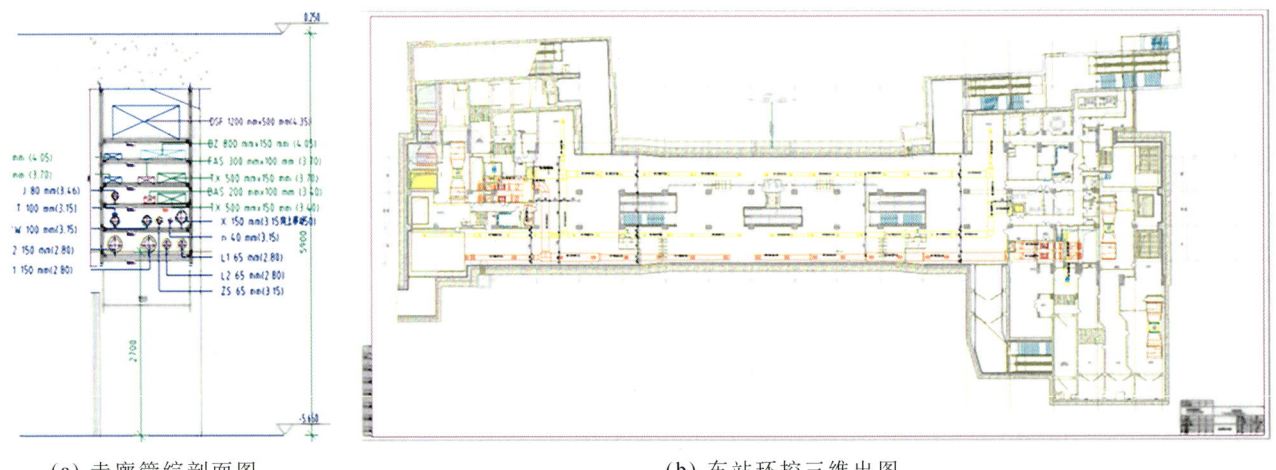

(a) 走廊管综剖面图　　　　　　　　　　(b) 车站环控三维出图

图 6　三维管线综合及出图

项目充分利用 BIM 技术空间真实观感特点，结合 VR 技术，开展装修设计的仿真模拟，实现所设即所见，所见即所得，在方案比选中发挥了重要作用，提升了 18 号线整体设计品质。18 号线以"功能融合装饰"为原则，通过无吊顶裸装风格，展现上海轨道交通空间的国际身份与行业特色，实现"大气包容、传承历史、海派现代"的品质感受。在方便运维管理的同时，提升空间的舒适性，展现更丰富的文化内容，凸显更高水准的艺术品质，打造"可阅读、有温度"的"城市第二空间"（图 7）。

5.2　招投标阶段

项目通过创建满足招标要求的土建、机电、装修工程量 BIM 模型，根据各专业分部分项清单开项表，辅助开展招标工程量统计，分别与施工图预算单位、投资监理单位的工程量进行三方对比分析，相互校验，提高工程算量的准确性，有效减少人为因素影响以及后期合同变更（图 8）。

(a) 丹阳路站厅BIM效果图

(b) 丹阳路站厅完工现状

图7 丹阳路站装修方案模型及现场实拍

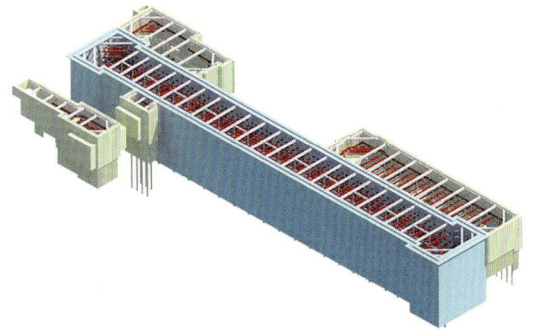
(a) 下沙站厅围护结构BIM模型

(b) 工程量对比分析表

图8 招标模型及工程量对比分析表

在此基础上，突破传统软件明细表出量统计方式，通过开发新型数字化统计软件，创新技术路线，将设计阶段模型信息无缝传递到招投标阶段，减少数据传递中间流程，便于信息累积与追溯，同时提升效率、准确性及数据标准化（图9）。

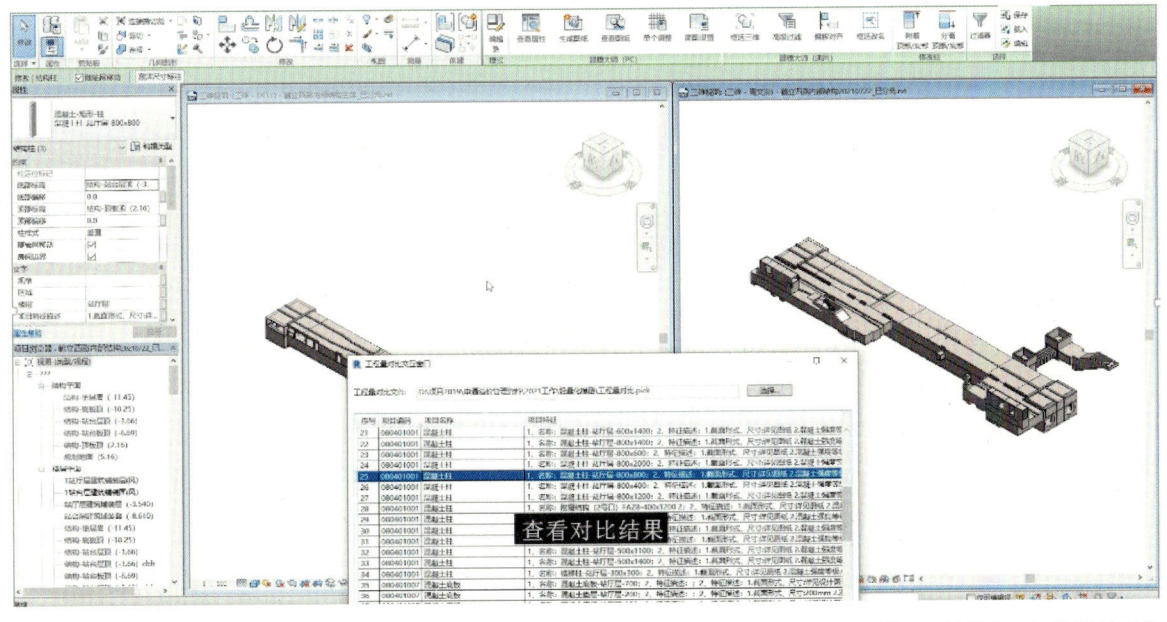

图9 基于Revit的算量插件

针对业主重点关注的钢筋，项目探索使用两款软件（Tekla与Revit）进行建模，对比两款软件在建模效率、准确性、软件功能、数据传递及二次开发可能性方面的差异，将重点复杂、异形构件作为应用对象，可借助创建BIM三维钢筋模型来指导现场工人放样和绑扎，提升重要构件的安全性。鉴于Revit建模软件自身的钢筋创建方式效率低下，通过开发基于Revit的轨道交通钢筋模型创建插件，实现钢筋管理的数字化和程序化，从而有效实现钢筋的最大化利用，指导施工准确适用。其极大简化了人力成本，达到缩短建模工期、保证工程质量、减少浪费的目的（图10）。

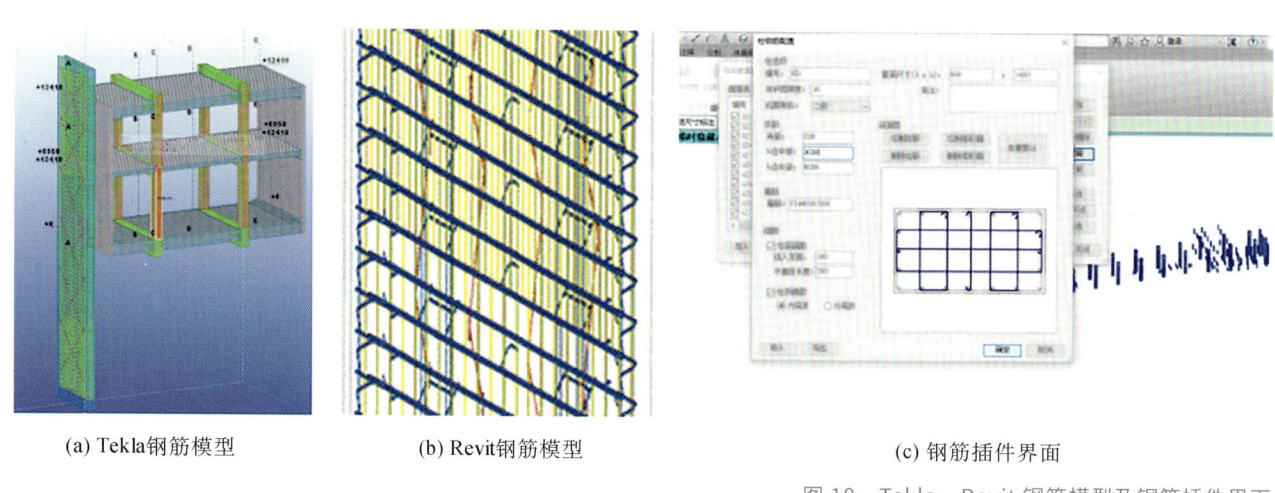

(a) Tekla钢筋模型　　(b) Revit钢筋模型　　(c) 钢筋插件界面

图10　Tekla、Revit钢筋模型及钢筋插件界面

5.3　施工阶段

在施工准备阶段，利用BIM技术可提前消化设计方案，施工单位发现并解决各类潜在的软、硬碰撞问题，并在此基础上深化设计方案，用于指导实际现场施工（图11）。

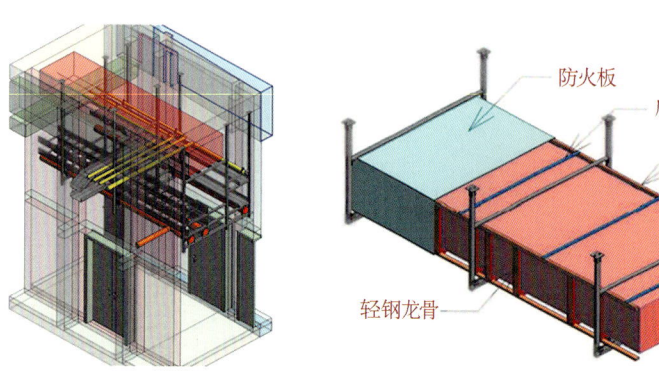 

(a) 走廊施工深化模型　　(b) 风管施工安装工艺模型　　(c) 模型指导现场施工

图11　施工深化模型及现场张贴指导施工

18号线一期全线车站公共区采用裸装工业风格，给设计、施工带来了极大困难。施工过程中各参与方依托BIM技术可实现多专业集成特点，充分发挥BIM技术三维可视化和多专业协同的优势，统筹考虑材质、颜色、布局等因素，进行深入研究和精细化作业，确保最终效果完美呈现；重点突出地面、墙面、顶面、各类终端、管道路由及综合支吊架布设等设计和施工的细节处理；降低材料选择和加工安装对人员经验、专业技能的要求，减少耗费的人力和时间；促进了各工种之间的密切配合与协作，实现整体效果协调统一。同时，基于统一的BIM技术实施平台，对施工关键点开展综合技术方案

讨论，协同打磨方案细节，集众人智慧形成一套高水准的施工安装标准，助力打造国内首条全线公共区无吊顶装饰线路（图12），并为后期同类型轨道交通建设提供技术参考。

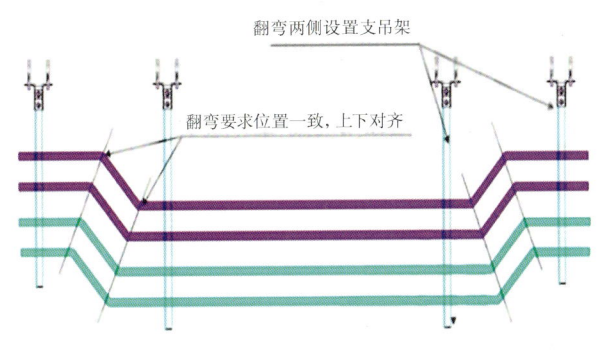
(a) 桥架施工工艺模型

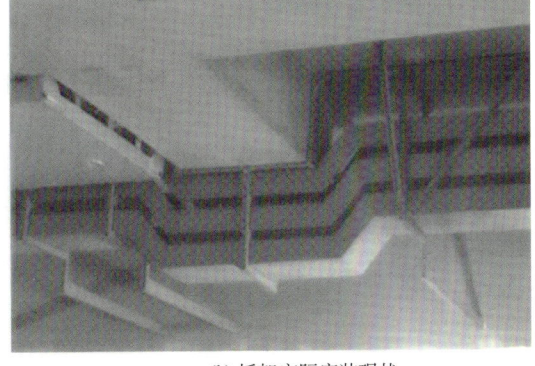
(b) 桥架实际安装现状

(c) 车站公共区施工深化模型

(d) 车站公共区实际安装现状

图 12 BIM 技术统一施工工艺

针对复杂施工环境，通过三维数字化模拟，全面评估施工方案的合理性和可实施性，预判风险，辅助制定应急预案，保护运营线路和周边建（构）筑物安全（图13）。

(a) 江浦路冻结暗挖模拟

(b) 周浦预制装配式地下连续墙模拟

(c) 错峰管片拼装模拟

图 13 数字化施工模拟

在施工阶段通过将施工进度计划与施工图 BIM 模型整合，借助相关施工信息平台形成 4D 施工模型，模拟项目整体施工进度安排，通过移动端上传相关质量、安全问题，并指定负责人设置工作任务，限期整改；积累质量数据并生成质量周报、月报以及季报，为项目质量例会提供数据支撑。随工程进展同步采集现场施工照片、质量问题、安全问题、文明施工问题，用于管理各专业分包现场工作；同时可随时查看拟施工的模型和相关资料，提升管理效率，提高施工质量并确保安全（图14）。

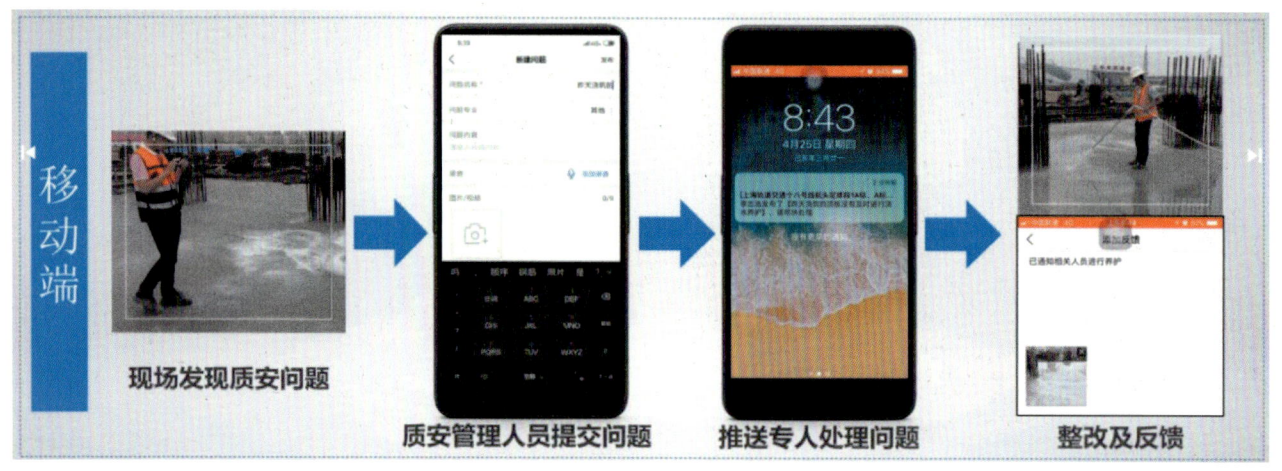

图 14　数字化管理平台及应用

5.4　交付阶段

本项目突破传统线下人工收集、审查方式，第一次在地铁建设过程中借助信息化手段，创新性地开发了相应的数字化平台，将设备供应商资料的提交、审核、反馈等管理流程嵌入平台，提高了沟通效率，减轻了人工工作量并有效提升了资料的准确性，同时为后期运维数字化底座的搭建提供了数据基础。

项目针对性开发了数据自动校验软件，校验模型是否包含完整的实体、是否包含完整的属性信息、实体的命名与编码是否合乎标准、模型是否满足相应的设计或施工规范的要求、实体与实体之间的关联信息是否准确等，实现数字化技术手段核验成果，规范数据标准化，保障数字资产质量，为数据交付传递到运营维护管理阶段提供了重要技术支撑（图 15）。

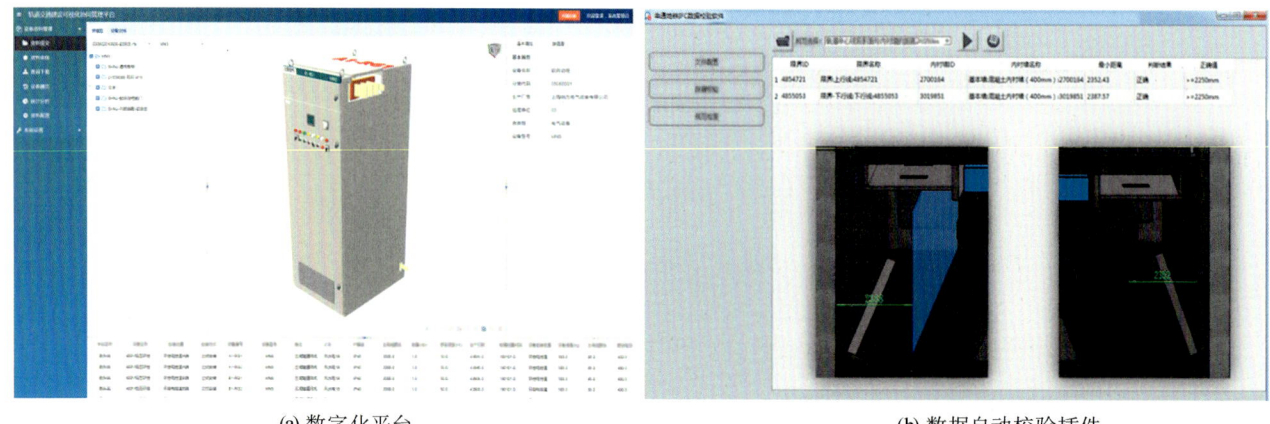

(a) 数字化平台　　　　　　　　　　　　(b) 数据自动校验插件

图 15　数字化平台及自动校验插件

5.5　运维阶段

18 号线一期工程是上海地铁第一条通车时同步交付竣工模型的线路，全生命期应用 BIM 技术的理念贯穿始终。通过将 BIM 技术及其与物联网、室内定位等技术的融合拓展应用到城市轨道交通运维平台并投入使用，助力打造基于 BIM+IoT 的轨道交通数字孪生底座建设；实现了多源异构数据自动化集成，驱动标准化运维管理业务；制定 BIM 与制造业、IoT 数据交换标准，实现全业务链数据深度融合；优化移交流程，实现数字资产与实物资产同步移交（图 16）。

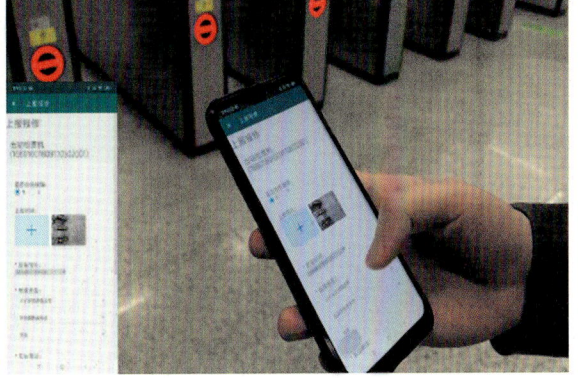

(a) 运维管理平台　　　　　　　　　　　　(b) 故障上报

图 16　BIM 运维管理平台及功能

6　总结与展望

6.1　总结

借助 BIM 技术，以数字化技术为抓手，通过多元拓展性设计、施工精细化管理、工程数字化交付、智慧运维等数字化应用，实现轨道交通工程建设各阶段工程对象的信息化及可视化管理，在沟通效率、技术研究、管理水平、成果质量等方面都有所突破和提升，助力本项目打造高水平、高品质、高效率的智慧城市轨道交通工程。

在全生命期基于 BIM 技术的数字化应用加持下，项目实现了 BIM 数据全生命期无缝传递，并在数字化领域取得了包括 A+ 设计奖、iF 设计奖、上海市优秀设计奖、"白玉兰"奖、中国安装之星、鲁班奖等一系列奖项。相关应用标准、实施办法和管理经验已被推广应用于目前在建的新线路中。

6.2　展望

本项目基于 BIM 技术的数字化应用实现了多个崭新尝试，为后续工程项目探索了方向。在后续工程项目 BIM 应用中，有以下几点建议：

（1）目前国内市场上的 BIM 软件基本被国外软件巨头垄断，当前上海地铁中使用的建模软件都是欧特克公司的 Autodesk Revit，不排除后期受到软件商科技霸权的可能性。建议国内相关软件公司针对建模软件，尽快研发完成相应功能的产品，形成一套国内软件体系。

（2）部分应用在实施过程中受到一些不可抗力制约，比如市政管线搬迁受制于权属单位的管理权限以及物探单位的成果可靠性，实施过程中的协调和沟通成本巨大，信息传递不畅。建议相关应用应充分考虑实施主体和牵头单位沟通条线职责分工，降低过程沟通成本，提高效率。

（3）三维管线综合是最能体现 BIM 优势的应用点，但是目前综合支吊架专业在管线综合时均未介入，导致三维管线综合无法用于指导实际施工。建议在设计阶段三维管线综合时支吊架设计专业提前配合介入，过程中务必考虑综合支吊架的布置，以指导施工为目标，考虑各类扣件的安装高度及其施工空间要求。

（4）施工过程 BIM 深化在本项目上得到了各方的一致认可。在此基础上，建议后期建设项目可进一步挖掘价值，可考虑在机电安装阶段采用装配式预制化与 BIM 技术的融合，提高施工安装效率。

参考文献
[1] 中华人民共和国国民经济和社会发展第十四个五年规划和 2035 年远景目标纲要 [EB/OL]. (2021-03-13) [2024-03-21].
https://www.gov.cn/xinwen/2021-03/13/content_5592681.htm?eqid=bb1334d5000a15c300000002646732f0.

供稿人：陈百会　孟柯　裴芳琼　陈琳　陈亚冬
上海市隧道工程轨道交通设计研究院

专家点评

本案例实现全生命期全方位的 BIM 技术在上海轨道交通 18 号线工程中的应用，设计阶段实现信息共享、多方协同，提高协作效率和设计质量；招标阶段提升统计准确性，增强成本控制，辅助提升造价管理水平；施工阶段通过数字化管理辅助提升进度、质量、安全等综合管理效率；交付阶段创新核验技术手段，保障数字资产质量。项目以 BIM 模型数据为基础，整合运维期间各类动态数据，以动态数据驱动标准化运营维护业务流程，并对运维数据进行综合分析和深度挖掘，实现虚实结合的高效运维管理，实现了从建设至运维阶段数据链的深度融合，是一个成功整合政策导向、技术与管理的典型示范项目，取得了显著的经济效益和社会效益，对于提升城市轨道交通的建设和管理水平具有重要借鉴意义，并具有较高的推广应用价值。

第二篇
基础设施赛道

案例 03

上海浦东机场 T3 航站楼地下工程全场景 BIM 应用研究与实践

1 项目概述

1.1 工程概况

上海浦东机场 T3 航站楼地下交通枢纽工程项目位于浦东新区浦东国际机场内，东至机场跑道，西至飞翱路，南至现状围场河，北至南侧滑行道，工程主要建设内容包括南北停车楼（地下部分）、空侧捷运站、轨道交通车站、交通枢纽大厅、旅客休息用房（地下部分）等。

BIM 应用以 T3 航站楼地下交通枢纽工程为依托，旨在形成面向空铁联运的空港多轨道交通地下交通综合体 BIM 应用体系，通过创建特大超深地下工程全流程、工序级、分层式 BIM 应用体系，全面提升本工程的建设管理效能（图 1）。

图 1　T3 航站楼效果图

1.2 项目特点

（1）超大项目规模：浦东机场未来将在 T1、T2 航站楼及卫星厅南侧建设多线轨道交通接入系统，与航站楼形成上下叠合一体的综合交通枢纽，年旅客吞吐量 5 000 万人次。

(2) 超深滨海基坑：本项目基坑工程面积巨大，开挖深度超深，整个基坑工程核心区域土方开挖量约 800 万 m^3。

(3) 超多限制条件：周边场地环境、轨道交通布局等限制较多。

(4) 超广工作场地：T3 航站楼建设区域，占地面积约 93.63 万 m^2。

(5) 超大工程体量：T3 航站楼地下交通枢纽工程建筑面积约 64 万 m^2。项目预计总投资约 148 亿元。

1.3 建设目标

通过数字化建设，形成覆盖投资决策、勘察设计、施工建造、成果交付各个阶段的系统性数字化应用方案，促进智慧管理增效，打造建设"品质工程"，为超大规模机场数字建设提供示范性应用，为树立中国数字机场建设品牌提供支持。

(1) 打造以工程项目建设为主线，以高效协同、精细管理、智能创新为特点的智慧管理平台。

(2) 打造以 BIM 技术为基础的智慧建造平台。

(3) 推广智慧工地建设，打造智慧监管平台。

(4) 形成可移植、可复制的数字建造及数字管理通用规范。

2 "1+3+N" BIM 管理体系

2.1 总体架构

以组织体系为管理保障，标准体系为管理基础，平台体系为管理工具，建设"1+3+N"BIM 管理体系（图 2）。

"1"：以协同项目管理（Construction Project Management, CPM）为主，BIM 和地理信息系统（Geographic Information System, GIS）技术作为支撑。

"3"：分别为数字设计、数字施工以及数字监理平台。

"N"：包含数字勘察、监测以及其他各类平台。

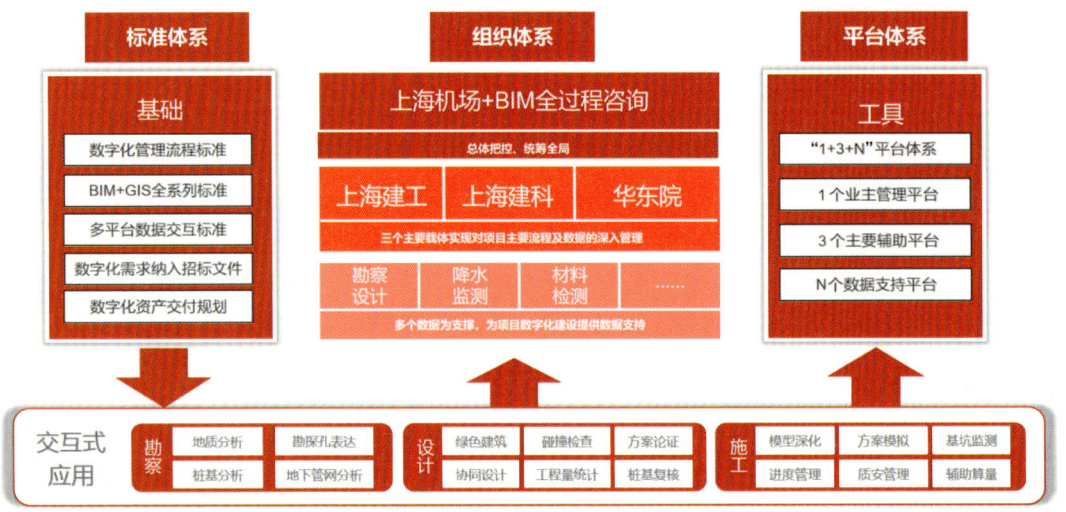

图 2　总体架构

2.2 组织架构

组织架构流程如图 3 所示。

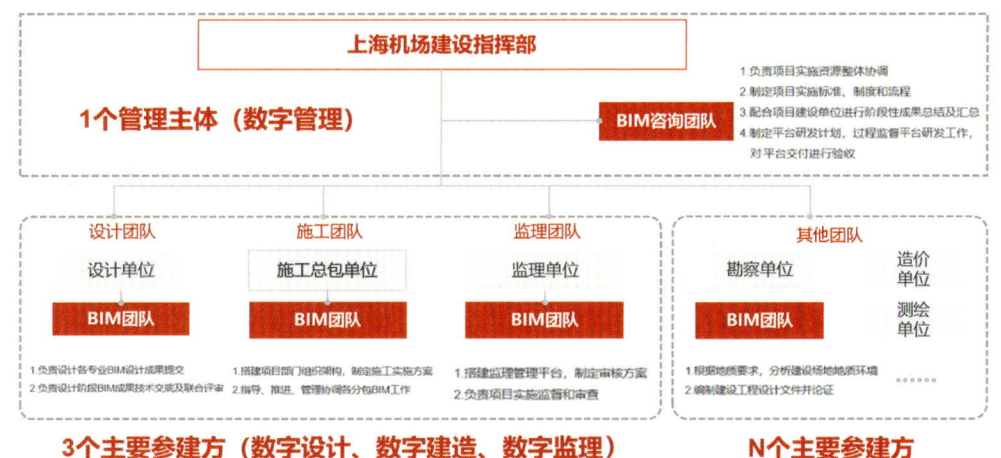

图 3　组织架构流程

2.3 标准体系

为保证数据表达的准确性、完整性，本项目已建立适用于数字底座的标准体系，并形成贯穿始终的"一套标准"。以 T3 航站楼工程为依托打造数字底座，结合"1+3+N"的平台管理体系，对数据类型进行分析，同时对数字底座进行了数据建设，搭建了一套适合机场地下工程数字化建设的标准体系。数字化标准体系建设以国际与国内标准为依据，并针对机场航站楼建设及实际项目落地进行延伸拓展。

标准体系以智能化交付为导向，并贯穿项目设计、施工阶段，包含多个工程子项，涉及建筑、市政、勘测等不同领域，针对各类 BIM 应用对 BIM 模型的设计深度要求不同，对各个工程子项 BIM 模型与应用进行规范与统一，并针对 IFC 国际数据格式进行研究。

已完成的建设管理智慧化转型基础包括以下几类标准：

1）应用类标准

《浦东机场四期扩建工程 BIM 应用交付标准》。

2）数据类标准

《浦东机场四期扩建工程 BIM 模型交付标准》；

《浦东机场四期扩建工程数字资产交付标准》；

《浦东机场四期扩建工程 BIM 编码标准》；

《浦东机场四期扩建工程 Revit 建模规范》；

《浦东机场四期扩建工程 BIM 族库标准》；

《浦东机场四期扩建工程 GIS 数据标准》；

《浦东机场四期扩建工程多数据融合标准》。

3）安全类标准

《网络数据处理安全要求》；

《网络信息安全管理标准》；

《数字模型底座建立及信息添加标准》;
《数字底座数据服务接口规范》;
4）管理流程与管理办法
《智慧建管平台管理办法》;
《智能建造过程管理办法》;
《建设项目管理流程规范》。
5）平台使用手册
《平台实施应用手册》;
《系统用户操作手册》。

2.4 平台群体系

本体系充分发挥各参建方自身专业性平台的数字基础，研究数据管理与工程管理相匹配的分层式平台群架构，建设1个业主管理平台、3个辅助管理平台及N个数据支持平台，编制"1+3+N"分层式平台群的整体数据架构和数据协同标准，同时完成相应网络基础设施配套建设（图4）。

"1"业主管理平台作为数字平台群顶层，服务于业主内部管理，统筹全局，提高业主对特大工程项目的整体把控能力，支撑项目进度计划、质量安全与投资结算进行精细化分析。

"3"辅助管理平台作为数字平台群的中间层，包含设计、监理与施工平台，为三个主要数据管理载体，实现对项目主要流程及数据的深入管理。

"N"数据支持平台作为数字平台群的基础层，包含特大工程项目勘察、测绘、监测、检测等各类数据采集与管理平台，为数字平台群提供一线数据及分析模型，同时为各类IoT设备预留网络架构扩展接口。

图4 平台群体系示意

3 项目实施亮点

3.1 数字勘察

提出并实现濒海特大超深地下工程水土一体化信息模型精细化建模技术，解决工程地质、水文地质、特殊地质体全要素表达综合建模问题，为工程地质赋存条件全面有效分析提供了数字化应用载体；研发深化地下管网模型数字化表达技术，实现基于管网标准构件的数据驱动建模与精细化自适应连接等关键技术问题，并形成工程建设全过程动态更新机制，为工程建设全生命期提供精细化模型，助力地下管网数字资产管理；研发形成濒海特大超深地下工程勘测信息一体化集成技术，基于空间数据引擎对勘测多源三维要素进行全面三维解析与转换，实现 GIS+BIM 环境勘测数字信息综合管理，为工程地下水土风险全面集成分析应用提供平台数据基础，并提高针对此风险的三维分析能力。

3.1.1 特大超深水土一体化数字地质模型

本项目基坑地质情况复杂，存在大面积的古河道以及成陆时间短、软土地基等不利情况，还有不少地下管线，给施工带来巨大潜在风险。为更加清晰地掌控项目岩土工程风险，在勘察阶段，根据勘探孔数据创建超大地下结构水土一体化模型，整合布点、地质、管网等地下建（构）筑物信息模型，实现地下空间的"透明化"（图 5）。

（1）基于 GIS 技术实现勘探孔信息的数字化集成，勘探孔模型 2 000 多个。

（2）建立项目范围内近 60 万 m² 的地质模型，揭示场地内多种地层类型空间分布，实现项目地质勘察三维模型的集成展示，服务地下工程建设的地质分析。

（3）数据驱动探测项目范围内原有、改迁、新建管线模型总里程超过 130 km。

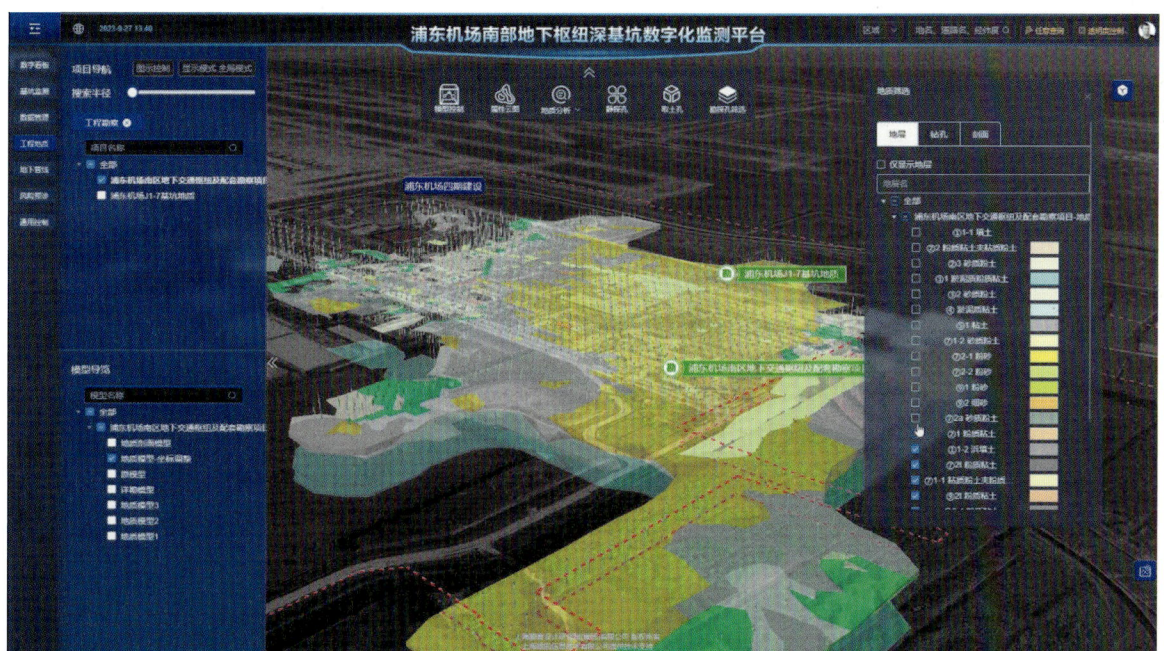

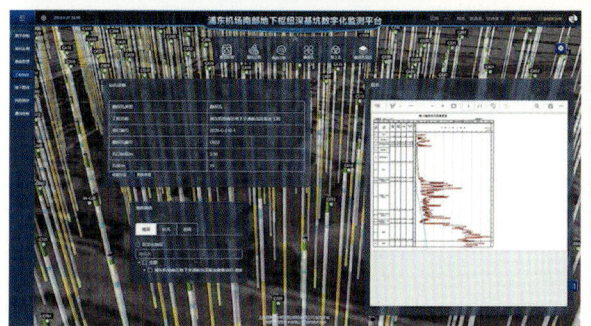

图 5　浦东机场南部地下枢纽深基坑数字化监测平台

3.1.2 基于 BIM 模型的工况、监测、降水联动管理

针对项目数字建设范围内的基坑工程施工，制定监测信息模型技术标准和实施方案；收集并整理数字建设范围内基坑工程施工监测方案数据信息，形成监测标准化数据库；建立工程范围内监测信息模型；基于基坑工程监测方案，提供监测信息模型更新服务。

通过基坑变形数据采集、开发数据接口、在图形化显示界面部署监测模块，实现监测点模型与人工监测数据及自动化监测数据的动态关联。通过三维可视化方式实时显示监测点风险状态，将监测点状态反馈给项目各参建方。

将每日开挖工况、监测数据、降水数据在 BIM 模型中集成，实现"每挖一块土所有数据联动"。将 800 万 m^3 土方开挖的超深超大基坑安全风险实时监控从不可能变为高效有序（图 6）。

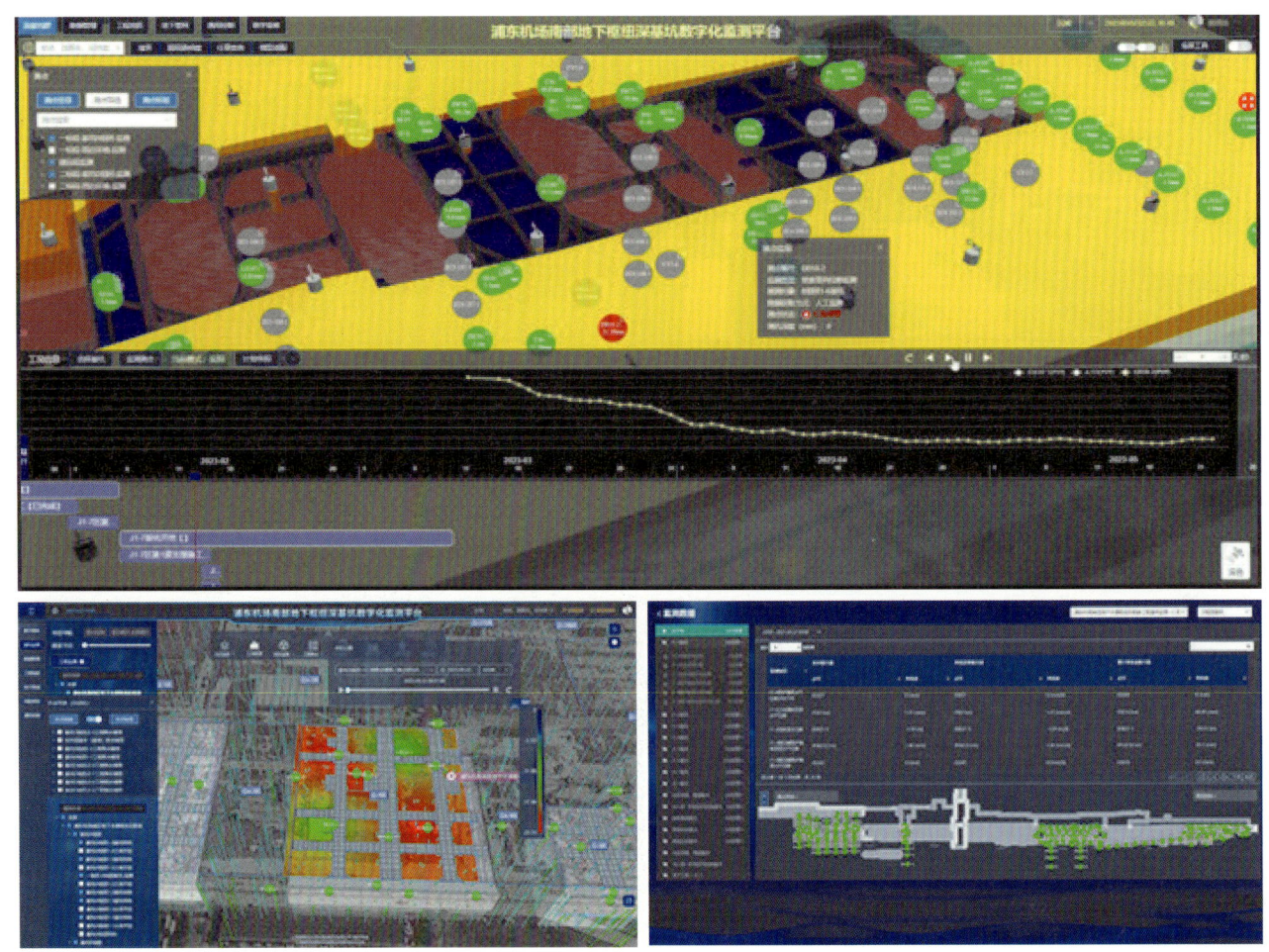

图 6 数字化监测平台

3.1.3 基于地下风险"一张图"管控与数字化共享

在监测信息全面数字化表达的基础上，利用 BIM+GIS 多源信息融合引擎对特大超深基坑全要素信息进行动态集成，建立涵盖基坑结构、工程监测、地质、地下管线、重要建（构）筑物等信息的风险预警数字沙盘。本次建设的数字沙盘将通过数字模型与系统数据集成技术汇聚多源风险信息，实现地下工程静态赋存条件与动态施工风险的有效融合。数字沙盘为参建各方提供了一个集成地下全要素信息的查询分析平台，实现风险要素信息的综合分析与协同共享（图 7）。

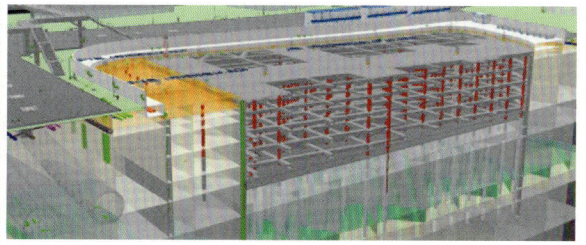

图 7　特大超深基坑监测信息数字沙盘示意

3.2　数字设计

本项目地下交通枢纽及配套工程从设计源头就要求数字化，通过数字化建模、仿真、分析，不断优化方案，实现对建筑规模、功能、动线、性能的精确计算。运用数字化技术，植入数字基因，首次全过程实现数字化报规、数字化设计，将机场蓝图变成千万级零部件、万兆级数据库，打造出濒海特大尺度复杂场地、特大枢纽型工程的数字底座，为后续数字建造和智慧运维奠定基础。

3.2.1　BIM 驱动的三维数字协同设计与优化

本项目工程结构形态复杂，涉及多专业，多家设计单位参与，设计人员达 260 余人，必须通过三维参数化设计协同，完成各专业之间数据信息更新与互动。以数字信息为资料载体，把项目的全部信息集中于一个数据模型，动态查看参数的变化，得出最优数字化设计方案，实现设计与施工参数化模型对接（图 8—图 11）。

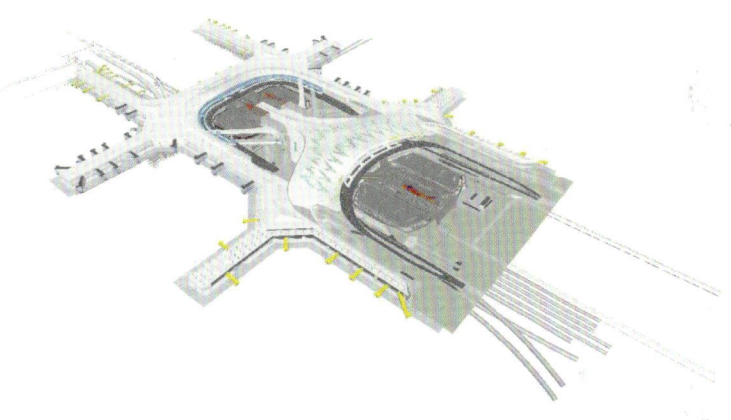

图 8　建筑模型

施工图预算与招投标工程量清单计算是在工程施工图设计和招标阶段，在设计的施工图模型基础上，依据招投标相关要求，附加招投标信息，按照招投标确定的工程量计算原则，深化施工图模型，形成施工图预算模型，利用施工图预算模型辅助编制招标工程量清单（图 12—图 13）。

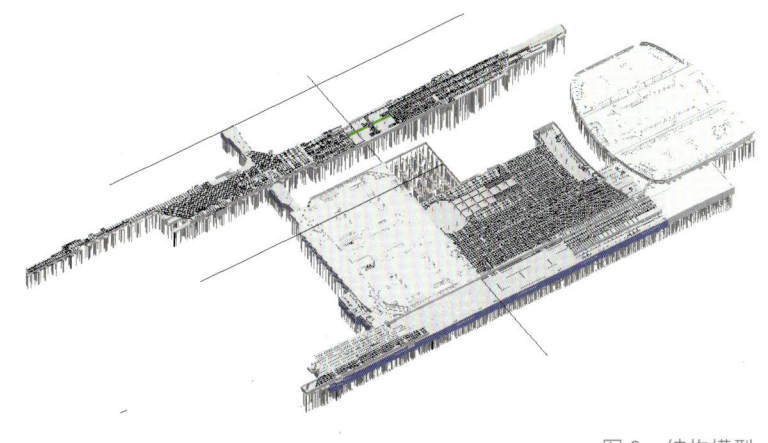

图 9　结构模型

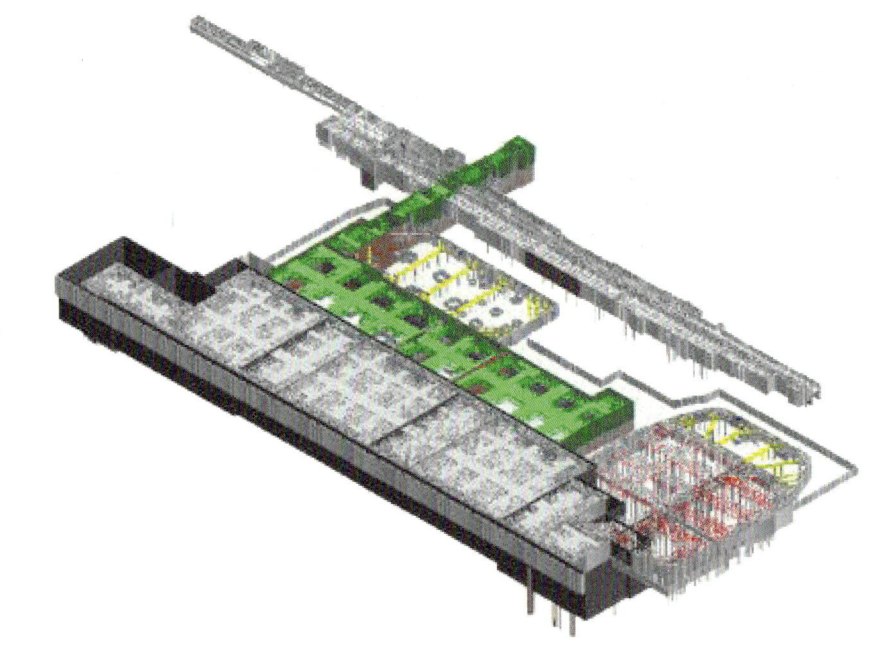

图 10 桩基、基坑模型

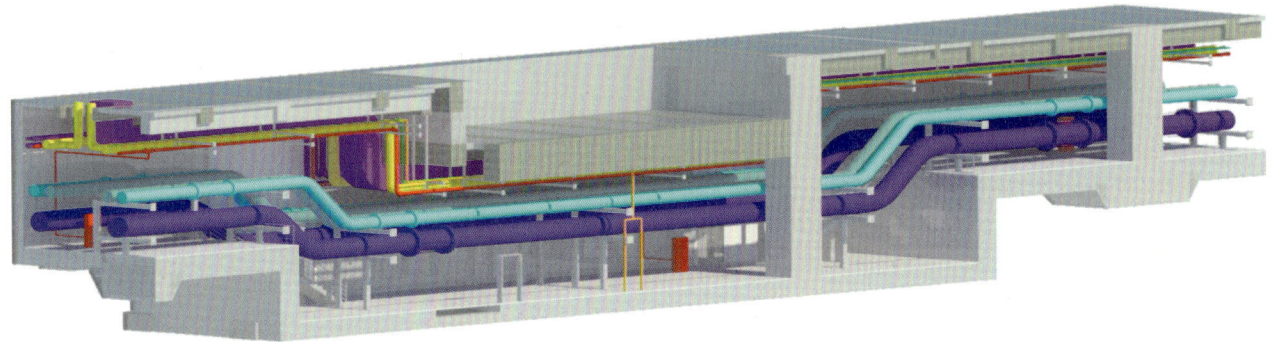

图 11 共同沟机电模型

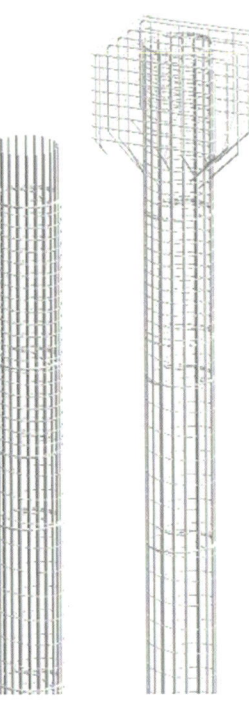

桩类型	数量(根)	钢筋长度(m)	钢筋总量(m)
BMZ1	102	1432.057	13504.393
BMZ3	99	1273.861	12535.162
BMZ4	101	1380.389	13921.418
BMZ6	95	2167.36	31402.656
BMZ7	118	1919.653	21275.262
BMZ10	102	1245.047	12332.487
BMZ11	109	1589.726	16225.701
BSZ1	95	1573.118	19814.645
BSZ3	86	1384.56	17755.502
BSZ4	91	1507.892	19837.844
BSZ6	79	2361.325	43135.334
BSZ7	112	2204.16	34615.325
BSZ10	92	1351.625	17694.786
BSZ11	99	1743.434	23015.225
BZ1	72	1030.386	9369.329
BZ3	71	936.334	9095.19
BZ4	70	914.287	8875.495
BZ6	54	1074.66	19535.157
BZ7	162	2437.269	27014.515
BZ10	74	899.161	8755.475
BZ11	77	1073.179	10496.475
YSZ1	77	1170.615	7036.399
YSZ3	93	1195.174	9180.383
YSZ5、YSZ5a	97	2229.868	35927.413
YSZ6、YSZ6a	94	2151.974	34706.378
YSZ7、YSZ7a	140	2417.035	45950.24
YSZ9、YSZ9a	128	2062.352	30723.601
YSZ10	78	1036.324	6620.335
YSZ11	82	1192.851	7774.041
Z1	46	796.893	4760.26
Z2	87	1328.702	8291.531
Z3	64	858.346	6631.551
Z4	46	808.353	4888.779
Z5	44	996.588	12022.612
Z6	48	899.149	11572.17
Z7	111	1862.733	10157.235
Z7a	74	993.601	9185.284
Z8	80	1470.63	19079.17
Z9、Z9a	98	1586.697	23584.045
Z10	49	740.567	4752.506

图 12 钢筋工程量清单

名称	编号	类型	混凝土强度等级	结构材料	根数	总体积（m³）
钻孔灌注桩	BZ1-D800	抗拔桩	C35	钢筋混凝土	767	19049.53
钻孔灌注桩	BZ2-D700	抗拔桩	C35	钢筋混凝土	853	12604.59
钻孔灌注桩	BZ3-D700	抗拔桩	C35	钢筋混凝土	731	11241.51
钻孔灌注桩	BZ4-D700	抗拔桩	C35	钢筋混凝土	1496	21344.28
钻孔灌注桩	BZ7-D800	抗拔桩	C40	钢筋混凝土	2387	55959.8
钻孔灌注桩	Z1-D800	抗压桩	C35	钢筋混凝土	2101	50670.85
钻孔灌注桩	Z2-D700	抗压桩	C35	钢筋混凝土	596	9958.45
钻孔灌注桩	Z3-D700	抗压桩	C35	钢筋混凝土	178	2739.88
钻孔灌注桩	Z7-D800	抗压桩	C40	钢筋混凝土	346	8310.5
钻孔灌注桩	Z8-D1000	抗压桩	C40	钢筋混凝土	65	2557.75
旋挖扩底灌注桩	BZ6-D850	抗拔桩	C40	钢筋混凝土	7463	162739
旋挖扩底灌注桩	Z5-D1000	抗压桩	C40	钢筋混凝土	580	21442.27
旋挖扩底灌注桩	Z6-D850	抗压桩	C40	钢筋混凝土	2779	61776.05
总计					20342	440394.46

图 13　混凝土工程量清单

3.2.2 以数据管理为核心的数字化设计综合

以数据管理为核心的数字化设计综合是设计阶段一个重要的应用内容，它的实施对于提高设计质量有很大的促进作用。设计综合主要包括四部分内容，分别为图面分析、碰撞检测、设计综合以及净空分析。

数字化管线综合设计是借助数字化模型对设计的施工图进行各专业管线综合布线方案的优化，优化后的管线排布、走向符合原始设计意图，满足设计功能及技术要求。同时，使各专业管线的空间排布更加合理，使建（构）筑物空间利用更加充分、合理（图14）。

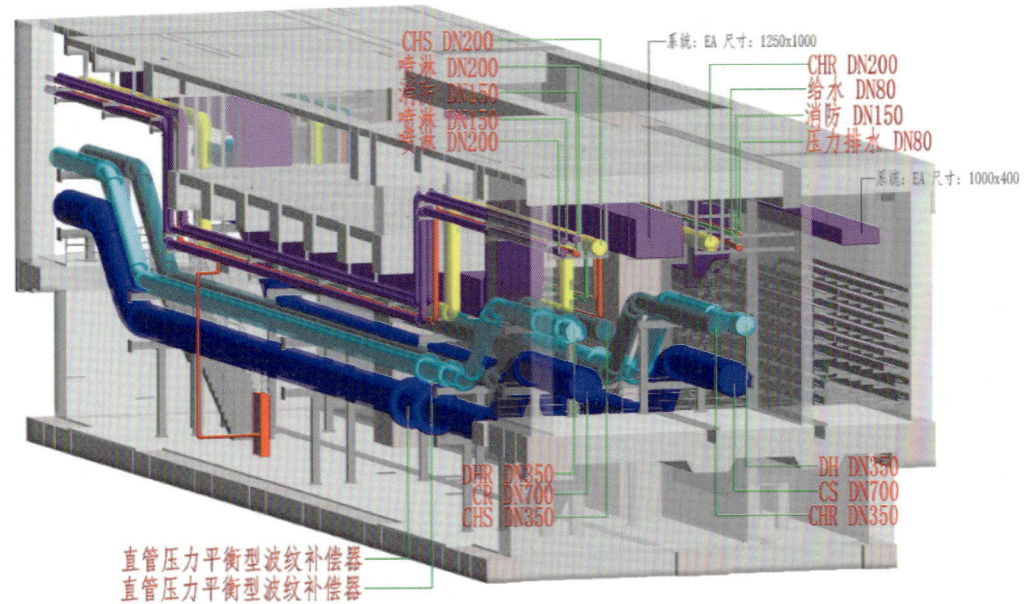

图 14　机电综合模型

3.3 数字监理

基于数字监理系统监理一线工作的数字化改造，其一，可以实现监理工作的标准化，规范监理工作方式和行为，形成统一的工作标准；其二，可以实现监理工作的无纸化，大量纸质记录被电子记录所取代，不仅节省大量纸质资源，还帮助一线监理节省大力采集数据时间和整理工作；其三，可以实现监理工作的数字化，将监理在质量、安全、进度等方面的管控工作从传统方式中解脱出来，简化流程，提高工作效率，并将大量工作数据结构化存储，为数据追溯提供宝贵的来源；其四，基于质量大数据算法可以自动化预测最终质量成果，判断工程质量发展趋势，实现质量管控的自动化、智能化发展。

3.3.1 基于 AI 的标准化安全管控

通过布设视频监控设备，基于图像识别算法对现场布点进行全面监控，可以及时发现安全风险源，提供全时段、全范围的安全管控工具。同时对常见的施工安全风险进行梳理，创建施工安全风险源知识库，并据此制定安全巡视标准模板内置到数字化工具中，为安全监理工程师进行标准化的全类型安全巡视提供有力工具，避免因为主观经验不足产生的安全巡视不到位（图15）。

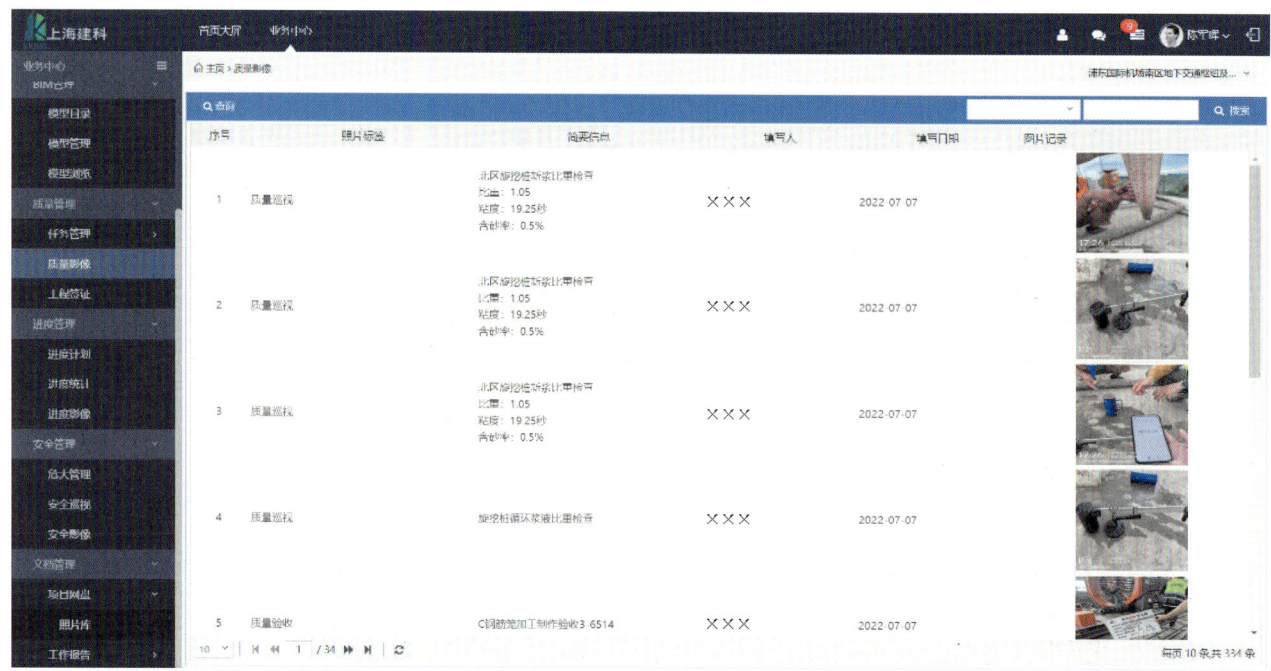

图 15　质量影像

3.3.2 基于 BIM 的工序级全流程信息化监理

通过数字监理系统将所有完全通过质量验收的工程内容自动列为进度完成项，同时反馈给数字化模型，所有进度统计结果在质量上具有合规性（图16）。

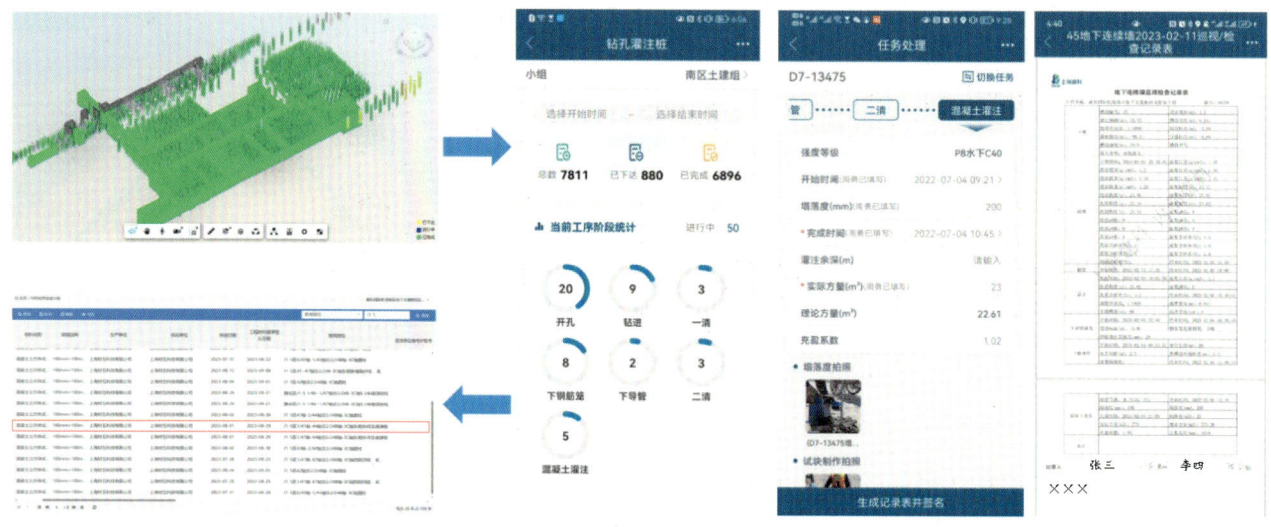

图 16　材料进场、材料检测、工序监察、实体验收

3.4 数字化施工

通过在浦东机场南区地下交通枢纽及配套工程项目中运用施工模拟、智慧工地等信息化技术，以建造全过程信息化为主导，通过信息化管理手段，高效整合各项资源，提升项目施工精细化管理水平。整个过程通过"数据采集—信息记录—数据分析—快速反应"的方式将工程监测的被动"监督"转换为主动"监控"，实现对"人、机、料、法、环"的全方位实时管理，实现建造过程向数字化、智能化发展，并实现工程实体与数字化模型同步的建设成果。

3.4.1 基于 BIM 的工序级全流程信息化施工

（1）超大工程施工过程做到工序级、平台化管理（图 17）。

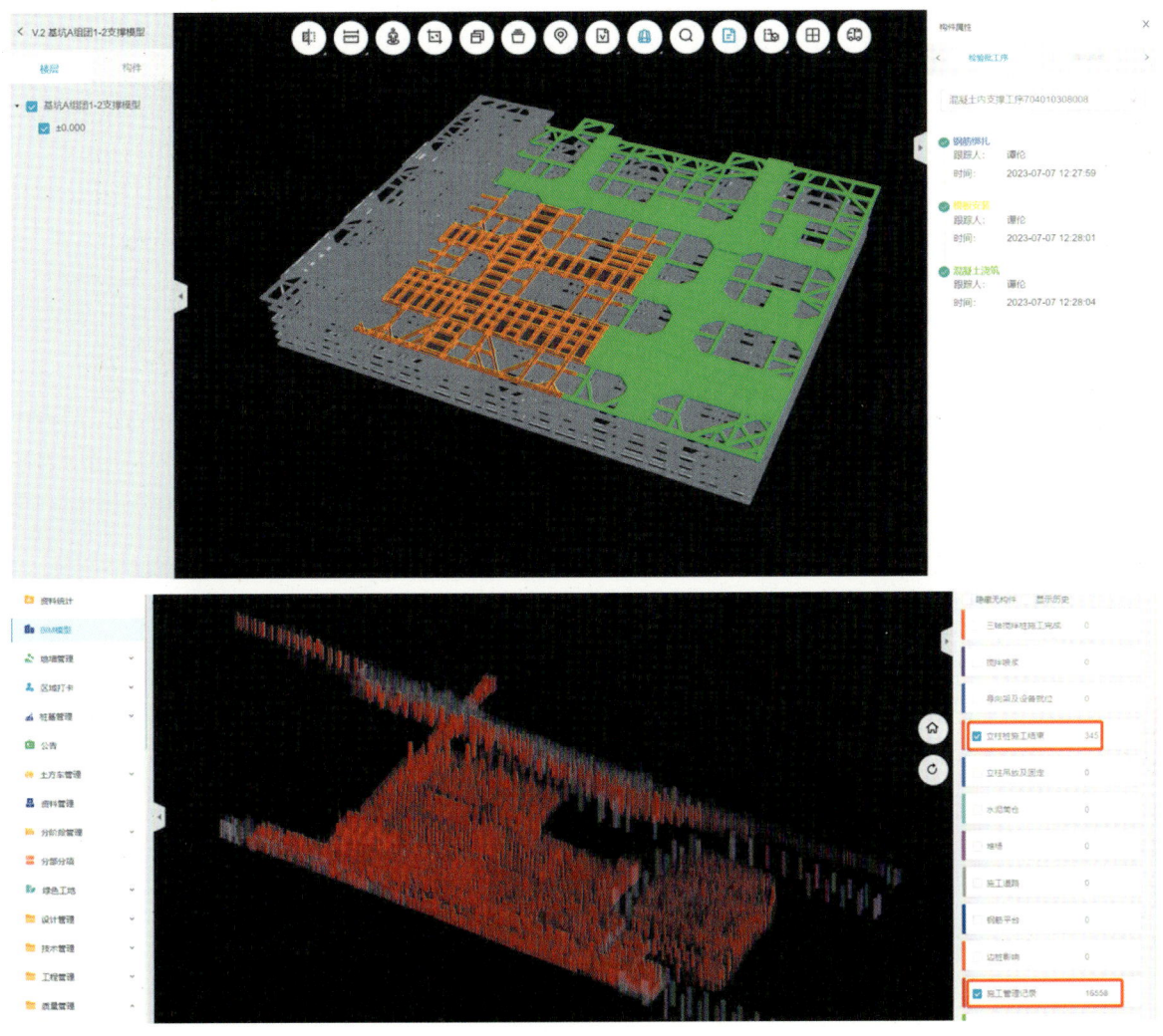

图 17 平台管理

（2）每道工序对应一张质量表单，现场实时填报，自动生成无纸化表单（图 18）。

3.4.2 超大基坑开挖全过程数字管理

通过将超大地下枢纽各个基坑土方形成土方数字化模型，分坑分层分块构建土方模型，并录入土方参数。现场土方车进出场联动车闸、地磅等硬件，取土后自动计算每车次土方量，同时土方量自动在三维模型中进行累加计算，完成三维模型自动更新（图 19）。

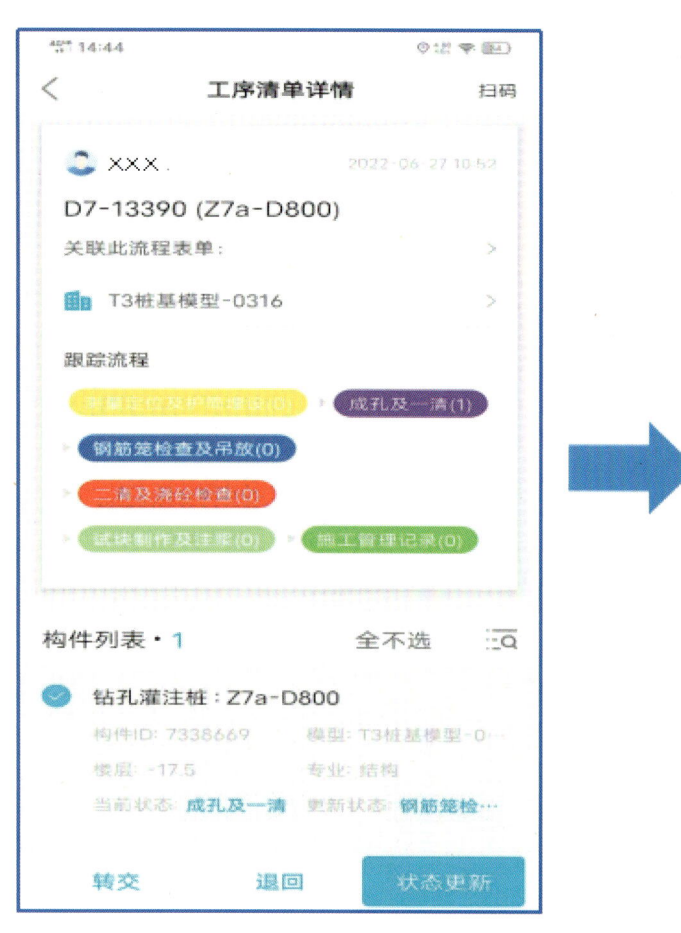 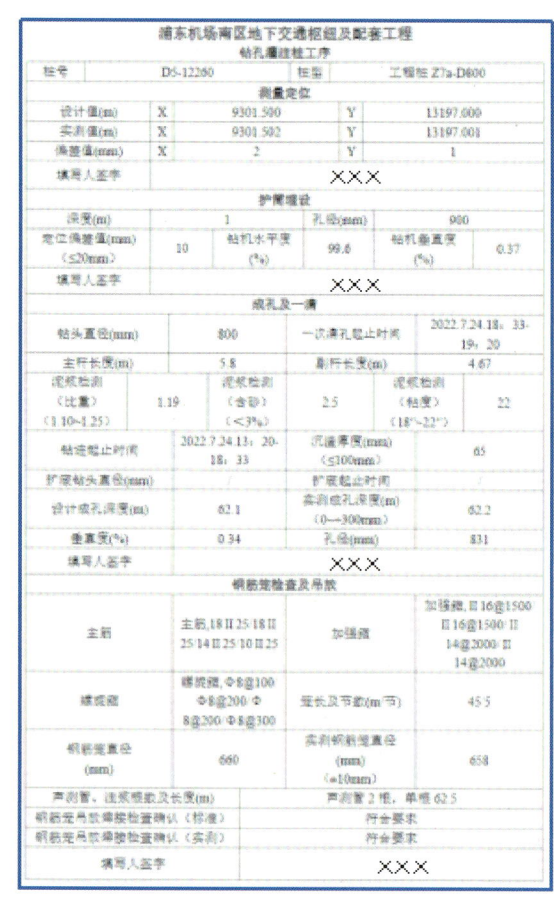

图 18　质量表单

图 19　数字化施工质量管控示意图

目前共有 78 个 BIM 深化模型在平台中使用。2 万根桩基础；1 000 幅地下连续墙；17 种地下围护工艺，如栈桥支撑模型（图 20）、土方模型（图 21）。

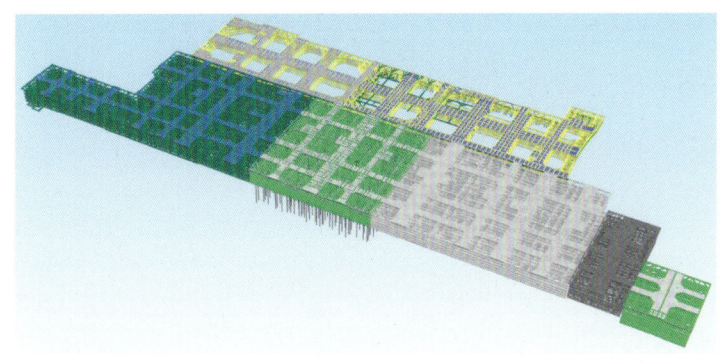

图 20　栈桥支撑模型　　　　　　　　　图 21　土方模型

3.4.3　以"BIM 到现场"为导向的一线施工管理

（1）复杂区域、节点模型现场指导 +AR 巡检指导施工，大幅提高了施工细节质量（图 22）。

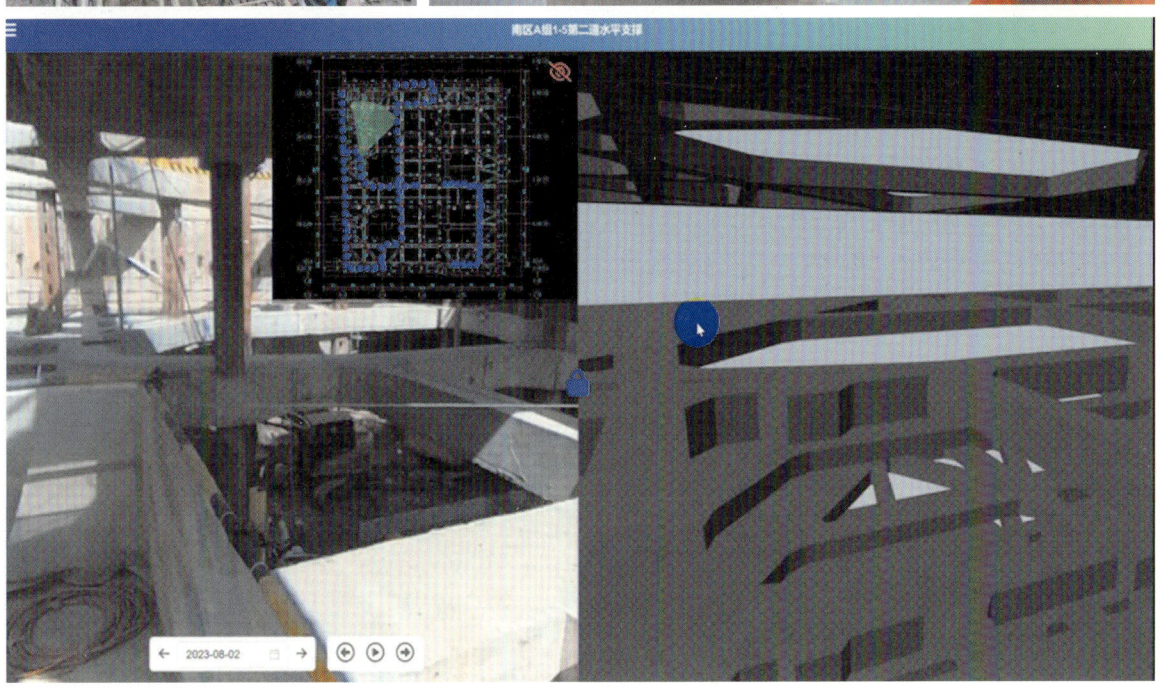

图 22　复杂区域数字化管理示意

（2）连续墙钢筋笼"生产工艺链"进行了数字化赋能和工业化升级。

浦东机场项目复杂、体量大，传统的施工手段无法满足工程建设要求，必须以 BIM 模型加智慧工地平台的组合作为智能施工任务规划中心，对机器人下达指令，突破多个技术难点后实现了工业化批量加工构件，大大提升施工效率，降低人工成本并保障施工质量（图 23）。

4 总结与展望

通过在现场布设自动化监测点，能够减少 20% 现场监测人员外业工作量；通过建设数字监测平台，并将平台推广至设计、施工、监理等参与方，项目参建各方通过数字监测平台能有效管控风险，降低风险发生后所产生的损失。

运用数字可视化功能，在方案汇报会、专业协同会、专题会、项目例会等多个场景下，多次辅助技术与管理团队进行各类汇报，快速、有针对性地解决各专业之间的问题，加快各类方案决策，提高整个设计工作效率约 20%。

利用土方 BIM 模型与施工工况联动，将施工过程监测、降水数据等集成在数字化基坑监测平台中，实现了对土方开挖的全过程数据三维记录，保障了超大基坑群开挖的安全受控。

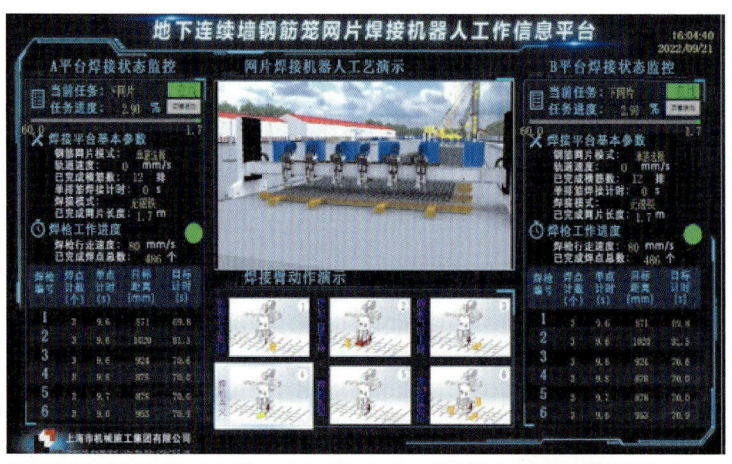

图 23　智慧平台

施工单位与监理单位生产管理无纸化、信息化，结合拆分后的 BIM 模型进行全过程电子表单记录，并将材料检测与 BIM 模型关联，助力工程实现绿色低碳目标。

未来在上海浦东机场 T3 航站楼主体工程中将继续深化 BIM 应用，打造品质领先的国际航空枢纽，将建设期全场景 BIM 应用 + 智慧运营维护规划前置，通过数字化交付，实现数字建设、运营一体化。

供稿人：尤旭东　沈皞然　刘金典

专家点评

上海浦东机场 T3 航站楼地下工程，从"数字勘察""数字设计""数字监理""数字施工"四个方面进行流程融合与数据流转，在保留项目建设传统要素的同时实现大胆创新与应用，实现以三维模型为信息载体的工程管理建设应用与研究，切实解决大型工程项目的痛点、难点，大幅提升管理效率等实际问题。

在"数字勘察"方面，利用BIM+GIS多源信息融合对特大超深基坑全要素信息进行动态集成，实现施工风险动（静）态的有效分析与预测，从而达到风险管控的目的。

在"数字设计"方面，围绕方案设计与投资管控进行实际优化，有效提高现场施工容错率与造价控制。

在"数字监理"方面，基于AI算法与工序级数字化流程，实现工程现场"无纸化"，落实了国家对工程项目低碳、环保的相关要求。

在"数字施工"方面，重点考虑到了技术的落地性，覆盖基坑施工的多项要素，有效提升施工质量与进度。

创新性采用"1+3+N"管理体系，从技术与管理层面构建平台化数据流管控流程。为将来超大型项目建设提供了一种新的解决方案，梳理出一种推广性较强的应用模式，具有较好的经济效益和较高的推广应用价值。

案例 04

北横通道项目数字资产创新点

1 项目概况

北横通道项目（下文中简称"北横通道"）西起北虹路，东至内江路，沿途经过长宁区、普陀区、静安区、黄浦区、虹口区、杨浦区共 6 个行政区，向西衔接北翟快速路，向东接周家嘴路越江隧道，是贯穿上海市北部中心城区的东西向城市主干道，是上海市中心城区"三横三纵"骨架性主干路网组成部分，全长约 19.1 km，是国内目前规模最大的以地下道路为主体的城市主干路，全线工程涉及盾构法隧道、高架道路、立交改造、基坑明挖、地面道路改扩建等内容，对工程全生命期管理的精细度、及时性、准确性、有效性等提出了很高的要求。

北横通道项目在市政工程建设领域首创"业主主导、BIM 专业咨询、各方参与"的管理模式，将 BIM 技术应用贯穿规划、建设和运维全阶段。通过建立一系列北横通道工程 BIM 实施标准和指南，结合 GIS、Web 等技术搭建一个大型市政工程全生命期协同管理平台，实现信息集成、共享、更新和管理，保证信息的一致性，实现各参与方的协同交流、信息共享，促进设计、施工阶段方案优化完善，提高施工组织协调性、有效减少返工误工、降低环境影响，实现对项目建设进度、成本、质量安全动态控制，实现可视化、智能化和移动化管理，提升北横通道项目的精细化管理水平，提高工程管理和决策效率，减少返工浪费，保证工期，提高工程质量和投资效益，最终形成一整套数字资产，移交运营管养单位作为数据基础。

北横通道的实施标准和协同管理平台等成果推动 BIM 技术在市政工程建设中的应用与发展，将为建设方和政府主管部门提供管理上的便利，对未来城市市政基础设施建设水平的提高产生积极影响，为工程绿色可持续发展、市政工程精细化管理提供了可复制、可推广的示范基础，其总体社会效益十分显著。

2 项目特点

北横通道建设的单体工程包括高架桥、下立交、明挖段及工作井土建施工、盾构推进施工、隧道内部结构施工、机电安装、隧道装修、景观设计、竣工验收等程序，涉及设计、施工、监理、第三方监测等众多参建单位，影响工程安全、质量、进度、投资控制等多个目标建设特点及难点，包括：

（1）投资大、线路长、影响范围广、工期紧，现有的建设管理模式难以满足北横通道的管理需要。

（2）沿线的建（构）筑物复杂，沿线主要相关控制建筑共计 85 处，距离隧道最近为 1.05 m；主要相关控制构筑物共计 16 处；沿线主要穿越轨道交通共计 11 处，下穿规划 15 号线时最小净距仅为 3.83 m，与已建 1 号线区间最小净距为 4.0 m。穿越河道共计 12 处。

（3）施工期交通组织难度大：沿线经过多个中心区域，交通流量大，离居民区近、施工期交通组织难度大，环境保护要求高。

（4）建设参与方和相关方多、信息交互量大：工程建设参与方有勘察、设计、施工、供应商、监理、第三方监测检测等，同时工程与交通、消防、公安、市政管线公司、轨道交通等多家单位相关，工程信息总量庞大、交互需求紧迫。

3 数字化规划与管理

3.1 数字化实施目标

本项目以实现北横通道全生命期的 BIM 应用，充分发挥 BIM 价值，有效控制和管理工程建设的质量、进度、成本和安全，提升北横通道的精细化管理水平，提高工程管理和决策效率，减少返工浪费，保证工期，提高工程质量和投资效益，形成全生命期数据资产，达成总体应用目标。同时，为类似的市政工程推进 BIM 技术提供示范基础。

3.2 实施模式与组织架构

北横通道 BIM 技术应用采用"业主主导、专业咨询、各方参与"的模式。各方基于 BIM 实现模型唯一、数据共享，以此达到"出效率、提质量和控成本"的目标。参建各家设计院和施工单位建立内部 BIM 团队进行辅助设计和施工应用，BIM 咨询团队负责建立项目级实施标准，指导、规范各方内部 BIM 团队的成果和应用过程，并进行模型审查，确保模型质量和交付进度；BIM 咨询团队亦负责搭建北横通道基于 BIM 的可视化和项目管理平台，使得各参与方在统一平台上进行信息互换和问题交流，便于业主方的项目管理工作（图 1）。

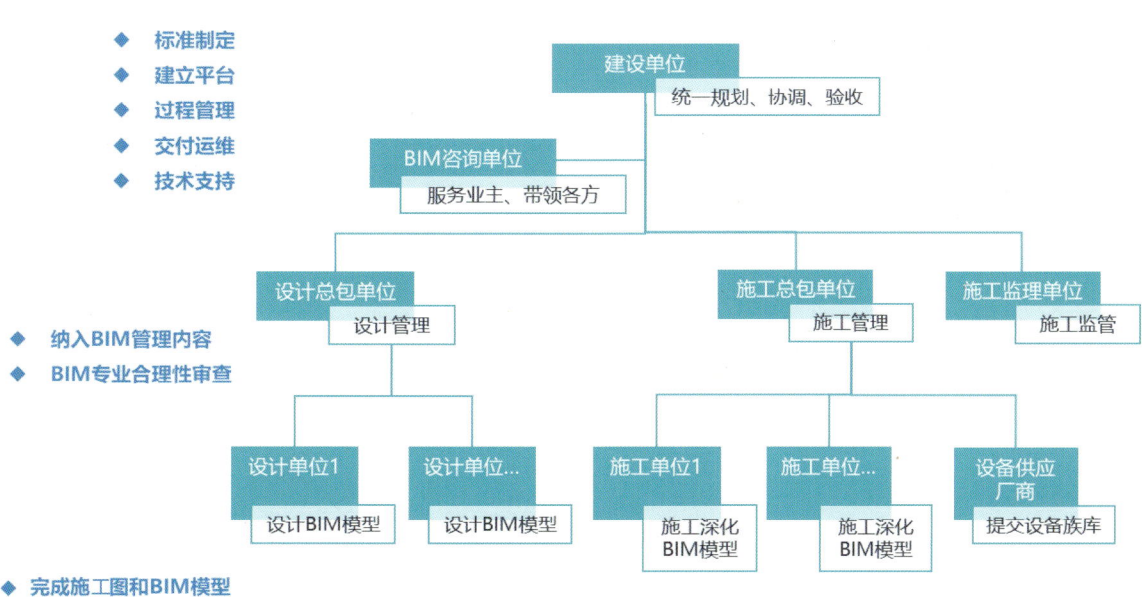

图 1　北横通道 BIM 实施组织架构

3.3 BIM 标准

根据北横通道的特点并结合建设方要求，编制北横通道 BIM 实施系列标准，从资源配置、

BIM 协同工作方式、各阶段 BIM 模型建立方法、各阶段模型传递要求以及 BIM 应用点实施细则等各个方面进行规范，形成《BIM 建模行为标准》《BIM 模型交付标准》《BIM 应用标准》三类标准，并针对不同工程类型采用分册方式分别编制，旨在提供一个具有可操作性、兼容性强的基准，规范和统一各参与方的 BIM 应用实施细节，以指导本项目在设计、施工、移交运维过程中，各阶段数据的建立、传递和交付，各专业之间的协同，建设参与各方的协作等过程，规避各阶段成本浪费、信息冲突等风险，实现设计、施工、竣工验收、试运营各阶段及各参与方之间的数据无缝整合、资源及成果共享、BIM 模型数据可持续利用（图 2）。

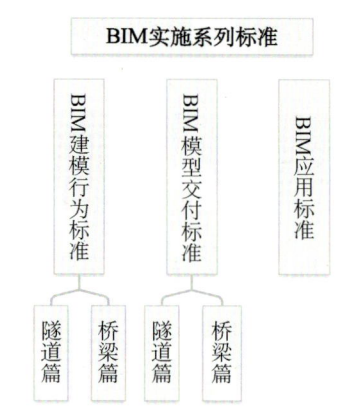

图 2 北横通道 BIM 实施系列标准

基于北横通道建设的 BIM 实施经验，按照市委、市政府关于城市精细化管理的要求，在国家和上海市政策引导下，城投公路集团组织各 BIM 试点项目参建方开展 BIM 企业标准编写工作，编制一套适用于城投公路集团业务范围内的道路、隧道（含地下通道工程）、高架等工程建筑信息模型的创建、信息交互、应用及交付标准和配套企业管理办法。该套企业标准实现了对工程过程实施、交付的质量管控，统一编码分类体系，实现建筑信息模型在全生命期的流转共享，体现 BIM 技术在道路隧道、道路桥梁工程中所具有的应用价值，提高后期运维管理水平，实现精细化管理（图 3）。

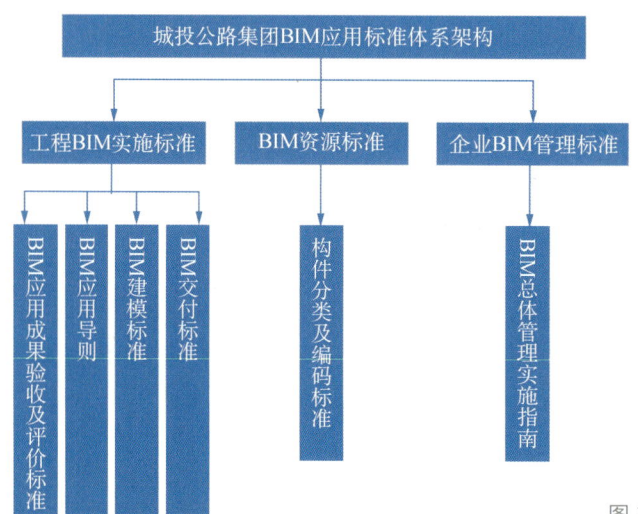

图 3 城投公路 BIM 应用系列标准

4 数字化应用

4.1 BIM 应用

4.1.1 BIM 应用总体策划

针对北横通道的工程特点和难点，北横通道全线全面应用 BIM 技术，贯穿工程设计、施工、竣工验收和运营全生命期。在 BIM 建模方面采用局部正向建模、二次建模为主的方式。

在方案设计（总体设计）阶段，针对市政管线节点和工程将影响到的关键交通节点，制定管线搬迁方案，利用 BIM 模型验证方案可行性并对其进行优化，并对施工期间的交通组织和可能发生的状况进行模拟，提前发现问题并研究确定应对方案。

在初步设计阶段，充分发挥 BIM 可视化的特点，优化设计方案，发挥设计和施工协同，细化设计方案；在设计过程中，许多环节通过 BIM 技术提高专业间的协同性，对设计过程产生促进与优化的作用。

在施工图设计阶段，整合北横通道全线模型，模拟人、车在三维场景中自由行走，获得身临其境的真实感受，增加设计体验感；选取隧道段机电较为复杂的节点，检查机电设计中的错、漏、碰、缺，解决各专业存在的冲突和几何碰撞问题；查看道路、高架立交、隧道的指示牌的设计是否合理以及交通信息指示是否清晰。

在施工准备阶段，根据总体布置方案，建立包含重要设施设备的三维模型，直观反映施工场地布置情况及周边环境关系；依据施工方案和工程实际情况，进行市政管线搬迁模拟。

在施工实施阶段，将施工计划整合到 BIM 模型中，形成 4D 模型，模拟施工进度；结合 BIM 模型，模拟重点施工工艺、工序，直观展示施工过程；结合施工进度，利用 BIM 软件按周期对工程生成工程量清单，辅助工程量统计；根据工程进度要求以及工作点的复杂程度，选取工程难点和要点进行方案优化，以保证重点工作点以及施工节点的进度和设计、施工质量。

在竣工阶段，实现道路工程竣工资料数字化，在移交接管工程实体的同时，同步移交数字模型、施工数据等数字化资产，结合管养需求的进一步调研、明确，进一步优化数字化模型信息及内容，形成可真正用于养护管理的数字化资料，逐步形成管养移交数字化转型。

在运营阶段，接收建设移交的全套数字资产，加速资产盘点，利用三维可视化环境，进行设施设备管理、日常巡检管理、应急管理等应用，更好地协助运营管养，将"大修变小修"，降低日常维护成本。

北横通道 BIM 应用点策划如表 1 所示。

表 1　北横通道 BIM 应用点策划

序号	阶段	BIM 应用项
1	方案设计	场地仿真
2		设计方案比选
3	初步设计	各专业模型建立
4		管线搬迁与道路翻交模拟
5		场地仿真
6	施工图设计	各专业模型建立
7		工程量计算
8		虚拟仿真漫游
9		交通指示
10		正向设计
11	施工准备	施工深化设计
12		交通组织模拟
13		施工设施模型深化
14		施工筹划模拟

(续表)

序号	阶段	BIM 应用项
15	施工准备	施工方案模拟
16		构件预制加工
17	施工实施	虚拟建造
18		设备与材料管理
19		工程量统计
20		质量和安全管理
21	竣工阶段	数字资产移交
22	运营阶段	资产盘点
23		设施设备管理
24		日常巡检管理
25		应急管理

4.1.2 特色应用

1. 隧道交通驾驶仿真模拟

北横通道地下隧道空间受限、线形条件复杂，做好线形设计及行车安全保障工作十分必要。传统的道路安全评价方法多数针对已建道路，然而针对待建道路只能采用规范复核检查和专家经验结合的方法。

通过 BIM 应用结合同济大学的驾驶模拟仿真平台融合交通仿真系统，较为真实地再现道路交通环境，使事前评价成为可能，在道路设计阶段就可对道路安全进行预先评价。本项目第一次尝试 BIM 与专业分析模拟设施结合，在交通安全方面有了一定的突破，为后续复杂工程交通安全评价提供了一种可行的解决方案（图 4）。

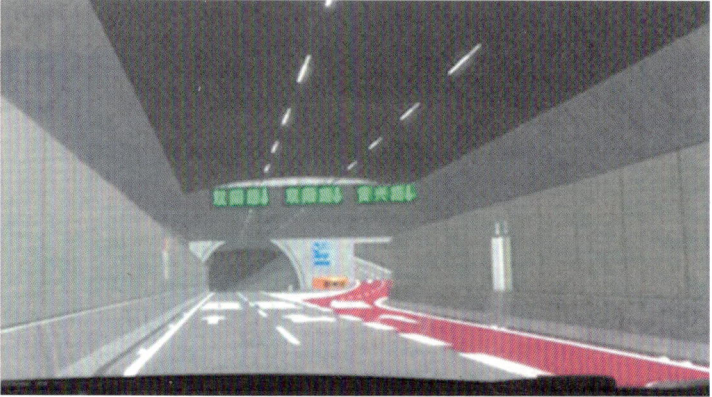

图 4 隧道内模拟驾驶成果

2. 机电正向设计

北横通道 BIM 基本处于翻模阶段，尤其是在机电专业上，难免会有错、漏、碰、缺的发生，设计预留预埋与实际施工存在问题。为更好发挥 BIM 的优势，通过专业设计人员直接进行三维可视化设计，从源头上解决管线碰撞，降低专业间协调次数，提高设计质量，避免后期变更，减少施工返工，确保项目顺利实施（图5）。

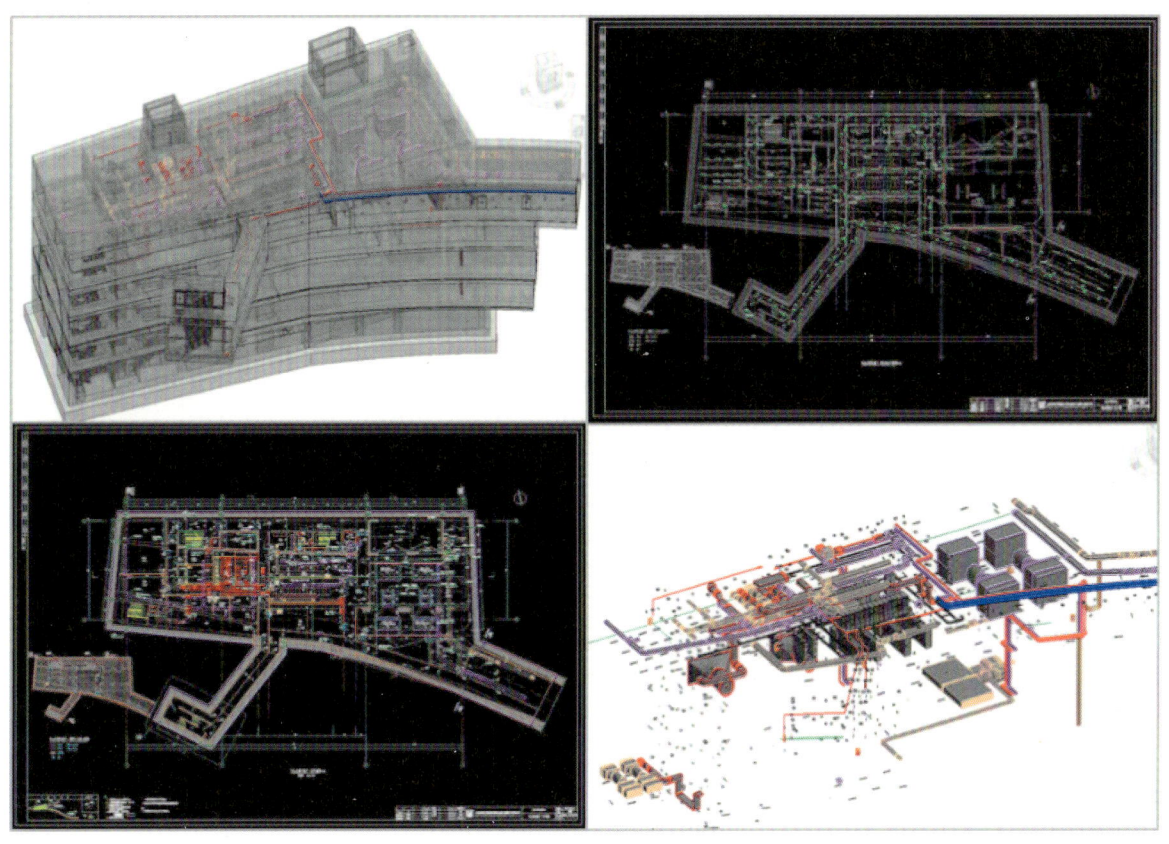

图5　中山公园机电正向设计

3. 隧道消防疏散模拟

长隧道内的消防疏散是一个工程设计难点，如何有效地在灾害发生时进行人员疏散，确保人员安全是一个重要课题。本次研究，拟设置4种工况，通过中山公园联络道及隧道内的人行疏散楼梯进行救援和疏散。首先建立BIM模型，把隧道工作、盾构段及地面出入口按照设计图进行建模，其次设置4种灾害发生工况，结合BIM模型，设置疏散路径，最后现场人员通过隧道内的疏散楼梯进行安全疏散模拟。通过BIM技术进行模拟救援疏散，非常直观地展示救援车的救援路径及人员疏散路径，使沟通方案效率提升。相对比以往同类型的案例，结合BIM技术使得方案的确定提高至少1个月（图6）。

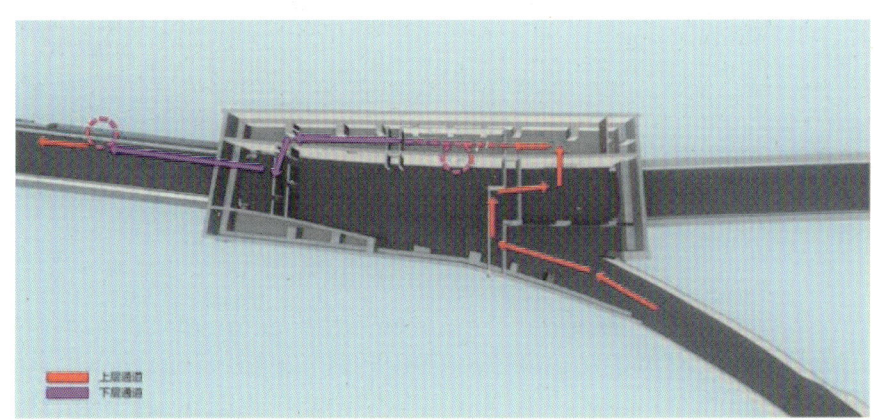

图6　救援路径疏散模拟

4. 复杂节点精细化筹划

天目路立交段路口场地狭小且交通流量大，因此必须在夜间完成施工。路口 70 m 跨跨度非常大，需要在短时间内完成施工，则要求履带吊采用超起实现大吨位吊装能力，实现整跨吊装。同时构件的进场、临时堆放、平移运输对现场环境的要求也较为苛刻。通过 BIM 模拟 70 m 跨构件散件预拼方式，加强与项目部探讨关于吊装施工交通组织的安排方式，确定履带吊占车位置和覆盖面积，确定构件堆放与移动路径，模拟吊装施工工序，指导现场仅在两晚时间内完成施工总体筹划，并优化了路口交通组织（图 7）。

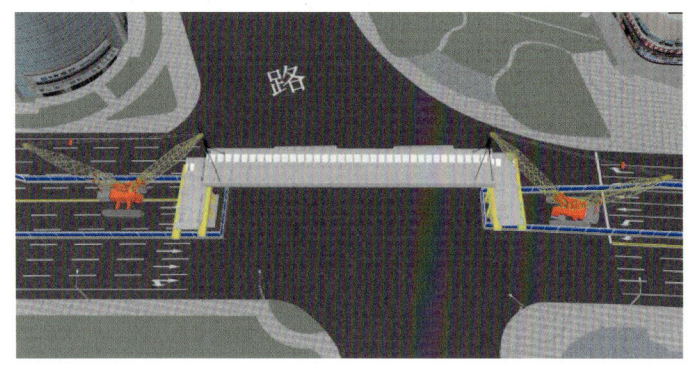

图 7　天目路立交 70 m 跨施工筹划

5. 穿越运营轨道交通的风险管理

北横通道主线盾构在推进过程中多次近距离穿越运营轨道交通，工程难度大、风险高、社会影响大，穿越 11 号线时更是国内首次进行 φ15 m 级泥水盾构超大盾构下穿运营轨道交通线路施工。针对盾构推进过程综合性管控需求，在超大型市政道路工程全生命期协同管理平台的基础上，针对性地开发盾构管理模块，对接盾构机可编程逻辑控制器（Programmable Logic Controller, PLC）系统，接入地铁专项监测电水平尺数据，录入关键风险源位置及概况，在三维场景中展示盾构实时状态及推进对周边建筑的影响，每日推送盾构日报，实现自动预警并按需推送应急处置预案，形成了一套基于 BIM 和 GIS 的盾构推进风险管理方式，保障北横通道主线盾构下穿运营轨道交通 7 号、11 号、10 号线（图 8）。

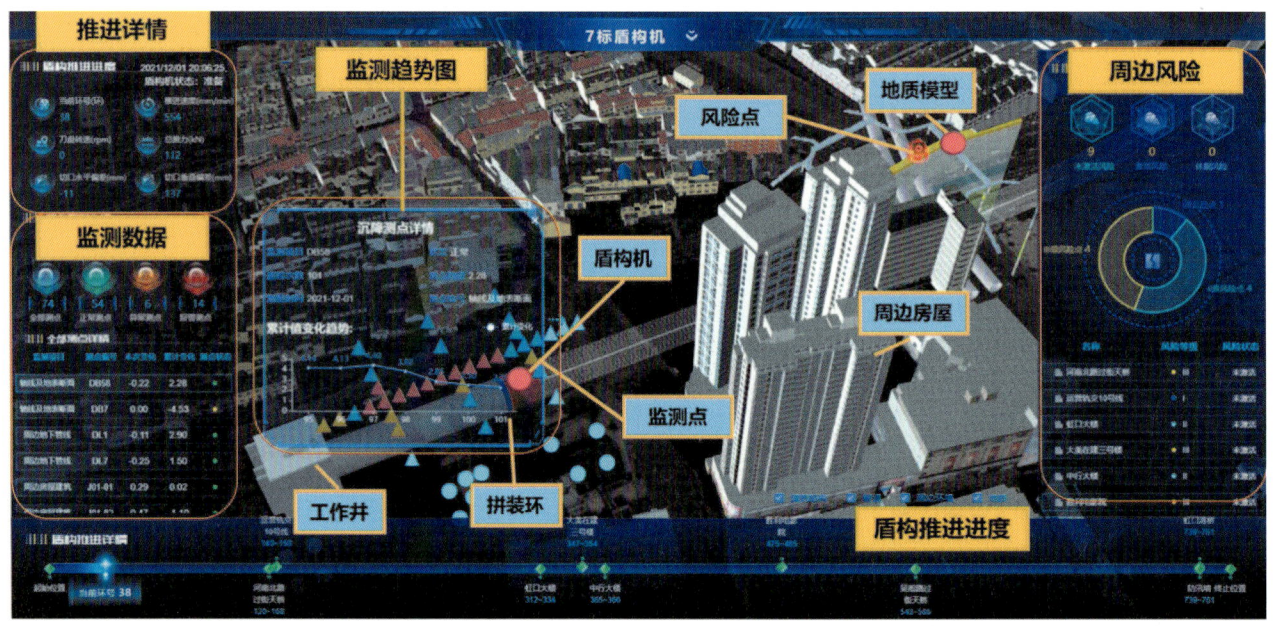

图 8　盾构风险监测进度一体化

4.2 信息化平台

北横通道项目结合 GIS、IoT、Web 等技术搭建超大型市政道路工程全生命期协同管理平台，通过平台信息传递和交换，打破工程中不同阶段、不同专业、不同角色之间的信息沟通壁垒，实现各参与方的协同交流、信息共享。围绕规划、设计、施工和运维期的核心管理目标，实现对整个项目的动态控制，提升工程规划、设计、施工、运营等各阶段的管理水平（图9）。

图 9　北横通道工程全生命期协同管理平台

在前期规划阶段，针对市政道路的特点，梳理现有管理机制和工作流程，结合 BIM、GIS、Web、无人机倾斜摄影等技术搭建前期规划系统，创建可容纳市政道路工程规划条件相关多源异构信息的数据中心，完成信息的处理、共享和应用。同时将规划图形、文本、表单管理于一体，贯穿规划管理业务的全过程目标。相关部门、单位可通过平台展示功能，对比不同规划方案的合理性、经济性及对环境的影响性等指标，提高沟通和决策效率，为市政道路工程前期规划阶段提供一套协同管理和信息化的解决方案；并为城市市政工程数据分析提供数据基础。

在建设阶段，以 BIM 模型为载体，结合市政道路工程分解体系，创新性地通过建筑信息模型分解结构（Model Breakdown Structure, MBS）关联传统工程管理领域中的三控两管一协调相关的业务结构，实现进度、投资、安全、质量与 BIM 模型的融合管控，提升了管理的精细化程度，提高了管理的实时性要求，最终在三维可视化场景中进行展示，为项目参建方提供形象、多样的工程管理信息化工具。针对施工现场人、机、料、法、环的管理需求，采用物联网、人工智能等技术，对现场安全风险、人员行为、机械设备运作状态等进行实时采集与分析，通过智慧工地系统进行数据集成，一旦发生预警、报警启动预案，建设管理系统平台同步推送相关数据信息（图10）。

在运营阶段，以城市交通基础设施可持续发展需求为导向，提出以基础设施运营过程信息及数据为核心的智能运养新模式，接收建设阶段移交的全套数字资产，以数字路网为载体、以 GIS 地图为总览，实现基础设施相关事件、缺陷、工单等信息快速、精准定位和构件级精细化资产管理。将静态的基础设施基本信息，与动态的传感器监测数据、运养计划数据、运养过程数据等海量多源异构数据进行结合，并结合算法模型，实现基础设施性能趋势预测、结构安全

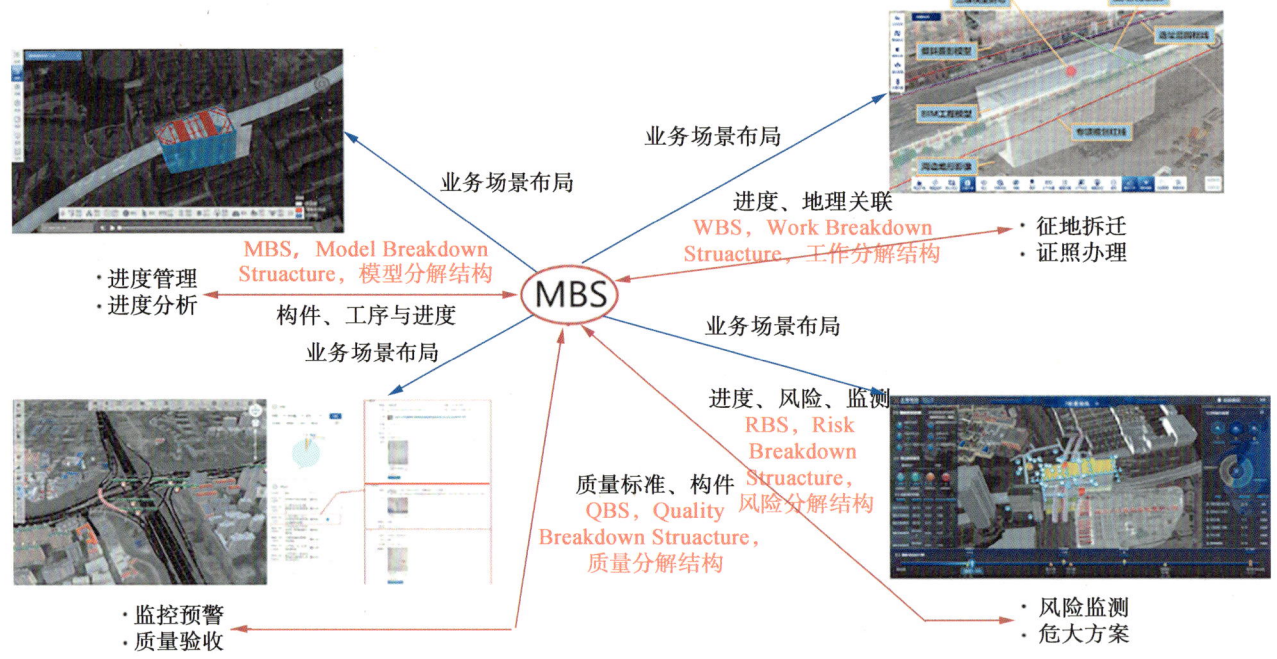

图 10 基于建筑信息模型分解结构的数据关联

状况评估、运营服务评价等预警与评估功能，提高城市交通基础设施运维业务和资源利用的绩效。

4.3 数字化应用创新点

在北横通道项目建设过程中，主要的数字化应用创新点如下：

（1）研究形成了一套基于 BIM 的特大型市政工程项目管理体系，为其他相关及类似市政行业项目提供了参考依据。

（2）首次提出并建立了针对特大型城市道路工程的基于 BIM 全生命期协同管理平台，围绕"全生命期管理"打造完整且标准的数据链，平台集成工程规划、设计、施工、运营信息，提升规划决策效率，提高工程效率、减少失误、节省资源，使 BIM 环节的各利益参与方都能获益，并形成一套可交付的建设全过程数字资产，实现基于统一平台的信息追溯、共享和交互，并为全生命周期的运维提供数据基础支撑。

（3）形成一套北横通道实施的 BIM 系列标准，提供一套具有可操作性、兼容性强的基准，规范和统一各参与方的 BIM 应用实施细节，以指导北横通道在规划、建设、运营过程中，各阶段数据的建立、传递和交付、各专业之间的协同、各参与方的协作等过程，规避各阶段成本浪费、信息冲突等风险，实现设计、施工、竣工验收、运营各阶段及各参与方之间的数据无缝整合、数字资源及成果共享、BIM 模型数据可持续利用。

（4）首次在特大型城市道路工程中实现工程项目、数字资产同步移交，打通规划至建设、建设至运营数据交换通道，实现工程全生命期信息传递，为智慧城市提供基础数据支撑。

5 总结与展望

目前，北横通道西段已竣工通车，东段正在建设过程中。从项目立项伊始进行数字化应用顶层设计，建立 BIM 模型标准、开发全生命期平台，实现实体工程与虚拟数字环境同步建设。

数字化技术的应用使各参建单位资源得到合理利用，控制和规避施工进度、质量、安全风险等，减少不必要的工期延误、返工、窝工等人、机费用的浪费；可有效地提高工程效率、减少失误、节省资源，使各参与方都能获益。此外，可合理降低和有效控制工程建设整体投资，提高项目管理水平。形成数字资产，为运营、管养提供基础数据。

北横通道项目基于 BIM 的全生命期协同管理平台申请了多项市级科研课题，经评审具有新颖性，综合技术达到国际先进水平。通过平台运行使用，实现了数据资源有效流通，减少被重复录入；进度管理与进度填报相较于传统纸质方式效率提升 60%，且一次填报可多次复用，对实际进度的把控精准度及实时性有效提升，同时规避了大量统计工作；实现现场检查的全过程问题闭环处理，通过移动端便捷操作，使得现场质量、安全问题的发现、处理以及跟踪整体效率提升，且处理过程全程透明、可追溯；风险源的激活休眠状态支持进度实时计算激活、条件验收计划激活，多维度提高风险源管理的时间精准度，实现精准预报，可以为风险管控预留充足时间；各方沟通效率提升 10%，实现精细化管理。

通过数字化技术的应用，提升北横通道全生命期精细化管理水平，打通全阶段数字资源信息流转，为其他市政道路工程提供样板案例，为智慧城市建设提供数据底座支撑。期待在未来，结合新基建建设，与新的信息通信技术、计算机技术结合，在智慧选线规划、机器人协助施工、道路元宇宙世界创建等方面为道路工程的管理带来更智慧化的提升。

供稿人：尹富秋　许铮铭　林煜申　吴华柒　毛晴鹤

专家点评

本案例依托北横通道工程项目，充分发挥 BIM 价值，有效控制和管理工程建设的质量、进度、成本和安全，形成全生命期数据资产。各方基于 BIM 实现模型唯一、数据共享，编制形成北横通道《BIM 建模行为标准》《BIM 模型交付标准》《BIM 应用标准》三类标准，从资源配置、BIM 协同工作方式、各阶段 BIM 模型建立方法、各阶段模型传递要求以及 BIM 应用点实施细则等各方面进行规范。全线全面应用 BIM 技术，贯穿工程设计、施工、竣工验收和运营全生命期，提升北横通道全生命周期精细化管理水平，打通全阶段数字资源信息流转，为其他市政道路工程提供样板案例，为智慧城市建设提供数据底座支撑，具有较高的推广应用价值和参考价值。

绍兴智慧快速路工程 BIM 全生命期应用

1 工程概况

绍兴市越城、柯桥、上虞三大城区相隔 20 km 以上，主城越城区市政道路基础设施建设相对滞后，这一直是困扰绍兴长远发展的最大瓶颈之一。借助杭州亚运会举办契机，更是为了解决民生难题，2018 年，绍兴市发布了《绍兴市区快速路网规划》，提出"融杭联甬接沪"战略部署，谋划打造"六横八纵"城市快速路网。并提出以数字化为核心，从规划设计到施工、运维，打造绍兴智慧快速路网建设，全面实现颠覆性变革。

绍兴市城投集团自 2018 年以来已先后实施总里程约 100 km、总投资约 400 亿元的智慧快速路项目，是在浙江省首次采用"标准化设计、工厂化制造、装配化施工及信息化管理"的"四化快速路"，是国内最智慧的快速路之一。项目实施应用了基于 BIM 全生命管理系统、结构健康智能监测系统（Intelligent Monitoring System, IMS）、智慧交通系统（Intelligent Transport System, ITS）、车路协同自动驾驶（Intelligent Connected Vehicle, ICV）、智慧照明系统（Intelligent Lighting System, ILS）五大数字化智慧系统，见图 1，实现了快速路设计、建设、运维等全生命期数字化、信息化、智能化管理。

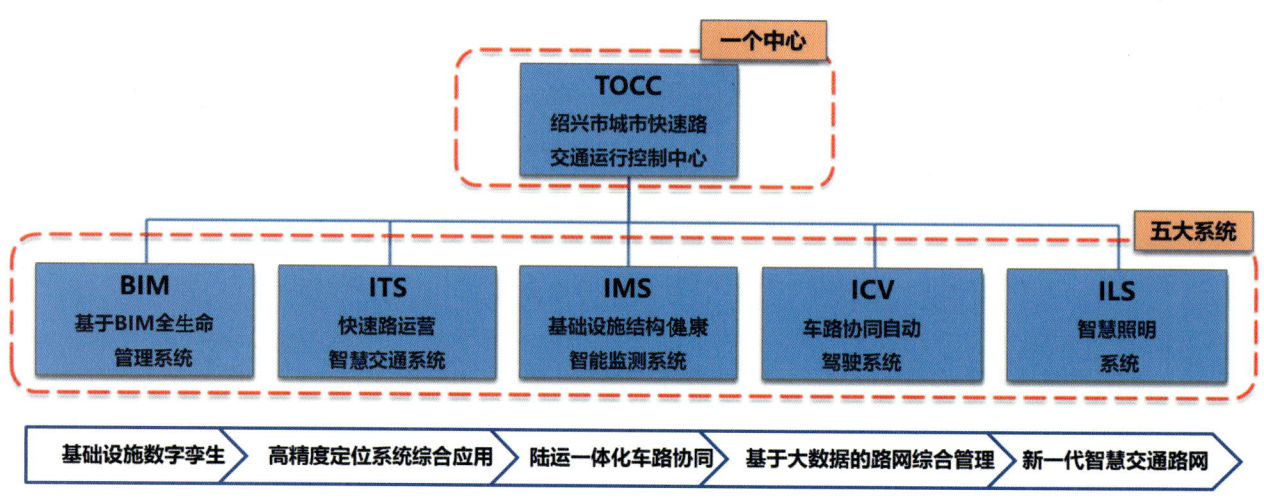

图 1 绍兴智慧快速路智慧系统框架

绍兴智慧快速路工程由上海城建设计集团承担了智慧工程的总体规划及工程设计工作，并联合城建数字集团、市政集团等多家单位倾力打造。秉承"创建平安之路、打造品质之途、造就效益之道、开启文化之旅"的总目标，团队在设计阶段考虑工程建设、运营、管理的各项需求，打造了支撑快速路智慧工程核心功能的五大系统——BIM 全生命期管理系统、ITS 快速路智能交通系统、IMS 基础设施结构健康智能监测系统、ICV 车路协同自动驾驶系统、ILS 智慧照明系统。

2　BIM全生命期应用技术路线

2.1　BIM全生命期应用准备

2.1.1　项目标准与管理办法制定

为统筹项目诸多参建方高效有序地参与BIM工作，项目在国标相关标准的原则基准下，结合实际落地实施要求，编制了本项目BIM标准体系、管理办法，见图2。使各参建单位人员能够按统一标准建立所负责的模型，提供规定的信息与接口，保证模型变更过程中相对链接的信息不变。使协同效率、数据全生命期的沿用性、实用性大大提高。

图2　项目级BIM标准与管理办法

2.1.2　项目团队组织与例会制度

项目团队由四个层级组成，分别为决策层、管理层、执行层、实施层。决策层主要由业主代表组成，管理层由各项目标段信息部相关负责人组成，执行层由各标段施工、监理、跟审等相关部门对接人组成，实施层由项目各标段现场负责进度、质量、安全、跟审等信息专员及BIM咨询专员组成。各参与方围绕BIM模型开展协调和交底工作，保证项目全员参与工程数字化建设。

为保障项目推进，由业主牵头，定期组织、参与BIM相关的业务培训、工程例会及项目各条线重要会议等。相关会议均按规范形成会议纪要，用以指导后续工作。

2.1.3　软硬件准备

绍兴智慧快速路BIM全生命周期应用需要考虑到BIM+GIS模型建设及应用，同时，因绍兴智慧快速路项目本身体量较大，需考虑搭建BIM全生命期大数据管理平台在应用过程中面临的模型及业务流数据体量，以及平台展示端口，故需提前做好软硬件准备。

本项目设计软件以 Autodesk 系列软件为核心，建立相关模型并进行基于模型的设计应用，见图 3。BIM 全生命期大数据管理平台为自主知识产权平台，并采用应用服务器、数据服务器、前置数据交换服务器、数据备份一体机、防火墙、专用宽带等一系列硬件，保障平台的顺畅运行，见图 4。

图 3　项目软件支撑体系　　　　　　　　　　图 4　项目硬件支撑体系

3　BIM 设计阶段的应用

3.1　三维正向协同设计

基于 Revit 等建模软件，并自主研发参数化建模工具，各专业协同设计并进行模型建设，见图 5，能够在设计过程中相互协同，发现不同专业间的碰撞问题，在前期解决设计中大部分的错、漏、碰、缺，加速项目推进。同时，完成的 BIM 模型能够直观展示项目设计方案。

图 5　项目三维正向协同模型成果

3.2　多元模型融合

通过无人机对本项目所涉及区域进行拍摄，生成本项目及其周边 200 m 范围内的高精度倾斜摄影 GIS 模型。基于 BIM 平台，将 GIS 模型和工程 BIM 模型进行融合，并叠加项目沿线规划控制线、土地权属、地铁、重要建筑、构筑物等控制要素，真实反映绍兴智慧快速路沿线现状，见图6，便于远程实时了解快速路工程与周边环境之间的关系，及时发现问题和隐患并能够协同讨论。

图6　项目多元模型融合成果

4　BIM全生命期大数据管理平台

4.1　平台简介

本项目采用自主研发的独立知识产权平台，是基于BIM+互联网的新一代信息化平台，平台基于建筑信息模型技术、空间信息技术、三维仿真技术建设，面向不同应用场景，提供PC端、App端、大屏端三个端口的应用，贯穿快速路设计、施工、运营等全生命期。平台通过BIM实现快速路全线的真三维数字孪生，结合大数据、物联网、AI等众多先进技术，实现了绍兴快速路工程的可视化与数字化管理。

4.2　平台亮点

4.2.1　大数据智能分析，辅助决策

平台中的项目总览模块，用驾驶舱的形式，提供了快速路各标段当前进度、累计完成量、安全生产的横向对比。通过施工监理的现场手机App录入，用户能够查看实时更新的进度、质量、安全等信息，见图7。通过大数据分析的方式，为业主提供多样直观的分析报表，科学辅助了解工程全貌，做出更准确的决策。

4.2.2　真三维场景仿真，数字孪生

平台采用了BIM+GIS的三维数据融合模式，集成了100多千米的桥梁、道路、周边现状环境、地下管线等三维模型，在管线搬迁、征地拆迁等快速路建设中，多次应用BIM平台开展多方协商讨论，进行辅助决策。同时，每一个BIM模型构件实时汇集了设计施工的信息，见图8。可以查询任意一根立柱的设计参数、施工进度、质量、生产等所有阶段数据，做到模型与信息融合，并实现数字资产沉淀，在运维阶段通过接口推送至IMS、ITS、ILS、ICV智慧子系统。

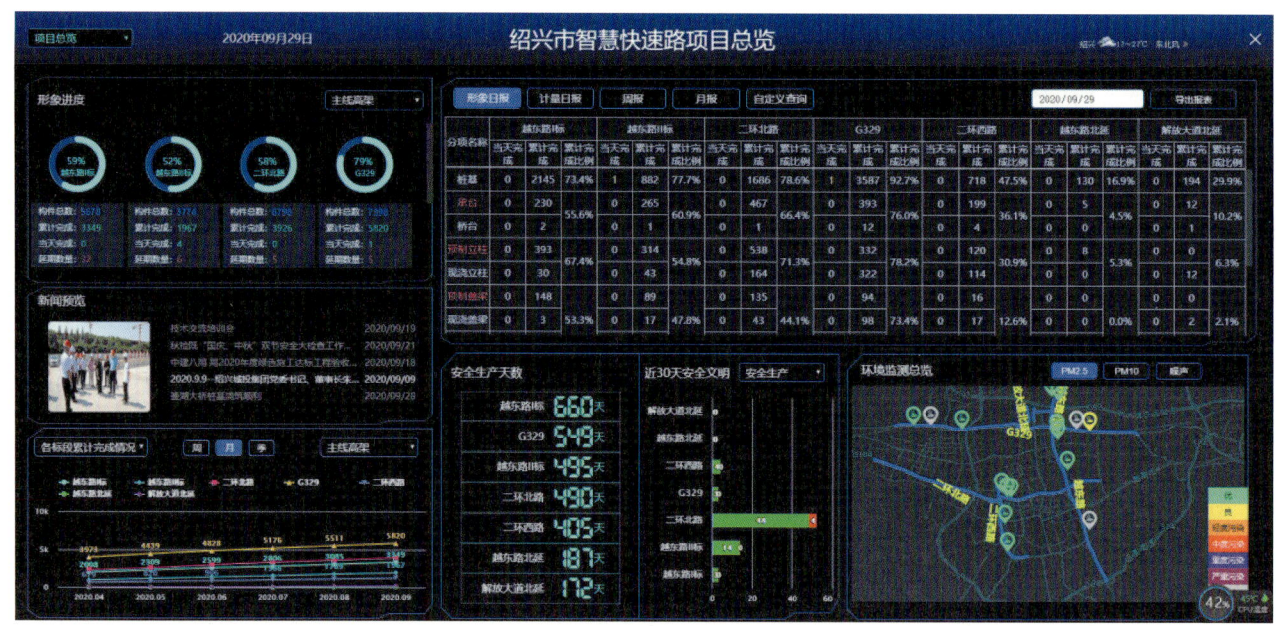

图 7　项目大数据驾驶舱

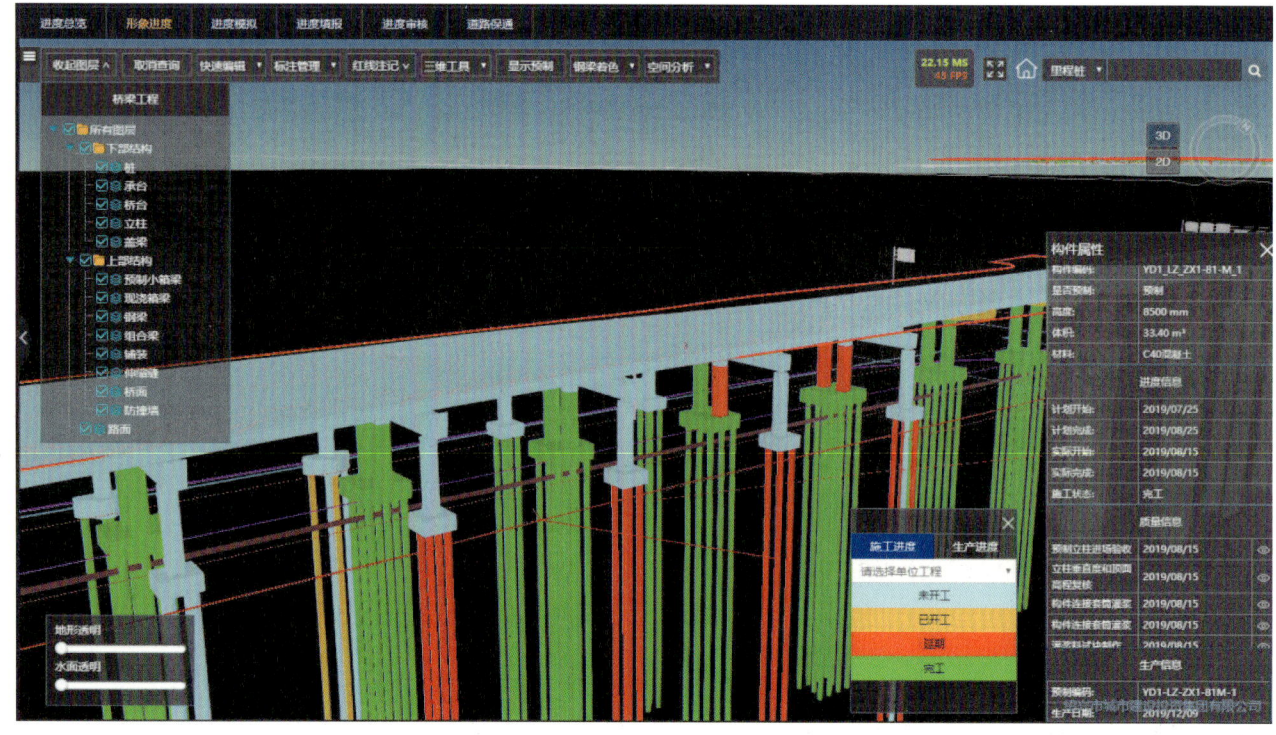

图 8　项目数模融合平台展示

4.2.3　数字化多方协同，信息沉淀

BIM 平台得以落地应用的最大亮点是其不仅具有电脑终端，更有手机移动端 App 能够现场实时记录工程的进度、质量、安全等重要数据并上传至 BIM 平台，见图 9。在质量管理模块中，App 自动定位和记录关键质量数据上传时间，并自动生成报表，可做到每一个构件的质量可追溯。在安全文明管理模块中，BIM 手机 App 里设置了每日安全必检项目，以考勤打卡的方式进行全面巡检，直至完成整改并闭合流程。

图 9　项目的移动端 App 便捷应用

4.2.4　物联网在线督察，现场管控

交通、扬尘和噪声是施工过程中重点关注的民生问题，BIM 平台借助物联网技术，可将现场视频、环境监控数据集中进行实时展示和分析。一旦超标，会向责任人自动推送报警短信，通知整改，做到 24 小时无死角督查现场情况。目前平台已经接入了现场总计 60 余个摄像头、近 20 个环境监控设备，见图 10，每周一次更新快速路无人机巡检视频，可形象描述工程的最新现状。

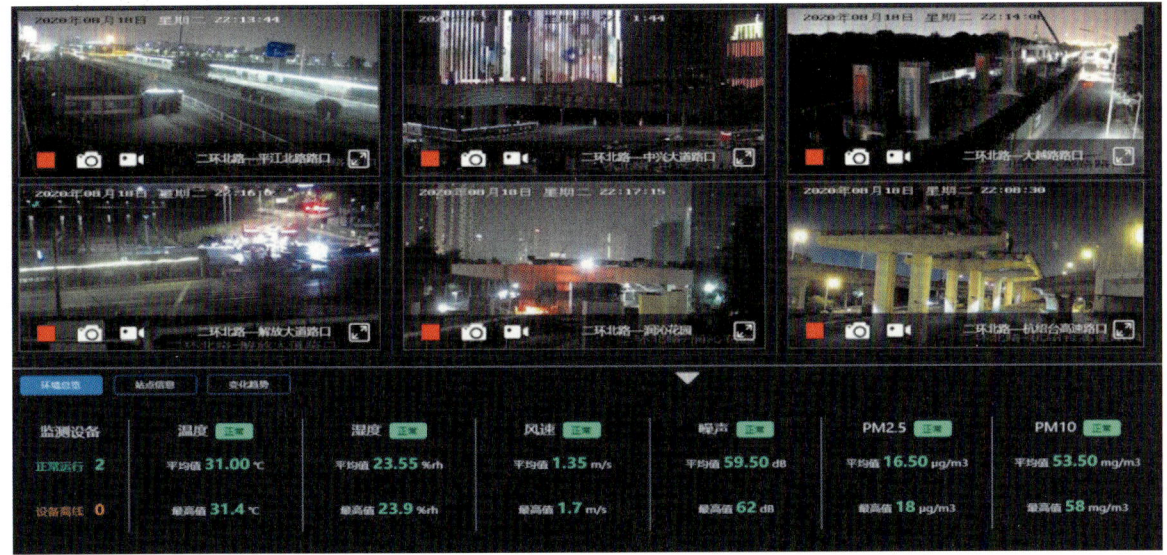

图 10　项目接入现场视频监控与环境监控信息

目前，绍兴智慧快速路 BIM 平台已经形成了"自上而下、全员参与、在线协同"的应用模式，大大提高了快速路建设的信息化水平，真正做到信息化管理，平台的先进性和落地性处于全国领先水平。

5　项目成效及示范效应

绍兴智慧快速路工程 BIM 全生命期管理平台现已接入 10 条路共 14 个标段，在各参建单位的共同努力下，BIM 平台已经形成了"自上而下、全员参与、在线协同"的应用模式，为项目业主、设计、施工、监理、跟审共 30 余家单位 2 000 余名用户提供信息化管理并辅助智能决策。作为三维孪生数字底座，向运维阶段的 IMS、ITS、ILS、ICV 智慧子系统提供服务，提高了快速路建设的信息化水平，目前本项目已经获得国际、国家级和省部级奖项 20 余项，树立了全国 BIM 信息化应用典范。

供稿人：杨海涛 代慧瑶 于辉 郝建华 任晓栋

专家点评

本项目采用了自主研发的快速路建设全生命期 BIM 大数据管理平台，集成了 BIM、GIS、物联网等多种技术，实现了快速路全线的真三维数字孪生。项目以"全过程、全要素、全方位"的 BIM 应用理念，将 BIM 技术应用于快速路设计、施工、运维全生命期，实现了工程信息的全面贯通和共享。

项目通过 BIM 平台形成了"自上而下、全员参与、在线协同"的应用模式，为项目业主、设计、施工、监理、跟审等多方用户提供服务，显著提高了工程效率和质量，实现了工程信息化管理的全面提升。

本项目以其创新的技术路线、完善的应用体系和显著的成效，为行业发展提供了宝贵的实践经验和数字资产支持。

龙水南路越江隧道 BIM 应用

1 项目背景概述

龙水南路越江隧道效果图如图1所示。像大城市的其他隧道建设一样不可避免会遇到房屋拆迁、管线搬迁、交通组织等难题，相关的协调工作难度不断增大。超浅覆土盾构技术是一种创新的技术手段。较传统盾构隧道，超浅覆土盾构隧道最大程度增加了盾构段长度，甚至可做到无工作井（图2、图3）。可带来的优势主要有：充分发挥了盾构法扰动小、速度快的优势，提高了隧道的预制化率，节约了成本和工期，明显地改善了隧道施工对周边环境的影响，从根源上缓解用地拆迁、施工扰动等带来的一系列社会和经济问题，推广"低碳环保、绿色隧道"的理念。

图1 效果图示意

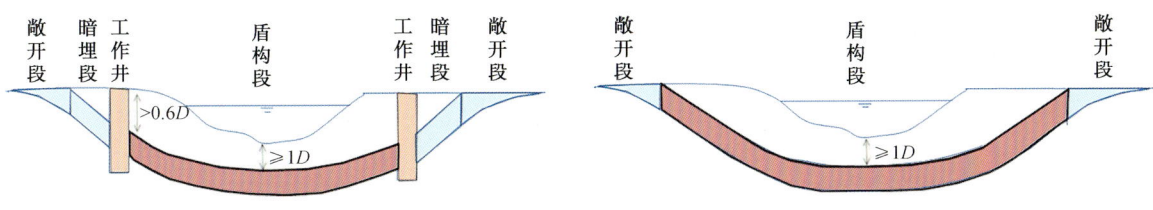

图2 常规越江隧道纵断面示意图　　　图3 超浅覆土盾构隧道纵断面示意图

但超浅覆土盾构技术在软土地区实施，具有一定的挑战性。挑战性难题如小半径、急曲线、下穿、侧穿等风险内容。在盾构施工经历风险点时，若设备选型或施工参数选择不当，容易引起地面沉降、防汛墙、桩基及建（构）筑物沉降偏大、已有市政管线破损、河底坍塌、盾构姿态超标、盾尾渗漏等事故。因此，这对超浅覆土盾构隧道的施工风险管控提出了更高要求。

传统工程建设管理在隧道施工风险管控中暴露出的难点和不足主要有如下几点：

（1）数据不完整：工程数据不完整，边界条件梳理困难，监测与保护容易产生遗漏。

（2）数据不集中：各类数据资料散在各地，数据收集与整合困难，大量的监测数据缺乏统筹。

（3）响应不及时：盾构施工中的数据传递不及时，导致应急响应速度慢，容易造成疏漏。

（4）科学决策困难：对风险的判断及对策缺乏有效手段，仅凭工程经验，后期补救代价高。

（5）风险监管难度大：风险点分布范围广，且随着掘进呈现动态变化，传统方式很难监管到位，易产生管理盲点。

（6）多方协调难度大：多方参与、数据信息不对称、不直观也会增加管控协调和处理难度。

应用 BIM，以上问题可迎刃而解。

2　技术手段创新

2.1　数字化监测系统介绍

利用高效 3D 可视化引擎，整合各类空间数据，为工程各阶段信息和业务管理提供数据资源基础支撑；结合 BIM 与 GIS、物联网、云计算等技术，打造一套轻便、智能、安全、快捷的超浅隧道在线自动化监测与管理系统，为隧道盾构掘进与风险管理提供有效的数据支撑。

通过数据导入及接入实时监测数据并加以清洗、优化和分析，使施工监测数据实时同步至管理平台，基于阈值算法的超值预警，并通过 BIM 技术在空间和时间维度实现"监控状态可跟踪、监控数据可追溯、主动报警可视化"的监控量测"三可"能力，大幅提升超浅覆土盾构隧道全局管理水平，为超浅覆土隧道施工保驾护航。

2.2　监测平台系统架构

数字化盾构隧道监测平台系统架构图如图 4 所示。

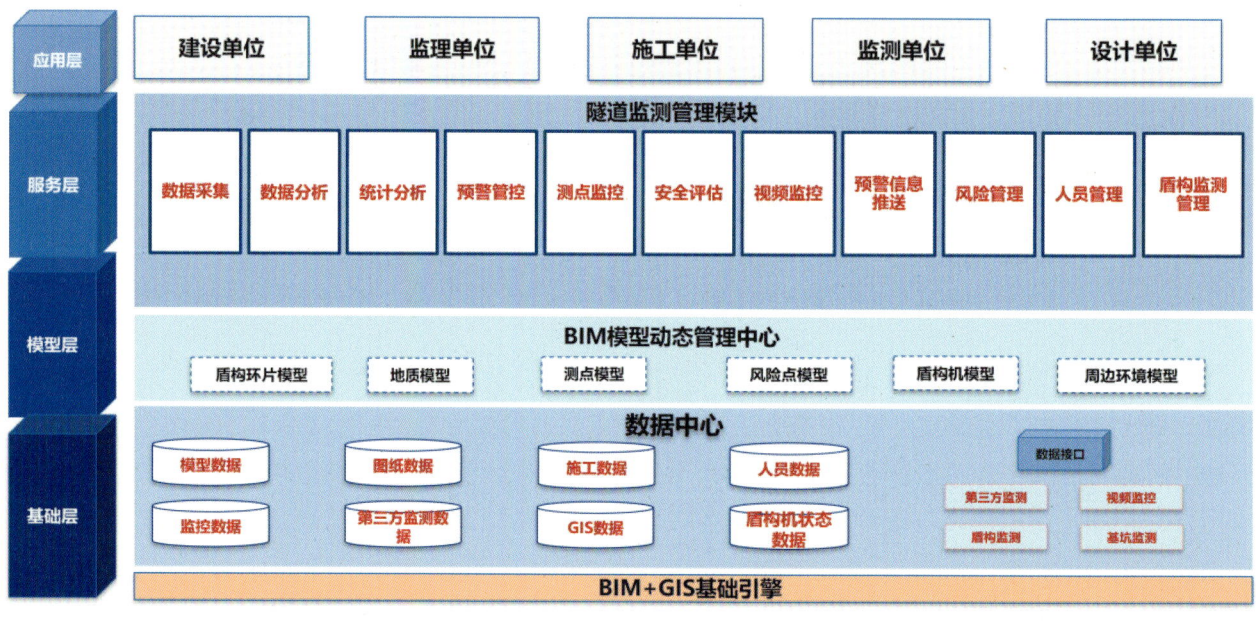

图 4　数字化盾构隧道监测平台系统架构图

2.3 特色功能介绍

2.3.1 监测数据集成

工程监测情况结合全线模型可视化展示,对不同类型监测点准确定位,优化三维交互,便捷查询测点详情,按实时进展动态趋势实时计算并监测数值变化,异常情况突出可提前预警。

结合标段监测方案和监测日报预览,全方位、多角度展示基坑周边工程监测情况。集成不同批次的监测数据进行监测,点击测点即可查看近期监测数据的变化情况,帮助直观了解各类监测项目的变化趋势(图5)。

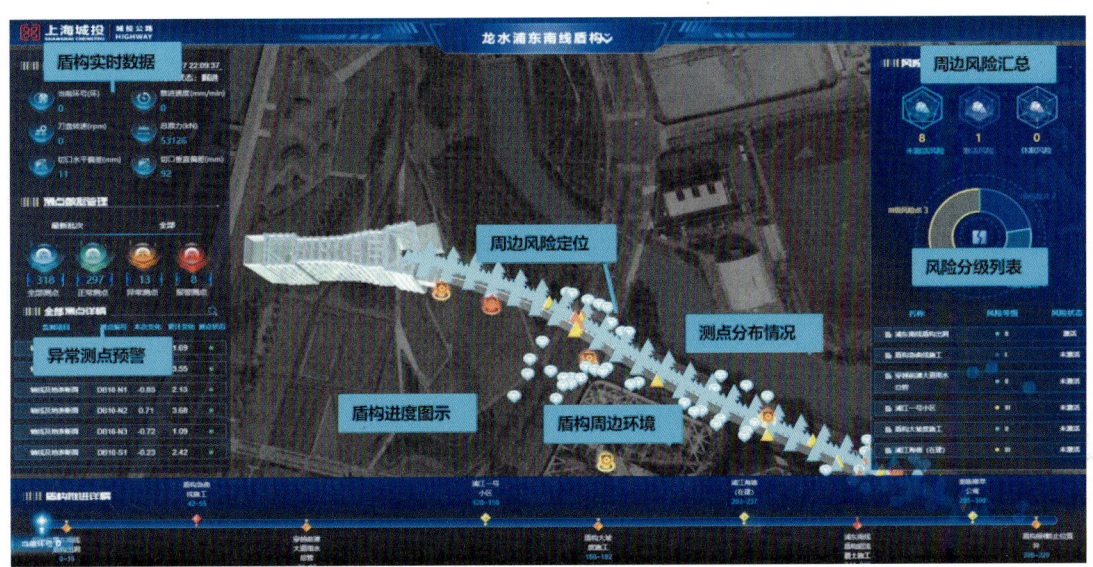

图5 数字化盾构隧道监测平台界面

2.3.2 盾构掘进实时监测

盾构隧道监测平台每小时获取最新推进盾构环号,自动刷新平台模型数据,实时展现盾构推行进度。根据推行进度,自动激活周边相关风险源。可视化分析周边风险源。平台接入盾构中控室盾构机状态页面,实现盾构数据实时传输,对盾构机运行状态同步查看。并接入盾构内部监控视频,实时掌握盾构机内部运作情况、盾构机操作人员情况(图6)。

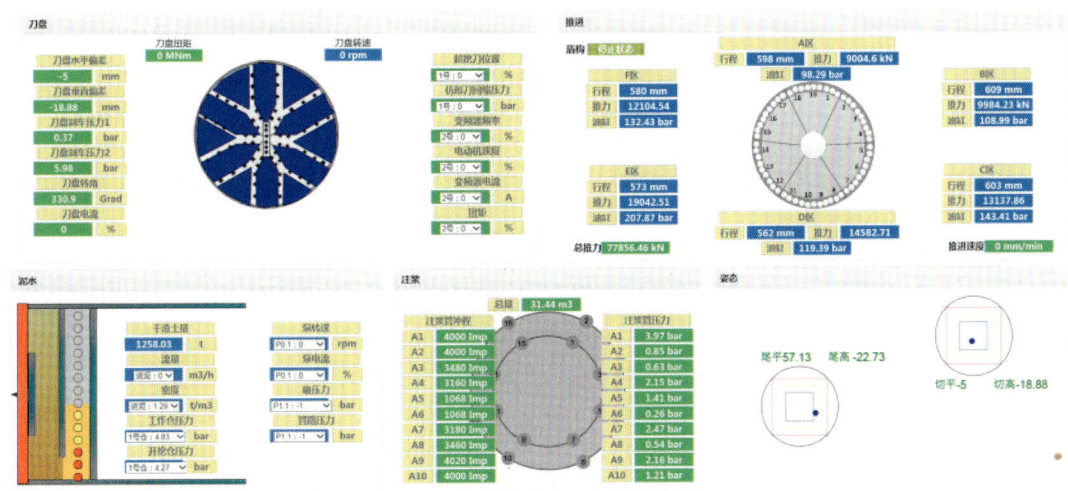

图6 盾构机运行状态实时监测

3 实际工程应用

3.1 工程概况

龙水南路越江隧道新建工程西起徐汇区龙水南路与喜泰北路交叉口，工程分南、北两线，北线至浦东新区海阳西路与耀龙路交叉口，全长 1 781 m；南线至浦东新区高青西路与耀龙路交叉口，全长 2 331 m。隧道在 1 号工作井以西，采用 14 m 外径单管双层盾构越江，在 1 号工作井以东，转两个 11.36 m 外径小盾构，南线接高青西路，北线接海阳西路（图 7—图 9）。

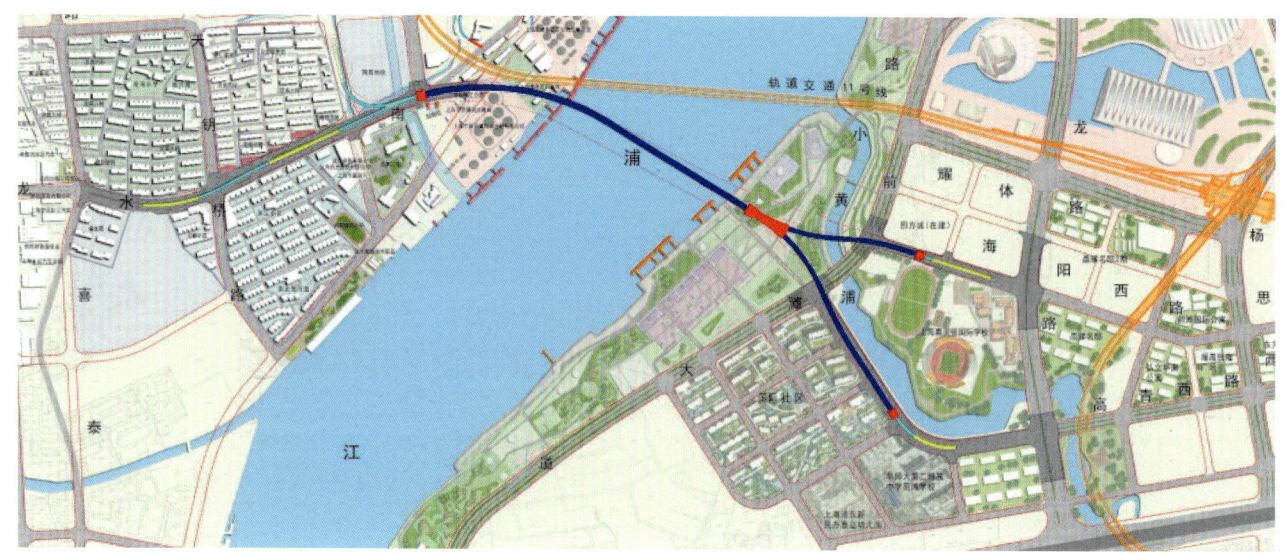

图 7　工程总体平面图

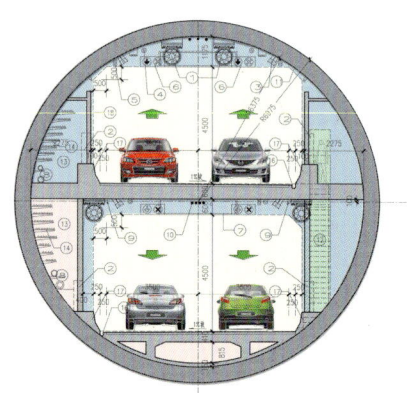

图 8　14 m 盾构断面

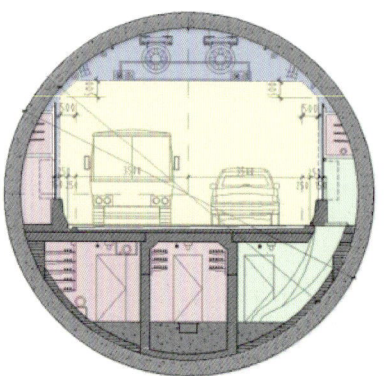

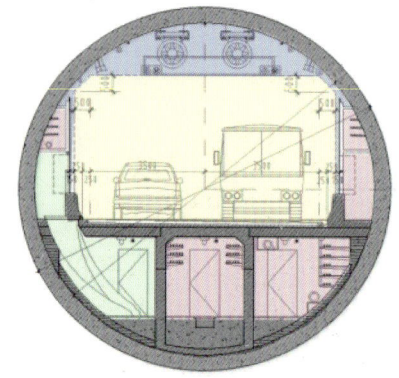

图 9　11.36 m 盾构断面

本工程采用超浅覆土盾构隧道技术，盾构直接穿越前滩大道，不影响前滩大道交通和周边环境市政管线。明挖段长度减小，大幅节省了工程工期和造价，最大程度降低了隧道施工对学校和环境周边地块的影响。

3.2　工程隧道施工中的主要风险点

（1）浦东盾构段采用超浅覆土盾构法技术，其中南线盾构段工作井处盾构覆土不足 3 m；北线盾构段工作井处覆土仅为 1 m。

（2）盾构下穿前滩大道 DN2700 雨水总管。

（3）盾构穿越小黄浦河道及其大堤。

（4）隧道出口临近国际学校。

（5）盾构临近在建商业地块。

（6）主线越江盾构穿越浮桥码头及防汛墙。

3.3 组织建设

项目组织架构图如图 10 所示。

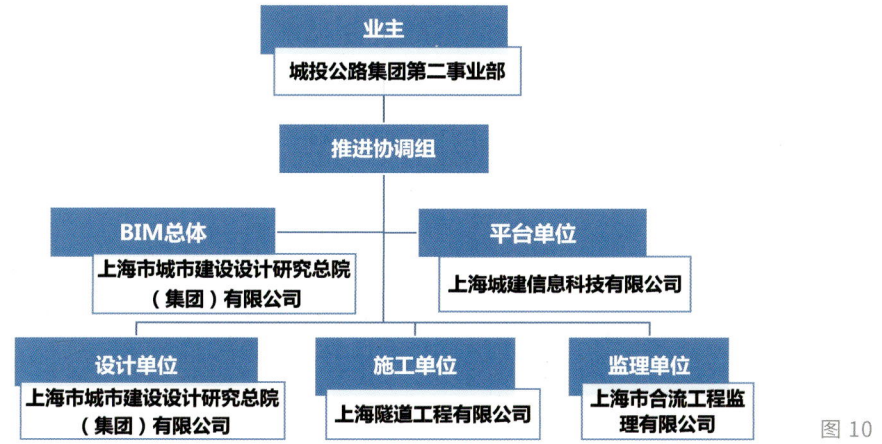

图 10 项目组织架构图

3.4 数字化监测前期工作

3.4.1 工程数字环境搭建

采用无人机对工程周边环境数据进行采集。高精度影像结合数字模型，真实反映工程地面现状（图 11）。

图 11 工程周边环境倾斜摄影

3.4.2 盾构正向设计与隧道掘进模拟

在设计过程中，开展盾构管片三维正向设计，在独立图形平台上完成盾构管片结构参数化设计，实现自动完成管片结构图的精确设计（图12）。

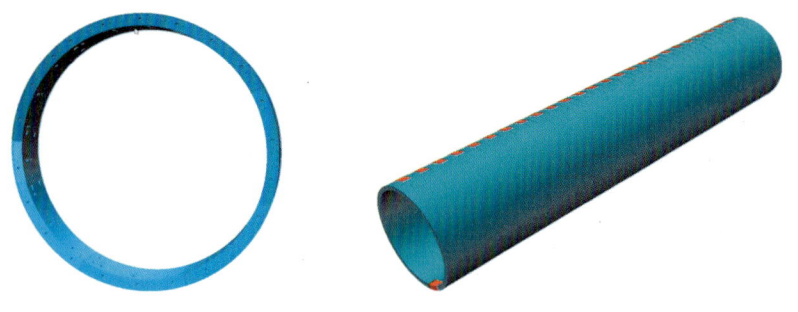

图12 管片设计与排版

通过自主研发虚拟掘进与管片选型软件。将盾构机械参数和施工控制参数融入管片排版，根据隧道轴线、结构设计参数以及盾构机参数，对管片拼装和盾构掘进全过程进行模拟。通过三维模型准确求解管片拟合轴线、管片展开图、盾尾间隙、盾构姿态、盾构施工参数等（图13）。

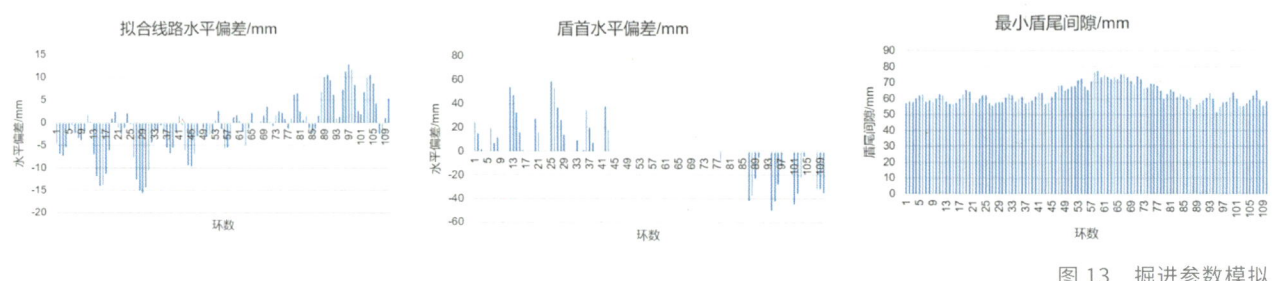

图13 掘进参数模拟

3.4.3 创建BIM模型并整合

建立BIM模型，模型的拆分与分部分项工程尽可能保持一致。将各区段、各专业BIM模型整合，所有模型成果在平台中集成并展示（图14）。

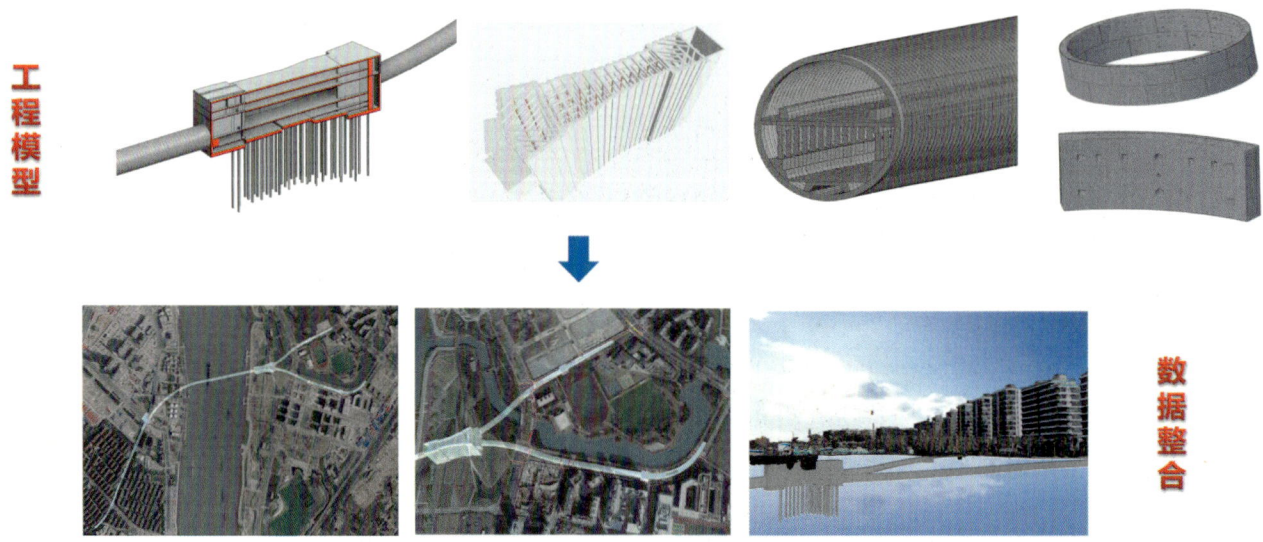

图14 模型创建与数据整合

3.4.4 关键节点方案模拟

在施工工序复杂的节点，事先建立 BIM 模型并对施工工序进行模拟，提前发现可能存在的问题，这样可提高施工效率和安全性，并且还提升方案表述直观性，提高相关各方的沟通效率（图 15、图 16）。

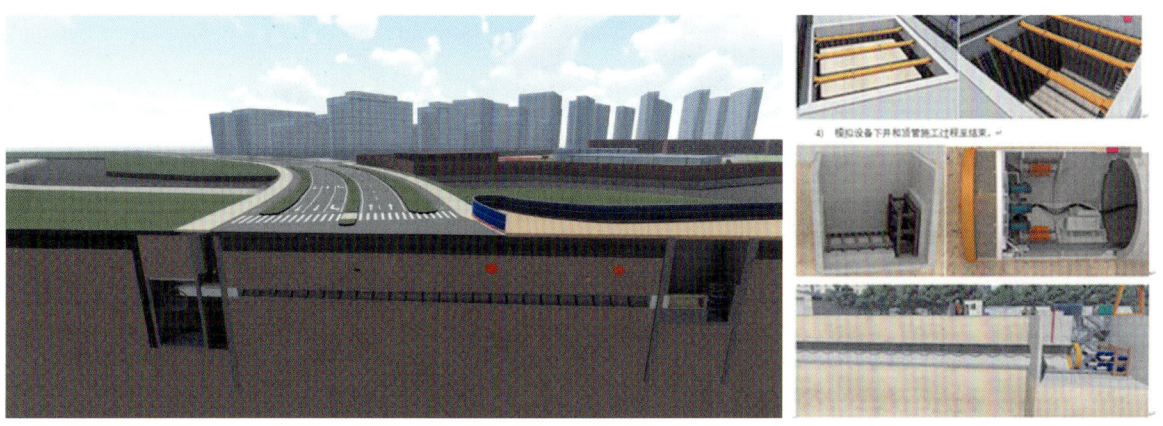

图 15　前滩大道顶管穿越雨水总管

图 16　盾构穿越地上建筑与浮码头防汛墙改造

3.4.5 工程进度任务分解与进度关联

进度过程管理体现盾构掘进计划执行情况的精细化管理，总计划、年、季、月 WBS 工程筹划可通过进度管理平台进行查看、跟踪和管理。通过 WBS 与 BIM 模型进行关联并根据工程实际进展情况填报工程进度，在智慧平台可视化展示工程进度（图 17）。

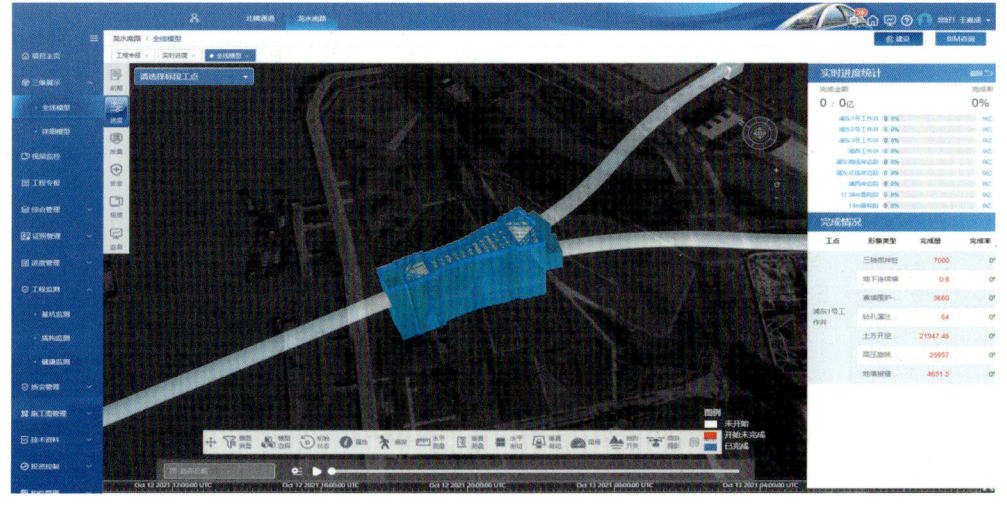

图 17　工程进度信息录入并与模型关联

3.4.6　风险点、监测点布置及相关措施

在超浅覆土隧道沿轴线方向每隔 3 环布置一个监测点，洞口段每隔 10 m 设置 1 个沉降断面，每个断面设 9 个监测点，在施工过程中提高监测频率，确保每天监测不少于 4 次。所有监测点均在平台中被标记（图 18）。

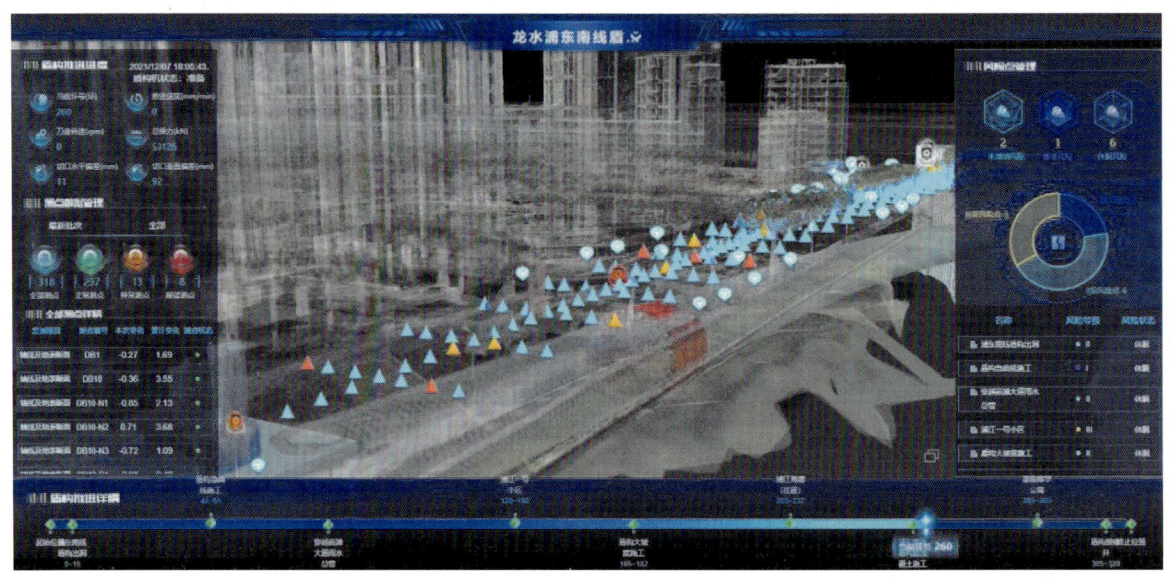

图 18　监测点信息录入并与模型关联

3.5　数字化监测与风险管理一体化

基于数字化监测平台开展隧道掘进动态环境监测与风险管控。通过预设的进度信息，平台自动激活潜在的风险点，通过平台进行风险预警提示，并关联危大方案；点选沿线监测点即可获悉沉降监测点的数据详情，直观了解沉降数据变化，根据监测曲线辅助分析沉降趋势；在遇到沉降数据异常时，平台会及时报警，通过信息推送给相关人员，并提供应急预案（图 19、图 20）；除了沉降监测，对周边及有关监测数据也可做到实时跟踪。

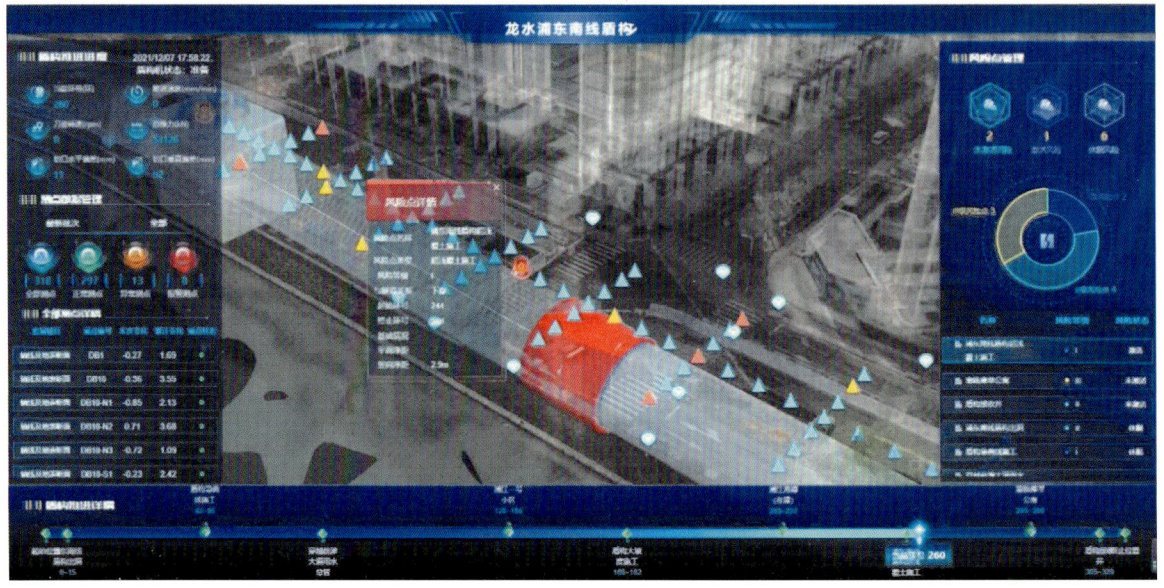

图 19　下穿既有管线风险点提示

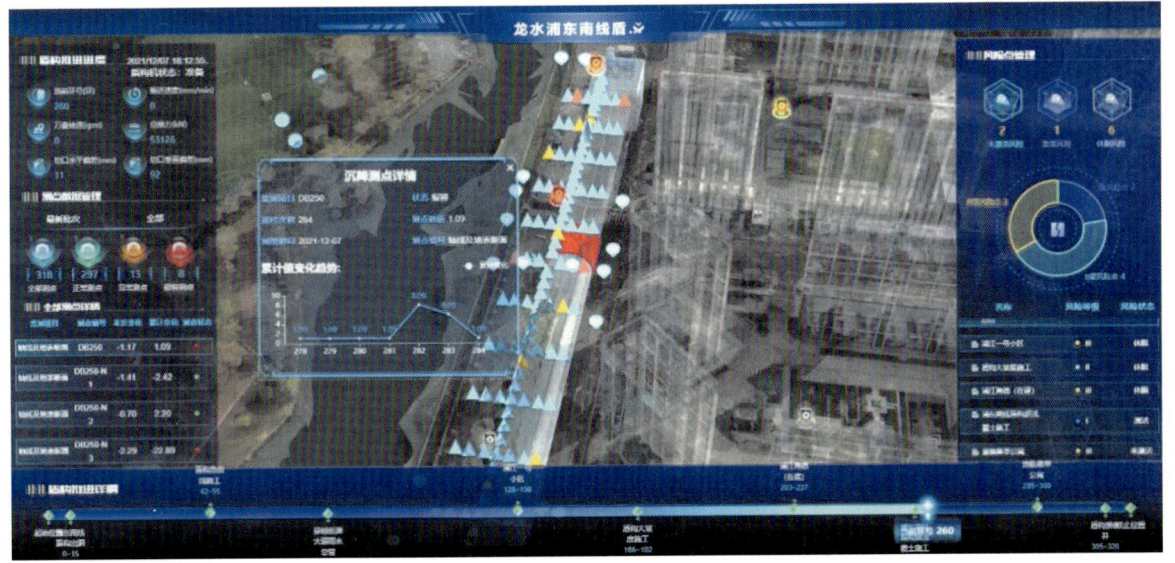

图 20　沉降监测数据变化查询

3.6　实际工程中的效益

目前浦东南线盾构隧道主体已贯通，管片拼装质量良好，椭圆度可控制在 3.5‰ 以内，盾构机姿态控制在 ±70 mm 以内，管片拼装轴线偏差控制在 ±60 mm 以内。

本项目数字化监测系统在施工风险管控中已初见成效（图 21），主要体现在以下四方面：

（1）盾构掘进中 24 小时不间断监测，保障监测数据连续性、及时性，及早排查安全隐患。

（2）监测点历史分析，动态更新风险点，做到提前预警，及时响应，积累数据。

（3）远程数据无线传输，手机端在线可查，减少人力检查成本，可实时了解现场情况。

（4）监测点历史分析展示数据变化轨迹，异常警告提醒，预防风险事故发生。

图 21　盾构隧道模型查看

4　总结与展望

（1）优化盾构隧道管片选型，在方案阶段对盾构隧道曲线参数合理性预判，有助于管片与盾构选型。虚拟掘进数据可指导盾构掘进施工，有助于隧道施工质量的进一步提升。

（2）数字化监测与风险管控相较于传统方式对监测点位和数据表达更直观，结合信息化管理措施，使风险预警、防范、动态跟进更及时，全面提升城市地下空间及隧道建设的安全性和可靠性。

（3）数字技术的实施使超浅盾构施工的风险更可控，使得该工法"减小地面开挖面积，减少搬（拆）迁和对周围环境的影响"的优势得以充分体现。

供稿人：姜弘　陈望贤　杨光　包鹤立　陆剑骏

专家点评

本项目针对"超浅覆土隧道"这一新型工法，将BIM技术与自研软件相结合，作为数字化手段在龙水南路越江隧道设计、施工、管理三大环节中得到成功应用。通过BIM建模正向设计，显著提高了设计效率；通过WBS、监测点等与BIM模型相关联，运用数字化监测系统有效地控制和管理工程进度、质量和安全，提高了过程管理和决策效率，提升了风险管控水平。

本项目将BIM技术与自研软件结合应用，使BIM应用更广泛、效果更显著，提升了盾构隧道建设过程中设计、施工管理等内容的可靠性和科学性，为同类工程与类似工程推进数字技术应用提供了示范作用。

案例 07

闵浦三桥运营期 BIM 应用及智慧运维

1 项目概况

1.1 工程概况

闵浦三桥位于上海市闵行区、奉贤区交界处，是上海市公路网规划中一条连接闵行区、奉贤区、金山区的南北向重要干线公路桥之一，位于闵浦二桥与松浦大桥之间。

闵浦三桥桥长 1 939.33 m，其中主桥 540 m，引桥 1 399.33 m，主塔高 136 m，距黄浦江岸侧约 200 m，最大跨径 2×220 m。主桥为独塔单索面四跨连续钢—混凝土组合梁斜拉桥，主塔墩位于黄浦江航道中心，为半漂浮体系，主塔墩基础采用直径 1.5 m 的 70 根（6 根备用）钢管桩，主梁横断面采用机非错层布置，桥梁两侧安装 16 台大型电梯。

闵浦三桥于 2017 年 7 月 25 日动工建设；于 2020 年 5 月 28 日完成主桥合龙工程；于 2020 年 10 月 28 日正式通车运营，闵浦三桥全景图如图 1 所示。

图 1 闵浦三桥全景图

1.2 工程特点

（1）闵浦三桥是黄浦江上唯一一座在主桥两端、东西两侧设置 16 台大型电梯，供行人及非机动车过江的越江基础设施。

（2）闵浦三桥主桥采用错层布置，上层供机动车辆通行，下层钢梁腹板外侧供行人及非机动车通行。

（3）闵浦三桥现已进入运营期，更加注重桥梁的"结构状态、日常维养、运营管理及社会服务"，因此其 BIM 应用也正式从建设期转向了运营期。

1.3 运营理念

闵浦三桥基于实现越江大桥全生命期运维理念，建立运营期 BIM 建模标准，基于 BIM 模型的标准化应用场景和全生命期的智慧化运维管理平台，以数据标准为基础、智能分析为手段、精准决策为核心，实时掌控各类桥梁管养资源、计划作业、运维数据、评价决策等数字资源，打造标准化、精细化、智慧化的越江大桥全生命期运维模式，提供高品质的越江大桥运维服务。

2 BIM 应用介绍

2.1 从建设期向运营期 BIM 转变

1）BIM 模型应用的目的转变

在建设期，桥梁设施处在"生长"过程，在这一阶段下的管理行为主要是为固定资产的建设和使用增值，因此在这一阶段 BIM 模型的应用目的也是辅助实现这一过程。而在运营期，桥梁设施处于"衰退"过程，因此在这一阶段管理行为主要是为减缓桥梁设施的"衰退"进程和速度，因此这一阶段的 BIM 模型的应用目的主要关注设施的"健康状态、维养、运营管理及社会服务"。

2）BIM 模型的精细度转变

与建设期相比，运营期更注重掌握日常运维过程中桥梁各构件的状态，因此在运营期 BIM 模型的构建中，会基于桥梁运营期管理需求，按照运营期标准重新划分设施并编号，将桥梁构件划分得更加精细，并补充桥面铺装、护栏、伸缩缝、标志标牌等设施和各类机电设备，建立满足运营期管理需求的构件级精细化模型（图 2）。

在主桥的模型构建中，对主桥结构进行重新划分，对每个构件（组）的三维实体进行合并，同时将主桥桥面铺装、防撞墙、护栏、标志标牌等附属设施补充进 BIM 模型中。

在引桥的模型构建中，将每个桩、墩柱、承台、盖梁等独立为一个构件，拆分箱梁与横隔梁、桥面铺装与沥青路面等，同时将引桥桥面铺装、防撞墙、护栏、标志标牌等附属设施补充进 BIM 模型中。

在主塔、桥面和拉索的模型构建中，将主塔模型在施工期按施工节段划分变更为按内部楼梯及箱室分段分块划分；桥面模型从施工期按一次摊铺区段划分变更为按百米级和车道级分段分块划分；拉索模型从整体性建模变更为将拉索拆分为锚具、护筒、锚头、锚杯、锚箱子、减震器等独立建模。

此外，相较于建设期，运营期 BIM 模型还增加了附属设施模型、机电设备模型、健康监测设备模型、事故多发段的模型信息嵌入和可视化表达等内容。

3）BIM 模型应用的重点转变

在建设期，BIM 模型的应用更加侧重于为桥梁建设过程中设计与施工优化、协调与管理，以及预防问题产生和提高施工效率等方面提供技术支持和辅助。

在运营期，BIM 模型的应用则侧重于维养管理、设施结构安全监测、桥梁运营决策等方面，通过

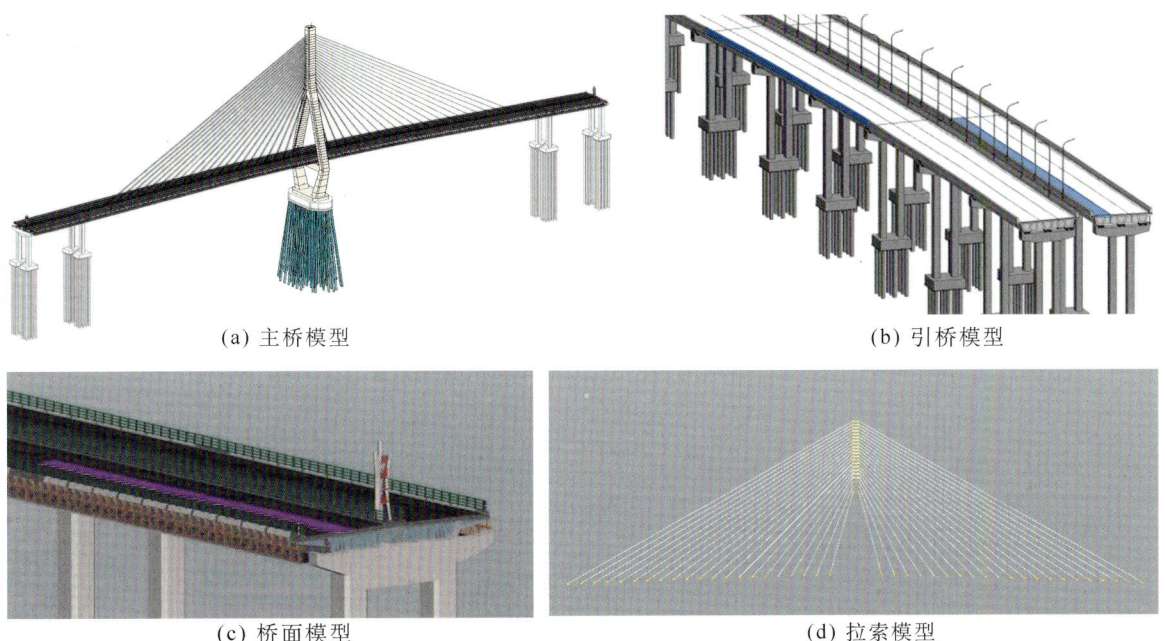

(a) 主桥模型　　　　　　　　　　　　(b) 引桥模型

(c) 桥面模型　　　　　　　　　　　　(d) 拉索模型

图 2　运营期 BIM 模型展示

对桥梁的精准评价、精细养护和动态运营，延长桥梁寿命并提升其运营效率，最终实现桥梁的全生命期精细化养护管理。

2.2　运营期 BIM 标准化应用场景

1）多维动态评价

将 BIM 模型与评价模型高度融合，通过高度融合实现桥梁从传统年度评价模式升级到实时、动态评价模式，并且从单一的土建结构评价拓展到附属设施、机电设备及运营服务等多个维度评价，评价结果精细到构件级（图 3）。

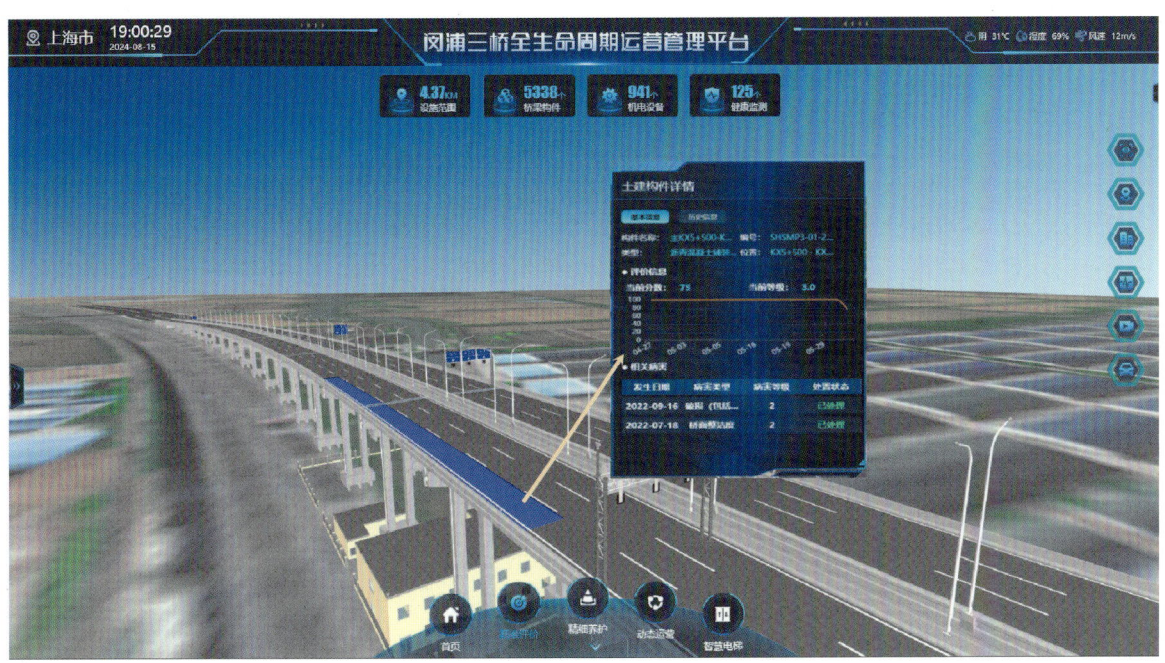

图 3　多维动态评价场景

2）实时监控通行与结构状态

依托运营期 BIM 模型，将各类监测设备如 IoT 设备系统、综合监控系统等纳入平台可视化展示内容，通过 BIM 模型与监测设备的综合联动，实现对周边环境、通行状况以及结构状态的全覆盖实时监控，第一时间生成预警、预防事故、消除隐患（图4）。

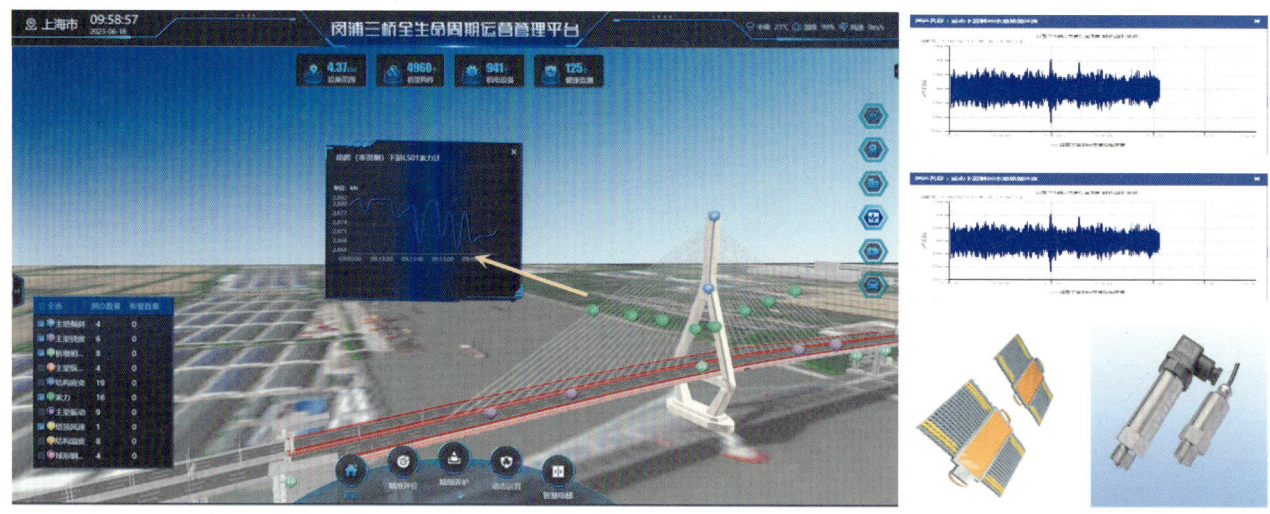

图 4　结构状态监测场景

3）维养作业全程监管场景

通过联动作业场景与车辆 360 视频监控，并在运营期 BIM 模型上进行可视化展示，实现对现场情况的实时把控，精准管控作业进度、全方位监管作业行为（图5）。

图 5　维养作业监管场景

4）病害全周期管理

将 BIM 应用与病害维养场景结合，实现病害信息在 BIM 模型上的精准定位，从发现、判定、维修到质量跟踪，实现对每一处病害的全周期管理，提高病害维修质量（图6）。

图 6　病害全周期管理场景

5）突发事件快速响应和处置

通过 BIM 模型与路网监控视频的联动应用，帮助监控人员及时发现、快速定位突发事件，实时掌握突发事件信息，辅助运营人员以最快速度完成突发事件的响应和处置，同时借助 BIM 和历史事件信息，精准掌握事故易发位置，优化突发事件应急预案，有的放矢地进行事件管理，提高应急处置效率（图 7）。

图 7　突发事件处置场景

6）超限车辆治理

将运营期 BIM 模型应用与结构健康监测和超限车辆自动识别技术相结合，在线自动截取超限车辆过桥时段的结构健康监测数据，分析超限车辆经过对桥梁结构造成的影响；以此为依据联合交警执法，持续扩大对超限车辆的威慑和警示作用（图 8）。

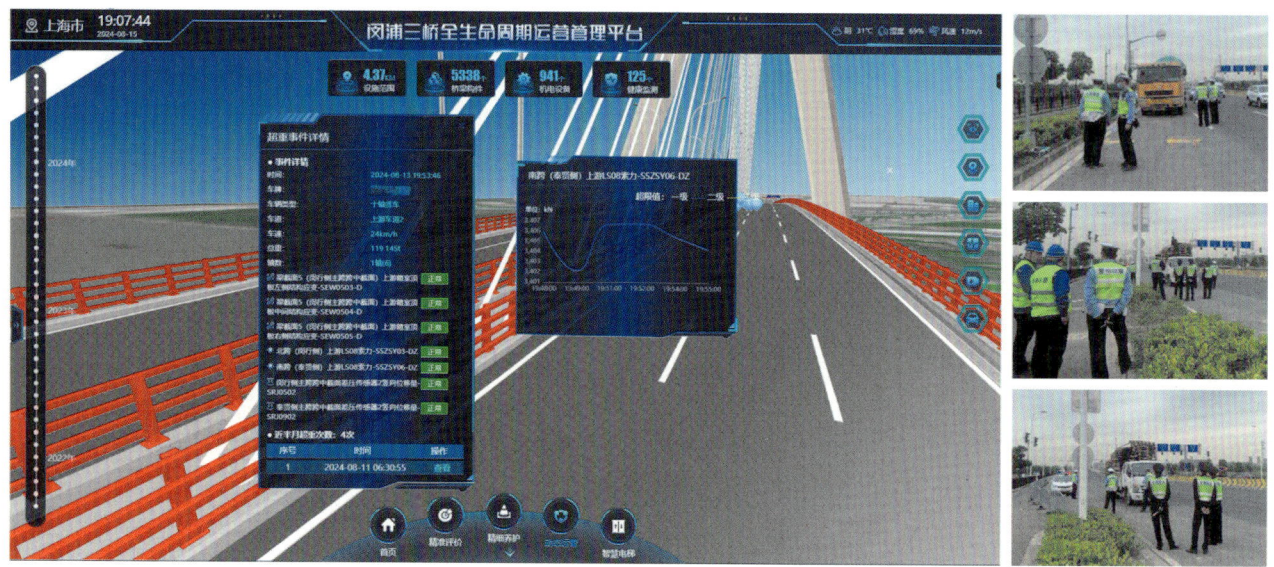

图 8　超限车辆治理场景

7）电梯智能管控

人非电梯的应用是闵浦三桥的一大特色，对人非电梯的智能管控也是闵浦三桥运营过程中的一大重点，通过将运营期 BIM 模型与电梯内人车分离 AI 识别技术相结合，实现人车高精度识别与电梯联控，确保正常运行的同时杜绝人车同梯安全隐患，提高自动化管理水平，提升电梯运行安全与通行效率（图 9）。

图 9　电梯智能管控场景

2.3　闵浦三桥运营期 BIM 应用成果

1）形成基于 BIM 技术的全生命期运维体系

通过在闵浦三桥日常运维养护工作中深入应用运营期 BIM 技术，形成了一套基于 BIM 技术的越江大桥全生命期运维体系。汇聚标准化的智能感知、桥梁健康监测、车辆及路网级视频监控等一系列物联网数据，以及桥梁日常运营工作产生的业务数据，通过 BIM 模型将业务和监测数据在设施模型上可视化展示，帮助管理人员直观掌握设施状态和作业场景。在融合多源数据和 BIM 模型的深入应用后，实现对桥梁数据资产的全生命期管理，支撑桥梁结构状态的精准评价，辅助桥梁运维的科学决策和桥梁长期性能的综合评估，最终形成越江大桥全生命期运维体系。

2）形成一套《面向全生命期运营的斜拉桥设施 BIM 建模标准》

在运营期 BIM 模型的建设和应用过程中，形成了一套《面向全生命期运营的斜拉桥设施 BIM 建模标准》，系统性地规范了斜拉桥运营期 BIM 模型标准，解决了面向运营期的模型建设标准问题，提升运营期斜拉桥的建模效率和质量。

3）标准化应用场景和管理模式的推广和应用

闵浦三桥运营期标准化应用场景和管理模式的应用，在维养作业、巡检检测、病害处置、投诉反馈等养护质量管理方面取得了显著效益，且这套管理模式具备可复制推广性，逐步应用至上海市其他越江跨海大桥上，切实响应了上海打造数字城市卓越服务的要求。

3　总结与展望

闵浦三桥作为上海市公路网规划中一条连接闵行、奉贤、金山三区的南北向的重要干线公路之一，目前已进入运营期状态，日常运维工作聚焦于桥梁的"结构状态、日常维养、运营管理及社会服务"上，对 BIM 模型的应用需求也从建设期转向了运营期。为满足运营期管理需要，通过建立起满足运营期管理需求的构件级精细化模型，打造了一系列标准化应用场景，实现了闵浦三桥日常运维的全过程监管及精细化养护。最终通过基于运营期 BIM 的桥梁智慧管养系统的实践与应用，形成了一套可复制推广的越江大桥全生命期智慧运维管理模式。

未来希望通过上海市越江跨海大桥上的深入应用和实践，以期逐步完善和深化越江大桥全生命期智慧运维管理模式，服务于上海城市交通的发展需求。

供稿人：王晓宇　马明雷　胡彩旭　丁良　石岩

专家点评

闵浦三桥运维期 BIM 应用项目展现了 BIM 应用在越江大桥运营养护上的突出亮点，为越江大桥的智慧化、精细化管理提供了有力支持。该项目的 BIM 应用有以下几个突出的特点：

（1）较好地实现了多阶段 BIM 数据的传递和延续，建立了精细化的桥梁模型。根据运维养护需求对施工模型做了深入的数据精简，拆分区域和颗粒度都有所变化。增设了部分附属设施，将主塔、桥面、拉索由施工节段划分改为了养护摊铺区段划分，拉索模型由简体细化为了构件级的精细度模型，引桥等处的下部结构简化为了单体独立构件，较好地满足了运维养护的数据深度需求。较系统地提出了适合养护需求的 BIM 桥梁运维建模要求。

（2）完成了大桥养护工程与包含BIM技术的数字化集成应用，利用多源异构数据完成了对大桥实时数据的采集、分析、监控、反馈、预判、处理等。通过BIM运维平台的可视化功能，支持了其他管理功能的升级优化、隐蔽空间实现了可视化管理，同时关联了不同空间设备的数据，增强了空间应急管理能力，实现了大桥的高效运维管理。

（3）本项目总结了大桥养护的BIM应用标准，提供了BIM拆分方法，集成了桥梁运维数字化应用场景，打造了BIM智慧运维管理平台，为类似项目提供了可借鉴的经验和模式，具有较高的可复制性和推广性。

青岛国际资源配置中心北片区建设运营数智一体化项目

1 项目概况

青岛自贸片区航运贸易金融融合创新基地项目（以下简称"海辰园项目"）是中国（山东）自由贸易试验区青岛片区国际资源配置的核心载体，承担着打造集"科技＋航贸金"耦合发展于一体的"第四代自由贸易区"示范园区的重要角色。该项目规划用地面积 1.24 km²，总建筑面积 200 万 m²，包含能源站、综合管廊、道路、河道等片区基础设施，全面承接片区五大主导产业，重点发展公共服务、产业服务、企业总部、科创研发、科创社区、产业配套等业态（图1）。

图1　功能界面总览

2 项目特点

海辰园项目规模宏大，总投资约 200 亿元，对区域发展全周期、全方位贯彻"绿色可持续"发展战略极其重视。对照"工作项目化、项目清单化"总要求，该项目明确以"数智一体化"方式整合与衔接各专业条线建设参与方，以更精准的服务和更有力的要素保障，推动海辰园项目快落地、快见效，助力青岛自贸片区实现高质量发展。其中，数智一体化项目合同金额逾 3 400 万元（一期 3 098.7 万元，二期追加 357.0 万元），是隧道股份目前首个大型智慧片区项目，采用统一设计、统一建设、统一运营、统一数智开发的先进理念，基于低碳韧性、集约共享、数字赋能的数字化愿景打造了国内首个零碳智慧片区操作系统，秉持规、建、管一体化理念，开创性地打造囊括产业方向、设计方案、建设标准、数智运营的片区开发模式，提供全域、全周期的数据中台能力，以数字化助力实现片区的智能和低碳（图2）。

图2 基于BIM的片区生长模拟

3 建设内容

为打造国内一流的智慧双碳一体化片区，海辰园项目从宏观到微观、从整体到局部，通过数智一体化的信息化手段，实现园区建设的数字化、管理智慧化。具体建设内容如图3所示。

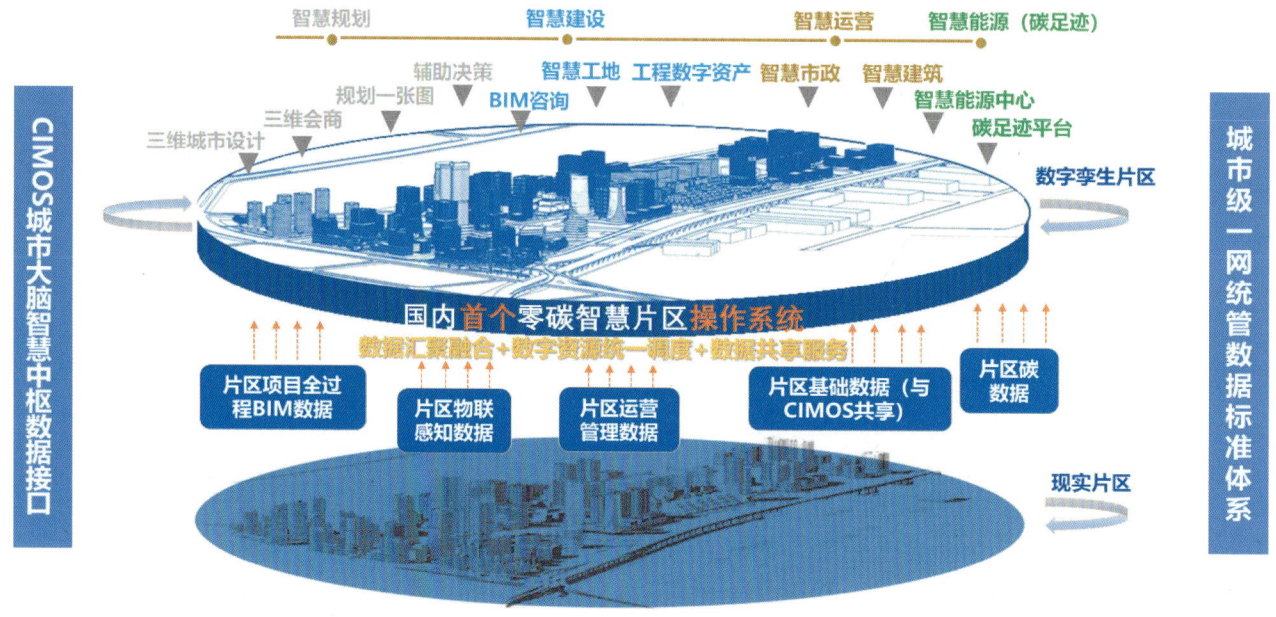

图3 "规、建、管、运"全生命期数字化管理服务蓝图

3.1 顶层设计

海辰园园区建设初期,就已经通过编制数智一体化开发建设标准,规范土地受让方,按统一标准与数智一体化平台进行数据交互。在设计、施工、运营等全周期满足数智标准统一管理要求,实现项目数智化可持续发展。海辰园项目结合"I+P+A+C+S"总体架构,将智慧产业、智慧物业、智慧出行、智慧社交、智慧生态、韧性城市等智慧运营规划深度融合于顶层设计阶段,组建低碳智慧能源体系,为智慧运营提供全方位数据及架构支撑,打造"规、建、管、运"于一体的高质量产业园区(图4)。

图4 "I+P+A+C+S"数智一体化平台总体架构

"I+P+A+C+S"含义:

(1) 1I(Infrastructure):建设一套数字基础设施,主要包括云计算数据中心(云资源池)、网络建设(互联网、物联网等公共和专用网络)、边缘计算和智慧终端,共四大类,是智慧片区建设的物理基础。

(2) 1P(Platform):在数字基础设施之上,为构建一个数字孪生中枢,主要包括CIM平台、大数据平台(数据中台)、物联感知平台、应用支撑平台共四大能力子平台。

(3) 7A(Application):在数字孪生中枢之上,构建7大业务场景和应用平台。

(4) 1C(Center):建设一个运营中心,统筹数智化管理和运营。

(5) 1S(Standard):构建一个完整的数智化标准规范体系。

3.2 标准体系建设

根据GB/T 13016—2018《标准体系构建原则和要求》的要求和建议,注重标准体系的科学性和结构化,针对项目目标及定位,兼顾与现行有关国家标准和行业标准的相互衔接,充分展现行业特色,同时结合本项目特点,确立本次标准规范体系设计内容。结合了规划、建设、管理、运营的全生命期理念的标准体系为指导海辰园项目成为高标准智慧片区起到了决定性作用。标准体系包括总体标准、智慧建设标准、新型基础设施建设标准、数据标准、平台及应用建设标准、安全与运维标准，共六大板块，并高质量地通过了专家评审验收。

3.3 一体化平台建设

采用上文所述顶层设计思路，提供一套驾驶舱、两大能力、三大中心。

3.3.1 一套驾驶舱系统

一套驾驶舱系统主要包括一张图、智慧建设、智慧运营、智慧能源等模块。驾驶舱系统可依据园区内的实际情况及各个子系统进行数据监控、能耗分析、运营监控，提升园区运营协作和服务管理能力，真正实现一屏观天下，一网管全域，一核揽全局。

3.3.2 两大能力

二次开发能力为数智一体化平台的各类数据和基础功能预留开发接口，为后期其他系统扩展、创新提供技术保障；高渲染能力实现对模型的高度仿真渲染，提升模型展示效果。

3.3.3 三大中心

数据汇聚中心采用完全自主研发、国产化的 GIS 引擎 +BIM 数据引擎技术，集成海量业务数据，汇聚形成多元数据中心，为其他各应用子系统提供数据底座支撑平台。数据共享中心为数据汇聚中心的多元数据发布及多种类型的数据服务，打破了数字壁垒，提高了数据资源的利用率。引擎中心展示汇集的多元数据，实现各种可视化的空间分析功能。

3.4 建设管理子系统

系统结合 BIM+GIS 技术开发，扎根项目特征，采用基于建筑信息模型的分解结构（Model Breakdown Structure, MBS）的"模型-进度-投资"一体化数据联动体系，集成项目建设过程各类数据，以"业务流程化、流程标准化、标准信息化、信息可视化"为原则，串联各维度业务数据，实现工程建设管控的高效化、标准化、数字化与智能化。截至目前，通过 BIM 模型及相关应用，共发现设计图纸问题共计 1 730 条，解决机电管线重难点 287 处。同时基于数智一体化管理平台，共发起现场安全质量问题 18 412 条，且均能及时得以反馈、解决直至闭环。

3.4.1 三维可视化

三维可视化融合了工程三维模型、周边环境和地理信息等相关数据，通过可视化场景标签查看项目信息、模型构件各项属性信息。系统提供测量、剖切等功能，便于各方浏览、高效沟通及快速决策。

3.4.2 进度管理

通过导入项目的工程计划，自动生成进度横道图，以"日、周、月、季度"不同维度直观展示进度情况。各单位在平台内完成 BIM 模型与工作分解结构（Work Breakdown Structure, WBS）任务分解、基于 MBS 的实时施工进度填报、审批后，可合理展开后续施工，同时基于 BIM 模型联动工程进度 4D 模拟展示、关联自动产值计算等。

3.4.3 质量验收

分部分项与检验批结构树可在线维护，并支持层级调整，用户对检验批的类型和相应的目录层级一目了然。每个目录下的检验批材料均配置了对应的审批流程，并可对审批记录进行在线查看。业主工程项目部参与审核，保证验收材料的真实性，使验收工作公开透明。

3.4.4 合同管理

管理项目合同，针对合同清单整理形象进度，在施工过程中实现已完进度与合同工程量清单的联动，为在线计量审核提供已完工程量实时参照，这也是保证业主和承包人合法权益的重要途径，为验工计价提供重要依据。

3.4.5 信息共享

针对项目推进过程中的信息进行针对性发布及管理，有效避免了推卸责任的情况发生。针对开展的会议可上传会议通知及会议纪要，保留完整的会议过程。

3.4.6 BIM调度

点击相应时间直接查看会议通知、会议纪要以及BIM周报详细内容，避免信息遗漏，方便查找。

3.4.7 阶段成果审核、统计

通过审批流程在线审核设计阶段、施工阶段各家单位模型及应用点，同时以数据看板在首页统计展示，可直观反映各参建单位模型及应用上传数量。

3.4.8 应用方案

对关键应用方案进行轮播图展示，可直接跳转相应方案，三维展示方便更好地对比分析、沟通、讨论、决策，使决策更加合理。

3.5 安全监管子系统

通过软、硬件集成构建工地智能监控和控制体系，有效弥补传统方法和技术在现场监管中的缺陷，实现对人、机、料、法、环的全方位实时监控，变被动"监督"为主动"监控"。平台开发出了18个应用场景，主要分为质量安全管理、智能监控、人员管理等（图5）。

图5　项目智慧建设总览

3.5.1 质量安全管理

企业或项目安全管理人员开展上级、带班/周检、排查安全隐患，下发整改，由对应负

责人落实整改措施、上报整改结果。整改发起人复查整改结果，完成隐患整改并消项。

3.5.2 智能监控

智能监控包括智能安全帽、用电安全、智能AI、吊钩可视化、视频监控、塔吊监测、升降机监测、环境监测、高支模监测、标养室监测、车辆进出场管理、车辆冲洗、自动喷淋、塔机激光定位。

3.5.3 人员管理

人员实名制：录入劳务人员数据，汇总实名制管理数据，统计分析人员年龄、省份、工种，以项目看板的模式进行展现，报告工种统计、工人年龄分析、工人来源分析。

3.5.4 工地出勤模块

运用AI、物联网、生物识别、云计算技术，核验工地人员身份信息，打造集实名信息、合同、证书、考勤、工资、培训等一体的人员信息化管理平台，有效避免劳务纠纷，规范人员行为，落实工地教育，保障施工。

3.6 智慧运营

助力实现城市区域高品质、可持续运营；招商资管实现快速度"走出去"、高效率"引进来"、精细化"管起来"；企业级营销管理平台打造数字化营销枢纽，赋能全生命期营销体系，推进数字化转型升级，促进产业发展及核心竞争力塑造。依托智慧运营体系，将逐步实现人才慧聚、创新赋能、研发培育集群簇拥、数据互联共享（图6）。

图6 青岛市委领导带队考察

4 核心价值

4.1.1 全面整合，全域掌控

建设功能全面的建管一体化中枢，实现工程进度、工程质量运行态势全面感知，助力管理工作全

面把控，构建工地智能监控和控制体系。

4.1.2 标准为先，数据资产沉淀

建立规范的数据资源池，实现数据资产高效管理，融合并分析数据，建设管理系统实现对建设项目的全生命期进行动态化管控，为后续数字化移交打下基础。在运营期，数据资产能够为招商提供数据资产资本化服务，促进片区创新能级提升。

4.1.3 以人为本，双碳引领

建设产城融合的一体化片区双碳综合管理体系，构建多元化清洁能源供应体系，全面推进节能提效；从源头减量、回收利用、能源替代、节能提效、负碳目标五大环节，多维度透视能源结构及碳排分布，打造全生命期的低碳建造、建筑节能和碳核算及碳管理。

4.1.4 降本增效，提质赋能

从避免返工、减少材料和人工浪费的角度合计统计，共节约成本逾1 300万元，使项目工期提前约60天，通过平台的日常使用，现场工作得到了全面把控，其综合管理水平及效率提升约35%，进而实现园区开发流程的"全面整合、全面感知、全面把控、全息智慧"。

5 总结与展望

在建设宜居、韧性、智慧城市的漫漫征途中，隧道股份以产业链为核心，创新链为动力，金融链为保障，服务链为纽带，再加上数字基因的嵌入与叠加，通过数据要素资产化工具，实现实物资产的数字化跃迁，形成新业务、新业态，以数字产业化的方式转化为未来企业的生存资本，实现因时而变，因势而新。最终实现以"韧性低碳智慧"理念为引领，构建开放协作新格局，实现低碳韧性、集约共享、数据赋能，实现咨询、规划、建设、运营全场景、全周期的数字化服务。各平台以数字协作的方式相互衔接，实现数据、业务互通互联，形成完整的建设、管理、运营链条，避免重复建设，降本增效，实现运行态势全感知，并通过整合和激活数据要素，助力实现青岛航运贸易金融融合创新基地高品质、可持续运营。

供稿人：杨杰 阿依奔·公社别克 陈曦 徐勇 李卓君

专家点评

青岛国际资源配置中心北片区建设运营数智一体化项目（海辰园项目）是一个集科技、航贸和金融于一体的创新基地。该项目总建筑面积达200万m^2，总投资约200亿元，是典型的高密度围合式智慧园区。项目特色如下：

理念先行，该项目采用统一设计、建设、运营、数智开发的先进理念，基于低碳韧性、集约共享、数字赋能的数字化愿景打造国内首个零碳智慧片区操作系统，采用完全自主可控的国产BIM+GIS数据引擎；秉持规、建、管一体化理念，打造囊括产业方向、设计方案、建设标准、数智运营的片区开发模式，先期就提供全域、全周期的数据中台能力，通过虚拟孪生模拟，以数字化助力片区的全过程运行。

坚持以零碳或低碳为抓手贯穿建设的全过程各阶段，设计阶段完成的1 700多个片区BIM模型在建筑过程中的应用有助于提高能源效率、减少材料消耗、提高建筑物生命周期

效率等，从而降低了建筑过程中的碳排放。同时也在加强人员及施工管理和应用新能源等方面做了有效的应用，很好地平衡了碳补充，强调绿色可持续发展目标。

本项目体量极大，通过数智一体化平台实现园区建设的数字化、智慧化管理。以数据汇聚、共享和引擎中心，实现数据监控、能耗分析和运营监控，为大型园区数字化建设提供了很好的范本。

案例 09

数字化助力城市基础设施低影响建设
——济阳路快速化改建 1 标

1 项目概况

1.1 工程概况

济阳路快速化改建工程北起卢浦大桥引桥，南至闵行区界，接闵行浦星公路跨芦恒路节点改造工程，高架总长 7.1 km，总长 8.8 km，是上海"申"字形快速路网的"落笔之作"，现被称为南北高架路。项目从 2016 年开启前期方案研究，2018 年 4 月正式开工，2021 年 2 月高架全线通车（图 1）。

图 1 济阳路项目概况

1.2 项目特点

在城市骨干路上进行快速化改造难度可想而知，主要体现在以下几个方面：
（1）工程用地、征地问题，前期工作量大，且推进困难。
（2）沿线居民对改善环境诉求强烈，维稳难度大。
（3）工程对管线、地下设施影响大，管线搬迁投资高、周期长。
（4）施工期间需保证交通流不中断，交通组织复杂，社会影响大。
（5）工程社会关注度高。
因此，如何"高品质、低影响"开展城市高架改建，团队通过数字化实践寻求解决方法。

2 数字化实施概况

2.1 数字化实施模式

BIM 及数字化工作推进是否顺利离不开合理、高效的组织模式。济阳路实施模式由建设单位主导，两个标段的设计、施工、监理单位共同参与完成。其中由总体设计单位作为 BIM 技术与实施协调方，充分发挥其技术优势与行业影响力，配合建设单位开展各项工作推进（图 2）。

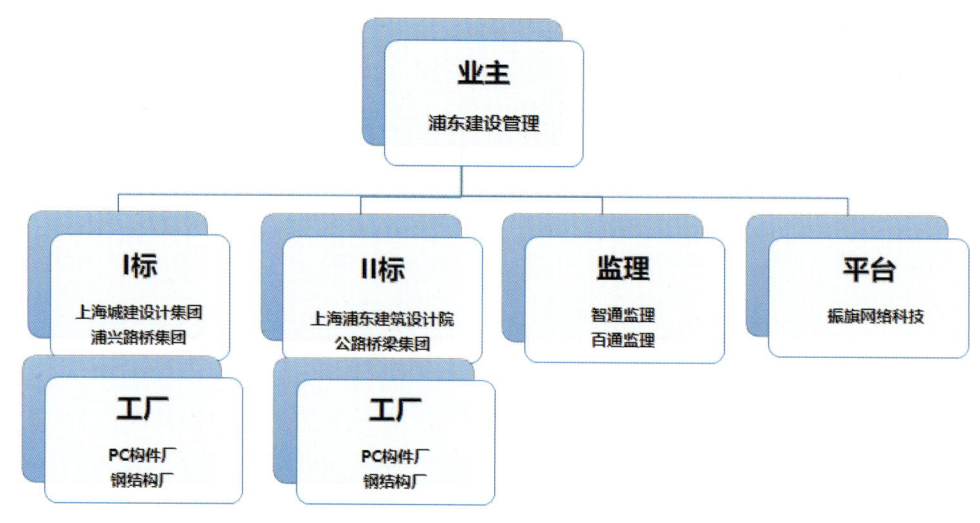

图 2　组织架构

该模式架构较扁平，综合技术实力较强，BIM 团队与工程需求结合较紧密，一定程度能减少"两层皮"现象。同时，为了使 BIM 成效更显著，本项目重点加强了以下几方面的工作：

（1）"策划先行"实施策略。针对项目特点开展"策划先行"的项目实施策略，即先策划、后实施。项目团队前期密切沟通与探讨，策划并建立一套适用于本项目的成熟的、完整的实施体系，确定 BIM 应用重难点和应用范围，科学有序推进项目的实施与管理。

（2）建立"标准化"实施体系。明确项目技术要求和各参建方职责，配合建设方制定项目级建模与交付标准以及应用点策划并编制实施导则，通过标准化手段落地 BIM 技术应用，实现项目管理目标，以满足项目需求和各参建方的要求。

2.2 BIM 软件配备

本项目选用了多款软件相互配合，横跨 BIM、GIS、PLM 等领域。在模型创建阶段以 Autodesk 系列软件为主，且作为模型数据源头传递给各下游使用方开展应用与深化。模型成果最终在平台中集成（图 3）。

2.3 数字化管理平台建设

依托济阳路项目打造数字化管理工具，形成"一个平台，四大系统，多个场景，多功能应用"。以 BIM 数据为核心，整合项目倾斜摄影数据、GIS 数据、规划数据等，并接入视频监控、AI 监控、门禁

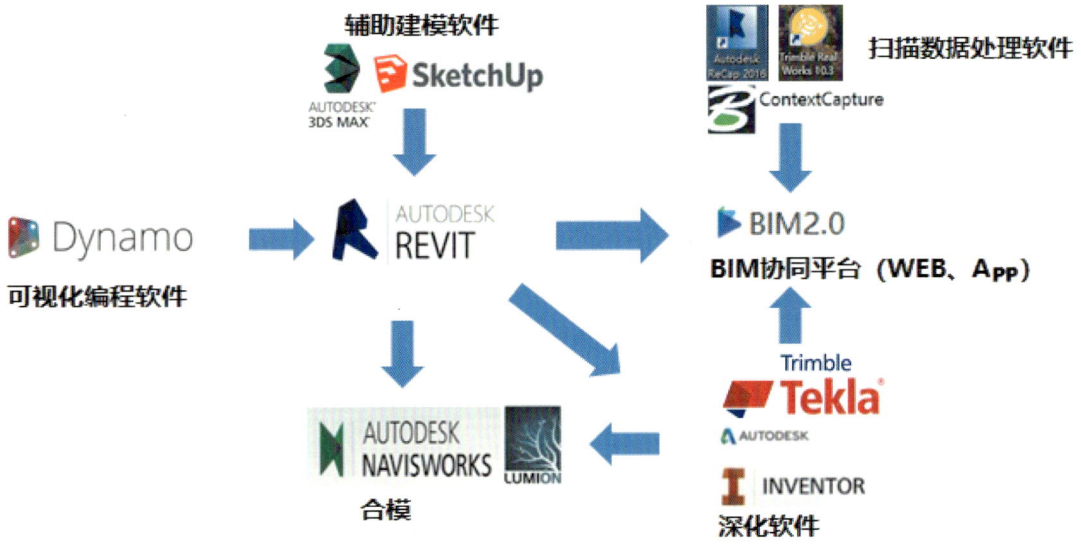

图 3　BIM 软件选用

闸机、无人机、人脸识别、物联网监测等数据，实现项目总控、施工管理、智慧工地、预制构件管理等应用，为企业管理、项目管理、多方协同提供支持。平台架构如图 4 所示。

图 4　平台总体架构图

3　项目 BIM 应用介绍

3.1　BIM 应用目标

本工程 BIM 实施以"降低影响，提升效益"为目标。在建设管理过程中需要围绕高架管理的几大要素：人、机、料、法、环，从数字化角度提出针对性改善方案及应用场景。其重点应集中在以下几方面的问题：

（1）如何使工程前期方案研究更加科学、全面。

（2）如何使高架设计更精细，细节处理更合理。

(3) 如何使高架工程对外界环境影响大幅下降。
(4) 如何使施工期间交通组织更有序，对社会交通的影响尽可能降低。
(5) 如何使安全文明施工进一步提升。

3.2 项目开展特色应用

3.2.1 提升前期方案论证的科学性与完整性

1. 优化工程方案用地，避免前期征地盲区

基于 BIM+GIS 开展现状场地分析，通过建立用地权属模型，梳理土地用地性质，将不同性质的土地区分表达。将用地属性（权属、面积）与模型关联，使决策者分类查看，定位与统计。能够直观体现工程征地用地需求。将方案与真实周边环境、林地、绿地水系等信息集成在一起进行边界校验，确定最优选址范围；尽可能减少方案影响范围并规避突破控制线的情况（图 5）。

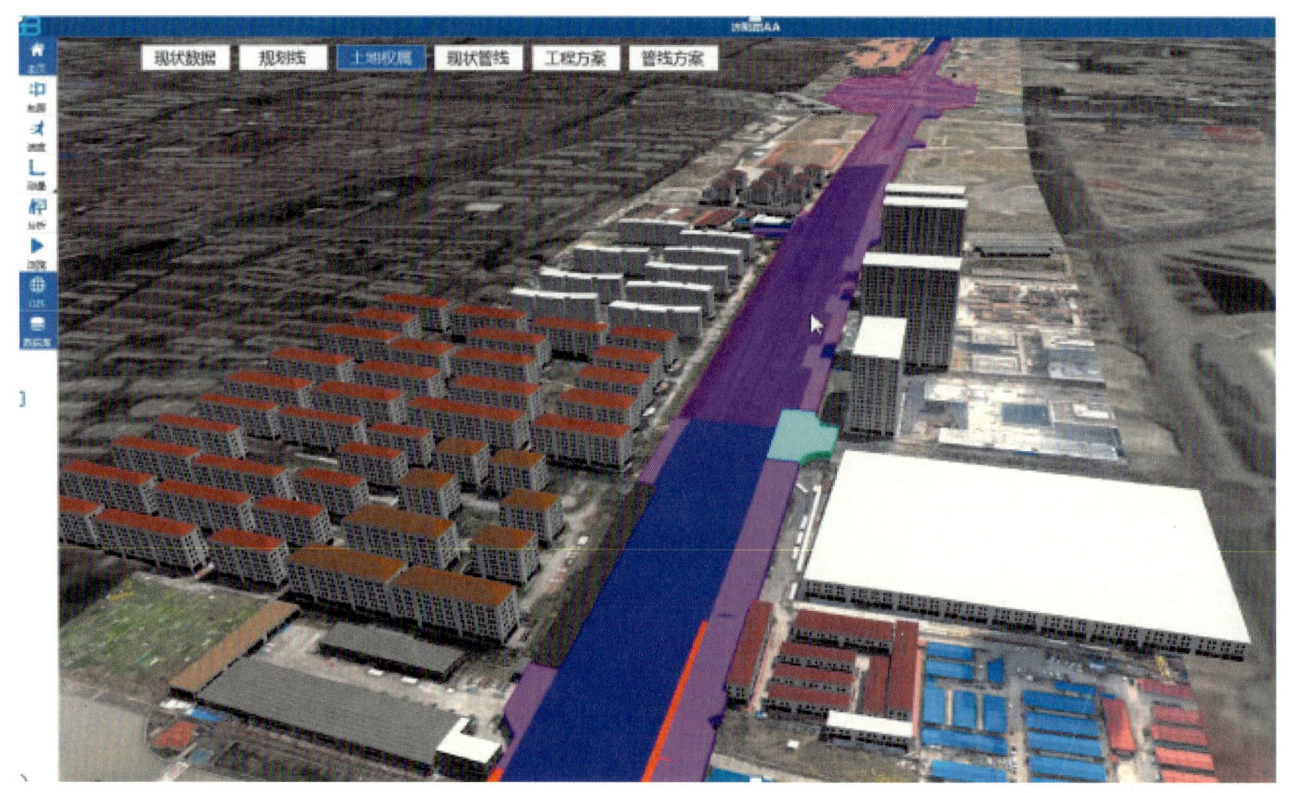

图 5　土地权属分析

2. 优化地下管线排布，减少管线搬迁

针对复杂的地下管线，整合高架设计和管线 BIM 模型，优化桩基、下部结构及各类管线布置方案，应用 BIM 三维可视化技术检查设计阶段的管线碰撞，完成项目范围内各种管线布设与主体结构平面布置和竖向高程相协调的三维协同设计工作，尽量避免管线二次搬迁。指导管线搬迁与实施。基于初步的设计成果，开展碰撞检查，避免管线碰撞及空间冲突，同时综合协同各专业空间布局合理性，并校验管线搬迁方案的合理性，为管线搬迁增速（图 6）。

3. 优化声环境，兼顾景观与功能

针对沿线环境敏感点分布情况，根据环评审批要求结合居民诉求，通过设置多种样式的声屏障

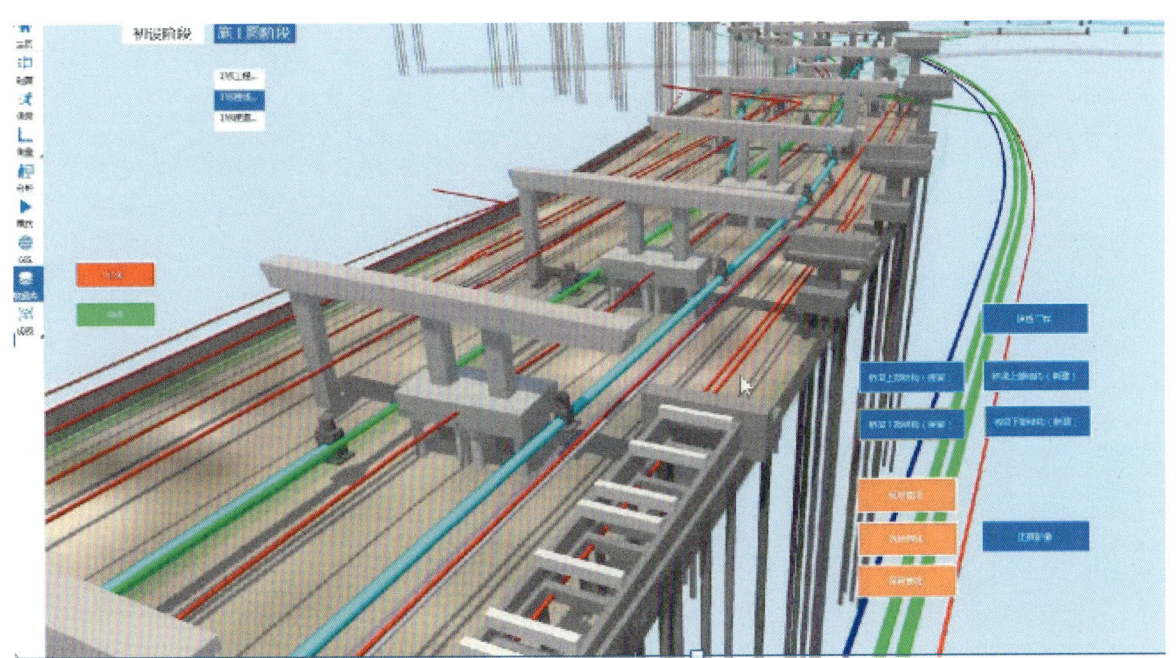

图 6　市政管线分析

及主动噪声控制措施，改善沿线敏感点的声环境，满足了环评审批条件，并利用 BIM 可视化手段进行了声屏障外观设计与优化，确保声屏障与环境的和谐共存。使沿线景观得到整体提升（图 7）。

图 7　降噪措施及环境优化

3.2.2　桥梁构件全程管控

1）参数化提升模型创建效率

设计阶段是数据创建的源头，利用参数化手段快速、准确地创建桥梁模型，大幅优化了市政桥梁建模效率。在模型拆分过程中，尽可能将构件单元与管理单元相匹配（图 8）。

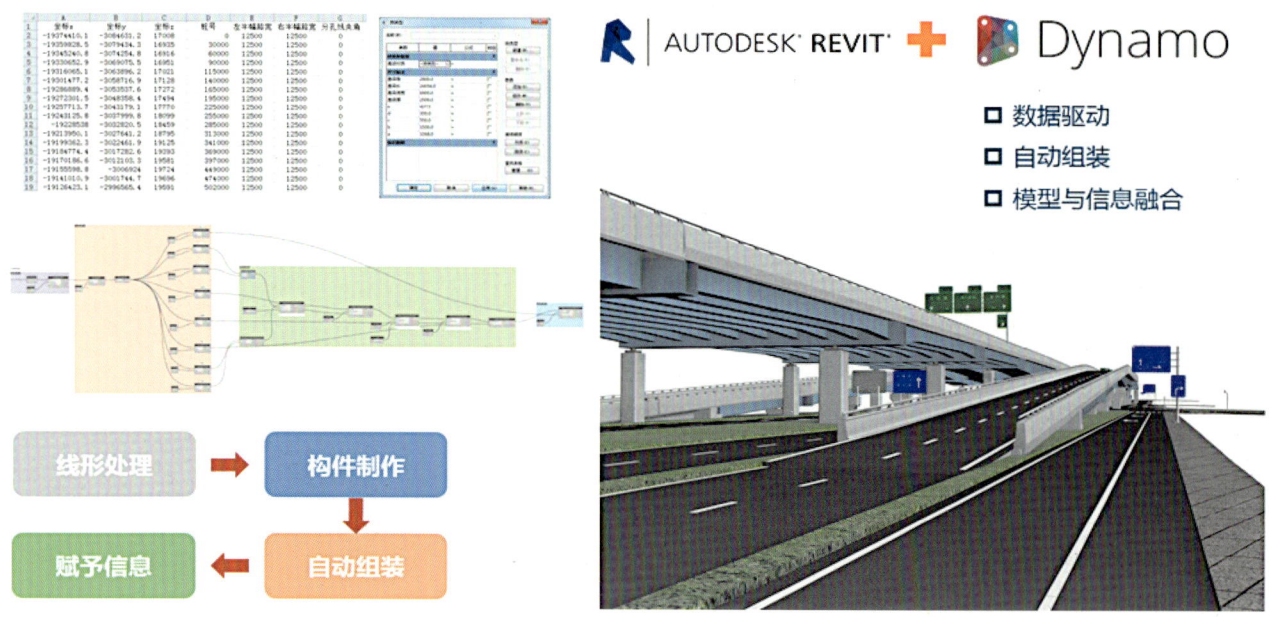

图 8　参数化桥梁模型创建

2）预制构件信息可追溯

将构件模型录入管理平台，平台自动生成每个构件专属二维码，将预制构件的生产进度信息、材料质保信息、安装检验信息及时上传。各参建单位可通过平台快速查看构件属性，追踪构件生产进度、质量控制情况，确保对场外预制构件生产的全过程管控（图9）。

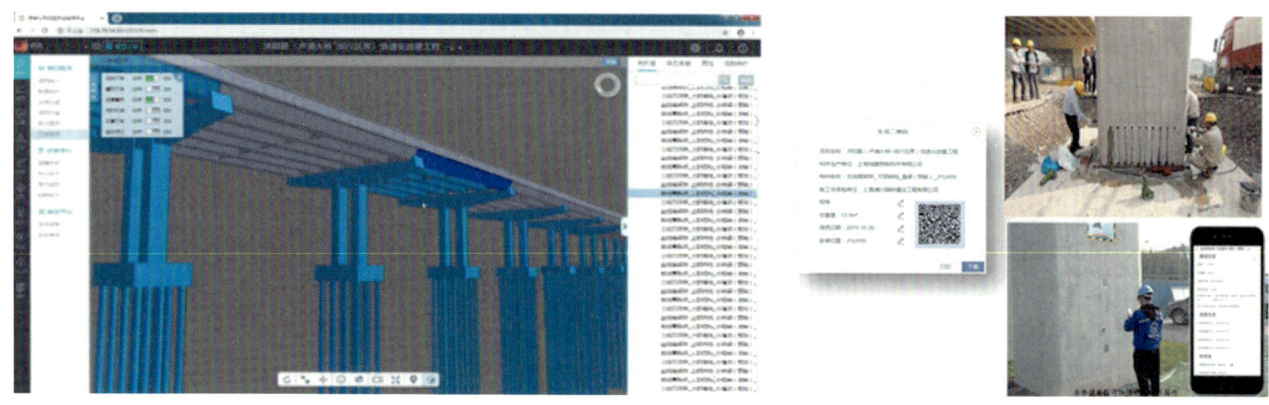

图 9　桥梁构件信息可追溯

3.2.3　打造安全文明智慧工地

1）监测与措施联动，降低施工对周边的影响

工程架设了多台自动监测环境传感器，结合物联网、云计算和无线网络通信技术，对施工现场的扬尘浓度、噪声、风力等级进行前端监测，后台数据处理系统分析扬尘颗粒物浓度，当超过设定值时自动启动区域喷淋系统。当风力传感器监测到现场风力超过6级时，系统自动提醒施工管理人员应禁止高空吊装作业。夜间监测到现场噪声超过55分贝时，也将提醒施工管理人员采取降噪措施减少对周边居民的影响（图10）。

2）通车道路异常智能识别，确保行车安全

基于智慧工地管理系统。利用视频监控技术全时段监控施工区域及两侧通车道路，重点管控场内人员不规范行为和机械作业，做到管理无死角，可追溯。对围挡外的交通便道进行实时监控。自主开发 AI 算法，自动识别通车道路上井盖缺失、路面障碍物、围挡倒伏、车辆占道、积水等情况，并将报警信息推送给管理人员及时处置，确保施工期间道路安全畅通（图 11）。

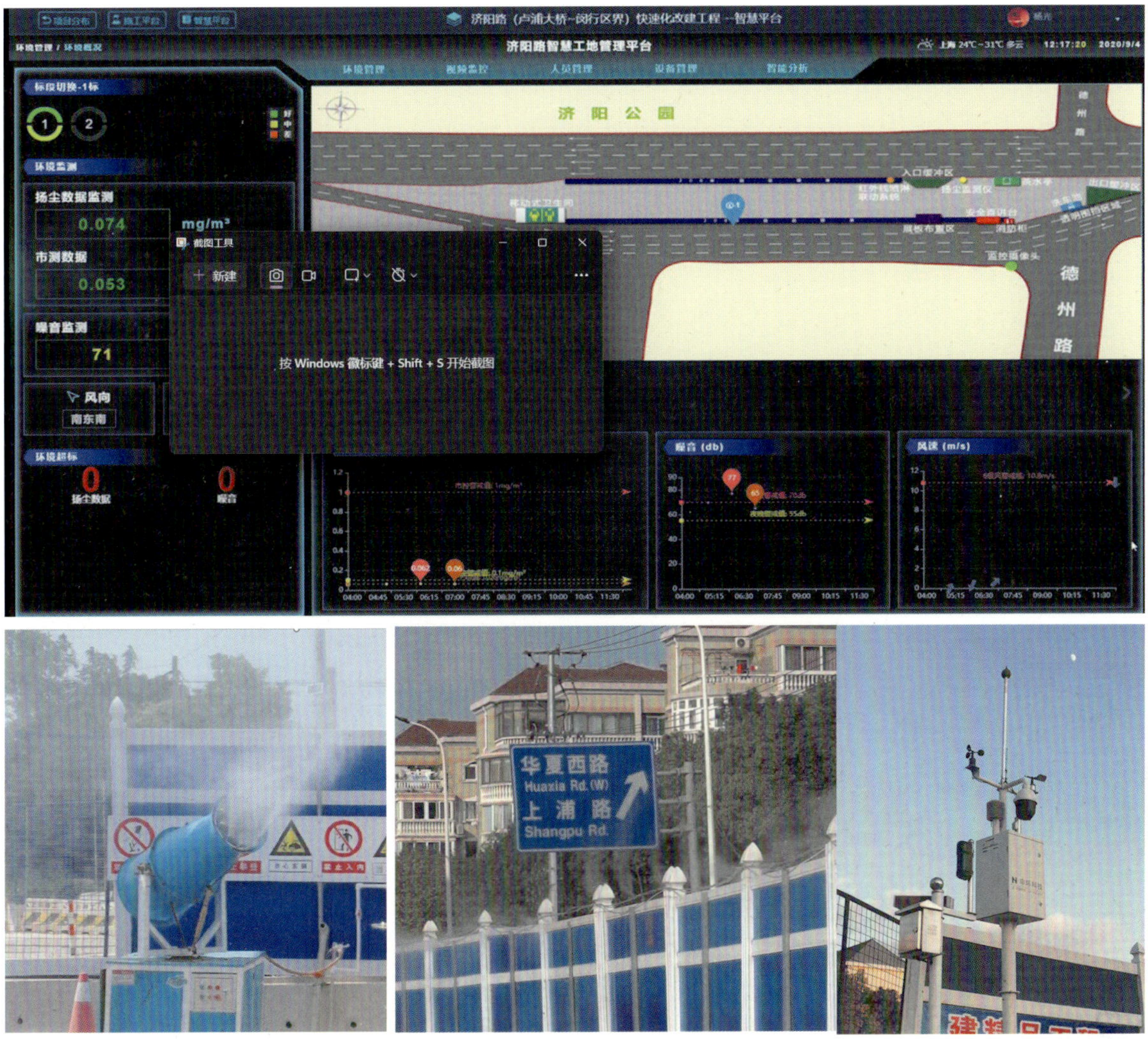

图 10　环境智慧管理

图 11　通车道路异常监控

3.2.4 智慧手段辅助交通疏解

1）用数据支撑施工期间交通疏解

施工期间交通疏解困难的问题要从源头着手。综合运用 Vissium 和 BIM 分析，发现区域交通拥堵瓶颈，直观科学并深入优化交通拥堵问题。大胆创新提出了新老高架"空中"翻交方案。为杨思路跨线桥抬升改造留出空间，通过高架之间的拼缝，将原南向北交通翻至对向高架上，原北向南交通改走地面，最大限度保证连续交通通行（图12、图13）。

图12　交通模拟寻找堵点　　　　　　　　　　　　图13　高架"空中"翻交改善拥堵

2）用数据支撑施工期间交通疏解

通过 BIM 模拟交通便道方案与标志牌设置，使道路指引更合理。施工期间通过视频监控结合 AI 智能算法对主要节点进行全时段车流情况实时监控、计算各时段 pcu 数据及拥堵指数，并对突发性拥堵进行主动提示，及时疏解。基于实时采集的流量数据，开展交通整体协调控制，通过调节信号灯各相位时间，提高路口通行能力（图14）。

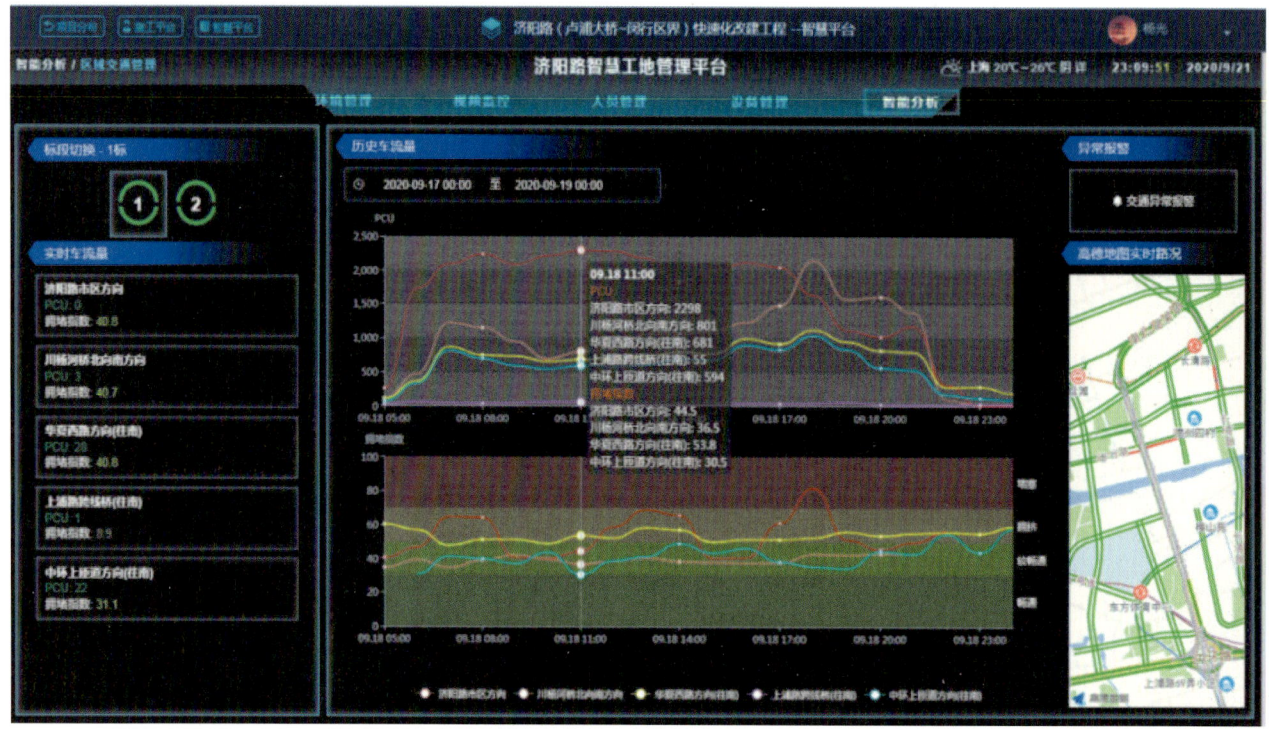

图14　交通流量信息采集

4　项目数字化实施效益

济阳路项目中数字化管理的尝试。已初步形成一套完整的应用模式，包括导则、软件、流程与验收的闭环管理。项目于 2019 年、2020 年两年作为全市质量月样板工地接受各界观摩。

项目取得以下几个方面的提升和效益：

（1）前期工作更细致，项目推进更顺畅。结合前期分析使新建高架桥梁的方案设计最优化、合理化，减少征地成本。精确化管线搬迁方案，降低投资、节约工期。本项目节约管线搬迁费约 3 000 万元，管线搬迁一次到位，项目前期节约 3 个月。

（2）改善环境，化解矛盾。与居民面对面沟通，优化声屏障样式，改善声环境的同时也起到美化街景的作用；通过智慧工地系统优化施工环节，实时监控噪声、扬尘、自动喷雾系统并取得出色效果。本项目用景观声屏障取得了比建筑隔声改造更优秀的环境改善效果，结合前滩景观做了外灯光装饰，提升前滩国际商务区整体形象。

（3）智能监控，安全通畅。施工期间，通过智慧手段，能够弥补巡视检查的滞后或疏忽、覆盖面不够、响应不及时的情况，为道路行车安全提供多重保障。项目外部工单量减少 70%。

（4）科学筹划交通疏解，对交通开展科学分析，优化设计方案，因地制宜开展交通疏解。采用真实数据指导交通翻交，用智慧手段为交通疏解提供保障。本项目将卢浦大桥引桥抬升、中环、外环立交改造等几乎是近几年上海最困难的施工交通组织安排得有条不紊，获得市区交通管理部门高度评价。

此外，项目作为本市交通建设行业 BIM 试点项目，为今后大型市政工程提供了宝贵的经验借鉴，同时在技术拓展、人才培养、获奖评优及品牌宣传等方面起到良好的示范作用。

供稿人：张晓松　杨光　虞振清　沙丽兴　何冬凌

专家点评

本项目搭建了以 BIM 数据为核心，横跨 BIM、GIS、PLM 等领域的多场景应用平台，整合了摄影数据、GIS 数据、规划数据等，并接入视频监控、AI 监控等多方数据，实现了项目总控、施工管理、智慧工地、预制构件管理等应用，将数字化应用贯穿整个建设期，为企业管理、项目管理、多方协同提供了有效支持。

本项目的 BIM 应用实践很好地贯彻了"低影响、高品质"的城市治理，在探索新型设计施工的管理模式，打通建造全生命期和全产业链，开拓"平台＋服务"的工程建造新模式，推动智慧设计、智慧工地和智慧建造发展，提出了一套高架工程数字化建设管理方法和工具。本项目作为城市高架快速化改建精细化管理的范例为同类型工程提供了良好的示范。

案例 10

G15 嘉浏高速智慧建养一体化数字孪生 BIM 模型

1　工程概况

（1）拓宽改造工程依托。G15 嘉浏高速公路是上海市第一条通过改扩建实现智慧化的高速示范公路。在原双向 6 车道基础上进行两侧拓宽改建并同步开展智慧化改造升级，建设规模采用双向 8 车道，线路走向与现状保持一致。路线起点为沪苏省界的浏河大桥中心（K1253+131），接江苏沪武高速公路拓宽改建工程，路线终点为现状 G1503—G15 嘉浏互通（K1265+698.906），设计车速 100 km/h，全长约 12.568 km。沿线共涉及 G1503 互通、嘉西立交、汇源互通三处立交，设置大桥 4 座，中、小桥 9 座，过水箱涵 2 座，管涵 5 座。主线通道桥梁小桥共 7 座，人非通道 4 座，机非通道 1 座（图 1）。

图 1　G15 嘉浏高速

（2）智慧化赋能升级。G15 嘉浏高速示范智慧工程由隧道股份集合了投资、设计、建设、运营全产业链资源，围绕"双升双降"总体目标（即"提升设施通行效率、提升应急施救效率、降低交通事故概率、降低养护占道影响"），以《上海智慧高速发展总体规划研究》为建设蓝图，参照《上海市智慧高速公路建设技术导则》，在 G15 嘉浏高速"6 拓 8"改扩建工程的基础上，开展智慧高速内外场建设。

2 项目组织架构

本项目由上海城建城市运营（集团）有限公司、上海嘉浏高速公路建设发展有限公司、上海公路桥梁（集团）有限公司、上海城建信息科技有限公司四家单位联合完成。

3 BIM等数字化技术应用

3.1 项目痛难点

3.1.1 运营管理痛点

G15嘉浏高速是上海唯一一条北上出沪的高速通道，主线汇集了G15嘉金高速、G1503绕城高速的大交通流量，重载货车占比高，交通流量趋近饱和，呈现出"大交织""大流量""大物流"的交通特点。在近20年的运营管理过程中，交通突发事件频出，事故风险持续升高，养护作业对通行影响加剧，交通管理和设施管理平衡管理面临巨大挑战（图2）。

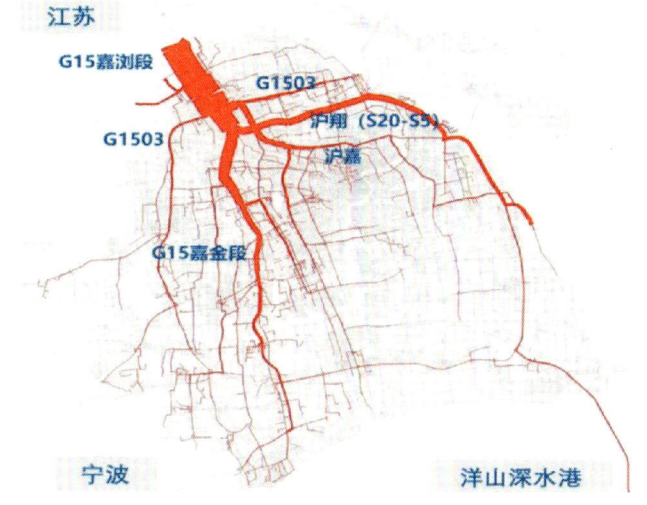

图2 G15嘉浏高速交通流量

3.1.2 养护管理痛点

2004—2020年4拓6运维期间，由于新老拼宽路基、拼宽桥涵存在差异沉降，导致设施频繁出现路面纵向裂缝、桥梁拼缝损伤等典型拼宽病害问题；重点设施结构隐患发现不及时、病害发现不全面；设施构件病害问题溯源及决策分析时，全生命期数据资料时空分散、不连续等行业痛点问题仍有待解决（图3）。

图3 软土地区路基、桥涵典型拼宽结构问题

因此，为响应国家交通数字化发展规划、提升公共服务和社会治理数字智能化水平，G15嘉浏高速亟需通过智慧化、数字化手段提升通行能力、提高应急施救效率、降低设施运行风险、提升设施结构服役性能，从而提升高速公路设施综合维养管理水平。

3.2 项目内容和创新点

3.2.1 项目内容

本项目主要面向高速公路运维管理场景，在构建信息模型时以《上海市公路设施编码规则、分类与编码标准》《上海市公路设施管理数据字典全册》为主要参照依据，结合实际管理需求从路面、路基、桥涵、附属等多专业角度出发，对模型构建进行精细化拆解，建立一一对应的构件编码库，便于信息维护、查询和管理（图4）。

图4　BIM构件专业化拆解及构件编码信息库

本项目的建模对象包括：路面结构包括上、中、下面层、基层、路缘石、中分带，根据运维管理需求按照百米级、车道级划分（图5）。

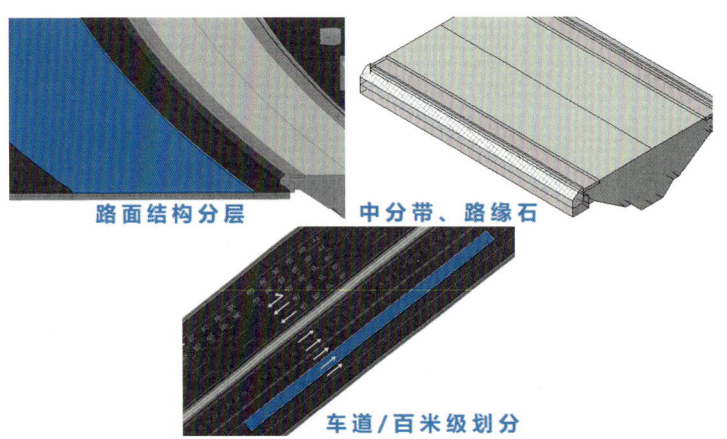

图5　路面结构构件

路基结构：结合拼宽路基特点完成老路路基、拼宽路基、路基挡土墙等支挡结构建模，并根据管理需求进行纵向划分（图6）。

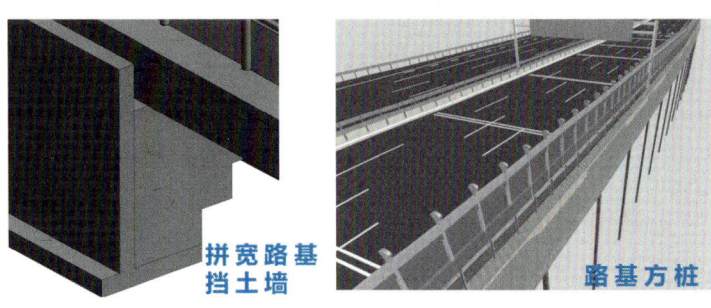

图6　路基构件

全线 30 座大中小桥梁结构包括桥梁上下部结构、桥面系及附属、箱涵、管涵等各类桥涵构件（图 7）。

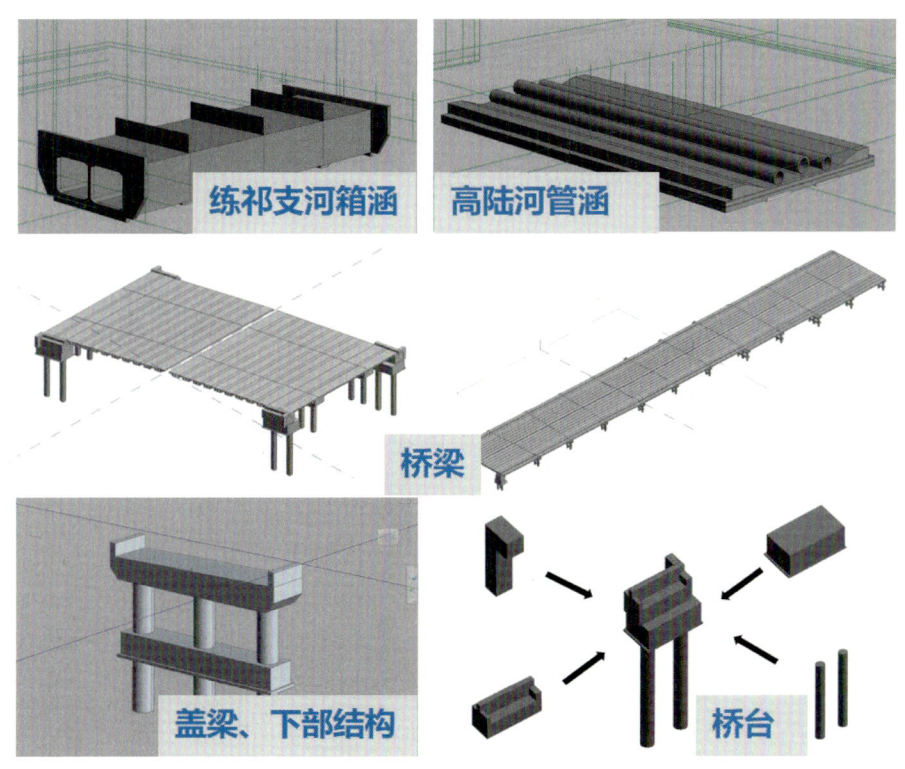

图 7　桥涵构件

附属设施包括交通标志、标线、护栏、声屏障、监控、雷达等安全和管理设施（图 8）。

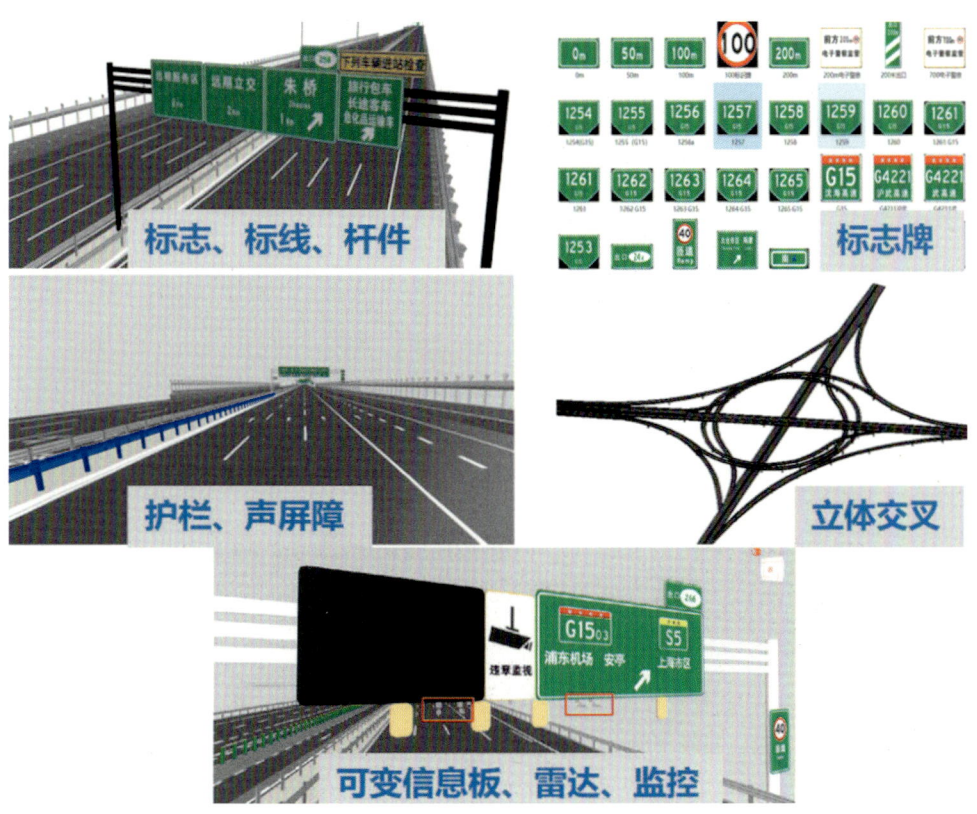

图 8　附属设施构件

3.2.2 项目亮点和创新点

1) 打造公路改扩建类项目 BIM 样板模型

结合改扩建工程项目特点，独立构建拼宽桥涵、拼宽路基结构模型，并在编码中予以冗余码区分以便于构件信息统一管理；并对桥涵拼接缝、路基台阶等拼宽衔接部位进行精细化建模，还原新老结构之间的搭接关系，为同类型改扩建项目的 BIM 模型提供经验参考（图9）。

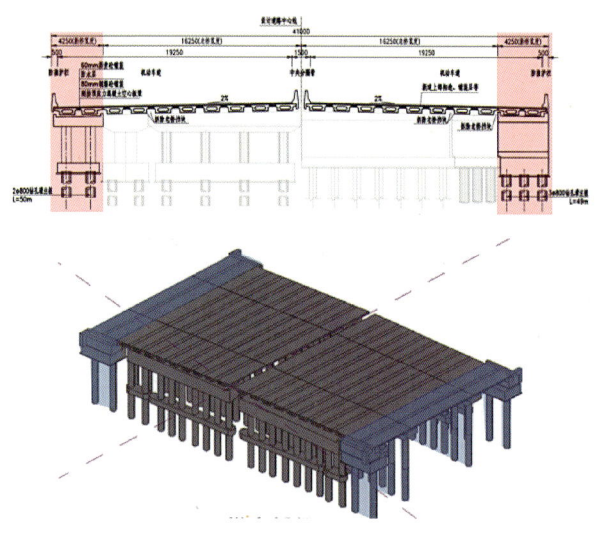
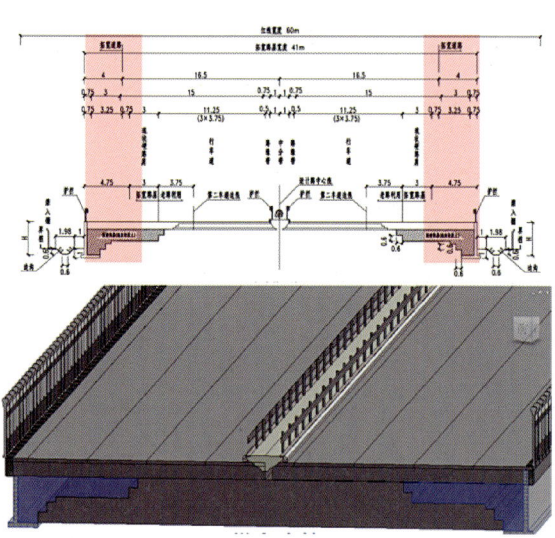

图 9　拼宽桥梁和拼宽路基

2) 施工运维一体化 BIM 模型

施工和运维两阶段对 BIM 模型需求各不相同，施工 BIM 主要应用于重要结构的施工流程控制、施工模拟、工程量计量，提高施工项目管理质量和效率；运维 BIM 更注重三维可视化、构件信息管理、构件清单统计，二者在应用需求端存在一定差异。本 BIM 结合运维期需求对既有施工模型进行一定的修整和转换，在既有施工 BIM 模型中增加了铰缝、拼缝、桥面铺装、防护设施等构件，满足运维阶段构件管理需求。既充分利用了既有模型，也为设计-施工-运维 BIM 模型一体化的技术路径提供了参考（图10）。

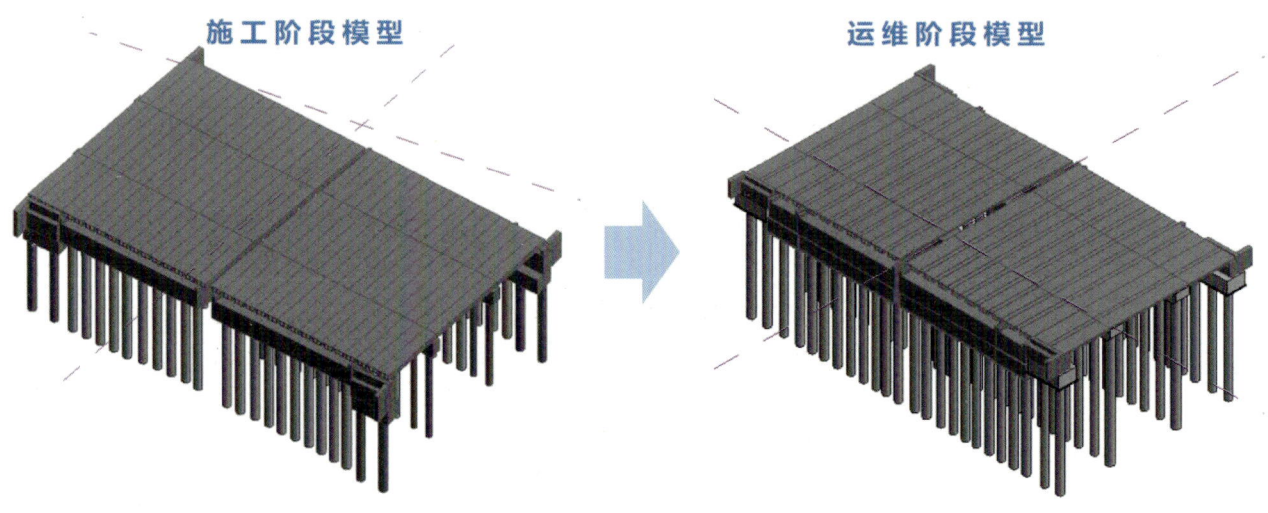

图 10　施工-运维 BIM 模型转换

3) 动态数字孪生场景应用

项目研发了融合引擎的数字孪生底座，实现对智慧高速动静态数据的高度孪生：基于 BIM+GIS 的数字地图，配套 G15 嘉浏高速数字孪生底座，融入 G15 嘉浏高速实时路况、交通流量、诱导信息、设施设备、重点车辆、桥梁结构、高速机电等专题数据，并将各类数据通过地图引擎实现"一张图"实时展示，支持一屏观、一网管，提高运维养护、应急管理和物资调度的效率（图 11）。

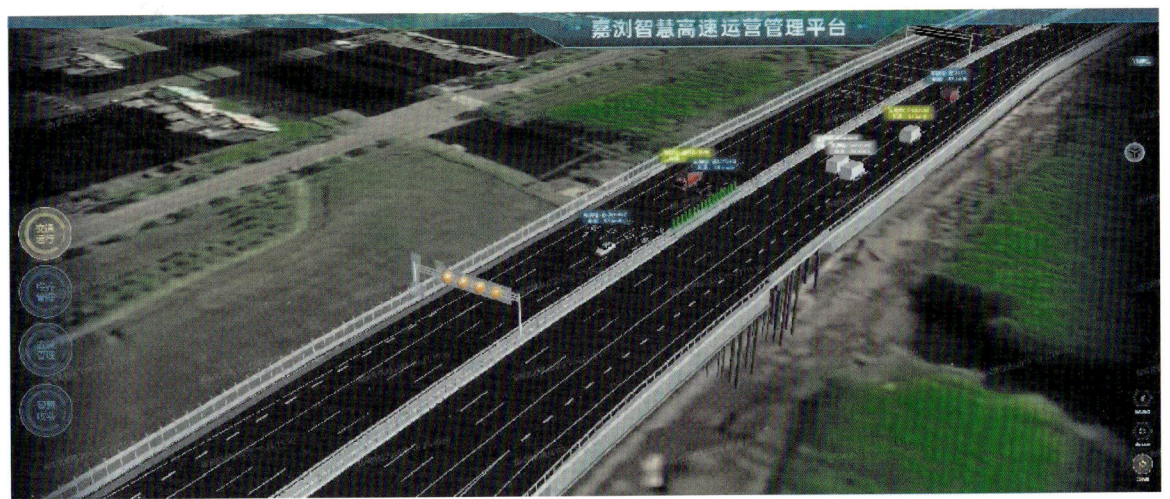

图 11　嘉浏动态数字孪生场景

4）全生命期数据一体化管理

项目通过建立高速公路设计、施工、运维全生命期平台数据库，从建设期和运维期两个维度出发，打破高速公路工程建养阶段数据壁垒、提高数据在全生命期内的流通性。通过共享建设期数据，针对性开展运维管理工作，提高运营养护决策能力和水平，挖掘设施全生命期效益和潜能。充分发挥运维板块的前置作用，针对运维期全过程细分数据，指导开展针对设计和精细化施工管理，提升设计理念，改善工艺、优化选材（图 12）。

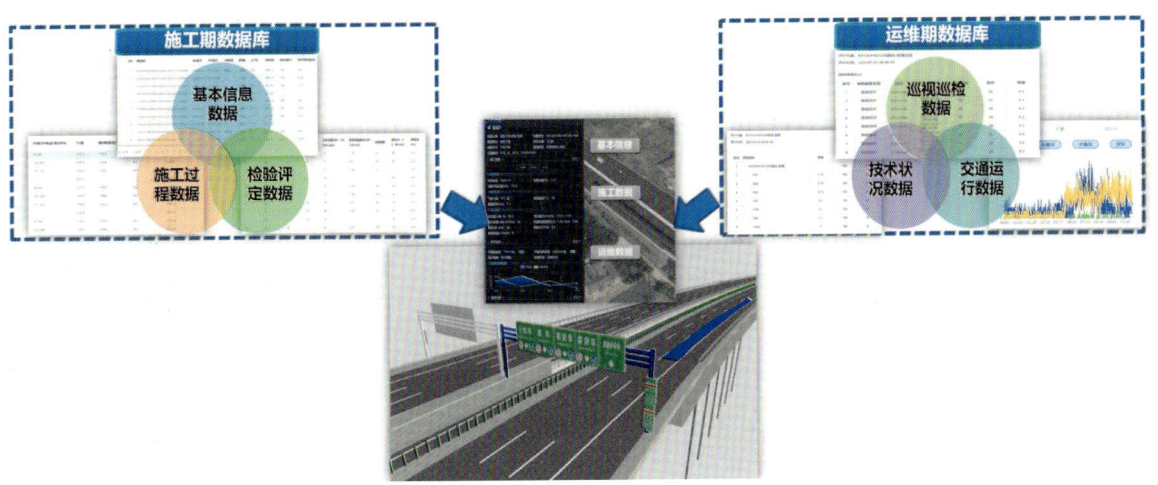

图 12　全生命期数据 BIM 底座

5）智慧维养管理场景应用

通过 BIM 模型编码生成设施构件清单，便于设施设备数字化资产统一管理，提高设施构件管理效率和精细化程度。结合 BIM 模型构件进行三维可视化管理，精确获取构件基本信息、历史养护作业信息，提高作业效率和质量（图 13）。

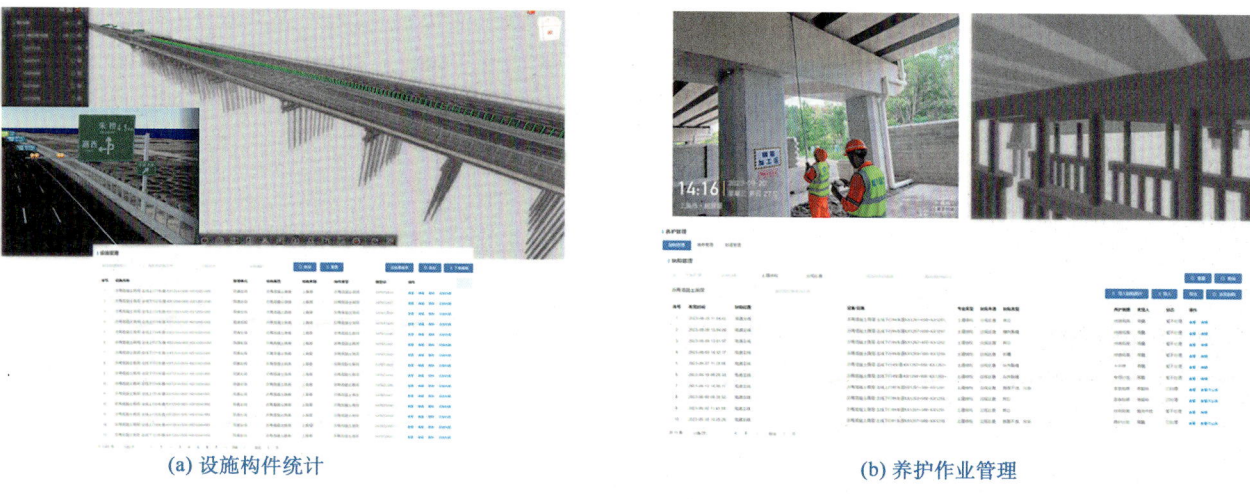

(a) 设施构件统计　　　　　　　　　　　(b) 养护作业管理

图 13　基于 BIM 的设施构件统计和养护作业管理

6）多源管理数据场景应用

本项目利用 BIM 数据底座，搭载各类健康监测设备、交通监控设备的数据，实时查看重点结构设施运行数据，掌握结构健康状态和变化趋势，融合交通监控数据，精准获取交通事件空间 GIS 信息，提高设施管理和交通管理效率（图 14—图 16）。

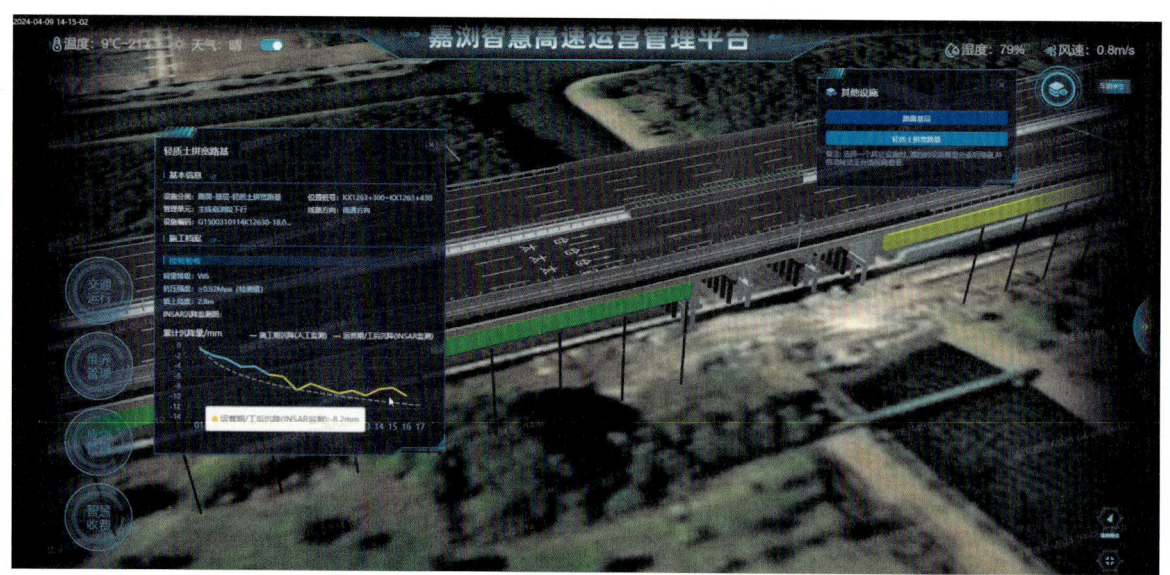

图 14　拼宽路基 INSAR 监测数据在 BIM 中的应用

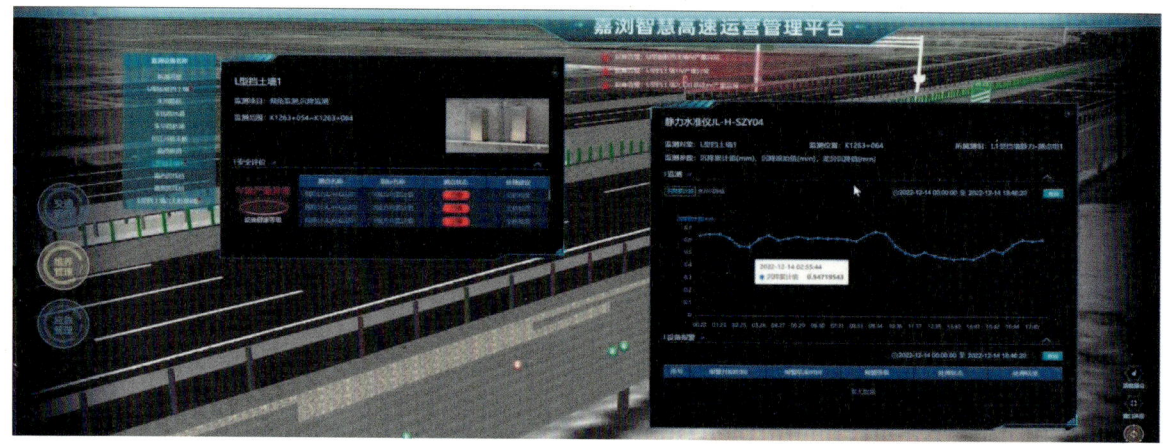

图 15　重点设施结构健康监测数据在 BIM 中的应用

图 16　实时监控数据在 BIM 中的应用

4　总结与展望

项目以高速公路运维管理为导向，建立涵盖路基、路面、桥涵、附属设施等多专业构件类型的 BIM 模型，并以 BIM 为数据底座，融合了材料信息、施工过程、检验验收等施工期数据，以及设施技术状况、养护管理、健康监测、车辆孪生、交通监控等运维期多源数据。本项目为丰富高速公路运营管理手段、提高设施养护管理水平提供了参考。但是 BIM 在高速公路运维管理中的应用还处于深入探索阶段，如何在高速公路的信息跟踪反馈、集成决策、综合管控、信息发布、养护方案优化决策、应急救援等多种应用场景中深化应用，仍需要进一步研究。

供稿人：滕丽　庄海清　李志晟　彭崇梅　陈柳花

专家点评

G15 嘉浏高速公路是上海市第一条通过改扩建实现智慧化的高速示范公路。本项目依托 BIM 模型数据底座，融合项目从建设到运营阶段全生命期数据，成功实现了 BIM 技术在高速公路智慧化运维管理应用。项目特色如下：

（1）本项目较好地实现了多阶段 BIM 数据的传递和延续，根据运维养护需求对施工模型做了区域拆分和颗粒度细化，增设了部分附属和安全设施。根据养护阶段的特点将路面、路基结构模型由施工节段划分改为了养护摊铺区段划分，较好地满足了运维养护的数据深度需求。

（2）体现了改扩建、大修的结构模型的特点，如独立构建拼宽桥涵、拼宽路基结构模型，并设置了冗余码进行区分原有信息；并对桥涵拼接缝、路基台阶等拼宽衔接部位进行细化建模，还原新老结构之间的搭接关系，为同类型改扩建项目的 BIM 模型提供了经验参考。

（3）打造了高速公路智慧运维管理新模式，本项目充分利用BIM数据底座，及时获取实时交通运行数据、突发事件时空信息、设施技术状况、重点结构健康监测、交通监控视频等重要运维数据，通过BIM引擎和智慧高速运营管理平台实现"一屏观""一网管"等，提高了运营和养护管理效率。本项目具有较好的应用推广价值。

案例 11

上海浦东工程建设管理有限公司数字化平台 2.0

1 开发背景

1. 公司数字化转型需求

上海浦东工程建设管理有限公司（以下简称"建管公司"）积极响应国家提出的"加快数字化发展"的系统部署，在 2022 年确定了数字化转型方向，成立数字化转型领导小组及工作小组，聚焦公司主业，利用数字化技术服务工程代建领域，塑造"1+2+N"的数字化管理模式。"1"即一个数字中心，"2"即智慧工地平台与项目管理平台，"N"即拓展 N 个应用场景，务实数字化创新应用，服务建管公司基础设施建设全过程。

2. 项目管理需求

近些年，随着建管公司数字化试点工作的不断深入，积累了一大批数字化成果和经验，建管公司原有的数字化平台 1.0 侧重于工程管理的辅助性应用，存在平台底层架构固化、BIM 图形引擎陈旧、进度等功能不完善、用户体验较差等方面的不足，造成工程现场管理要求难以全面落实。经分析，建管公司需对平台进行全方位升级和优化。

2 平台介绍

2.1 概述

建管公司数字化平台 2.0（以下简称"2.0 平台"）围绕进度、质量、安全、文明施工等现场管理关键要素，对平台进行全方位升级和优化，以更灵活的底层架构集成不同供应商的开发资源，满足各类项目的管理需求。通过更深层次的调研并结合施工、监理等参建单位操作上传者反馈的需求，提升用户体验，实现从资源集合管理型平台向业务支撑功能型平台转型。

2.2 数字化 2.0 平台架构

2.0 平台围绕"1+2+N"的数字化管理模式，以数字中心为核心，项目管理平台和智慧工地平台为驱动，N 个应用场景为创新落地基石，构建了一个完整的数字化管理生态系统。

数字中心作为整个平台的核心，承担着数据管理、分析和决策支持的功能。通过数字中心，建管公司实现了对项目数据的集中管理和分析，包括项目的实时状态、进度、质量、安全等信息。数字中心采用了先进的大数据分析技术，能够从海量数据中提取有价值的信息，并为决策提供科学依据，通过数字中心实现项目的一屏统管（图1）。

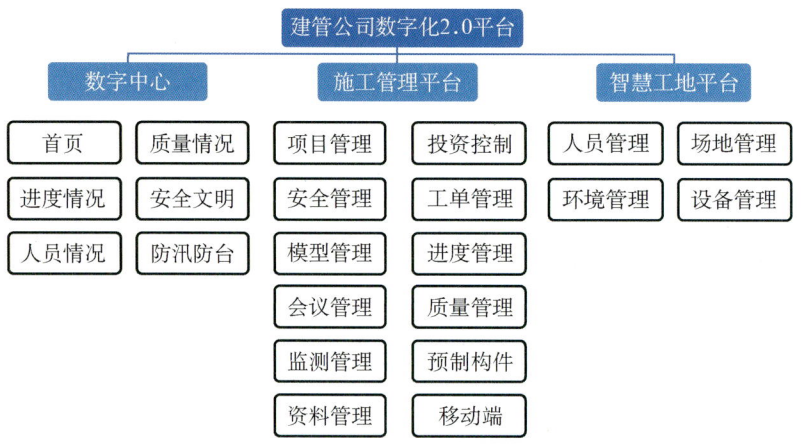

图1　2.0平台架构图

项目管理平台是建管公司数字化管理的重要组成部分，用于实现项目建设全生命期的管理。该平台涵盖了安全管理、进度管理、质量管理等模块，以及在线检验批、快速问题反馈等创新功能。通过项目管理平台，建管公司能够对项目进行全面、精细化管理，提高管理效率和项目质量。

智慧工地平台形成以人员管理、环境管理、设备管理、视频监控为模块的标准化应用场景。平台利用GPS定位、电子围栏、人工智能等先进技术，可实时掌握现场的各类信息，及时发现并处理安全隐患，实现了人员、机械设备及环境的全天候智能监管，为现场安全文明施工提供了有力保障。

2.3　平台功能亮点

2.0平台根据项目的具体特点和管理需求，可对平台功能进行配置和扩展，提高了管理的灵活性和针对性。此外，平台还可以根据用户反馈和技术发展，不断扩展新的功能和服务，保持平台的更新和竞争优势。这种灵活配备的特性使2.0平台能够更好地适应不同项目的管理需求，并且在不断变化的管理环境中保持领先地位。平台亮点具体如下。

2.3.1　中台化管理，打破信息孤岛

2.0平台通过底层架构下的数字中台，实现了各类数据在平台间的全面集成与互通。包括但不限于人员信息、设备信息、投资控制、监理管控等。通过集成这些基础数据，平台能够提供一个统一的数据接口，为项目管理提供了更加可靠和全面的数据支持。管理人员可以在一个平台上轻松地访问和管理各类项目数据，无需在不同系统之间来回切换，大大提高了工作效率，打破了原有的信息孤岛局面（图2）。

2.3.2　打通前期，前期到施工一体化管理

前期系统将项目前期要素进行整合，通过三维可视化，可以直观地看到目前土地动迁、绿化搬迁的基本信息及进度，每个地块均有土地性质、权属单位、联系人、协调过程、签约情况等，并配有汇总统计。过程中的实时信息及协调纪要可通过平台实时更新，实现了高质量的信息查询。对权属单位还可进行星级评定，在方案初期选址就可以避免低星级单位介入（图3）。

2.3.3　CIM级引擎，更优的加载和效果

新的3D引擎能够更全面、更直观地展示项目场地的各个维度信息，包括地理、空间、周边环境等多个方面。通过优化引擎加载速度和浏览效率，平台用户能够更快速、更流畅地加载大规模项目数据，并进行实时数据浏览和操作。用户能够更加便捷地获取项目信息，了解项目现场的具体情况，从而更好地指导和管理施工活动（图4）。

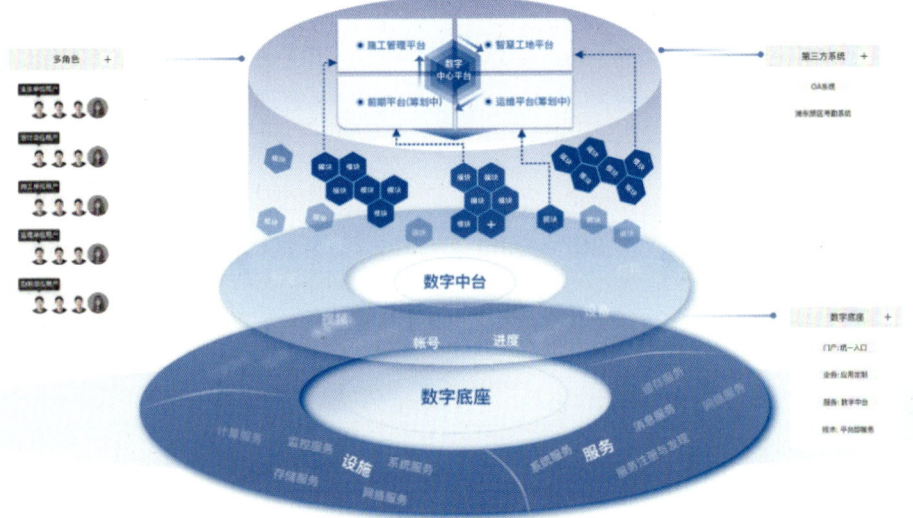

图 2　2.0　数字中台

图 3　项目前期管理系统

图 4　CIM 引擎效果

2.3.4 数字大屏，总控中心

建立了一套完整的项目信息管控中心，即数字中心，并以文字、图表、视频等形式实时展示项目全线施工状况，使进度、安全、质量、人员、材料、设备、环境等各方面的信息一目了然，实现公司项目的一屏统管（图5）。

图 5　现场数字大屏

2.3.5 以构件为核心的工程数据可追溯，在线文档质量管理更契合现场作业

通过构件管控汇总项目质量控制要点信息，将施工构件与检验批、监理旁站资料、物料进出场及使用信息关联，实现质量验收和物料管理的精细化、透明化，保证工程数据可追溯，便于后期责任追查。同时，2.0平台集成在线文档可进行现场检验材料的线上编辑，监理线上审批，实现了线上线下工作的无缝联动，使资料的收集和管理更加贴合现场实际情况，减少重复工作（图6）。

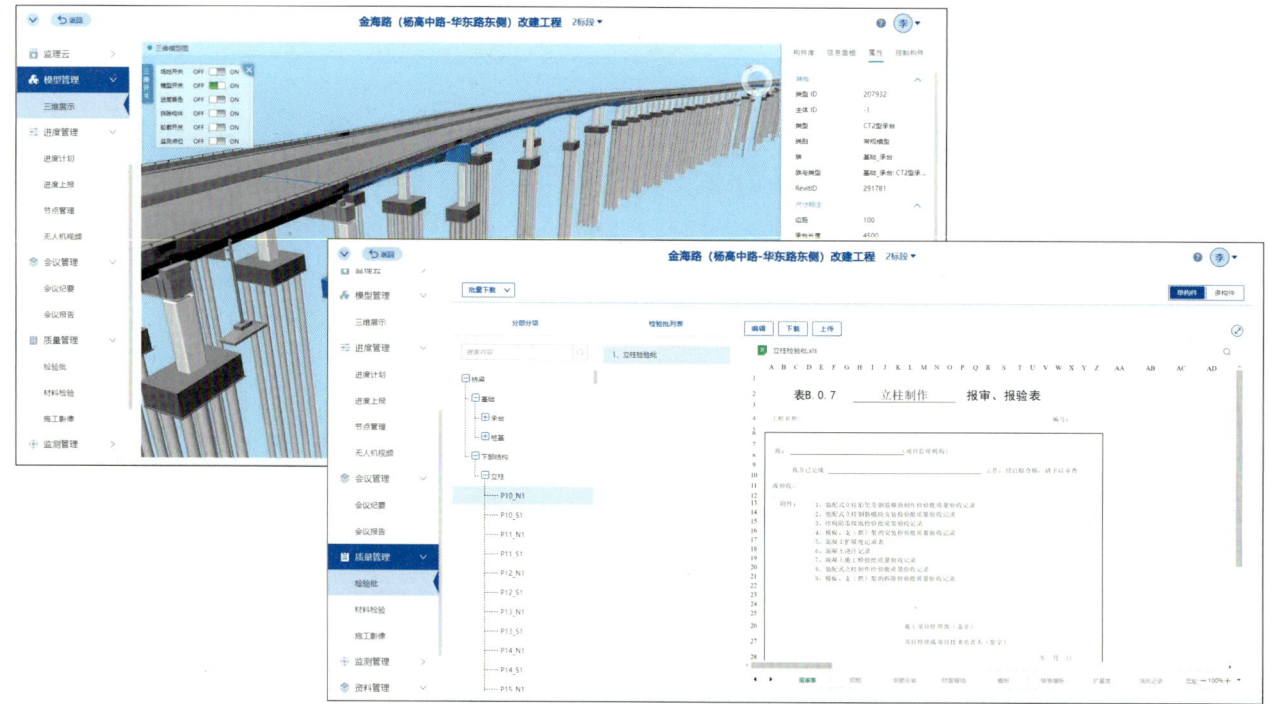

图 6　检验批在线文档编辑

2.3.6 数字巡检提升问题处置效率

数字巡检主要采用移动互联网技术，结合平台微端小程序，用于项目日常的安全、质量、进度问题的记录、分配、整改、复查的闭环管理，它提供了一个针对问题处理的多方协作平台，监理单位作

为检查人记录问题，总包单位及班组作为整改人对问题进行整改反馈，然后监理单位对问题进行复查归档。"数字巡检"模块的开发与应用使工地检查效率大幅提升，责任动态落实到人，形成缺陷记录可追溯的闭环管理。系统通过云管理平台可导出数据图表及统计报告，便于现场分析总结，制定下一步重点控制项目（图7）。

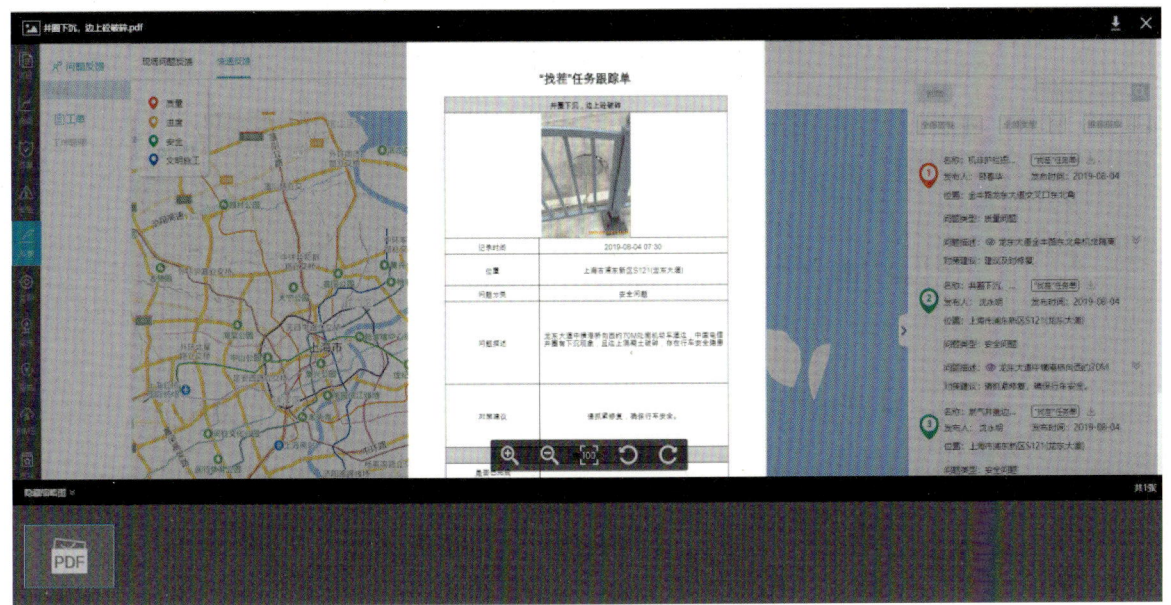

图7　问题记录单

2.3.7　基于数字中台的会议报告，提高开会沟通效率

会议模块可以直接获取数字中台数据，自动生成会议报告。会议基于平台开展，汇报的进度、质量、安全等内容与平台数据实时联动，并可关联BIM模型，展示更加直观。会后根据会议报告自动生成督办任务，并与人员进行关联，发布任务通知和完成时限等。切实使平台数据落地现场管理，提升现场开会质量，缩短开会及会议内容制作时间（图8）。

图8　会议管理

2.3.8 智能监控提升现场安全管理

通过 AI 智能算法对施工场地的监控视频进行分析，对场内未戴安全帽、反光背心、闯入危险区域、抽烟等情况进行报警，自动识别通车道路上井盖缺失、路面障碍物、围挡倒伏、护栏缺失等情况并远程报警，同时将报警信息推送给监理和施工管理人员进行及时处置，确保对现场的安全管控，消除安全隐患（图9）。

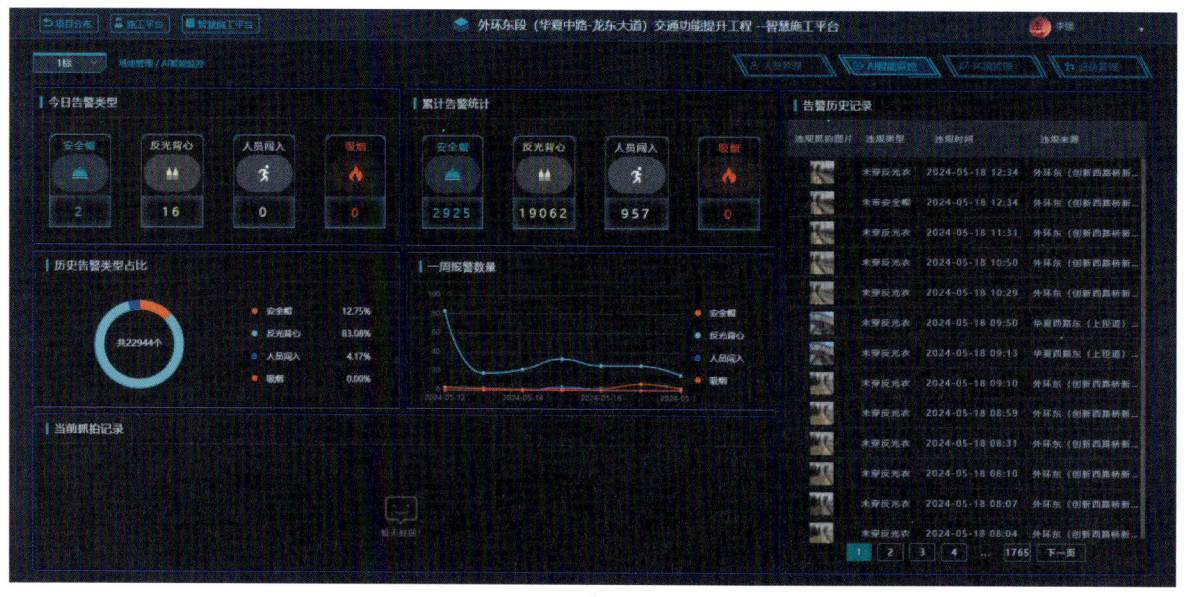

图 9　智能监控

2.3.9 电子围栏打卡，人员实名制管理

针对线性工程施工区域随时变换，围挡无法全封闭，施工人员上岗信息不完整的情况，建立数字围栏人员考勤系统，结合 GPS 和人脸识别技术，在数字化地图上规划出所要考勤的区域范围，施工人员进入所规划的区域可通过手机小程序进行刷脸打卡考勤，与其他考勤方式相比，数字围栏考勤系统集合了多项实用功能于一身，包括人脸识别打卡、班组人员管理、数据统计与分析等，该系统不仅为施工人员的上班考勤提供了便利，也实现了对现场人员集中化管理，使管理人员能精确掌握人员的考勤、各工种上岗的状况（图10）。

图 10　人员数字化考勤

2.3.10 预制构件全流程信息化管控

预制构件管理模块以构件模型为基础,汇同设计、施工、驻场监理、混凝土构件厂和钢构件厂共同参与的信息化管理系统,依据 BIM 模型平台生成每个构件专属二维码,将预制构件的生产进度信息、安装检验信息、现场吊装信息等及时上传。使各参建单位可快速查看构件属性,追踪构件生产进度、质量控制情况,实现对场外预制构件生产的全程管控(图 11)。

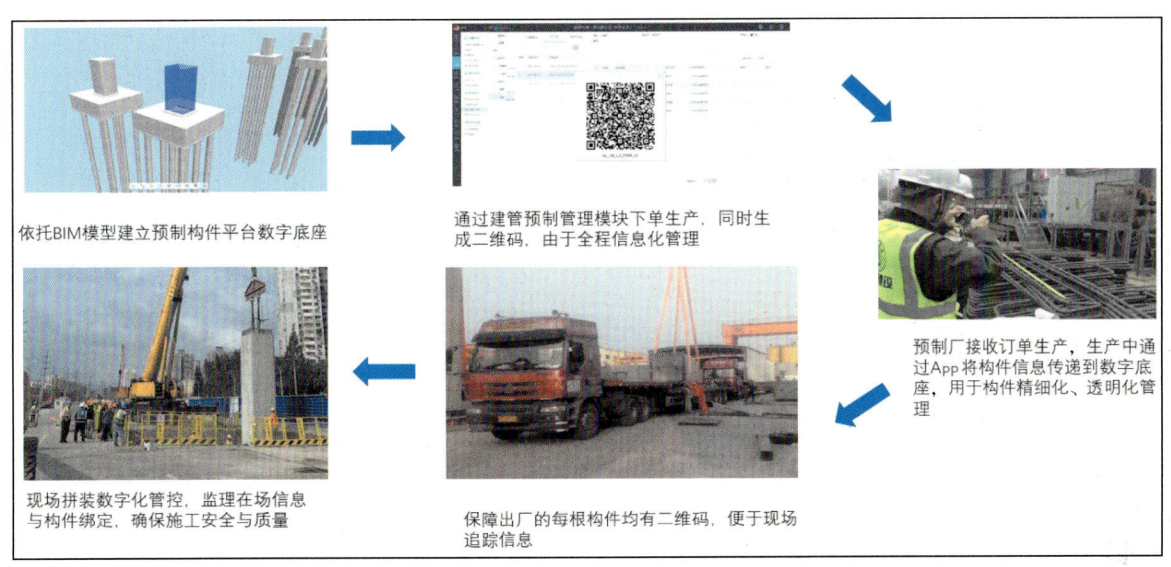

图 11　预制构件管理

2.4　平台优势

1. 行业应用深度的优势

较业内其他软件平台,建管公司数字平台在代建工程领域布局相对超前,行业内的竞争优势主要体现在以下三点:

(1)标准化管理。基于上海市行业 BIM 规范,建管公司建立了一套工程 BIM 建模及应用标准,并在实践中不断修改完善。作为建管数字平台的底层逻辑,该标准包含构件编码、数据定义、应用场景等内容,使各应用模块的数字采集、存储、调用有据可依,能以更规范的方式落实管理。

(2)精细化应用场景。基于工程建设管理规范,结合工程 BIM 模型,根据各个管理要素配置了应用模块。如质量管理等模块以精细化管理为导向,参数绑定构件,责任落实到人。在同领域中,建管数字平台具有更精细的颗粒度,能以更全面一体的方式辅助管理、提升管理效能。

(3)灵活化流程配置。基于工程建设类型多样化的特点,结合自身全过程代建管理经验,考虑不同项目的差异性和特殊性,建管数字平台为代建项目打造了灵活配置的管理流程,使流程配置更符合实际情况,管理颗粒度更符合项目需求。

2. 功能创新应用的优势

项目现场实用性功能的创新应用上,第一,实现创新应用从零到一的跨越:首次创新会议管理、在线检验批、快速问题反馈、工单智能派发、防台防汛等特色功能,实现对监理单位、施工单位工作任务的全面考核和管理，加强了数字平台在项目实施中的落地。同时平台开放性的架构，后期可不断拓展叠加新的创新应用场景，以满足新的项目管理需求。

第二，实现创新应用从"有"到"优"的质变：通过多项目应用的打磨，深度优化创新功能点，如将OA办公系统签证管理、智慧工地平台、智慧交通平台与BIM平台进行整合，建立统一的平台入口和数据汇总机制，实现在一个平台内对多项目数据综合管控的目标。平台最终建立了"功能标准化+管理制度化"的强耦合应用，使其更好地配合项目管理要求。这种模式对其他类型项目管理及企业其他系统建设均具有借鉴和推广意义。

3. 新技术与BIM融合

建管数字平台结合5G技术、AI、云计算、物联网、无人机、大数据分析等技术，构建了基于智慧工地建设、项目管理平台的数字化管理体系，为工程项目的实施及管理提供了新的解决方案，有效地实现工程管理各要素的可视化、数字化及智能化。

3 产品应用案例

3.1 济阳路（卢浦大桥—闵行区界）快速化改建工程

3.1.1 项目介绍

济阳路快速化改建工程是浦东新区首个采用预制拼装技术的高架项目，建设总投资31.67亿元，其中建安费26.58亿元。工程范围北起卢浦大桥，南至闵行区界，道路全长约7.1 km，红线宽度45～70 m。本项目从2016年起开展BIM应用与研究，2017年正式列入上海市交通建设工程BIM试点项目名单（图12）。该工程作为浦东新区最早将BIM技术用于大型市政高架改建的完整案例，从方案阶段持续到施工阶段，通过建管公司数字化平台应用贯穿项目建设全过程，在整合现状信息，提升设计质量、预制装配结合、智慧工地实践等几方面开展试点应用，成效显著。

图12 济阳路快速化改建工程

3.1.2 项目成效

（1）项目前期决策基于平台的可视化方案表达，方案论证更全面，协调时更快速，提高决策科学性，方案阶段周期缩短 2 个月。

（2）基于 BIM 的关键工序模拟、合理规划施工方案，加速方案报批。

（3）施工管理平台从进度、质量、安全、物料、人员、设备、成本等多角度对项目进行监管，实现精细化的质量验收管理和全过程的成本管理，落实施工阶段的项目协同管理需求。

（4）通过预制构件系统的使用，提高了预制构件信息化，使设计、生产加工、施工标准化大幅提高。

（5）通过打造智慧工地，实时掌握现场信息，实现人员、机械设备及环境的全天候智能监管，并通过 AI、GPS 等技术打造绿色工地，环境友好且安全畅通。

3.2 龙东大道（罗山路至 G1501）快速化改建工程

3.2.1 项目介绍

龙东大道快速化改建工程为浦东新区政府投资项目，估算总投资金额约 100 亿元，是浦东新区综合交通"十三五"规划实施建设项目之一、上海市规划快速路网"一横三环十字九射"的组成部分。工程路线全长 14.76 km，全程高架化，预制拼装率达 95% 以上。BIM 技术应用范围包含龙东大道快速化改造工程的全部建设内容及周边环境，以及相关 BIM 数字平台开发及应用，应用阶段为全生命期应用（图 13）。

图 13　龙东大道快速化改建工程

3.2.2 项目成效

通过平台前期管理模块完成了 10 多种设计模型和倾斜摄影数据的整合，对多种设计方案、建成效果进行了展示，完成了方案与实际场景的比对，并协助设计方案的汇报，方便项目决策；直观分析出了土地利用情况、管线搬迁和绿化搬迁情况，并建立了对土地征用工作和搬迁工作的管理，确保项目顺利实施。

预制构件管控模块本着质量优先，及时协调为原则，对预制构件的下单、生产、养护、运输、吊装等各个环节进行管控，可在实际生产中及时发现问题并解决问题。平台还通过二维码技术实现对预制构件的履历追查，方便预制构件的信息查询与定位，通过对预制构件的全环节管理，为工程顺利进行提供了信息化保障。

智慧工地模块提升了市政道路桥梁工程智能化。平台利用物联网技术接入监测设备、监控设备、门禁设备等数据采集设备进行大数据分析，分析内容包括安全帽识别，环境扬尘监测，门禁进出情况，施工人员类型排比等，为施工现场的安全生产管控，提升工程施工质量、提高文明施工，智能化的手段，全方位提升了工地管理的精细化程度。

供稿人：徐业云　袁青峰　蒋剑　吴应鑫　王家旭

专家点评

浦东工程建设管理有限公司通过多年的数字化实践总结，构建了"1"中心、"2"平台、"N"个应用场景的数字化平台2.0。平台底层架构引入了数据中台架构，提高了平台整体性能。在应用方面，平台从业主视角出发，结合项目管理的实际需求，开发了多项BIM技术应用。实现的创新应用：会议管理、在线检验批、工单智能派发等特色功能，在与项目各阶段的管理协同、数据表达，新技术融合等方面进行了较多实践。

"2"平台为"施工管理平台"和"智慧工地平台"，运用新一代信息技术与BIM融合，多维度、多方式展示其应用，务实落地。"1"中心为数字中心奠定了扎实的数据基础，实现了对项目数据的集中管理和分析。数字化平台2.0为工程管理提供了全新的解决方案。

案例 12

竹园污水处理厂四期工程 BIM 技术应用

1 项目概况

现状的竹园污水处理厂坐落于上海市浦东新区高东镇，服务面积约 335 km²，处理格局为一片、两线、一厂。竹园污水处理厂日处理规模为 220 万吨，约占全市污水处理总量的 1/3，为上海市减排作出巨大贡献。

竹园污水处理厂四期工程位于 G1501 以北，现状的竹园污水处理厂周边区域，包括 50 万 m³ 预处理及调节池、120 万 m³/d 污水处理厂、120 tDS/d 污泥处理处置工程三部分（图1）。

图1 竹园污水处理厂四期工程鸟瞰图

2 BIM 技术应用

2.1 配合动拆迁汇报

项目前期，根据航摄数据梳理项目沿线规划控制线、土地权属、建（构）筑物分布、高压线等，及时发现施工中的风险源并制定相关措施，配合动拆迁汇报（图2、图3）。

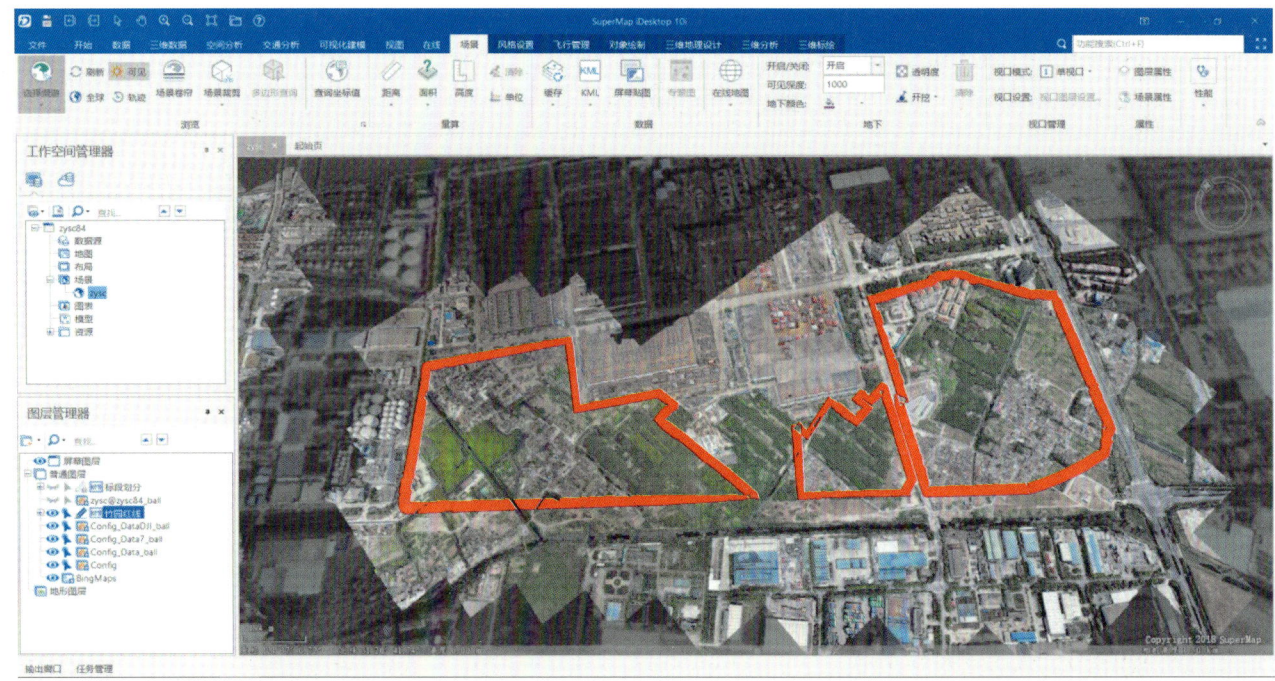

图 2　竹园四期各地块项目红线图

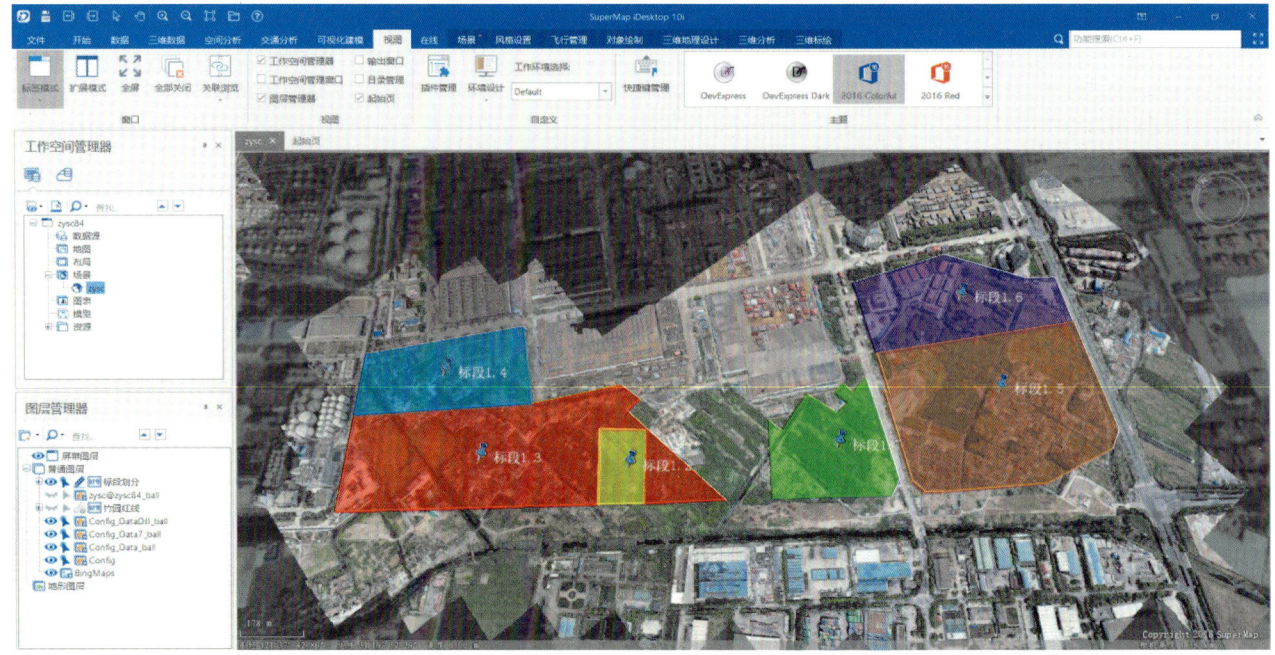

图 3　竹园四期各地块项目区域图

2.2　工艺方案优化

通过 BIM 简化模型数值模拟分析与物理模型相结合，对项目中总配水井、进水混合井、调蓄池等构筑物进行研究，验证设计方案的合理性，提出相应的水力优化方案，最终提出工程控制运行建议（图 4—图 6）。

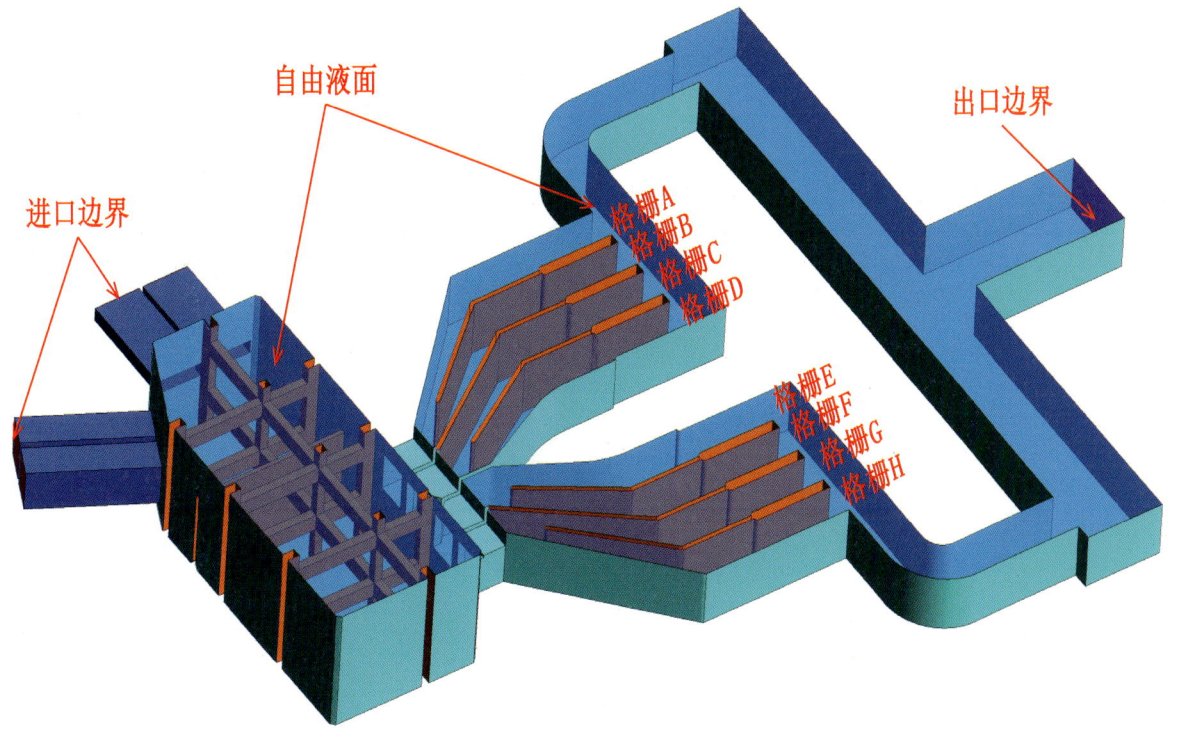

图4 BIM简化模型图

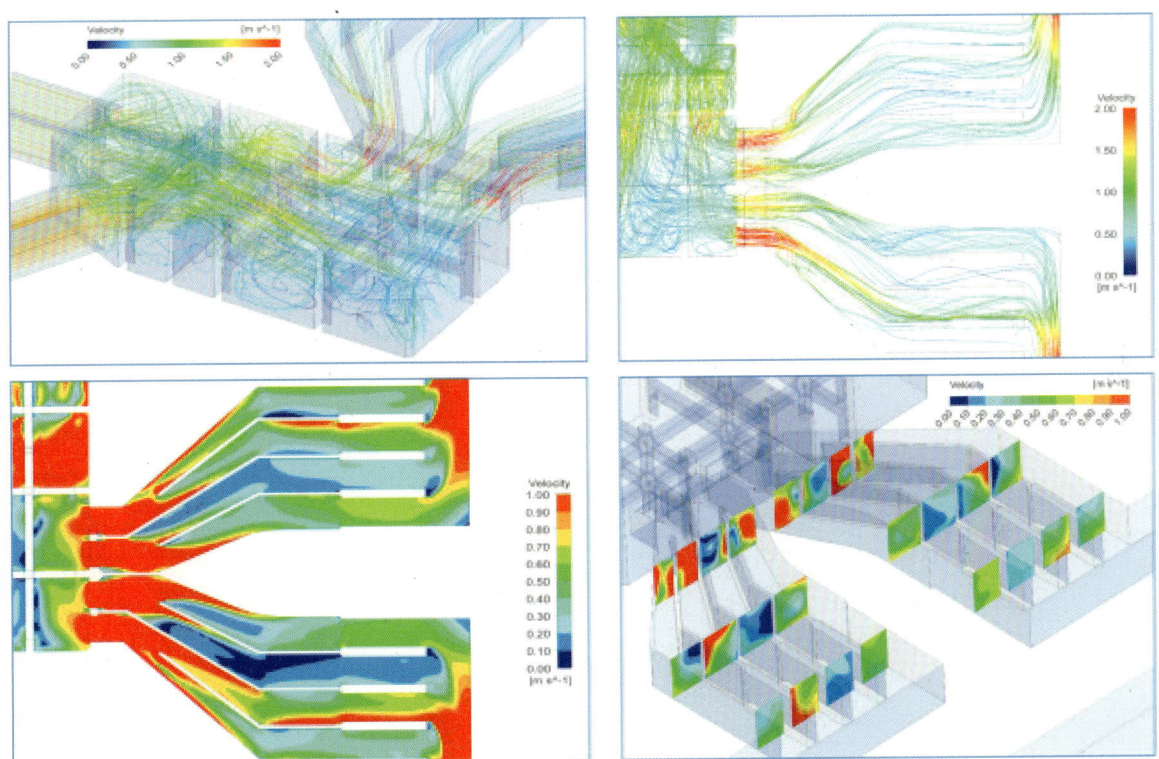

图5 数值模拟分析图

2.3 工况模拟

对调蓄池复杂的进水工况，基于虚幻引擎（Unreal Engine 4, UE4）开发，将BIM模型通过实时渲染技术于PC平台渲染展示。不同工况下，通过控制堰门、闸门等多维度观察与操

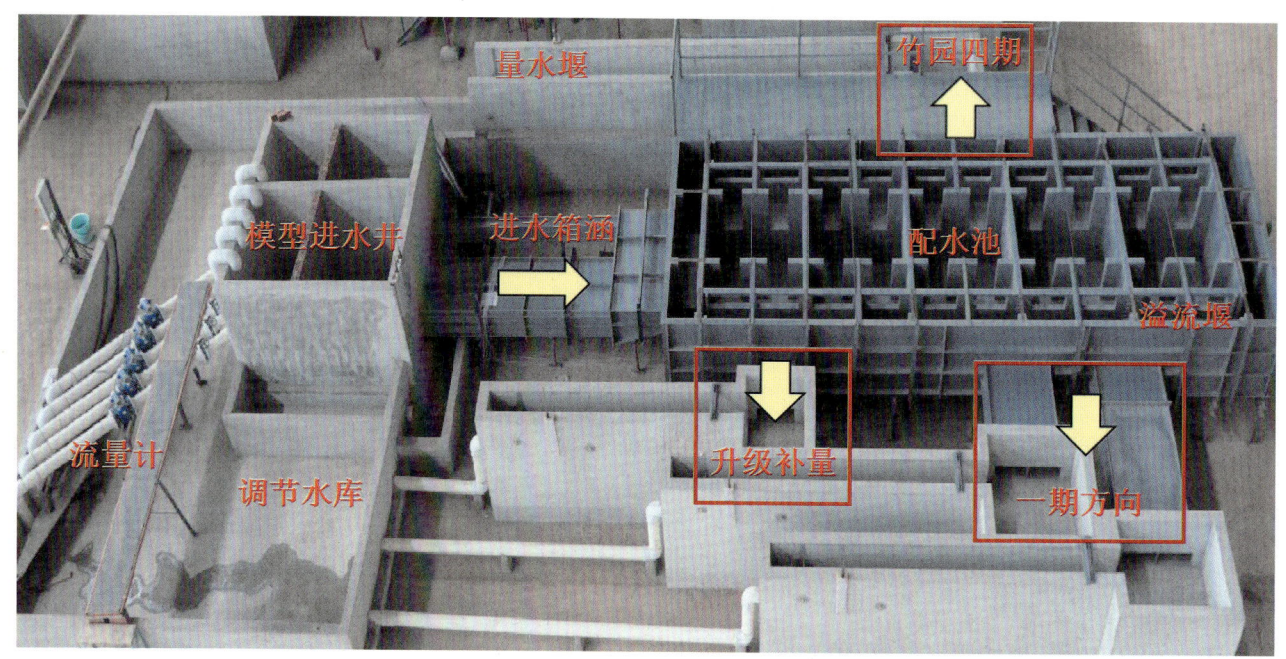

图 6　物理模型图

作互动方式，实时查看分析不同工况下污水处理过程及其流向，业主方更直观、高效地了解整个处理工艺流程，辅助方案设计与决策（图7、图8）。

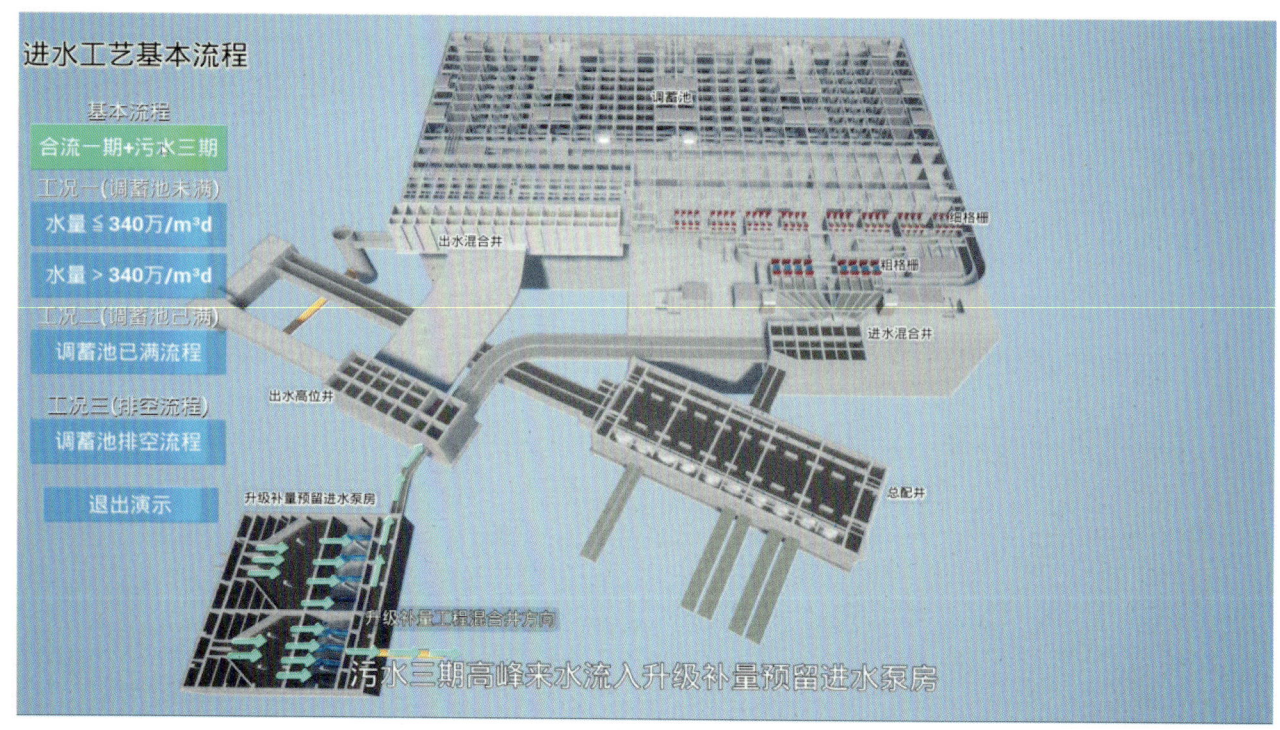

图 7　调蓄池基本流程图

V 型滤池因其结构复杂，运行控制繁琐，其复杂的过滤、反冲洗过程难以通过传统的 2D 图纸表达，本项目利用 BIM 模型，通过 UE4 引擎的开发，动态展示 V 型滤池的过滤和反冲洗过程，在不同工况下，通过控制不同闸门、阀门、鼓风机、冲洗水泵等设备，真实展示 V 型滤池控制模式和处理过程，优化设计、施工交底，加强方案汇报效果（图9、图10）。

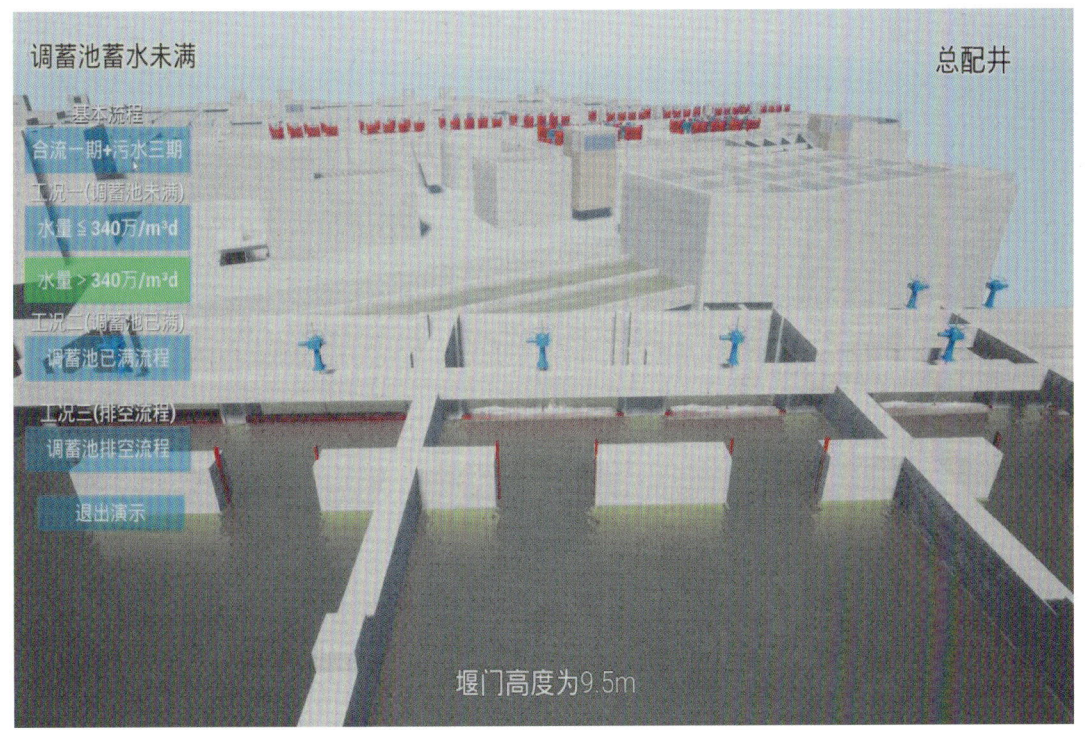

图 8　调蓄池工况一图

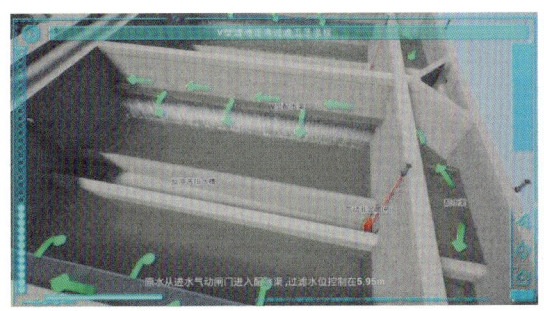
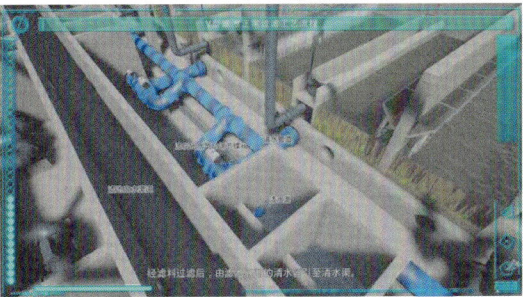

图 9　V 型滤池正常过滤

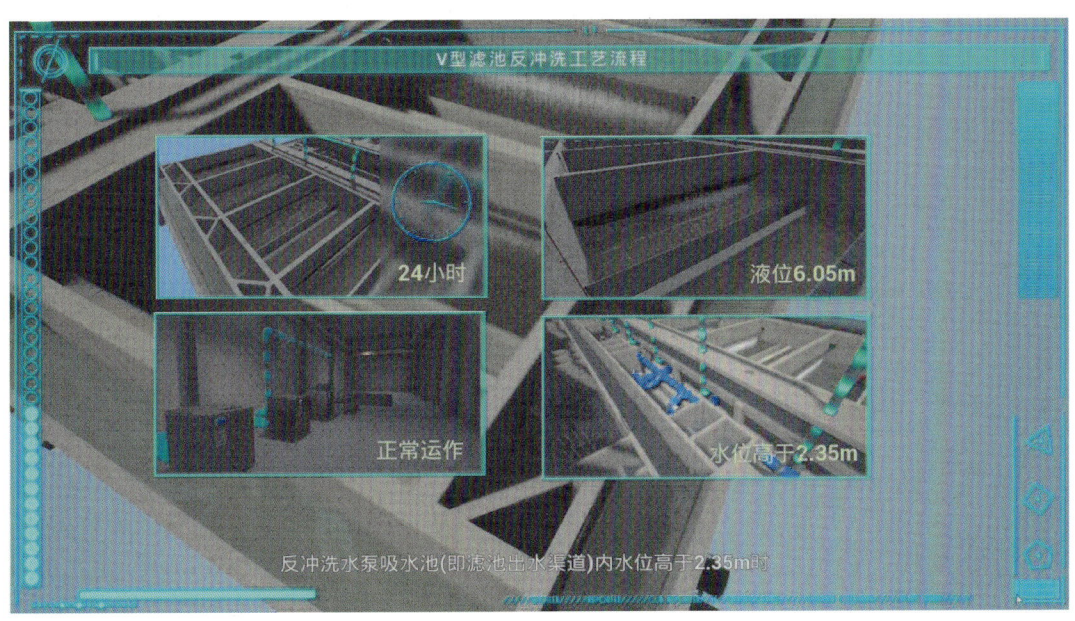

图 10　V 型滤池反冲洗

2.4 BIM 正向出图

本项目基于 Revit 软件进行二次开发，自主研发 Sucdri&BIM 出图插件，建立楼层管理、图纸图框、设计族库、基点复位、建筑结构样式、安装系统样式、标注规则管理等功能模块，实现建筑、结构与工艺专业部分平、立、剖面图的输出，提高设计沟通效率和质量（图 11—图 13）。

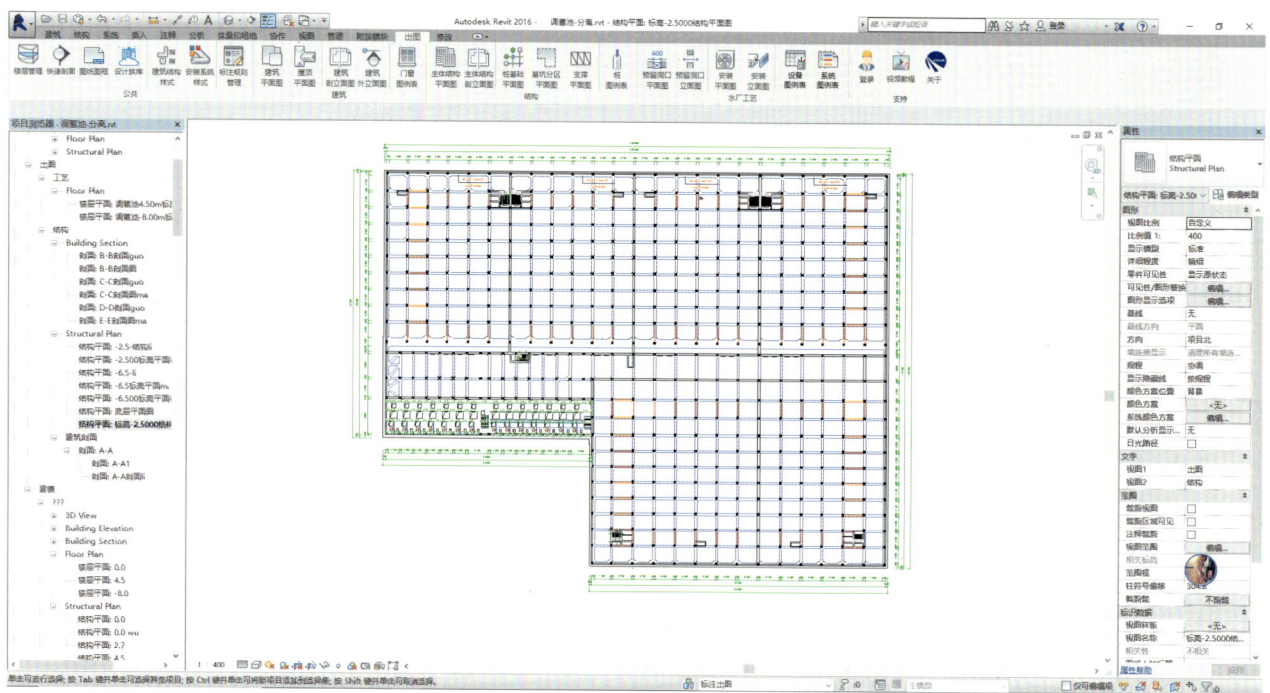

图 11　软件主界面

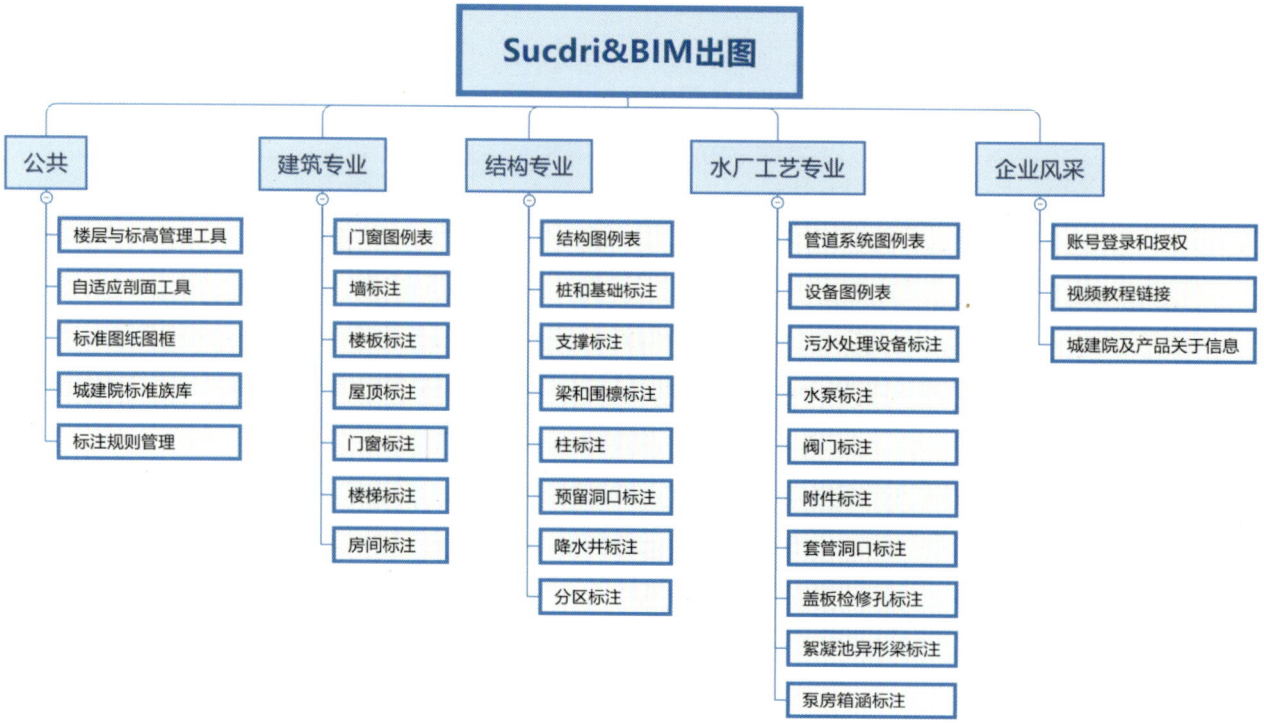

图 12　功能需求

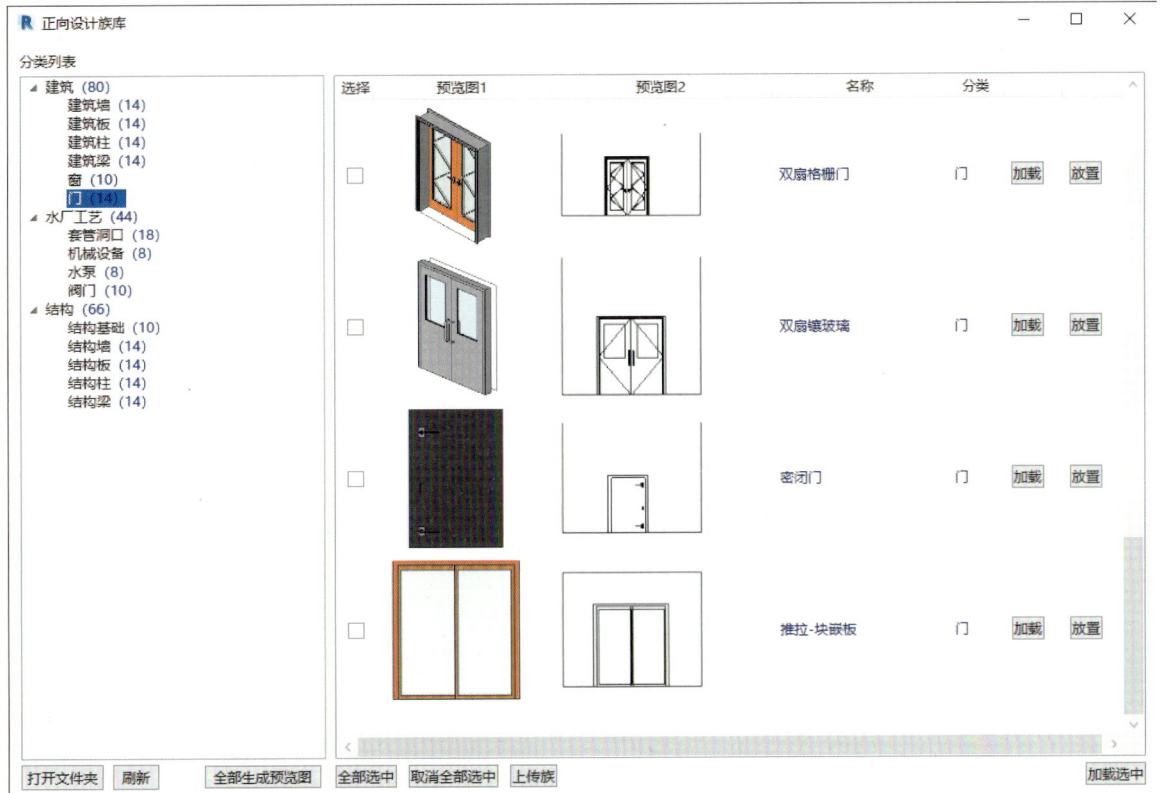

图 13　设计族库

2.5　预制拼装设计优化

在竹园污水处理厂四期工程项目中，率先试点采用预制拼装技术，利用 BIM 技术的可视化与可模拟性，从节点形式简单化、施工便捷化、吊装安全化考虑，深化局部连接节点，优化吊装工况，创造更好的施工条件，保障工程质量并控制工程风险（图 14）。

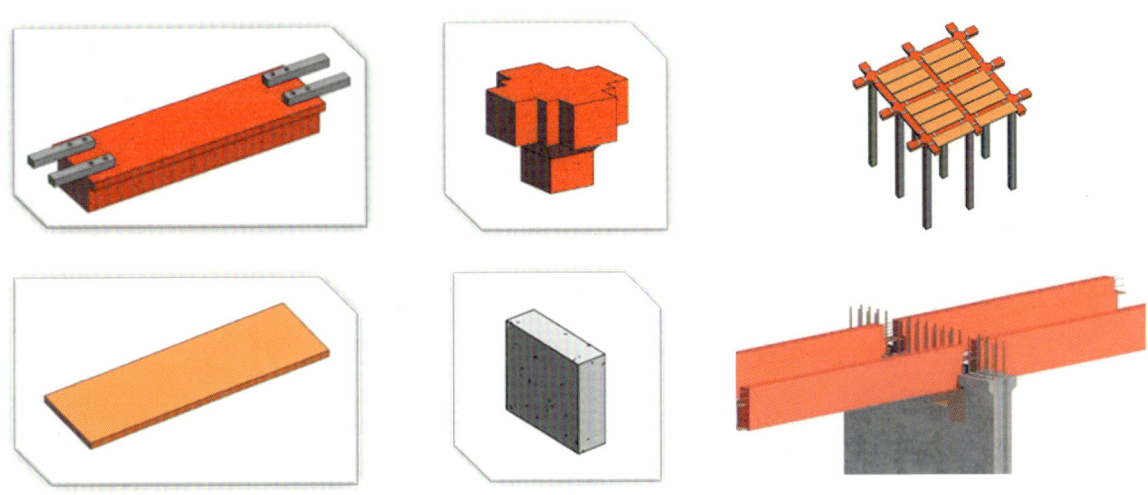

图 14　预制拼装构件

2.6 预留预埋检查

根据设计图纸，通过三维模型真实反映所有墙体、楼板预留孔洞位置及大小，直观指导施工人员预埋预留孔洞，避免预留预埋孔洞错、漏、碰、缺等问题（图15）。

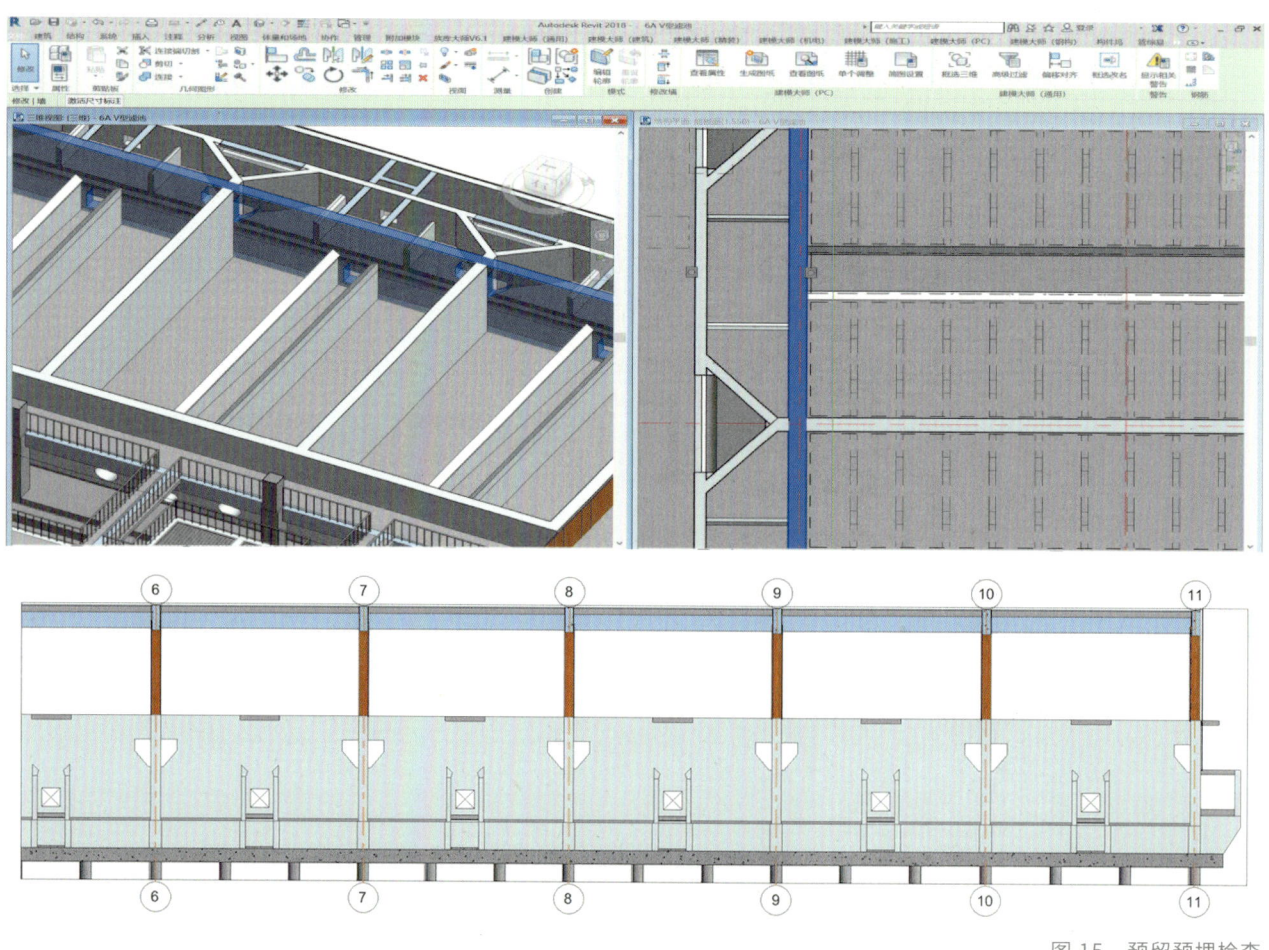

图15 预留预埋检查

2.7 碰撞检测与管线优化

通过碰撞检查功能自动过滤出模型中专业内与专业间的碰撞点，形成碰撞报告。BIM与设计直接对接，通过三维管线模型综合将调整后的单专业图纸反向提资给设计人员，二者相辅相成，提高了综合设计质量（图16—图19）。

2.8 场地模拟

通过设计阶段模型数据的沿用，依据施工过程对设计模型进行必要模型拆分，赋予模型必要施工信息，同时结合施工现场情况，搭建大临设施、机械设备、施工安全等内容的施工场地模型（图20—图22）。

竹园污水处理厂四期工程厂区管线碰撞及优化报告

位置描述	碰撞点 1
问题描述及建议	问题描述：DN2000 工艺管与 DN200 污水管碰撞。 修改建议：考虑本段 DN200 污水管标高（现状管道末端底标高 0.87m）整体抬升 1.3m（调整后管道底标高 2.17m）。
问题图纸及模型截图	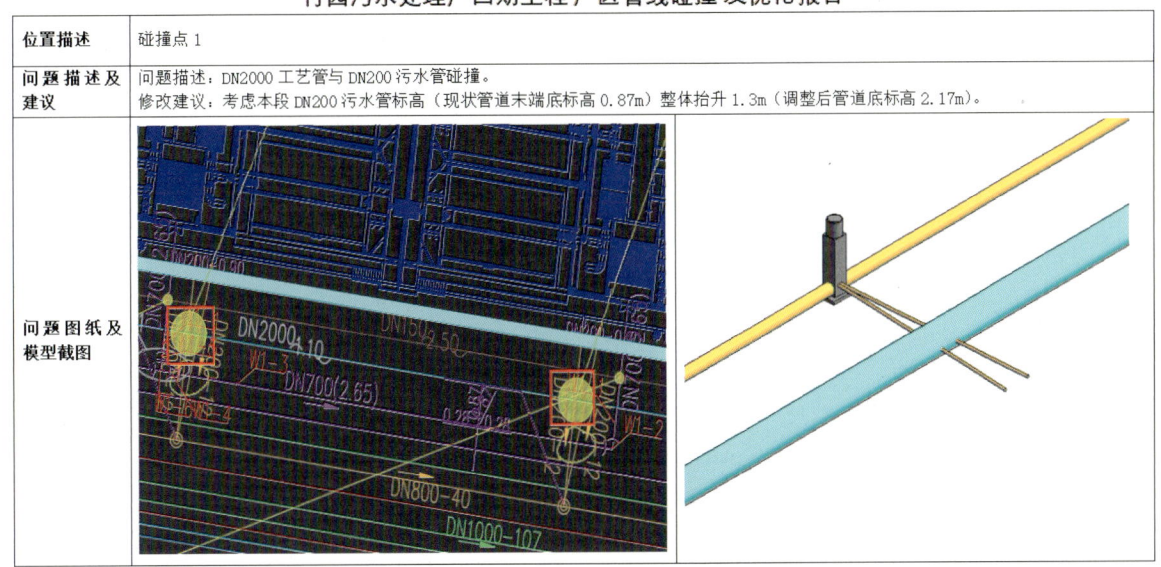

图 16　碰撞及优化报告

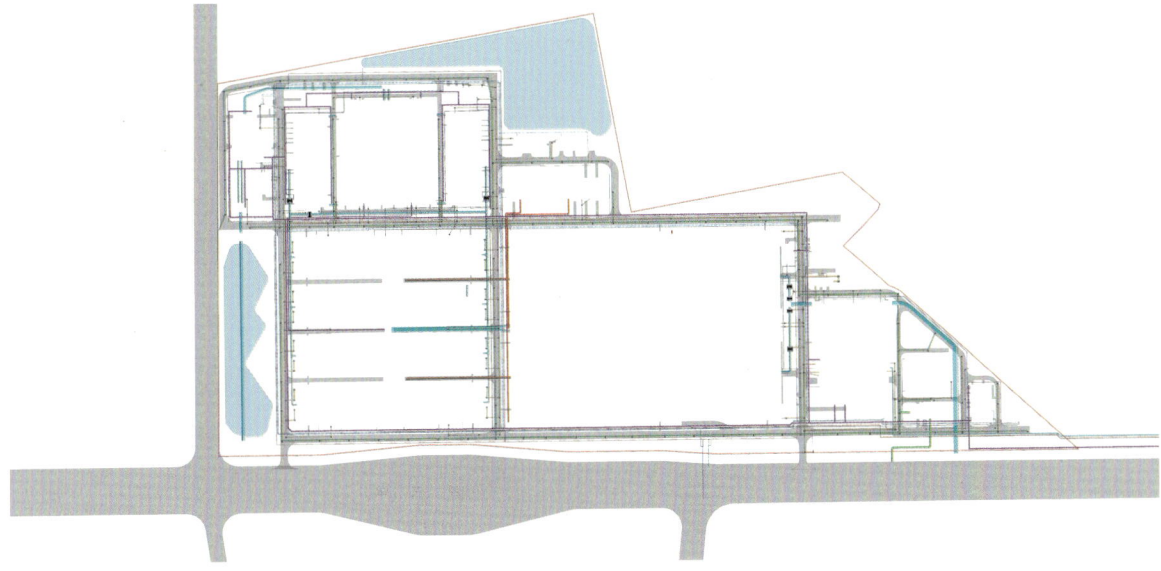

图 17　室外管线

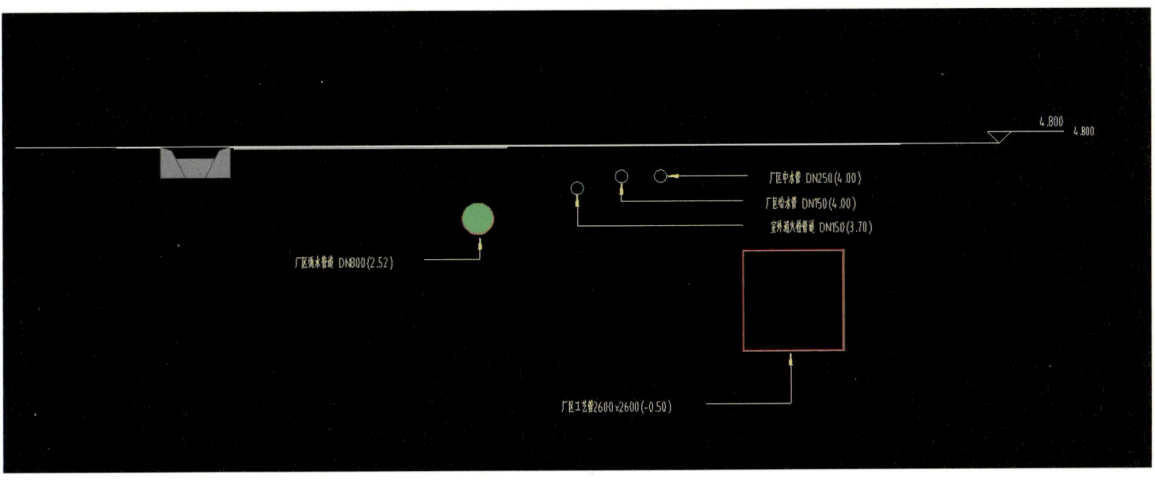

图 18　室外管线断面

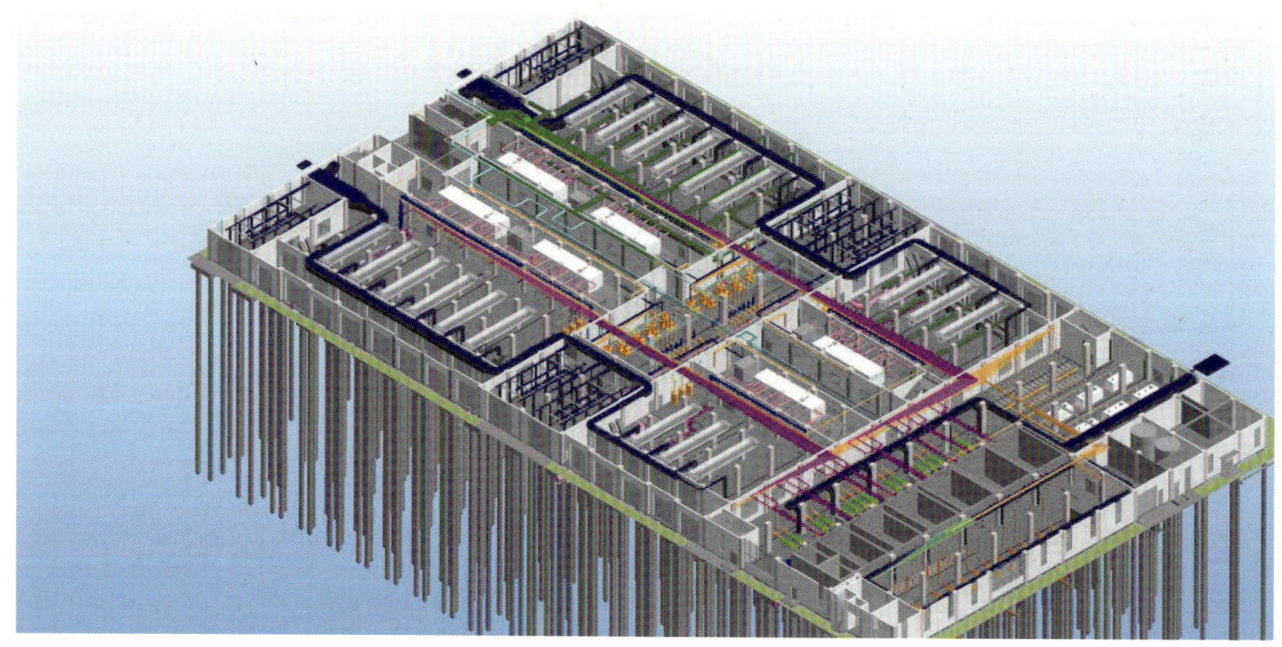

图 19　干化车间

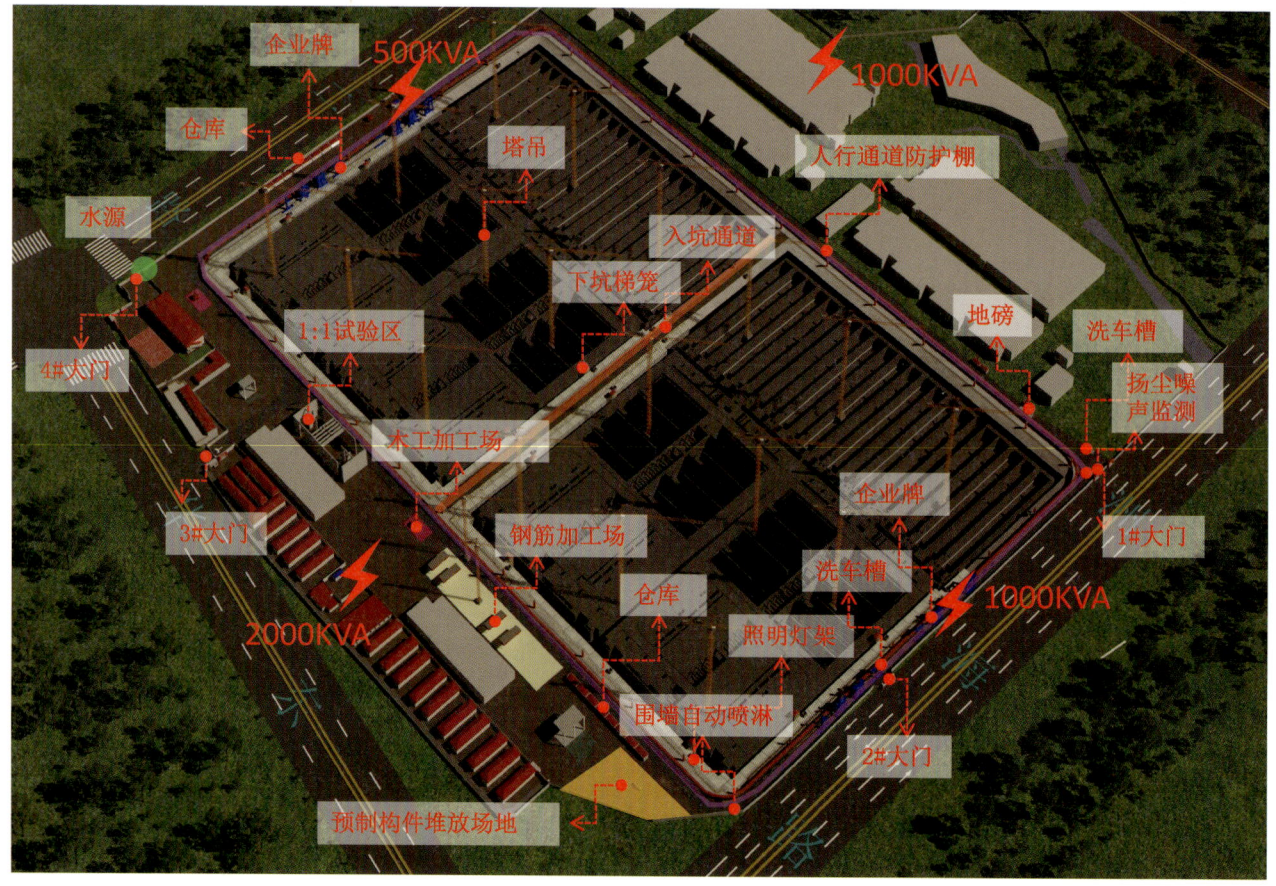

图 20　预制结构施工阶段场布

2.9　施工模拟

根据业主需要，对复杂工序、复杂节点进行三维可视化模拟，协助工序的实施，通过模型对项目进行工序模拟，提前发现施工问题，提高施工质量和效率（图 23、图 24）。

图 21 塔吊布置

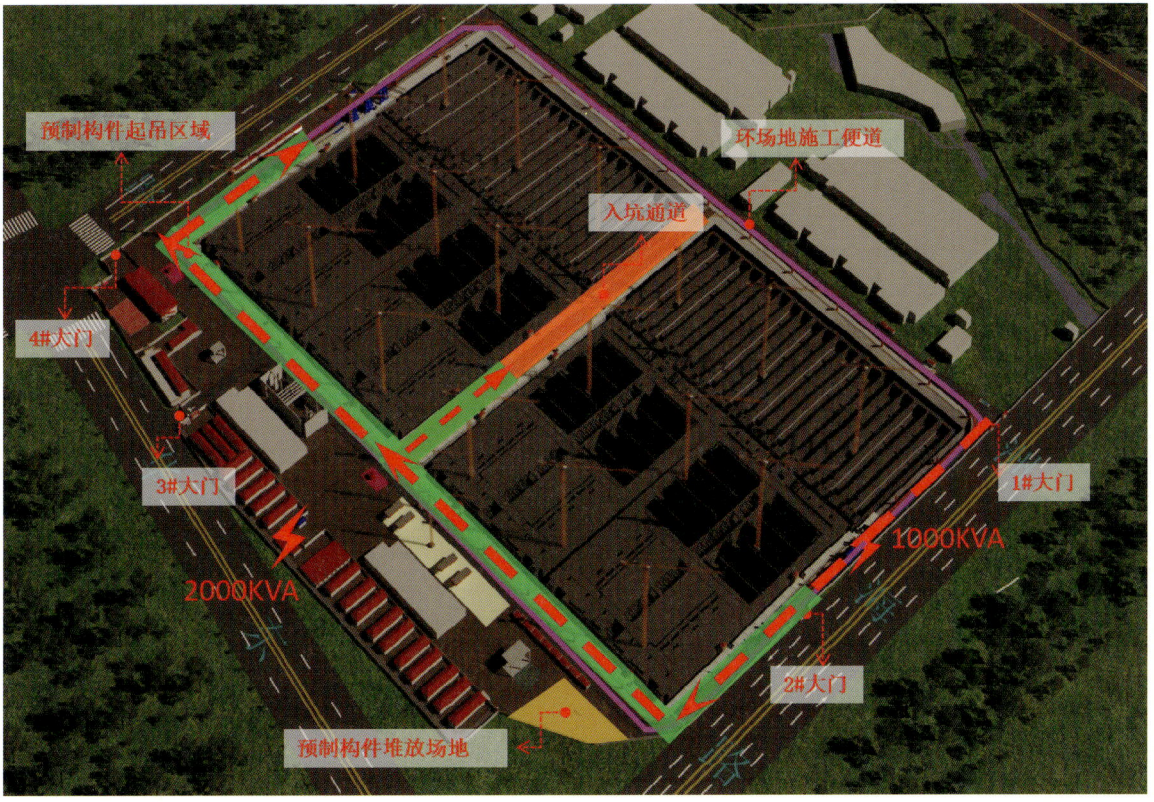

图 22 场地交通

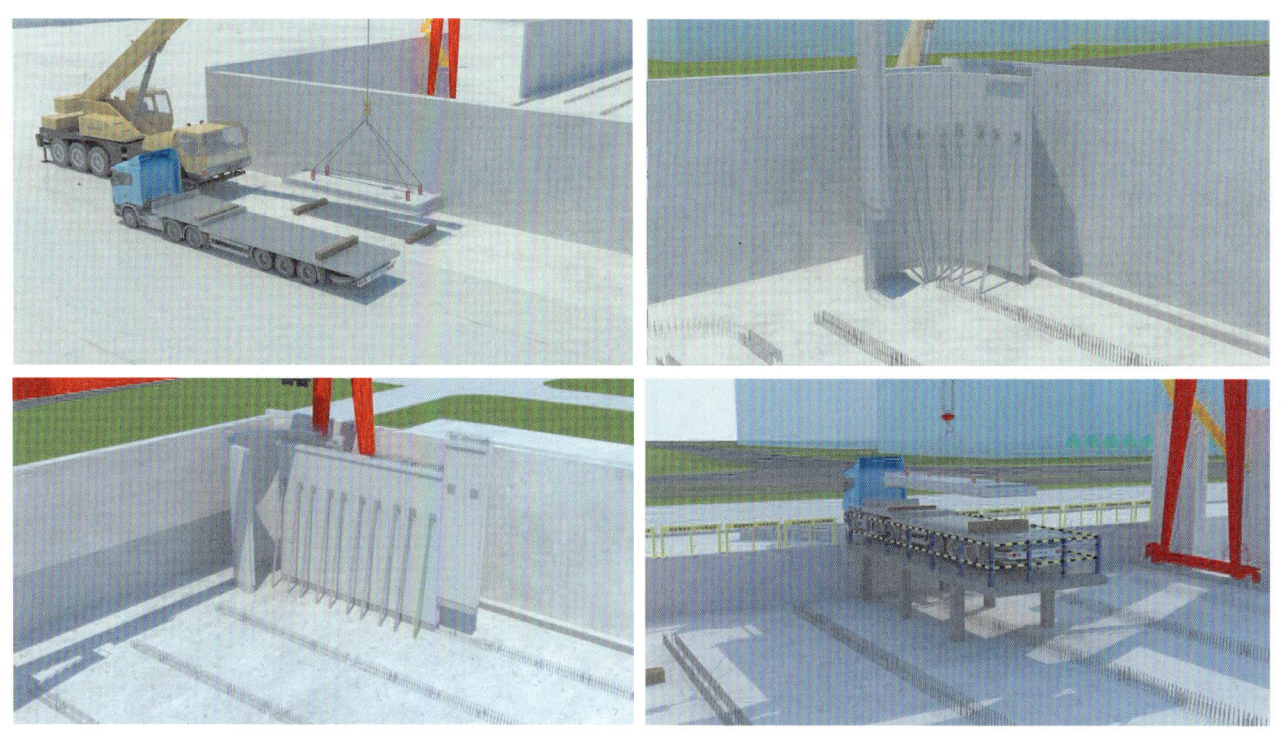

图 23 AAO 生物池施工模拟

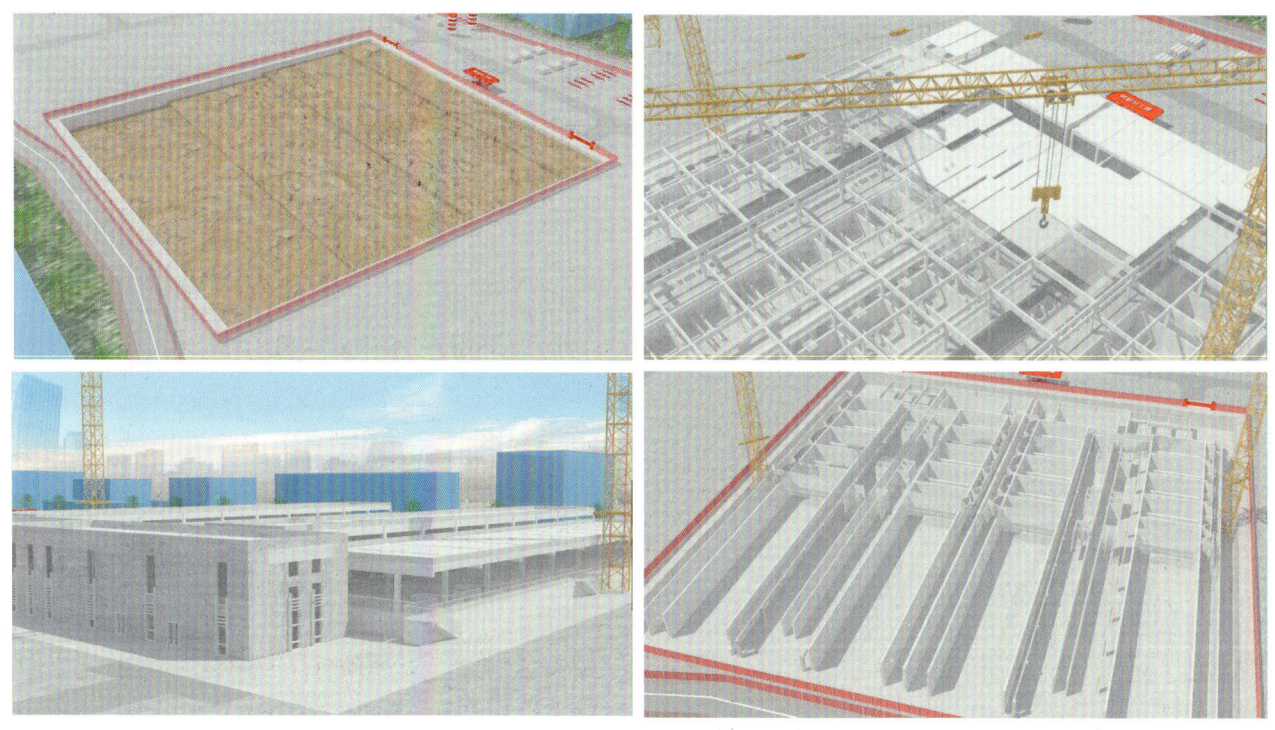

图 24 V 型滤池施工模拟

2.10 设备安装模拟

以平流式二沉池为仿真模拟对象，模拟二沉池内链板式刮泥机的安装过程，包括刮板牵引链、驱动链、耐磨条、锚定螺栓等所有组件设备的安装过程和细节（图 25）。

图 25　设备安装模拟

2.11　虚拟仿真

基于现有各标段 BIM 模型，整合优化并完善竹园四期及调蓄池整体模型，基于 UE4 引擎开发竹园污水处理厂四期及调蓄池工程项目整体仿真成果，将三维模型通过实时渲染技术于 PC 平台渲染展示，以 1：1 的精度逼真模拟竹园污水处理厂四期工程的全部建筑物、厂区内环境、污水处理设备、管线等，并实现 VR、AR、MR 等三维体验互动方式（图 26）。

图 26　虚拟仿真

2.12　实景仿真

结合无人机航拍，在不同区域设置空中、地面等两类不同点位，在项目建设期过程中定期采集竹园污水处理厂全景图数字影像，基于超文本标记语言（Hyper Text Markup Language, HTML）构建研发平台，合成制作竹园污水处理厂全景图及全景仿真效果开发（图27）。

图 27　实景仿真

2.13　协同平台

为加强设计与施工的精细化管理，提高设计质量和施工效率，本项目独立开发竹园污水处理厂四期项目 BIM 协同管理平台，研发的平台能支持 RVT、IFC、OBJ 格式模型上传和场景管理，提供放大、缩小、旋转、剖切、视点、视点漫游等功能，能通过三维视图模型和手机二维码查看构件及设备属性和进度信息，能通过 App 端及时反馈设计和施工问题，加强项目精细化管理（图28、图29）。

图28　平台登录界面

图29　平台主界面

2.14　智慧工地

平台架构：智慧工程管理平台由大数据和人工智能构成、主要由平台用户、终端媒介、系统应用、数据整合四大组成部分，而每个组成部分又包含了各个子功能模块（图30）。

图 30　平台架构

平台系统：一个平台，五大系统，多个场景，多功能应用，实现工程建设的可视化、精细化、高效率管控（图 31、图 32）。

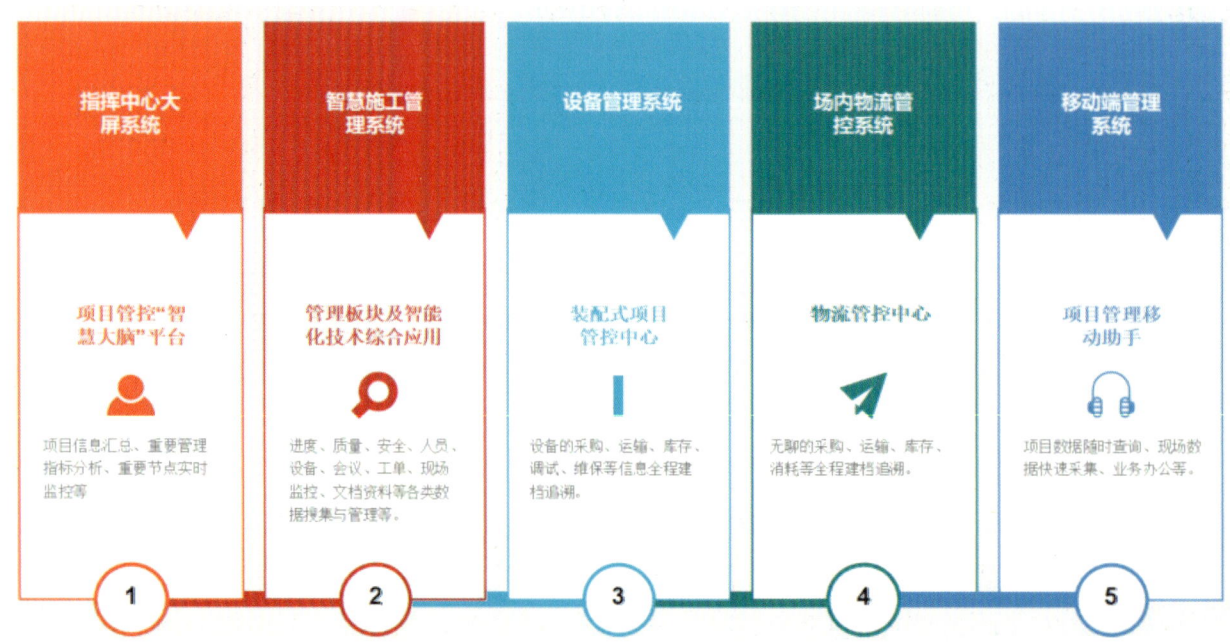

图 31　平台系统

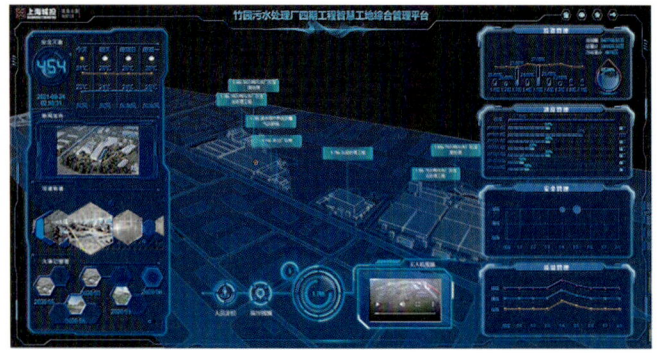

(a) 大屏系统

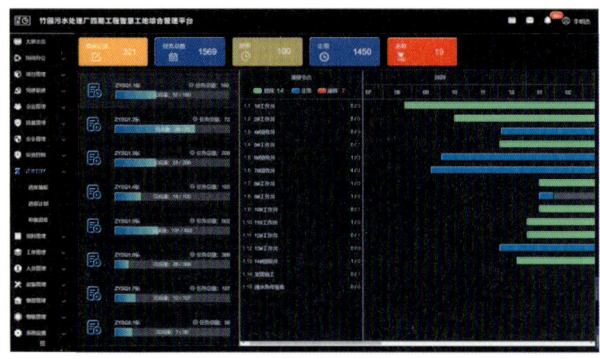

(b) 进度管控

(c) 安全管控　　(d) 质量管控

(e) 风险管理　　(f) 人员管理

(g) 项目管理　　(h) 设备管理

图 32　高效管控

3　总结与展望

本项目着眼于 BIM 技术的实用性，避免华而不实的全方位 BIM 应用，在项目现有的人力资源条件下，最大程度发挥 BIM 技术优势，真正做到 BIM 技术应用的落地性和实操性，提高了工程品质，降低施工风险、控制造价，对业主、设计、施工都具有启发性，为竹园污水处理厂项目 BIM 应用的落地打下坚实基础。

（1）在本项目中，采用 BIM 技术用于工程建设阶段，能消除大部分预算外变更。

（2）缩短各节点施工工期，及早实现水厂运营与投资回报。

（3）深化了 BIM 设计理念，通过项目的锻炼提高了 BIM 设计和应用水平。

（4）建立并积累了水厂项目工作模式、流程标准及各种设备族库，为今后水厂 BIM 应用提供了丰富的族模型参考。

（5）通过研发 BIM 正向出图插件、BIM 协同设计平台、基于 UE 的 BIM 展示平台、HTML 实景平台等四大创新性技术应用，提高了项目汇报效果和业主方精细化管理。

（6）将 BIM 技术运用至前期方案设计阶段，提高了设计效率。

供稿人：朱浩川　蒋明　戴栋超　高原　吴文高

专家点评

　　本项目为国内罕见的超大型污水处理厂,在 BIM 技术应用上,着眼落地性和实操性,在注重提高设计质量、施工效率的同时,更注重 BIM 技术的创新性应用。在 BIM 正向出图、BIM 平台应用、水厂工艺流程动态展示、HTML 实景平台应用等方面进行了探索性研究,并取得了显著成果。

　　本项目 BIM 技术的创新性应用,开拓了水务项目数字化应用新思路。针对传统水务项目建设过程中的痛点和难点,提出了数字化解决方案,提高了项目建设过程精细化管理水平。本项目的 BIM 应用为类似的水务项目建设积累了较丰富的数字化应用经验,具有很好的示范作用。

第三篇
房屋建筑设计赛道

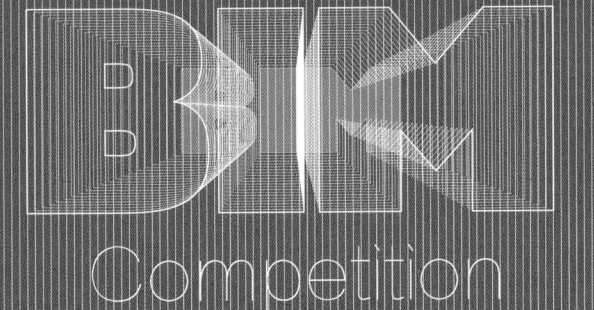

Awarded Cases of BIM Competition

案例 13

片区级项目群数字总控方案研究
——以上海临港新片区 105 社区数字化总控统筹为例

数字总控技术以及由此赋能的数字孪生城市底座是实现数字化治理和发展数字经济的重要载体。本文阐述了片区级项目群数字总控方案实践方法以及作为数字孪生底板的主要作用；通过对片区级项目群数字总控方案在上海临港新片区 105 社区的实践内容和过程进行分析概括（图1），提出了片区级项目群高质量发展的技术路线。

图1　临港数字孪生底座风貌效果图

1　数字总控方案概述

2021年，上海市政府公布《关于本市"十四五"加快推进新城规划建设工作的实施意见》，"把推进新城高水平建设作为'十四五'规划战略命题来谋划"，构筑上海未来发展战略新支点的总体要求。在此前提下，上海五大新城全力推进新城示范区数字化转型工作，建设新城示范样板区，为数字总控技术的实践提供了空前良好的机遇。

上海临港新片区 105 社区数字化总控统筹方案的落地可谓正逢其时。基于上海临港新片区 105 社区项目数字化磨合实践，方案依托当下最新 BIM 技术，开创性地打造数字总控管理模式、大项目协作工作流、项目群数字工作标准、片区数字底板等专项技术体系，探索片区级项目群设计建造数字总控技术；以临港新片区数字底板模型为例开发扩展应用，形成从规划、设计到建造、实施以及后期运维管理的全生命期的数字化能力，结合新片区数字孪生城市建设，保障片区级项目开发高品质落地，为城市精细化管理和科学决策提供"说明书"，实现城市建设领域的革命性数字化升级。

2　片区级项目群实践

临港新片区 105 社区项目是临港新片区 17 个重点开发区域中的 6 个（图 2），数字总控包括规划设计统筹对上位规划等文件的深化、优化辅助，包含综合交通、公共空间提升构筑高品质活力城区，城市风貌管控引导特色城市门户形象。建设施工统筹对开发建设阶段数据要素集成、碰撞，有序协调施工进度，核心中轴施工组织以及全方位多层次的施工管理。运营及数据服务统筹对应片区级数字底板系统实现一个总体管理范围，统领多个项目事项。

本方案结合《关于全面推进上海城市数字化转型的意见》《关于本市"十四五"加快推进新城规划建设工作的实施意见》《2023 年上海市新城规划建设实施行动方案》及上海市规资局《新城示范区城市空间数字底座建设工作方案》等最新城市建设、数字化转型要求，结合临港新片区数字孪生城市建设，深入项目实践，实现加速推进片区级项目群设计、建造、数字总控的相关技术和应用发展落地。

图 2　临港新片区 105 社区区位

3　数字总控创新内容

3.1　数字总控管理模式

片区级项目群开发具有定位高、地块多、规模大、功能多样等特征，片区级项目群中各地块存在最终设计形态整合、项目文档分散、地块间设计交叉影响、难点空间缺乏可视化手段、设计和甲方人员对 BIM 软件不熟悉导致的低效率等技术难点（图 3、图 4）。经过综合衡量，采用基于全生命期 BIM 应用框架创建可视化可溯源数字底板、BIM 正向设计、平台 BIM 数据施工无缝衔接等技术解决了上述难题。

3.2　大项目协作工作流

大项目尤其是片区级开发的项目，例如临港 105 金融湾，项目定位高、地块多、规模大、功能多

图3 105社区风貌模型（1）

图4 105社区风貌模型（2）

样、造型复杂，18个地块同步设计、同步施工，总建筑面积达148.2万 m^2，包括了金融办公、展览中心、住宅、地下综合停车、能源中心、荣耀之环等功能，如105 m直径空中"荣耀之环"、百米悬挂式塔楼、大空间展览中心，此外，项目设计有4家境外顾问、30多个专业设计团队同步协作，为此我们不断研发攻关，将SU、Revit、Rhino等不同格式的模型进行线下线上整合，实现了18个地块的全云端轻量化展示，用云链接分享的方式实现了项目各方在脱离BIM软件环境的情况下对模型的在线查看和实时协同（图5—图8），结合项目云文档，提升二、三维交互效率，攻克大型项目群不同阶段软件间的协同交互效率；调整各专业

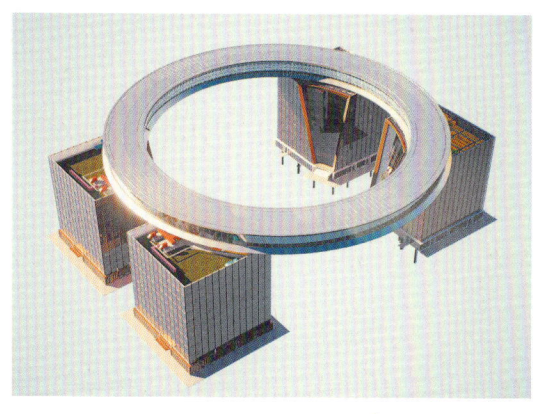
图5 105社区风貌金融湾"荣耀之环"模型(1)

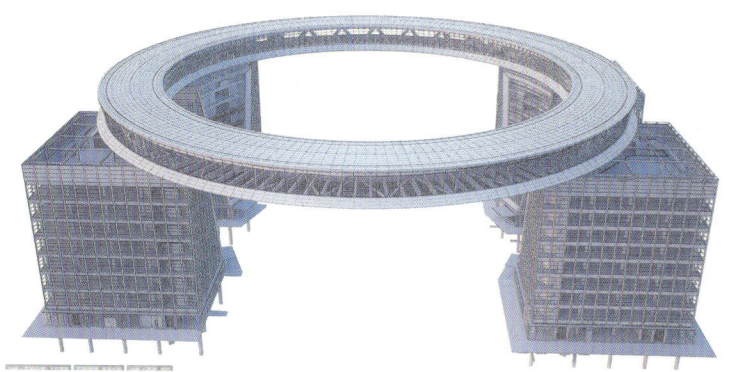
图6 105社区风貌金融湾"荣耀之环"模型(2)

图7 105社区风貌金融湾"荣耀之环"模型(3)

图8 105社区风貌金融湾"荣耀之环"模型(4)

模型唯一性及同步方式，解决原有各方、各专业相互提资造成的不同版本文件的兼容性问题；采取服务器中心模型+网络同步的技术方案，实现各方各专业模型的唯一性和实时性。

3.3 项目群数字工作标准

为提高数字总控跨区域、跨尺度的信息服务能力，我们通过对象化实体的建设运维管理方式替代原有空间数据集按分比例采集、维护与管理模式，建立唯一、可维护的关联，制定相应标准包括BIM建模标准、实施手册、BIM数据接入与集成标准、专题数据接入集成更新标准等界定BIM数据，跨部门数据的术语、定据格式、数据接入、集成、更新等描述及操作（图9），指导可视化总控中心相关数据接入与关联的建设和服务。

图9 数字模型交付标准

3.4 片区级数字底板

基于BIM技术对临港新片区119 km² 的先行启动区范围场地搭建及单地块场地拆解，我们对此范围内已建建筑存量模型收集、拟建建筑模型收集、新建建筑模型收集、风貌模型整合、展示，效果优化以及数据统计分析，首次动态呈现临港新片区滴水湖核心片区的城市规划及建筑方案设计成果，并在管委会一体化大厅数字孪生平台进行线上规划，赋能临港新片区风貌管控和片区统筹工作，打造城市空间三维模型汇成数字孪生城市。

3.5 数字总控同传统总控方式的区别

数字总控的本质是数据的应用赋能，是设计过程的三维可视化、工作过程的多方可协同、交付过程的可见可溯源、全生命期的数据可传递，BIM技术将传统施工图三维可视，建筑、结构、暖通、电气、给排水等专业在三维空间里结合相应的数据管控，使建造的结果在模型阶段即可进行可视化研判，避免了传统平面设计图阶段各专业脱离，直至施工结束反复整改的局面。数字总控的最终目标是数字交付，数字交付是指交付整个系统，即总控大屏系统，这个系统可视化建筑验收成果，包含各个建筑元素、各设备型号位置以及运行信息，从可视化空间角度使甲方可直接查看、获取、控制相应元素，自然形成运维数据，为智能化运维控制打造完整数据生态。

4 总结与展望

方案的成功落地，依托华东院丰富的技术资源、设计经验以及社会资源，通过组织各领域领军人物、专项化人才和专业设计总控管理人员共同参与并强化业主方设计管理力量，同步牵头专项专题研究并形成数字总控的技术基础，从而为项目提供全过程、全方位的设计和总控管理服务。本方案荣获2023年"数建杯"数字城市建设成果赛总决赛特等奖，房屋建筑类项目BIM技术应用设计成果赛一等奖，"滴水湖·港城杯"CIM创新应用竞赛全生命期综合金奖、规划设计一等奖，RICS 2022年度BIM最佳应用等奖项，获得行业和客户的一致认可。

从传统建设领域的"造房子"到数字化时代的"造生活"，是我们一直关注的最终目标。对于临港新片区这样的一座从零打造的新城，我们始终围绕"如何吸引人，如何留住人，如何创造更好的便利性，如何打造新时代的引领性"等方面问题出发对数字总控技术应用进行思考和实践，为此类超大型多地块同步开发项目提供实践案例和技术经验借鉴。

供稿人：周凌　余飞　陈栋梁　魏世明　朱红坤

专家点评

本方案采用数字总控技术，使用数字孪生底板代替传统总控，对上海临港新片区105社区的实践内容和过程进行分析概括，提出了片区级项目群高质量发展的技术路线。本方案特色如下：

通过社区项目的实践，提出了应用数字孪生城市底座的数字总控方法，得出了项目协作工作流、项目群数字工作标准、片区数字底板技术，较好地替代了传统总控，有效提升片区级项目高质量建设水平。具有较好的推广价值。

以全生命期的精细化总控为出发点，在多方案集成处，各类模型等文件采用云链接分享的方式，兼顾城市管理部门、片区内各项目开发主体、施工单位、设计和顾问以及使用者，打通规划、建设、管理和运营的数据壁垒，形成数字总控管理模式、大项目协作工作流、项目群数字工作标准、片区数字底板技术。有效提升新城片区级项目建设数字化管理水平。

案例 14

上海西郊国际农产品交易中心改扩建一期项目 BIM 应用

1 引言

近年来，建筑领域的数字化、信息化浪潮势不可挡，BIM 技术在整个行业内全生命期的作用和影响更是与日俱增[1]。在现代建筑项目规模、难度与艺术价值高度结合的背景下，运用 BIM 技术及其参数化特点，不仅能够高效辅助建筑设计，更能合理地配比各方资源，在把关质量的同时，提高成本管控[1,2]。农产品物流项目具有工艺设备多、管线复杂以及标准程度低的特点[3]。因此，本文以超大型、地标性、现代化综合性物流建筑，以上海西郊国际农产品交易中心（以下简称"西郊国际"）为例，探索研究了 BIM 信息化技术在物流建筑中所具有的空间高效、成本控制、参数化调整的作用，为最大程度发挥物流建筑的功能特性提供更适合、更便捷的信息化管控的方式。

2 项目概况

西郊国际是上海及长三角地区现代化、综合性的农产品中央批发市场，位于上海市青浦区华新镇，项目总面积 11.7 万 m²，是一个多层大型综合型物流建筑（图 1）。项目旨在打造上海市唯一的主中心批发市场，做到全覆盖、现代化、国际化的全国公益性农产品示范市场（全国十六个之一）以及全球农副产品的登陆中心、集聚中心、辐射中心和服务中心。本项目

图 1 西郊国际鸟瞰效果图

以多类型货运卡车为使用主体，相比于以人为主的建筑产生了许多变化，鉴于项目时间周期紧、成本控制严、曲面净高优化复杂的特点，面临着专业配合量大且频繁、交叉影响状况复杂、工序协调难度大等多重问题，所以运用 BIM 技术成为该项目的首选方案。

3 BIM 技术的应用

3.1 以车为主的空间效能控制及优化

根据大型物流项目的使用特性，设置了多种不同运输车型的空间区域。由于不同运输车辆高度及荷载变化较大，该项目采用不同的楼板标高和多样性的钢梁尺寸来有效提升建筑空间的利用度。因此，与常规建筑净高复核不同，该项目不能单单只考虑车辆停靠区域的高度，而是对整个行车流线进行详细净高复核，包括额外装运和卸载下的操作空间。由于这些净高复核必须在管线综合完成后才真正有效，相比于传统设计，不仅难以准确分析、定位净高问题区域，而且对时间节点也难以把控。通过BIM 技术的运用，各专业管线综合得以提前校核，近十次的调整分析将项目从初期多处净高不足，逐步优化到仅存两处问题，并对无法调整的区域做了适当的功能性变更（表 1）。

表 1 净高优化变化表　　　　　　　　　　　　　　　　　　　　　mm

版本信息		B1		F1		F2—F3		F4	
日期	版本号	车道	车位	车道	车位	车道	车位	车道	车位
原净高要求		4 100	4 400	5 200	5 700	4 000	—	2 200	2 200
5月11号	1st	3 300	3 500	5 150	5 150	3 750	—	2 200	2 200（有 10 处问题区域）
6月15号	4th	4 100	4 400（7 处问题区域，14 个车位）	5 200	5 700（5 处问题区域，24 个车位）	4 000	—	2 200	2 200（尚有 3 处问题区域）
11月7号	9th	4 150	4 400	5 200	5 700	4 000	—	2 200	2 200（尚有 2 处问题区域）

作为大型物流建筑，高度只是影响空间效能的因素之一，多种车型带来的车道宽幅，车位尺寸，车辆载重、转弯半径以及行驶路线都将影响空间效能，进而影响整个项目的物流能效。因此 BIM 对这些参数都做了相应的模拟来保证项目的可实施性（表 2、图 2）。

表 2 车道净高表

楼层	车道净高 /m	车位净高 /m	车辆载重 / 吨	长度 /m	车型
B1	4.1	4.4	10	8	厢式货车
F1	5.2	5.7	37/54	12/24	长厢式货车 / 拖挂车
F2—3	4	/	13	8	厢式货车
F4	2.2	2.2	2	6	私家车

图 2 车道净高效果图

西郊国际采用全钢结构,大型荷载情况下钢梁的尺寸较大,为保证空间能效,经调整许多设备管道采用穿梁做法,由于钢梁的型材较厚,一旦出现开错洞或漏开洞的情况,现场作业和返工都会造成极大的经济损失。所以,钢梁开洞的精确定位对项目成本的控制至关重要。经多次复核校对,地上三层梁开洞 197 处,修正调整达 87 处,四层梁开洞 186 处,修正调整达 54 处(图 3)。

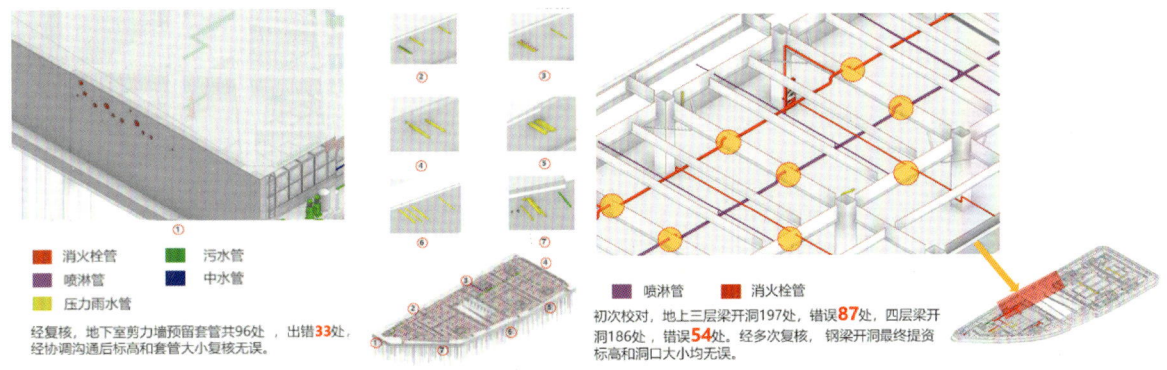

图 3 地下室剪力墙与钢梁留洞图

3.2 成本控制性数据校核

物流建筑的特性使其与常规钢结构建筑在用钢量上有着巨大的区别。该项目在可研阶段正是由于未考虑这一特性而影响了对总造价的判断,一度影响了项目进展,现在 BIM 技术的应用对实际用钢量进行了细致准确的统计,使投资造价被重新评估,保证了项目的顺利推进。依靠 BIM 技术所提供的成本控制性数据和经济决策性数据,不仅为算量统计提供了确切的依据,而且也有助于钢结构深化设计的有效开展,即通过精确的 BIM 模型进行了精细化设计和优化放样,最终形成加工图,二者误差在 5% 以内(图 4)。用钢量被优化后较预估工程量节省了近千吨,深化设计时间节省了 35 天。BIM 模型的使用大幅度提高了工程量统计的透明度,即便是在工程初期对工程量统计有较大分歧的项目,也很容易达成一致,得到较为认同的结果。

图 4　Revit 模型和钢结构深化（Tekla）模型

3.3　参数化设计的探索及应用

西郊国际在方案设计中利用双曲面来达到强烈的视觉冲击感（图 5），但同时也使局部定位的难度大大提升。结构方案迟迟无法确定导致了一系列后续问题，外墙板的曲率、结构柱的斜率以及变截面钢梁的定位与倾斜度相互牵制，一度严重制约了设计进度。在这个关键时刻，通过 BIM 的参数化设计对曲面生成进行模拟，可视化的调整曲面造型，及时把控曲面和斜柱的定位关系，提取曲面在不同标高的楼板边界，使建筑与结构之间的矛盾得以化解。在施工结构构件定位时，不同材料的曲面外墙决定了不同标高的楼板边界和不同长度的钢梁。在曲面外墙不断调整的过程中，参数化方式使楼板边界和钢梁长度相应随之而变，而不是不断重复调整拟合，这使设计意图的展现变得更加便利和有效，使紧张的时间周期得到缓解（图 6、图 7）。

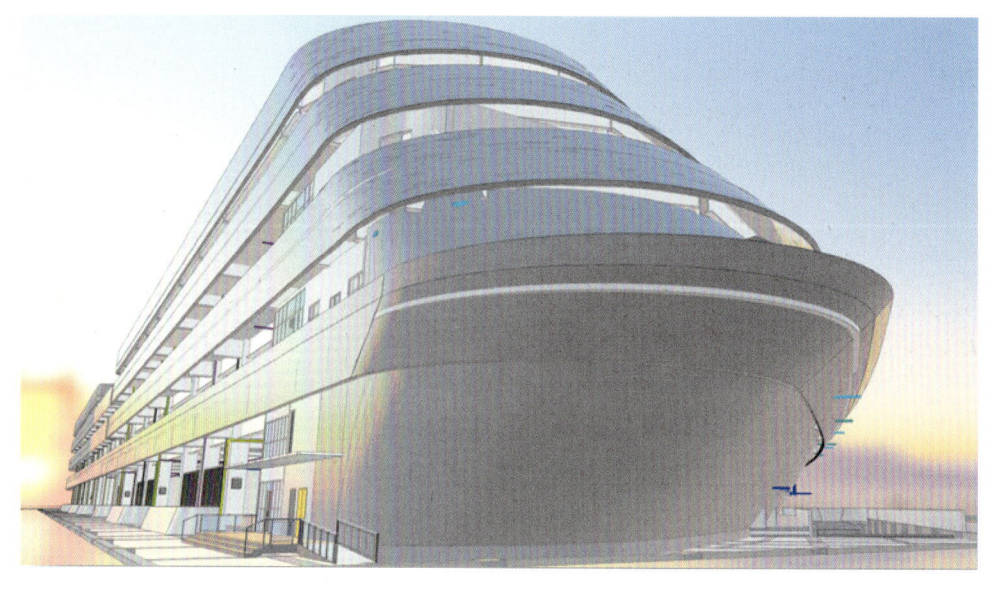

图 5　西郊国际的全景模型

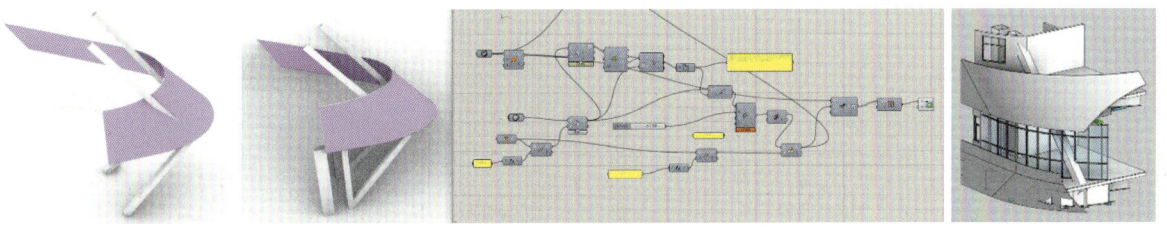

图 6　参数化曲面生成模拟

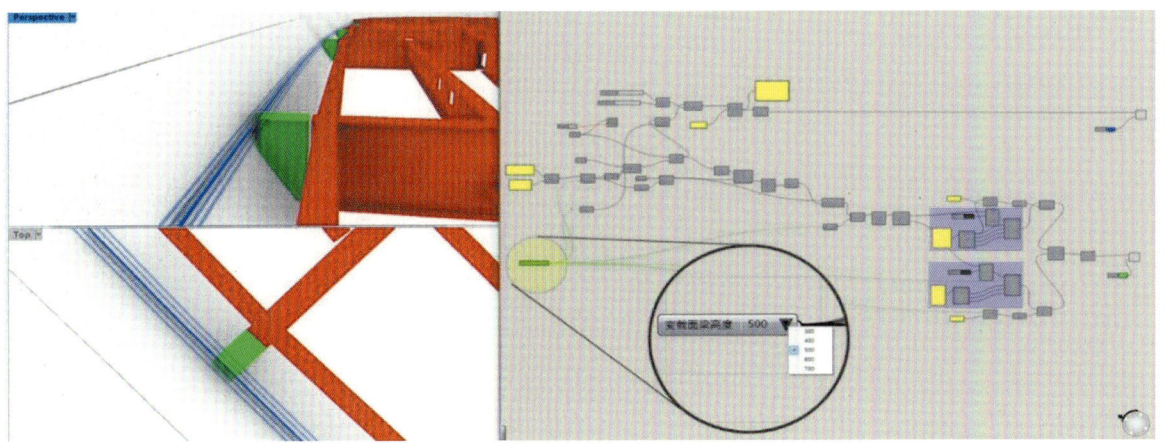

图 7　参数化曲面定位图

另外，参数化技术并非只应用在复杂的三维曲面中，在控制净高设计应用方面也是一大重心。面对数量庞大的多种类结构梁，按照常规的习惯性设计，以管顶贴梁底的方式来描述管线在高度上的定位，是无法正确判断管线路由是否满足净高要求的。而对于机电设计师也苦于无法通过二维图简单清晰地认知各种不同种类的结构梁，既增加了大量的重复性工作，又不能有效解决问题。参数化技术的应用可根据每根结构梁的高度、所在楼层及标高，快速算出每根梁的梁下净高，通过给梁着色的方式，帮助设计师快速判断梁下空间是否具备行走管线的可能性，使得困扰多时的问题得以被很好地解决，为设计师提供了一个既方便又友好的工作方法（图8）。

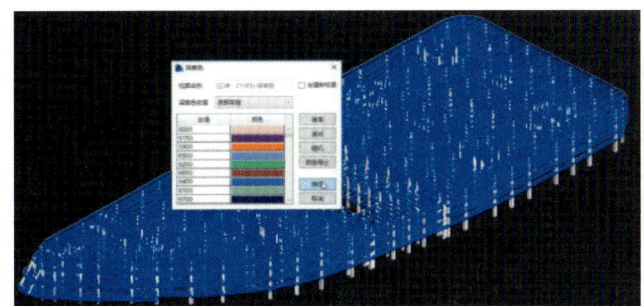

图 8　参数化结构梁净高分析

4　总结与展望

西郊国际项目运用 BIM 技术极大地提高了管理效率。通过对物流建筑以车为主特性进行剖析，以 BIM 技术作为直观分析的手段对整个建筑空间进行多维度验证，使得项目做到了

"物畅其流"，充分发挥了物流建筑独有的功能特性。同时对各阶段的成本控制性数据做了研究，使得项目在质量把控、成本核算上做到"物有所值"。明确清晰的模型与工程量数据一一对应，对长期以来敏感的、易误判和分歧的成本问题，提供了更科学、更便捷的解决方案（图9）。通过BIM技术与参数化的应用，为项目打造了一套完整的双曲面定位与控制方法，在项目设计、施工、深化各阶段大幅度提高感受度的同时，反复优化，将建筑与结构联动修改一次到位。通过对梁着色的参数方式，将BIM技术与传统设计和实际施工初步相融合，采用便捷有效且低成本控制的设计优化手段，为项目的精准、高效设计目标保驾护航。最后，该项目集成整合了各方设计图，利用平台化管理方式，将项目建设过程中的各类工程数据源予以保留和汇总，在实现可追溯性实时管控的同时，对数据进行了细致化分析和整理，为后续同类型的物流建筑提供了有价值的建设性意见。

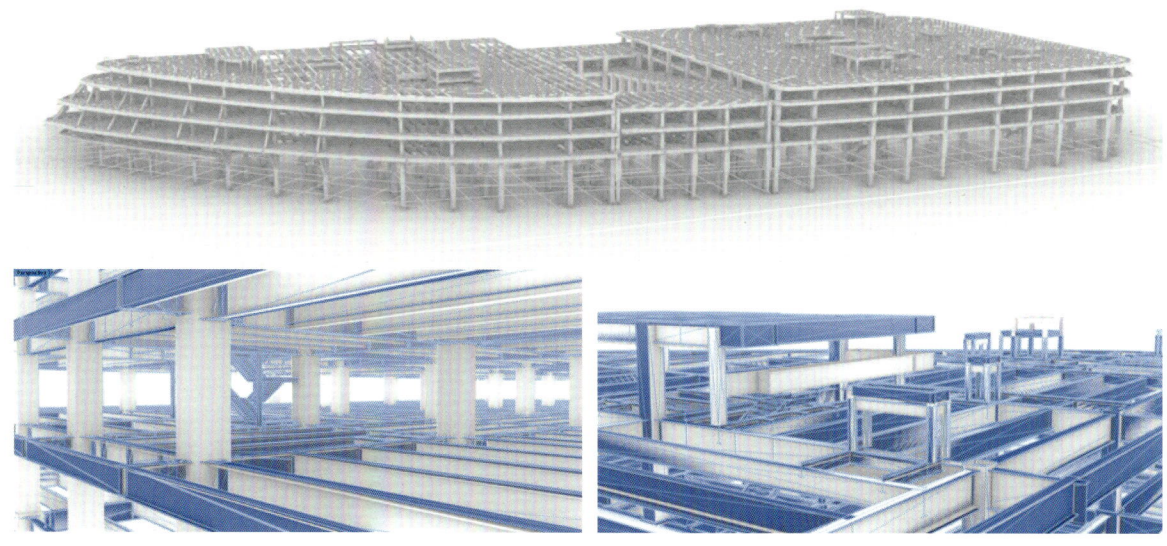

图9 深化设计模型图

参考文献
[1] 孙夏．基于参数化 BIM 建筑设计的特点及其应用［J］．智能建筑与智慧城市，2019，6：51-52.
[2] 禹庆．天津国际邮轮母港客运大厦参数化设计及 BIM 应用回顾［J］．建筑技艺，2011（1）：112-115.
[3] 张镇，陈宏斌，王斌兴．BIM 技术在粮食仓储物流项目机电安装中的应用［J］．现代食品，2017（16）：3-6.

供稿人：余飞　朱红坤

专家点评

物流建筑的设计强调功能分区的合理规划，确保物流动线顺畅，本项目借助 BIM 技术可视化、模拟性和优化性的特点，合理优化多种车型带来的车道宽幅、车位尺寸、车辆载重、转弯半径以及行驶路线等空间效能影响因素，保障项目空间功能实现。同时为解决物流建筑大跨度钢结构成本难以管控的问题，利用 BIM 技术进行钢结构深化设计和优化放样，减少用钢量和深化设计时间，降低施工成本和生产周期。最后利用 BIM 参数化设计特点，打造了一套完整的双曲面定位与控制方法，在提升设计质量、降低设计周期的同时，也提升了项目的整体设计观感。本项目的数字化技术应用为未来物流类项目设计阶段 BIM 应用提供了参考借鉴。

案例 15

张江"智盒"BIM 智慧设计

1 项目概况

1.1 工程概况

张江"智盒"项目靠近张江管委会、张江科学城展示厅以及喜马拉雅、浙江大学上海高等研究院等企业机构，并紧邻中环高架路、龙东大道交通节点，是上海集成电路设计产业园较为重要的门户节点。项目东至丹桂路、南至丹桂路、西至申江路、北至 A-1-2 地块。建筑占地面积 4 000 余 m^2、总建筑面积约 7 000 m^2，地上 4 层，地下 2 层，建筑高度约 20.5 m，属于小型商办项目。其中商业配套面积 700～800 m^2，以餐饮功用为主，余下面积为办公功能，服务对象拟为集成电路设计研发企业（图1）。

图 1　项目效果图

项目秉承多元功能的复核发展理念，以"科技、创新、绿色"为核心，以张江"智盒"为设计概念，打造体现科创企业理念的建筑形象，以及激发创意灵感的建筑空间，为科研人员提供良好的空间及景观生态环境，为餐饮区域提供宜人的城市尺度和室内尺度的就餐环境。

本项目由上海张江集成电路产业区开发，同济大学建筑设计研究院（集团）有限公司设计，并由上海慧之建建设顾问有限公司担任全过程 BIM 技术顾问。

1.2 项目特点

张江"智盒"项目因其独特的造型、地理位置及周边环境，存在如下特点：

(1) 项目地处张江集电港城市交通重要节点处且处于集电港区域门户位置，交通便利，人流量大，具有一定对外展示性与识别性。

(2) 基地面积较小，轮廓不规则，对建筑形体使用效率有一定影响。

(3) 建筑使用方主要为科创企业，对内部空间有一定的私密性要求。

(4) 地块西侧紧邻中环路高架，对基地西侧有一定的噪声干扰。

(5) 项目东侧为滨江河道，为提供观景平台和休息场所，满足建筑屋面绿化要求，增加建筑趣味性，建筑东侧 3F、4F 设置屋顶花园平台，强调宜人、生态和观赏（图2）。

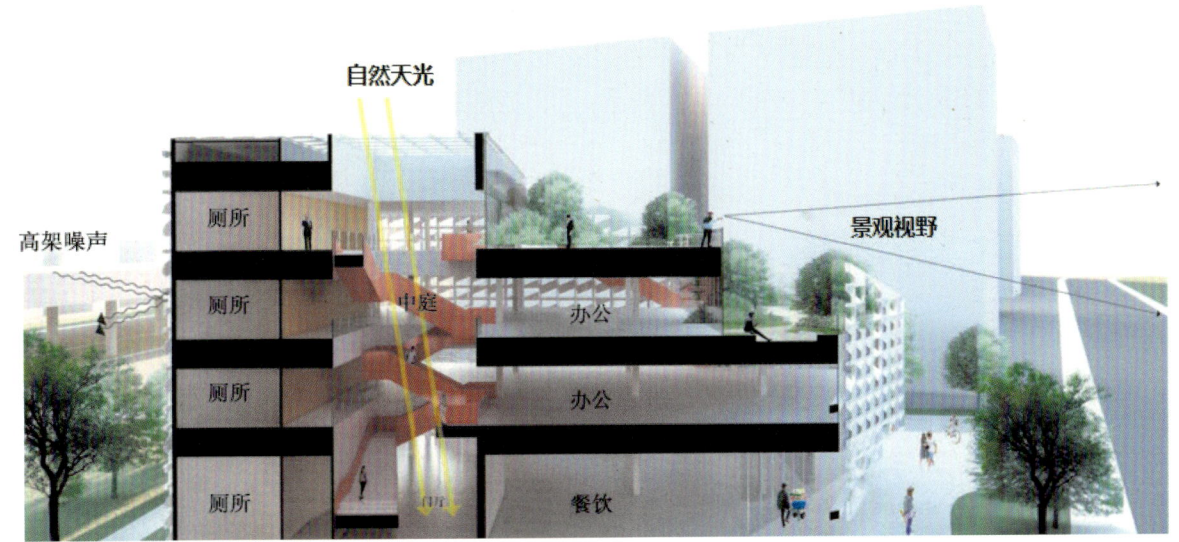

图 2　建筑剖面分析

(6) 由于屋顶花园大面积降板，为满足空间功能性以及舒适性要求，机电管线均以全面穿梁方案排布，控制净高。

基于以上特点，项目在设计阶段，利用 BIM 技术进行整体辅助设计，深化造型与内部空间，满足建筑净空要求，并通过 BIM 模型导出深化图、节点图、加工图等，在施工阶段指导施工。

1.3 BIM 组织架构

设计阶段由 BIM 顾问单位作为实施主体进行模型创建，通过 BIM 模型与设计单位的设计成果进行管线综合优化、净高综合处理、配合相关设计单位完善设计方案等 BIM 实施工作以及编写 BIM 工作计划等 BIM 管理工作（图3）。

1.4 BIM 应用软件

BIM 软件应用环境如表 1 所示。

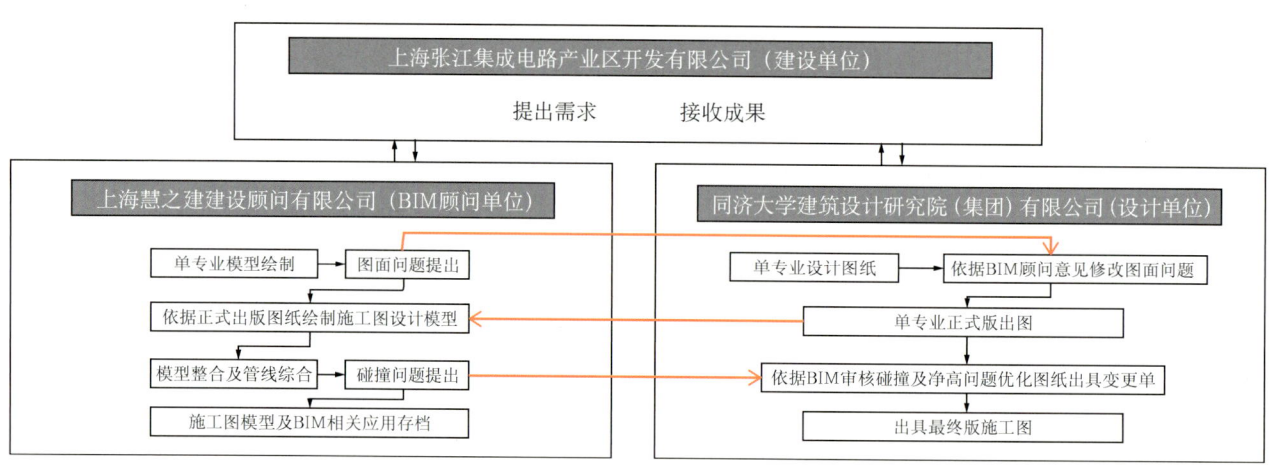

图 3　BIM 团队组织架构图

表 1　BIM 软件应用环境

软件	厂商	版本	导出格式	功能
Auto CAD	Autodesk	2013	.DWG	用于建模前期图纸收集、整合、分析、优化；建模期间设计图裁剪；与设计沟通图变更范围；净高色块图制作等
Revit	Autodesk	2018	.RVT .NWC .IFC	用于结构、建筑、机电协同可视化建模、管线综合梳理；平面、剖面、三维多方位视图进行直观技术分析；出具指导施工的综合排布图
Navisworks	Autodesk	2018	.NWD	用于查看设计模型、检测碰撞、视线模拟、模拟施工、统计材料等
Lumion	ACT-3D	8.0 及以上	.LS .AVI	用于制作虚拟仿真全景漫游视频，展示建筑机电搭建完成后场景内外的具体情况、管线布置、三维空间协调性、周边空间关系以及场地周围道路情况等
Recap	Autodesk	2018 及以上	RCS, RCP	点云模型整合处理
TRIMBLE RealWorks		10.4 及以上	.E57 .RCP	使用点云技术的协助来获取具有现场真实信息情况的影像，与 BIM 模型做对比，确保模型与现场一致
BIM360 GLUE	Autodesk	2014 及以上		利用 IPAD 进行模型浏览现场巡查复核
Oblique Photography			.JPG .OBJ .FBX	通过将建立的 BIM 模型与倾斜摄影得到的地理信息模型相结合，对建筑空间信息分析及处理提供了巨大帮助，可降低建筑空间信息成本

2　BIM 应用

2.1　项目应用点及模型展示

项目各阶段 BIM 应用如表 2 所示。

表2 项目各阶段BIM应用

序号	应用阶段		应用项
1	设计阶段	方案设计	场地分析
2			光源及噪声分析
3			屋顶花园效果分析
4			地下车行流线动画漫游模拟
5		初步设计	建筑、结构、机电模型构建
6			图面问题审查
7			各专业冲突问题检查
8			净高分析
9		施工图设计	土建、机电模型更新
10			BIM全穿梁辅助设计
11			BIM半正向化机电设计
12			碰撞检测及三维管线综合
13			净空优化
14			BIM钢结构模型深化出图
15	施工阶段	施工准备	施工深化设计
16			施工场地规划
17			施工方案模拟
18		施工实施	三维可视化交底
19			BIM协同平台应用
20			BIM周报管理
21			BIM现场一致性复核巡查

BIM模型成果展示如图4所示。

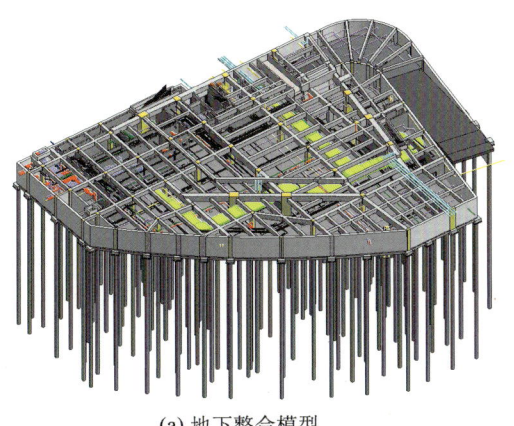

(a) 地下整合模型

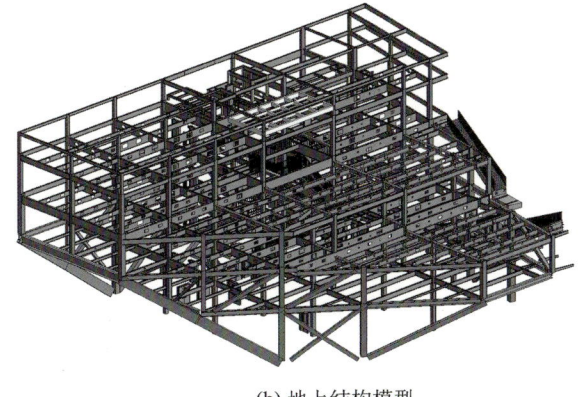

(b) 地上结构模型

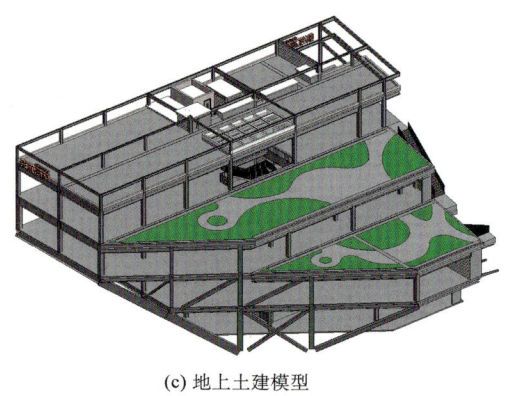

(c) 地上土建模型

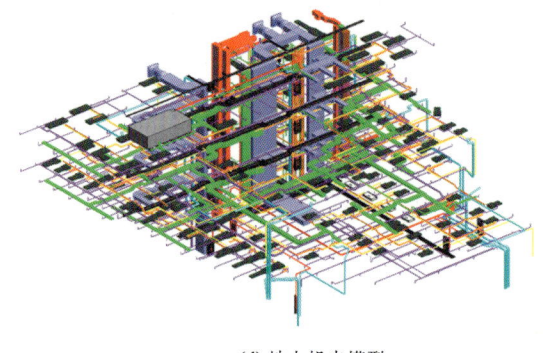

(d) 地上机电模型

图 4　设计阶段各专业三维模型

2.2　设计阶段 BIM 应用亮点

2.2.1　屋顶花园效果分析

屋顶绿化设计考虑作为平日办公人员休闲场所，强调宜人、生态和观赏。通过自由灵活的绿化和硬地的组合，提供给办公人员不同的景观空间体验：开放的活动平台、静谧的休息下沉沙发、眺望的户外家具以及上下联系的户外楼梯等（图 5）。

图 5　屋顶花园效果

2.2.2　交通流线方案辅助分析

根据设计总图、景观设计及地块周围道路实际情况创建场地模型，制作交通流线模拟视频，通过视频对人行、车行流线进行分析，更直观地感受其合理性，调整建筑周围环岛位置、景观布置以及机动车开口位置等（图 6）。

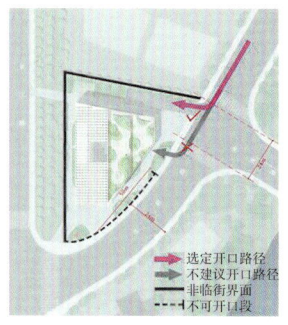

(a) 机动车开口分析

(b) 人行流线分析

(c) 车行流线分析

图 6　交通流线方案辅助

2.2.3 漫游视频设计辅助

基于 BIM 模型制作本项目可视化虚拟仿真全景漫游视频,展示土建、机电搭建完成后场景内外的具体情况、当前项目与周边建筑的空间关系。漫游视频可供业主身临其境感受建筑内部效果,及时提出修改意见。

2.2.4 钢结构开洞方案复核

本项目由于层高较低及降板因素,为满足净高要求及整体美观度,通过 BIM 模型验证设计方案合理性,提前发现问题、讨论解决方案,并落实到图纸。且严格审核机电管道穿行位置及孔洞大小,确保每根管线按照对应孔洞穿行,避免现场安装遇到问题。

3 BIM 半正向化全穿梁辅助设计

3.1 全穿梁方案确定

为了实现屋顶花园的效果,同时满足屋面绿化要求,建筑的二、三、四层均需要较大的降板处理。对于各层净高而言,传统的处理方式是设备管线布置于钢梁下方,再做吊顶遮盖。但在设计初期,通过 BIM 模型的创建与管综排布发现,在降板区域采用传统方式排布管线则无法满足净空要求。为解决这一问题,本项目利用 BIM 设计进行管线全穿梁设计,在设计过程中通过 BIM 模型将建筑、结构、机电、幕墙外立面等各专业紧密结合,深化造型与内部空间,实现梁底到地面完成面即为室内净高,大大提升室内空间的舒适度。同时,在办公区域保留将结构与管线裸露出来的可能性,充分展现室内空间的工业美感(图7)。

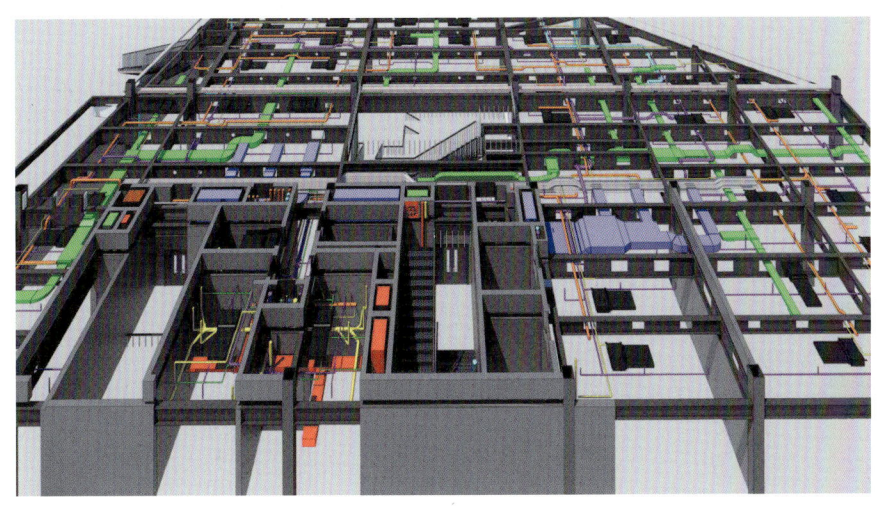

图 7 管线全穿梁 BIM 模型

3.2 有限元分析

钢梁腹板局部大开洞,超过《钢结构设计标准》(GB 50017—2017)尺寸限值,因此,需要对大开洞钢梁进行有限元分析,并采取补强措施,以保证钢梁开洞后其强度与刚度满足承载力要求(图8)。例如,室内 900 mm 高钢梁开洞尺寸为 750 mm×500 mm,室外 550 mm 高钢梁开洞尺寸为 500 mm×300 mm。

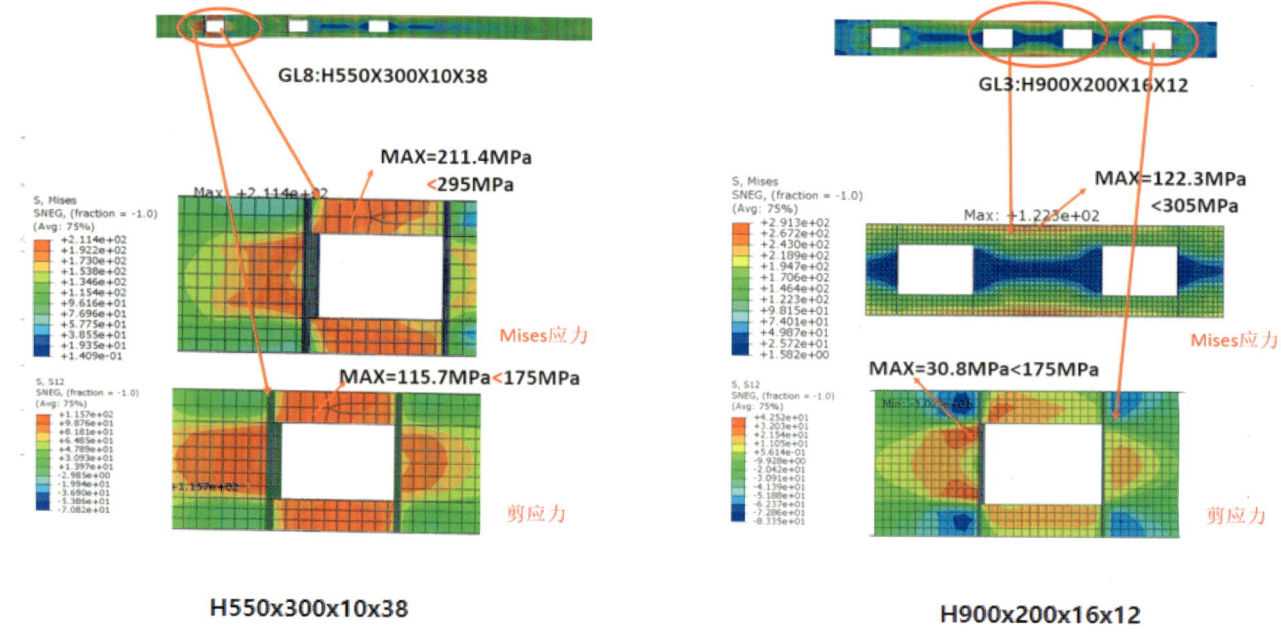

图 8　有限元分析

3.3　典型问题与优化方案

1. 洞口调整

在 BIM 整合模型中发现局部管线行径处缺少洞口，与设计协调后，在满足钢梁承载力条件下增添洞口，满足各房间内部功能要求。此外，将部分仅有单根水管通过的方形洞口改为圆形，从而减少开洞的加工成本，提升钢梁强度与承载力，提升视觉美观。因管线全部穿梁后期的可调整性较局限，故在保证承载力的情况下在各功能区保留一些没有管线穿行的孔洞，便于后期的运维改造、方案调整，使设计灵活化。

2. 管道路由优化

因梁洞需要按照规范开在固定区域内且存在高差，造成一些重力水管无法按照应有坡度通行，或是非重力水管依据梁洞位置穿行导致路由增长、翻弯过多的情况，影响上水且增加成本。通过 BIM 技术，优化机电管线，重新排布管线走向，减少弯绕，并合理增加重力水管立管，满足房间功能性及室内美观性。并从 BIM 模型中导出机电图反提资给设计，方便修改优化。

3. 管井方案调整

由于部分区域降板影响导致梁下空间已不满足净空要求，在无法调整钢梁洞口、机电管线路由及管道尺寸的情况下，通过 BIM 三维可视化观察建筑整体情况，提出调换不同专业管井，使管道出口位置改变，满足净高要求且不影响建筑功能，并将方案提资设计优化图纸（图 9）。

3.4　钢结构加工下料

通过 BIM 模型导出设计图，并按照变更对钢结构深化模型进行核查，检查钢结构单位的模型中所有钢梁尺寸与梁上洞口的位置大小及个数，确保钢结构深化模型与最终版施工图保持一致。最终通过模型进行加工下料，实现 BIM 设计到下料加工及指导施工的工作流程（图 10）。

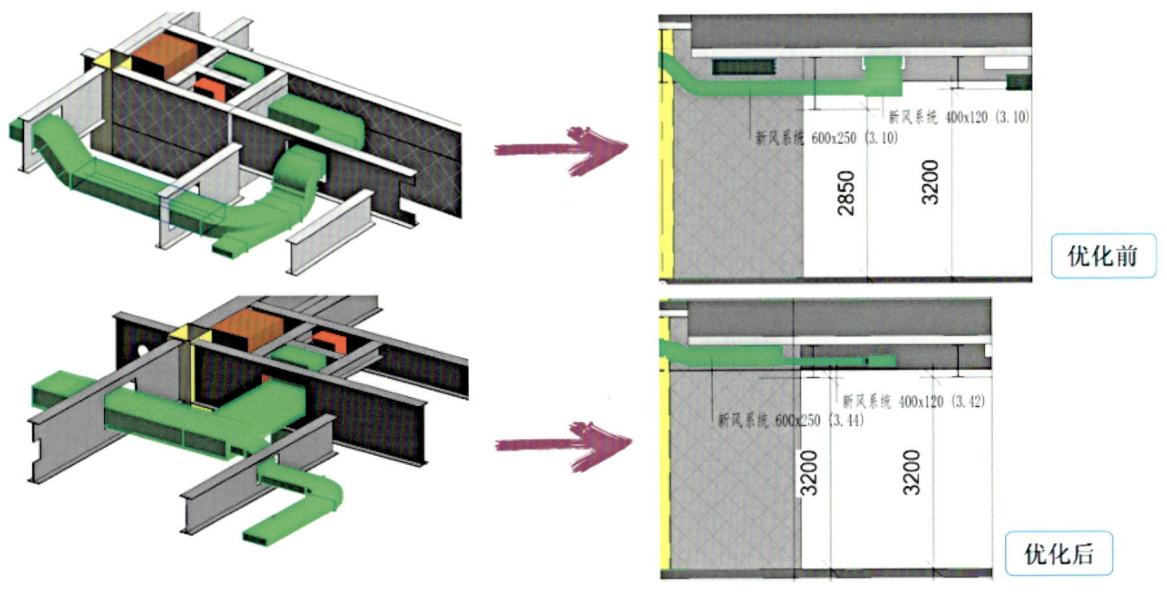

图 9　管井优化方案

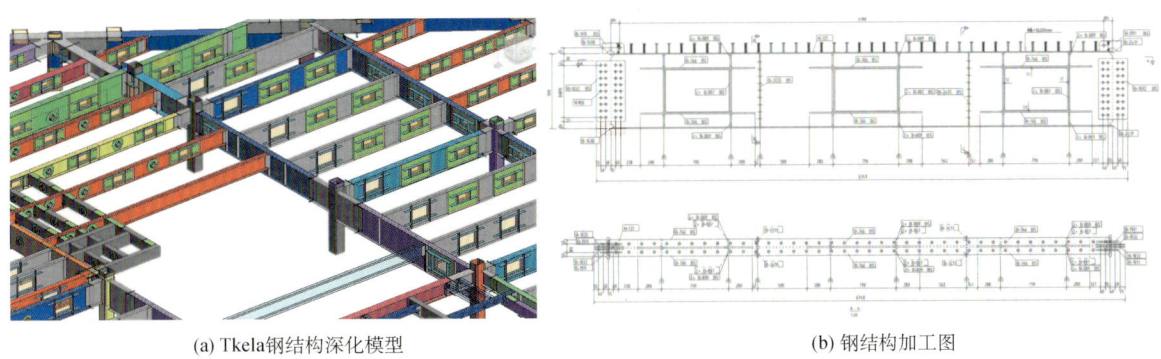

(a) Tkela钢结构深化模型　　(b) 钢结构加工图

图 10　钢结构出图

4　效益分析

BIM 团队与设计团队在协作方式上展开创新，将 BIM 模型前置于设计图纸，对复杂空间把控更准确，有效推进项目运转，在工作流中形成了 BIM 半正向化设计。

张江"智盒"项目拥有干净的内部空间和可以持续升级的 MEP 系统，项目净高控制严格，极有限的空间对管线综合提出了很大的难题。且为避免国内许多早期建筑在后期升级过程中遇到的管线预留位置不足导致管线沿墙甚至沿地布置的情况，该项目大部分的机电管线均穿梁而过，保证了室内空间效果的同时为后期 MEP 系统留下了空间。根据管线综合结果及结构梁开洞原则预留洞口，再反提资给结构设计师进行确认并出图。

在此过程中，通过 BIM 模型排布管线路由，提前发现问题、讨论解决方案，前置施工优化问题。在设计风格上，我们保留了结构与管线的工业美感，并通过虚拟漫游观察建筑内部整体效果，从而整体实现建筑的结构体系与建筑形态、建构几何逻辑高度融合为一体，体现由骨及肤、自内而外的建筑美学（图 11）。

通过 BIM 技术，为本项目带来如下效益：

（1）节约成本。在管线穿梁排布过程中，更精确地保证每根管线按照对应孔洞穿行，避免现场安装遇到管线位置预留不足的问题，最大限度减少现场拆改。

（2）减少返工。利用 BIM 模型三维可视化应用，确保专业人员高效准确理解设计意图、施工工艺等，减少因理解偏差造成的返工。

（3）提高效率。利用集成模型与 BIM 轻量化平台，串联业主方、设计、总包等各单位高效协同工作，实现各方高效便捷地协同解决问题，提高沟通效率。

图 11　现场图片

5　总结与展望

随着 BIM 技术的日渐成熟，BIM 在复杂项目中的应用不可或缺，尤其是三维半正向和三维正向设计被逐步推广和尝试，使得建筑设计焕发新活力。对于张江科技园区复杂成熟的城市空间场地，BIM 技术可运用数字信息整合的优势，为设计师在方案阶段把控和梳理复杂场地关系。对净高要求苛刻的文化公建类项目，BIM 技术应用主要在于复杂极限空间的梳理，例如大面积管线穿梁等需要多专业配合的痛点问题，BIM 技术承担了重要角色，并深入设计团队，推动项目进度。望本项目的经验能对今后类似装配式钢结构开洞及机电全穿梁安装工程提供参考。

供稿人：盛楠　刘惠哲　盛兴尧　冯山鉴　李臣杰

专家点评

本项目针对降板处理下传统的管综排布方式无法满足各层净空的问题，提出了基于 BIM 的半正向化全穿梁辅助设计方案，充分利用 BIM 技术可视化、模拟性和优化性特点，对管线进行全穿梁设计，包括洞口调整、管道路由优化和管井方案调整，实现设计过程中 BIM 技术与建筑、结构、机电、幕墙外立面等各专业紧密结合，深化造型与内部空间，实现梁底到地面完成面即为室内净高，大大提升室内空间的舒适度，并减少返工、节约施工成本。本项目遇到的典型问题及提出的解决方案将为类似项目建设提供借鉴意义。

案例 16

浦东美术馆全生命期 BIM 应用

1 项目概况

1.1 工程概况

浦东美术馆位于黄浦江沿岸 E14 单元 B6 街坊内的 B6-2 地块，建筑面积 40 590 m²，建筑高度 30 m，建筑地上 4 层，地下 2 层。建筑主要功能用房包括展厅、会议、办公室、辅助用房、停车场（图 1）。

本项目建设单位为上海陆家嘴（集团）有限公司，方案设计单位为让·努维尔事务所，施工图设计单位为同济大学建筑设计研究院（集团）有限公司，施工单位为上海建工一建集团有限公司。

图 1 位置示意图

1.2 项目特点

作为陆家嘴建筑群的前排建筑，浦东美术馆的外观设计显得尤为重要。浦东美术馆呈现的外观兼具美观和实用、现代并富有中国文化特色。建筑整体造型简洁方正，表面主要由白色花岗岩覆盖，在厚重的石材表面上刻出相同的"雨滴"状痕迹。美术馆西侧集中设置了两块不同尺度的双层玻璃幕墙，高度分别为 6 m 和 12 m。基于成熟先进的技术，该幕墙具有极大透明性。"大玻璃"为策展人及艺术家提供了多种在上海展现自己的机会，向艺术家们提供了独一无二的吸引力，并且让所展出的艺术作为整个浦东的中心被观察到。同时，玻璃室内的空间设置艺术图像装置和镜像玻璃界面，通过透视和反射控制艺术图像，为场景设计师和艺术家提供极大的创作自由度以及多种可能性，将有望成为世界最好的场景装置之一。

浦东美术馆建成后将以举办传统和现代艺术作品展览为主，辅以收藏、鉴赏、创作、公众艺术教育、国内外艺术学术交流、文化旅游休闲等，具备收藏保管、学术研究、陈列展示、教育推广、文化交流、公共服务、城市旅游参观等七大功能。

基于本项目品质要求高的特点，BIM 技术应用需要贯穿建筑全生命期，使 BIM 技术的应用效益最大化。同时，BIM 技术的应用在复杂场地关系、复杂极限空间的梳理上发挥了重要作用，半正向和三维正向设计的尝试，使建筑设计焕发新活力。

1.3 BIM 应用目标

项目总体以减少设计变更、提升施工品质、加快施工进度、优化项目成本、实现虚拟建造、运营信息化为目标。

（1）减少设计变更。建立 EBIM 协调平台实现各专业协同设计，施工方尽早介入提资施工参数，减少施工困难。

（2）提升工程品质。优化设计参数，调整施工工艺和安排，进行过程质量管控。

（3）加快施工进度。进行关键方案模拟建造、优化资源配置，过程跟踪施工资源进展，减少浪费和损失。

（4）优化项目成本。将成本信息与模型关联，设计阶段即可优化工程实体及非实体算量，构件材料管理——"二维码管理"，可追溯资源信息。

（5）实现虚拟建造。在施工阶段前期即可完成主要施工方案的模拟、项目总工期模拟、关键线路及工序模拟。

（6）运营信息化。汇集项目管理过程信息运维系统。

1.4 BIM 标准化管理

美术馆依据现行 BIM 相关应用指南，制定项目标准与管控措施。

采用《建筑工程设计 BIM 应用指南》（第二版）、《建筑工程施工 BIM 应用指南》（第二版）、《上海市建筑信息模型技术应用指南》（2017）作为标准来指导建设。采用三阶段一平台进行管控（图 2）。

(a) 项目采用的现行BIM相关应用指南

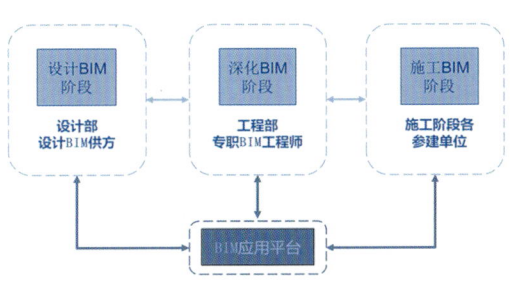

(b) 采用的三阶段一平台管控

图 2　标准化管控措施

项目管理平台如图 3 所示。

图 3　项目管理平台

施工标准管理如图 4 所示。

2　工程全生命期 BIM 应用

2.1　设计阶段 BIM 应用

浦东美术馆的 BIM 服务内容除常规设计施工图阶段 BIM 业务以外，根据项目的特点、难点，BIM 应用方探索了全新的 BIM 工作流程与内容，在与设计师紧密配合的同时，将数字信息模型前置于多专业图输出，从而达到 BIM 半正向化设计水平，提高二维图在空间复杂区域

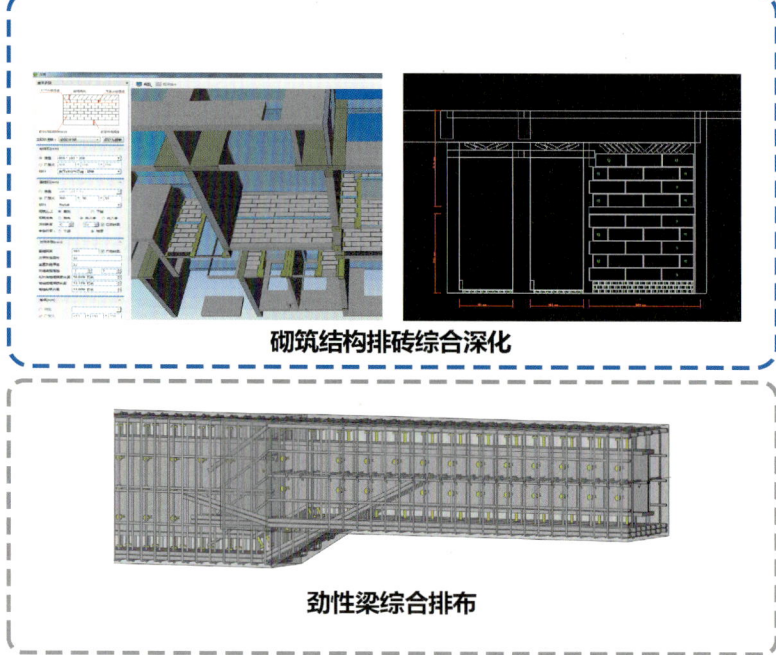
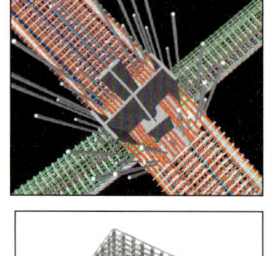

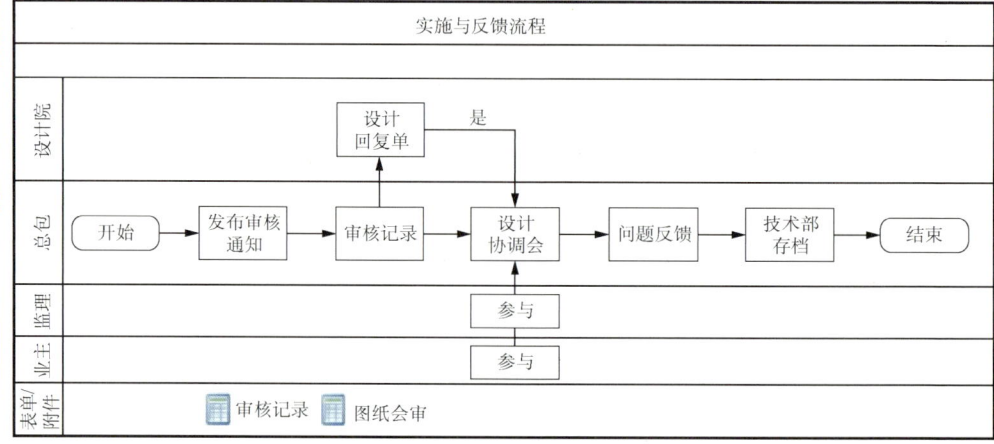

图 4 施工标准管理

表达的准确性，便于施工方快速理解施工图信息，加快工程进度，使 BIM 技术在设计阶段的应用效益最大化。

2.1.1 设计阶段 BIM 组织模式与协同机制

由于项目在极有限空间内管线综合、穿梁洞口等带来的多专业协调特殊性，常规 BIM 配合模式已难以满足项目需求，BIM 团队与设计团队在协作模式上展开创新，BIM 发挥平台作用，主动承担协调任务，与设计团队在复杂空间问题上进行协同设计、讨论并记录方案，给予项目参与各方输出多项重要成果，发挥不可替代的作用，保证了项目快速有序推进（图 5）。

2.1.2 方案阶段场地 BIM 设计

场地 BIM 设计内容包含周围景观建模定位、物探数据整合建模定位、道路及绿化精准找坡（图 6）。

1. 周围景观建模定位

应用 BIM 对地形内的滨江景观、观光隧道和会议中心地下停车场进行精准建模与世界坐标定位，完善场地信息模型，为设计师提供准确三维可视化场地关系（图 7）。

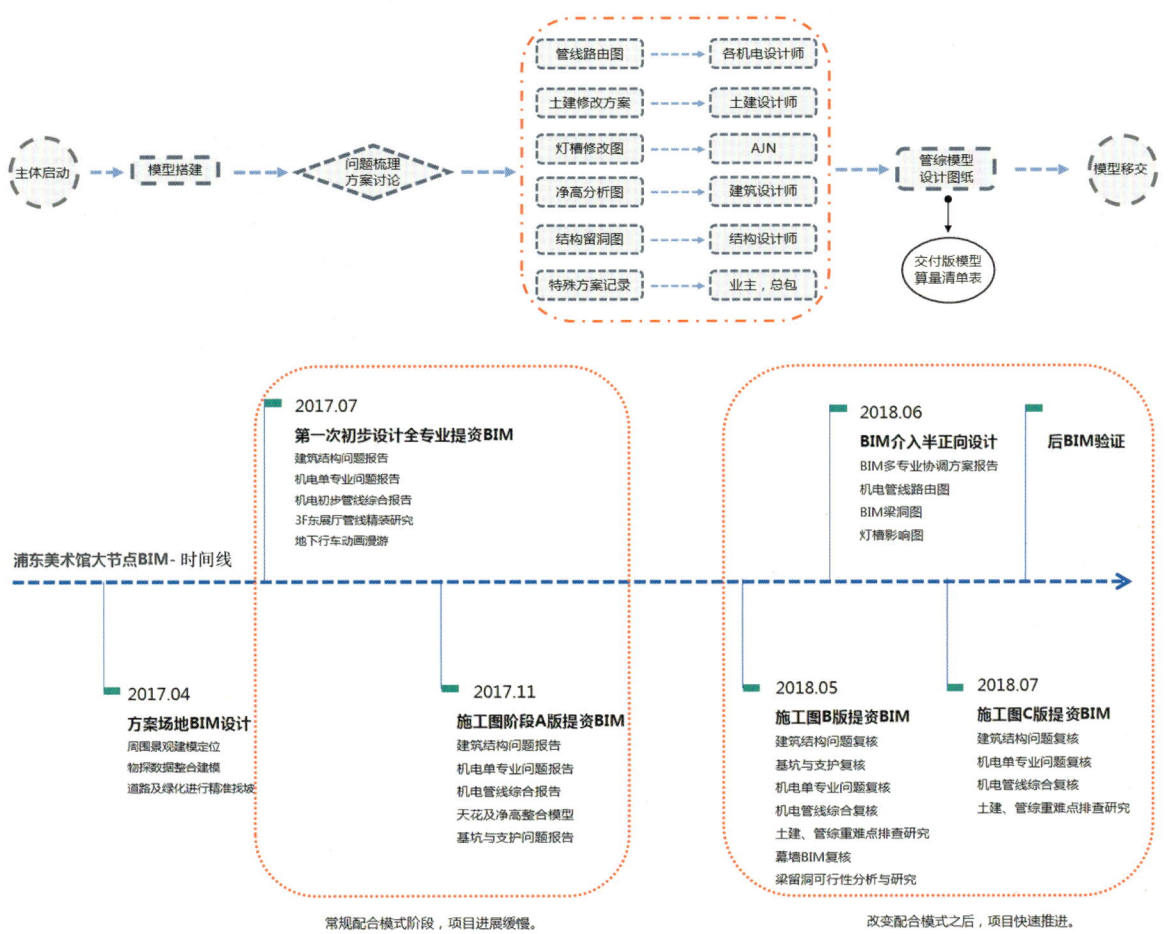

图 5 项目配合流程图

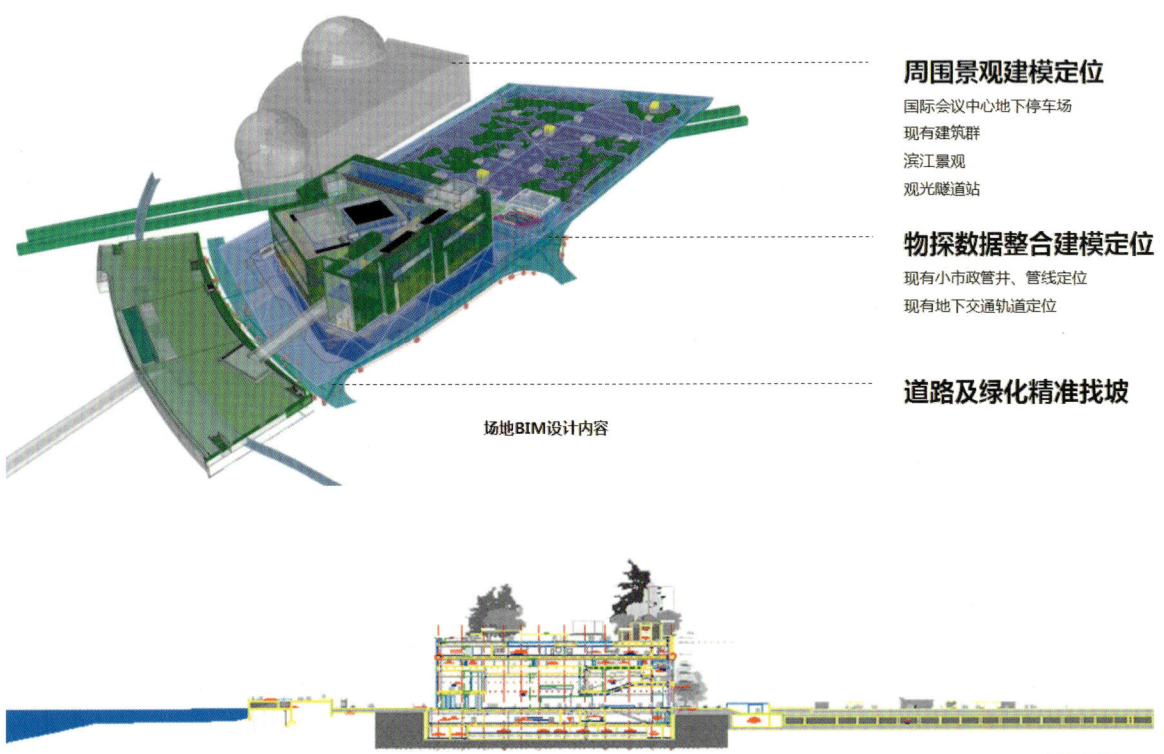

图 6 场地 BIM 设计内容

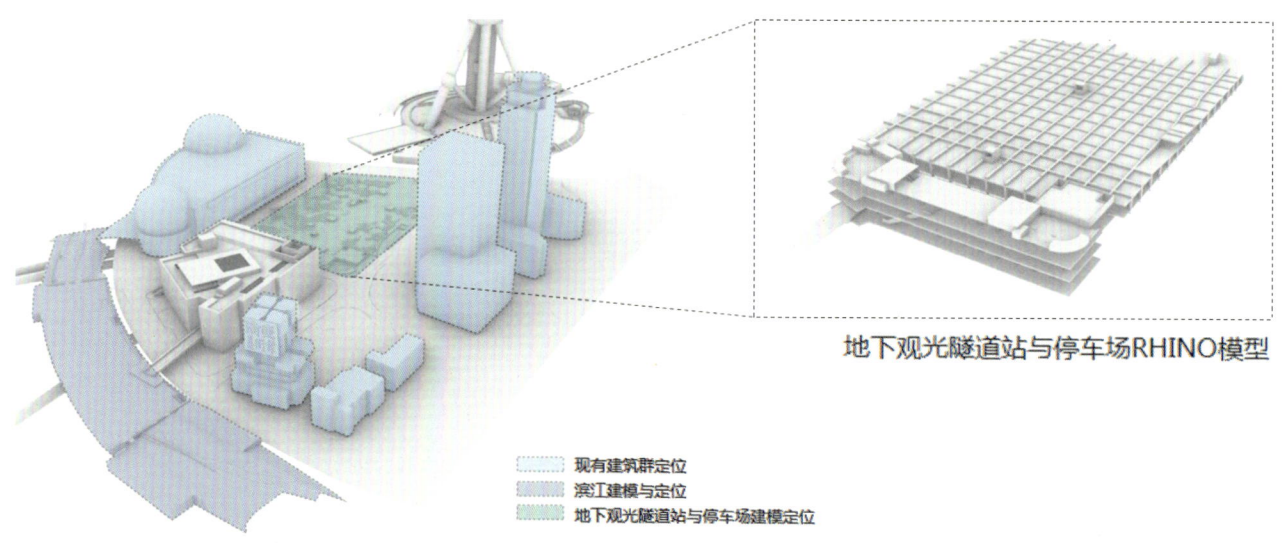

图 7　周围景观建模定位

2. 物探数据整合模型

1）现有小市政管井、管线定位

应用 BIM 并结合物探工程地下综合管线勘察成果，运用参数化的技术，还原管井数量、尺寸、编号、用途、标高、坐标信息，还原管线类型、坡度、走向等信息进行建模、梳理与定位，整合数据至场地模型，完善场地信息模型，核查现有市政管井与本方案的影响关系（图8）。

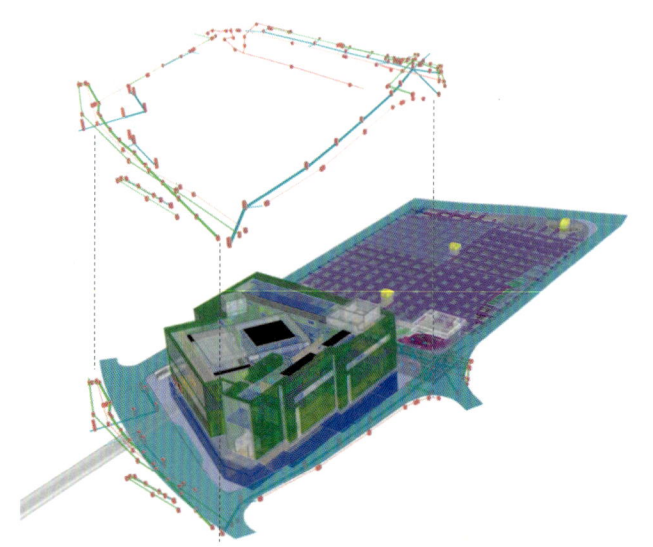
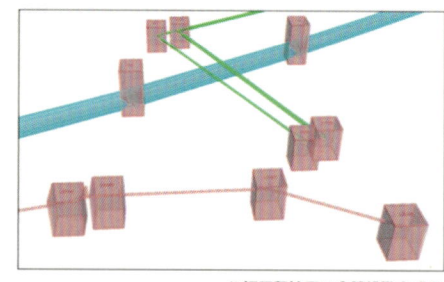

图 8　物探数据整合

2）现有地下交通轨道定位

应用 BIM 并根据地下交通轨道物探图纸数据定位建模，整合地铁 2 号线、人行越江隧道及延安路隧道至场地 Rhino 信息模型，核查与本案地下室边界线、底标高的影响关系，为设计师提供准确设计依据（图9）。

3. 道路及绿化精准找坡

应用 BIM 并根据设计师提供的设计意向标高对美术馆周围道路及绿化进行精准找坡建模，并整合至场地模型，可视化展示建筑与场地关系（图10）。

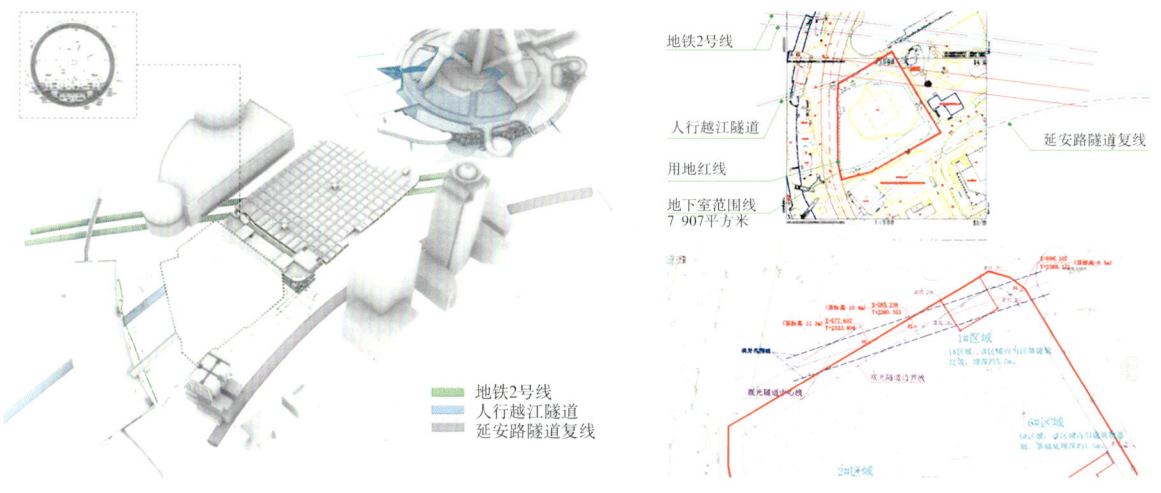

图 9 现有地下轨道交通定位

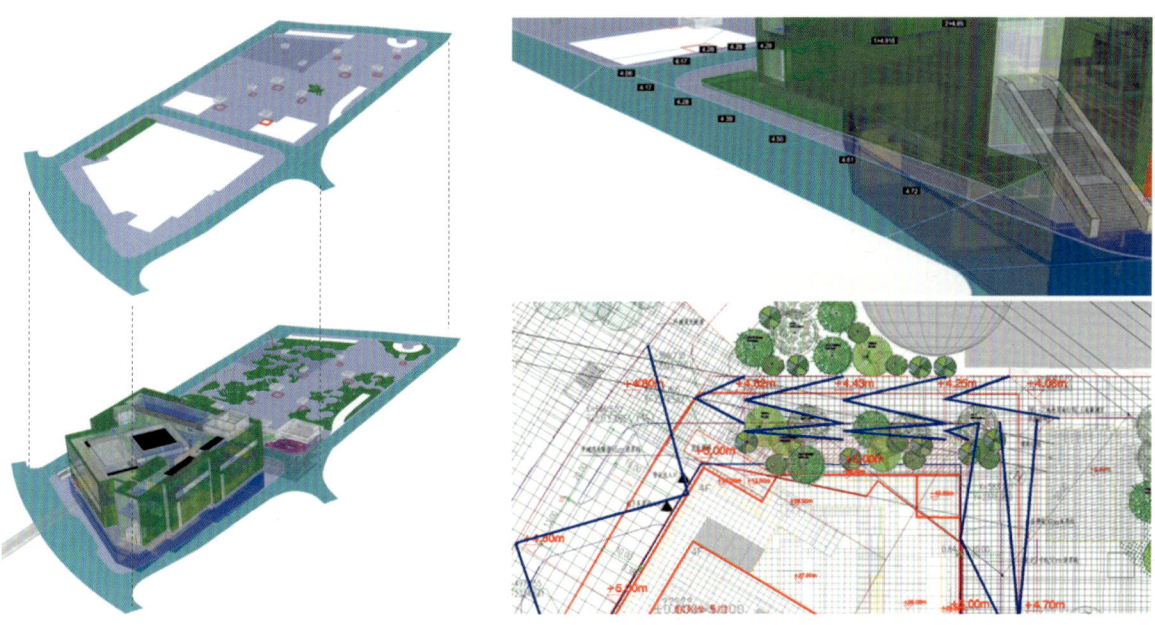

图 10 道路及绿化精准找坡

2.1.3 主体施工图设计 BIM 应用

1. 全专业三维模型搭建

设计阶段 BIM 模型包括建筑、结构、机电、幕墙。BIM 模型的建模深度根据浦东美术馆项目的自身情况并结合《上海市建筑信息模型技术应用指南》(2017) 用于指导 BIM 工作的开展。借助于以往项目的经验，BIM 的精度要求应与不同阶段的深度要求匹配，制定对应阶段的模型实施标准（图 11）。

基于馆内净高控制，管线预留空间苛刻，要求 BIM 对建筑的空间利用均细致（LOD300）到内装层面，全专业 BIM 模型基于施工图对多类型墙身关系如完成面、天花板、灯槽、发光膜等进行建模梳理，以保证管线综合的准确性（图 12）。

通过创建 BIM 基坑支护模型，可以直观地表达支护结构与地下室结构的关系。可以发现支撑和围护墙之间的碰撞问题并加以解决。

支护模型同时可以共享给设计、施工和监理单位，帮助土方开挖单位估算土方工程量及

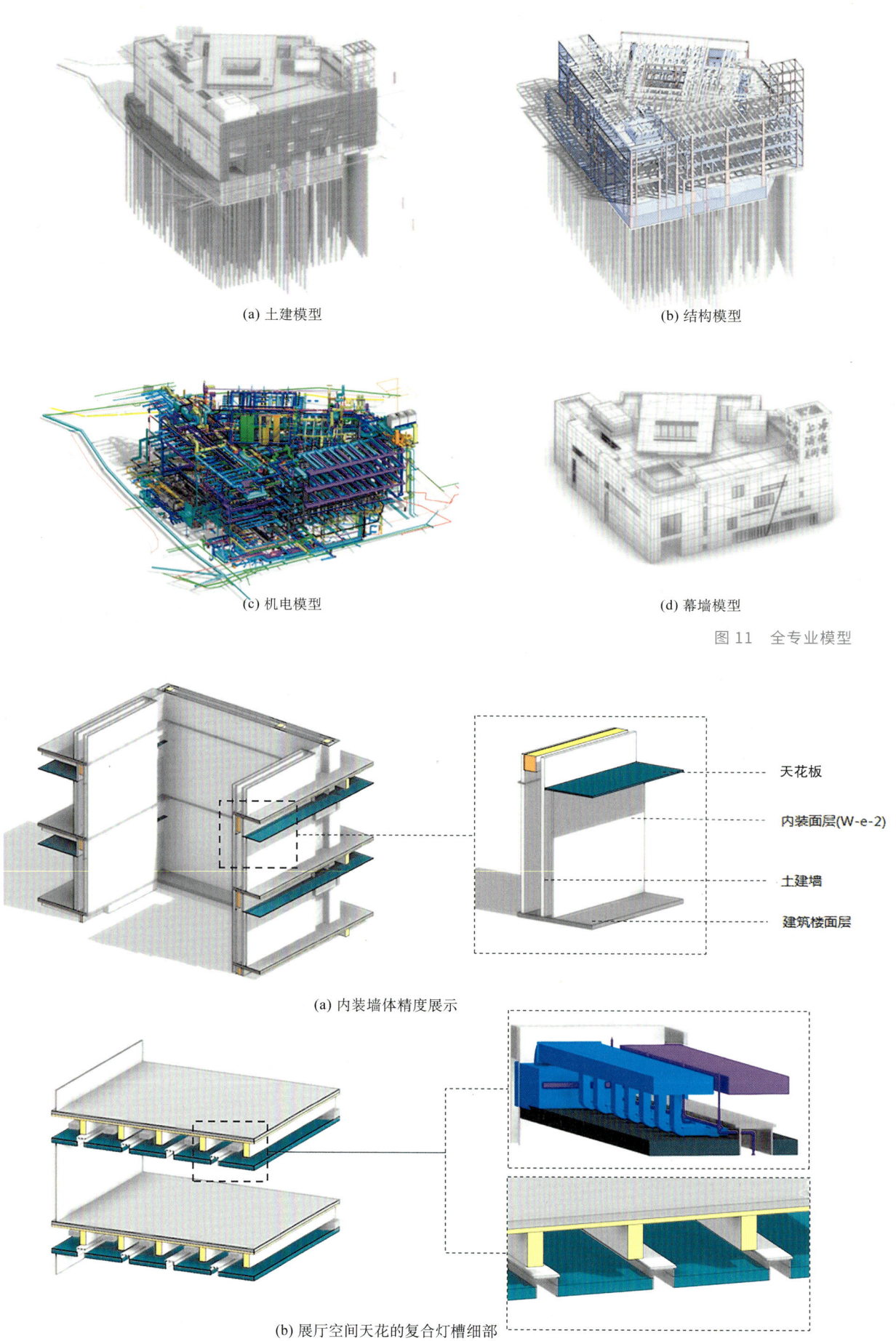

(a) 土建模型 (b) 结构模型

(c) 机电模型 (d) 幕墙模型

图 11 全专业模型

(a) 内装墙体精度展示

(b) 展厅空间天花的复合灯槽细部

图 12 建筑及内装模型

开挖顺序，模拟开挖工况。通过三维可视化沟通，全面评估基坑工程，使管理更科学、措施更有效，可提高工作效率并节约投资（图13）。

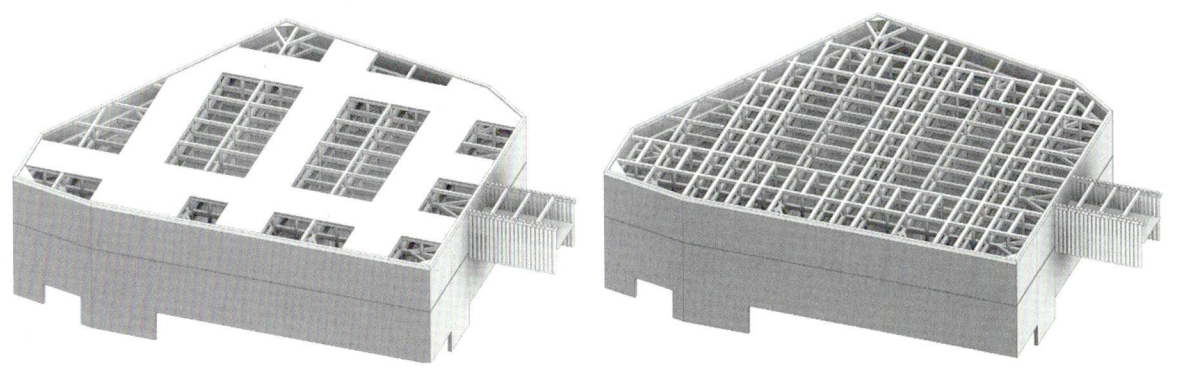

图13　基坑支护模型

复杂极限空间的管线综合是本项目的一大难点，基于严格的净高控制与有限的管线预留空间，致使许多管线穿梁，或结构被调整为半截面梁，致使整个建筑体夹层、管线繁杂，每一处都经过各专业多轮研究、讨论，才可确定解决方案，这需要BIM设计团队强大的专业素养和协调能力（图14）。

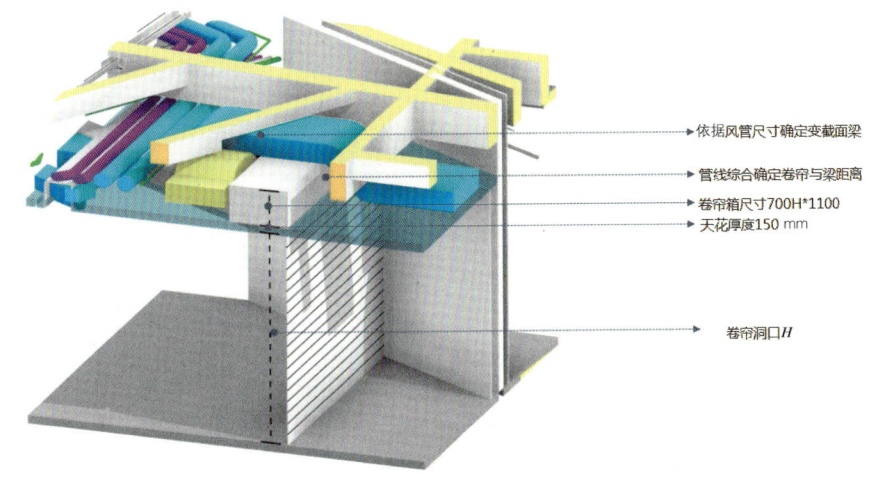

图14　复杂空间管线综合

2. 碰撞检测

常见问题梳理（图15）：

（1）夹层建筑、结构对不上，建议结构专业复核；

（2）建筑、结构平面板洞不一致；

（3）卷帘与结构构件出现碰撞问题；

（4）楼梯详图与节点详图问题；

（5）室内净高、夹层净高问题；

（6）结构梁、梁柱的搭接问题；

（7）结构专业缺相关的坡道详图、楼梯详图等；

（8）结构板边界与建筑板边界不一致问题；

（9）结构梁与建筑门的碰撞问题；

（10）机电管线安装空间问题；

（11）机电管井空间验证；

（12）剪力墙留洞验证；

（13）机电各系统路由的验证。

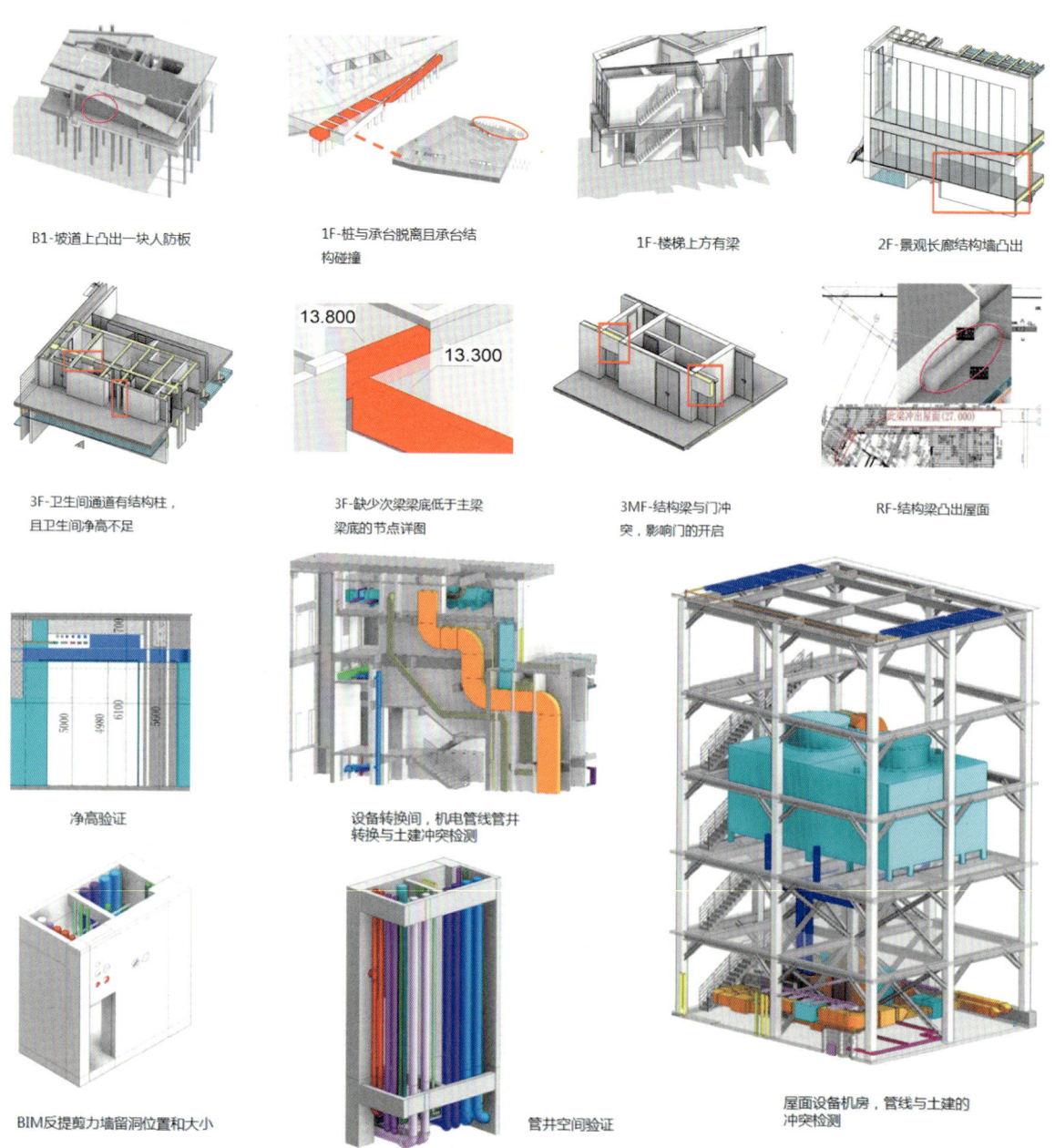

图15　常见碰撞问题

3. 三维管线综合

在基本管综原则基础上，设计结合施工意见的管综原则：

（1）桥架上部净高度，弱电为 150 mm；强电为 200 mm，极限状态下在穿梁处可同专业（都是强电桥架或弱电桥架）合并，尺寸叠加。合并后的桥架之间间距（强电合并桥架与弱电合并桥架间距）满足常规标准要求。

（2）暖通风管宽度超过 1.2 m，上部净高度 300 mm；宽度小于等于 1.2 m，上部净高度 100 mm。交错处上下可紧贴（图16）。

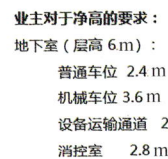

业主对于净高的要求：

地下室（层高6m）：
　　普通车位　2.4 m
　　机械车位　3.6 m
　　设备运输通道　2.8 m
　　消控室　2.8 m
　　公共区域　4～5 m

地上：
　　中央展览空间　30 m
　　大展览、中展览空间　5 m
　　特展厅　10 m
　　美术馆公共空间　5 m
　　超高大堂上空　13.8 m
　　学术报告厅上空　9 m

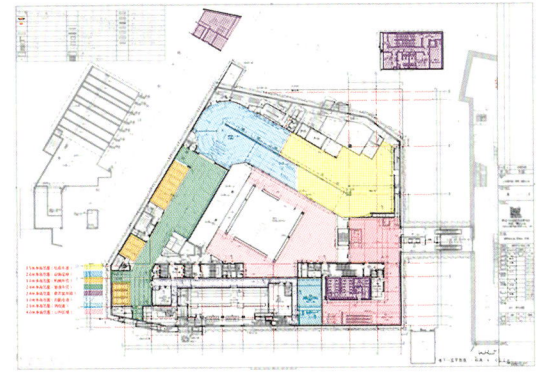

(a) 浦东美术馆净高控制范围平面图

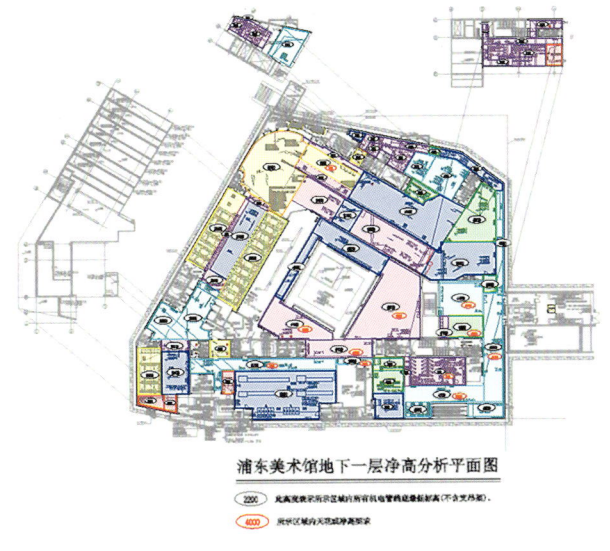

(b) 净高分析平面图

图16　净高分析

水平方向暖通风管之间净距150 mm，有其他管线或墙体时，左右两侧需要有300 mm净空间，当空间实在太紧张时，可以确保某一侧有300 mm净空间。

（3）风管路径垂直向改变时（上翻、下翻），倾斜角度与水平最大夹角45度，且保证管径不变。

（4）当风管穿过楼梯前室夹层时，需要在风管下部预留100 mm净空间，上部300 mm净空间（两侧可进入）；或上部350 mm净空间（单侧可进入，砌体墙也视作可进入，后砌）。

（5）排烟管防火阀尺寸比管道尺寸（包括保温）外扩100 mm，一侧留操作空间300 mm。

1）BIM辅助设计重点问题案例

走道内是管线排布复杂区域，采用部分桥架穿梁，空调水管敷设在屋顶面层内，以保证室内净高要求（图17）。

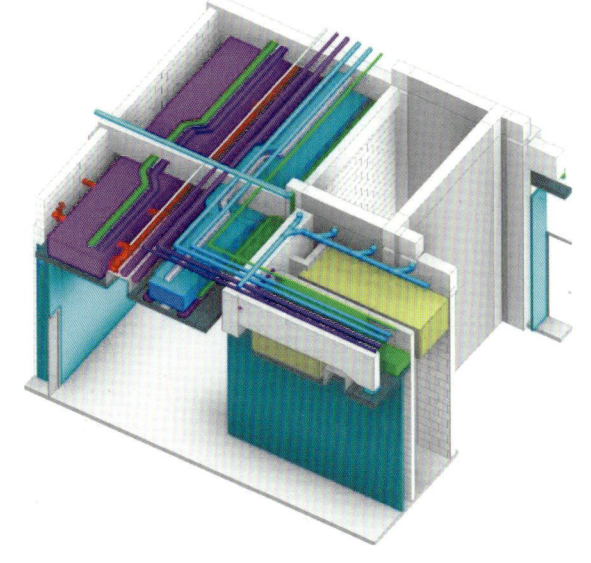

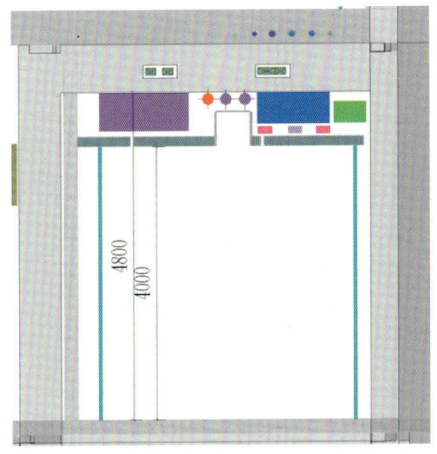

图17　美术馆文献中心外走道问题

2）冷冻机房管综问题调整

方案一：此后勤走道为冷冻机房后勤走道，走道宽为 3.05 m，管线复杂，在梁下排四层，管底净高仅能做到约 1 m（图 18）。

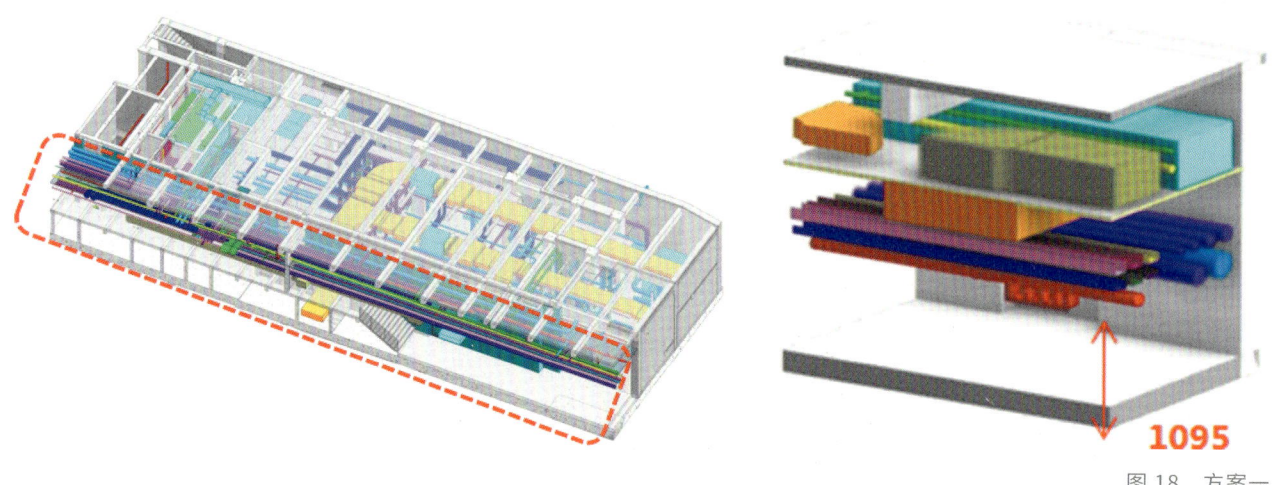

图 18　方案一

方案二：将出冷冻机房的管线（检修次数少或无需检修的）移入走道空腔内，减少走道吊顶空间内管线的数量，使得走道净空满足要求（图 19）。

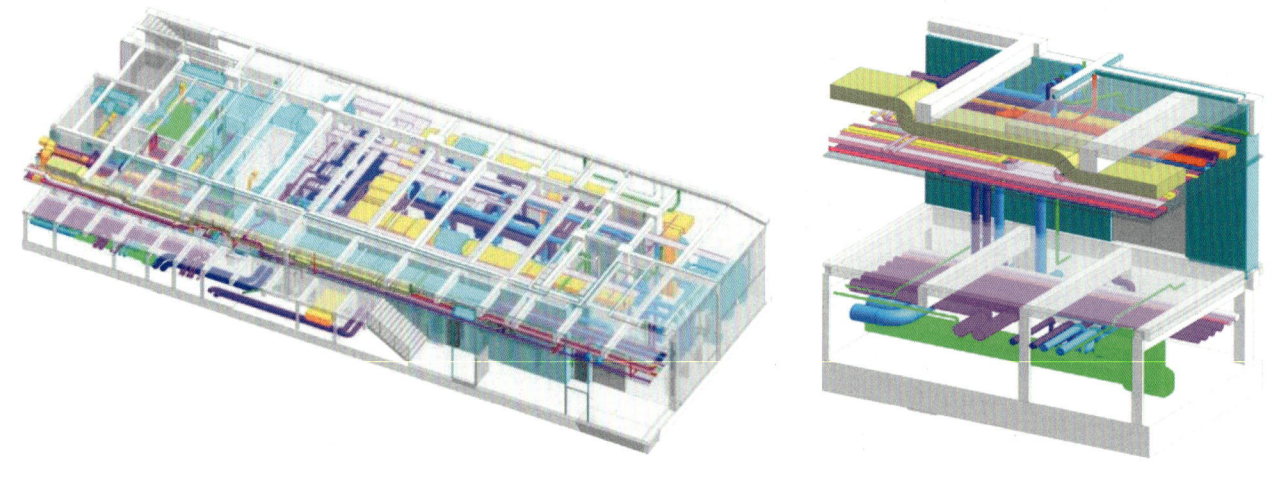

图 19　方案二

4. 问题报告与销项管理

BIM 发挥各专业平台作用，主动承担协调任务，对问题进行梳理并对解决进度记录在案，做到问题有据可查，避免设计遗漏（图 20）。

5. BIM 质量控制

为了全面把控 BIM 模型质量，我们根据近几年的项目积累编写了《BIM 模型审核要点》，另外为了更好地校核问题，我们将 BIM 模型审核要点进行了转译，通过计算机智能校核，协助 BIM 项目经理或者专业负责人把控 BIM 模型质量，进而提高模型校核的效率和精确率（图 21）。

2.1.4　BIM 半正向设计

1. 基于管综的结构穿梁洞口正向设计

美术馆拥有干净的内部空间和可以持续升级的 MEP 系统，项目净高控制严格，极有限的空间对管线综合提出了很大的难题。为避免展览馆在后期升级过程中遇到的管线预留位置不足导致管线沿墙甚

图 20　问题报告与销项表

浦美地下室校核问题回复表

专业	编号	校核人	问题描述	回复人	问题回复
暖通问题回复					
H	01	陈岱维	排烟需求设计确认，单层面积未超50平	怀珍文	此处排烟系统保留
H	02	陈岱维	储藏间排风管道	怀珍文	排风管布置在上方夹层，调整视图深度后风管可见
H	03	陈岱维	排风管过低	怀珍文	排风管已上抬
H	04	陈岱维	此方案需确认升降平台具体范围	怀珍文	风管布置已考虑升降平台范围，风管对其无影响
H	05	陈岱维	复核结构留洞（其余位置同）	怀珍文	此处结构根据机电布置留洞，已跟BIM结构协调
H	06	陈岱维	注意避让下方梁	怀珍文	建筑模型新增隔墙，暖通调整避开
H	07	陈岱维	机组高度考虑不充分，回风路由建议优化	怀珍文	路由将根据设计提资优化
H	08	陈岱维	排烟管缺失	怀珍文	补充此处排烟管
H	09	陈岱维	土建夹层取消确认，对照防火分区，注意防火措施考虑	怀珍文	土建夹层取消，风管增加防火阀
H	10	陈岱维	请复核此处功能，走道还是房间？排烟量存疑问，疏散口距离	怀珍文	此处设计建议保留排烟系统
H	11	陈岱维	土建夹层板边界确认	王冰雪	夹层边界已确认
H	12	陈岱维	双跑楼梯，风口位置复核	王冰雪	已调整
H	13	陈岱维	风管立管撞梁	王冰雪	此处机房内结构梁调整，避开风管立管
H	14	陈岱维	支管开反	王冰雪	已修改
电气问题回复					
E	01	吴任远	此桥架已取消	怀珍文	模型中桥架已删除
E	02	吴任远	照明线走线槽不是应急桥架，全同	怀珍文	修改调整系统类型
E	03	吴任远	消防桥架尺寸应为200x150	王冰雪	此处桥架尺寸已根据设计最新图纸调整为200×100
E	04	吴任远	缺少灯槽	王冰雪	模型已添加
消防系统问题回复					
F	01	吴昊	管段遗漏（接B1层消火栓管道）	怀珍文	此处水管模型已连接
F	02	吴昊	此段消火栓环状干管未连接，其余类似。（注意环状管网路由可适当局部调整，但环线设置原则尽量按原设计图纸）	怀珍文	管线已连接
F	03	吴昊	此段管段遗漏消火栓及支管	怀珍文	此处已根据设计提资修改模型
F	04	吴昊	此段上接B1层的消火栓管线接有2个消火栓（从环状管网上仅可接一个消火栓），请复核。	怀珍文	此处支管均错开，分别连接至主管
F	05	吴昊	此段消火栓支管接管位置与原图纸不符，请复核。	怀珍文	为保证楼梯间净高，此处水管移至库房
F	06	吴昊	按防火分区5-4喷淋管段的信号阀水流指示器遗漏。	怀珍文	为满足走道净高要求，已将此处阀件移至3轴处
F	07	吴昊	接水泵接合器的管径，原图纸泵房详图为DN200，自动喷淋系统图中为DN250，需确认具体尺寸。外墙留洞位置及尺寸相应复核	怀珍文	此处水管管径已跟设计确认，模型已做修改
F	08	吴昊	报警阀组接出的喷淋管道应均为高位安装。	怀珍文	此处水管需下翻至空腔安装，此处水管修改方案设计已同意
F	09	吴昊	两根接地上喷淋干管有短管，接管不明，易误接，请完善。	怀珍文	此处水管模型已根据设计优化提资进行更新
F	10	吴昊	建议上接B1层的消火栓立管避开珍品库房（原设计图纸此处未见接管）	怀珍文	此处消火栓管根据0530设计提资布置
F	11	吴昊	请复核转换管道是否影响自动扶梯。	王冰雪	此处转换管道在自动扶梯下方，对扶梯不影响
F	12	吴昊	此区域原图纸中消火栓管道有2处需转换，模型中未见，请复核。	王冰雪	此转换管段对净高判断无影响，模型中不表示
F	13	吴昊	此外原图纸中有2根喷淋立管，模型中仅1根，请复核。	王冰雪	视图问题，此处水管立管无遗漏
F	14	吴昊	此外原图纸中有2根喷淋立管，模型中仅1根，请复核。	王冰雪	视图问题，此处水管立管无遗漏
F	15	吴昊	此外消火栓是否遗漏转换管段，请复核。	怀珍文	此转换管段对净高判断无影响，模型中不表示
给排水校核问题					
P	01	吴昊	原图纸套管标高为-1.20，模型中标高换算为-1.40，请复核，其余外墙留洞一并复核。	王冰雪	此处出户管高度已与设计沟通并调整
P	02	吴昊	此处压力排水出户管从自动扶梯上方出外墙，请复核高度。	王冰雪	此处出户管高度已与设计沟通并调整
管综校核问题					
MEP	01	陈潇	桥架撞梁	王冰雪	此处桥架穿梁，结构留洞
MEP	02	陈潇	母线弯头为非标弯头	王冰雪	母线弯头已改为标准弯头
MEP	03	陈潇	空调水管套管放置空间不足	王冰雪	此处空调水管路由已根据最新设计图纸调整，由前室接入土建夹层，穿墙处留洞方向
MEP	04	张祥	挡烟垂壁盒子位置能否修改挡烟垂壁形式或降低挡烟垂壁高度，为避免挡烟垂壁碰撞所做的避让现场很难实现。	怀珍文	已与设计沟通，吊顶高度及挡烟垂壁形式均已无法更改，此处管线翻折之后挡烟垂壁安装空间充足。
MEP	05	张祥	注意该位置，楼梯上方管线高度。	怀珍文	此处为设备机房，管底满足检修要求即可。
MEP	06	张祥	1.穿人防墙体，套管间距过近2.人防设计是否按我们套管修改图纸。若不按我们的修改，要考虑原套管位置对我们净高影响	怀珍文	此处穿墙留洞已优化调整，结果已反馈给结构设计

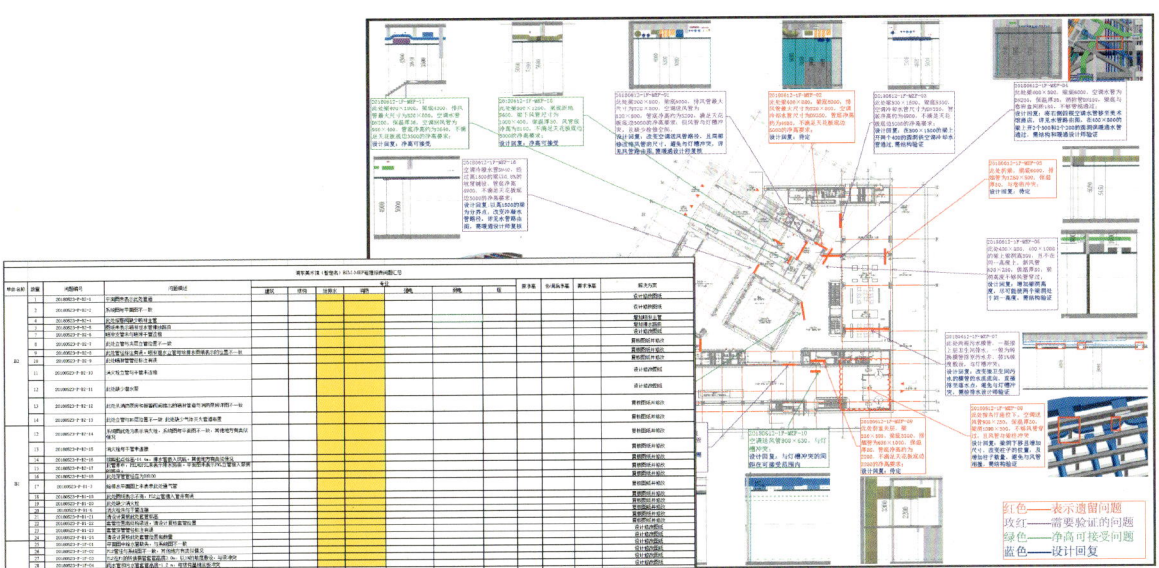

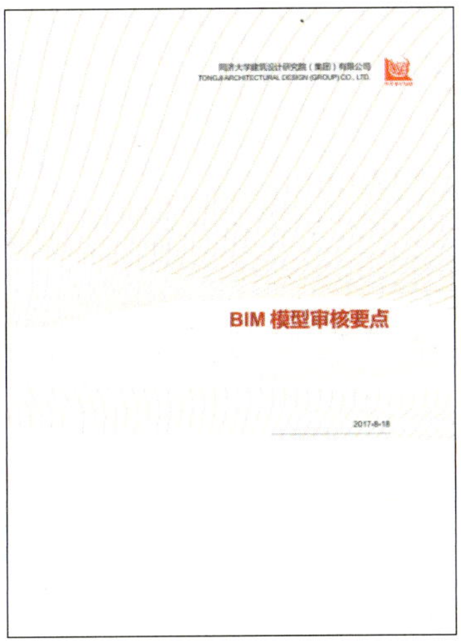

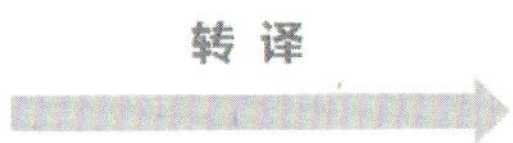

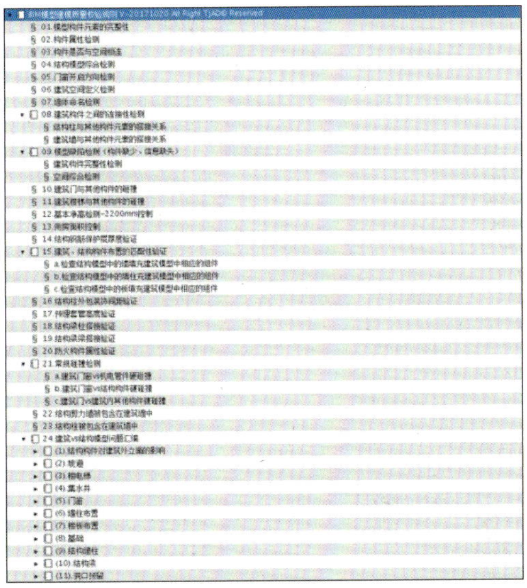

图 21　BIM 模型质量控制

至沿地布置的情况，该项目大部分的机电管线均穿梁而过，保证了室内空间效果的同时为后期MEP系统升级留下了空间。根据管线综合结果及结构梁开洞原则预留洞口，再反提资给结构设计师进行确认并出图（图22、图23）。

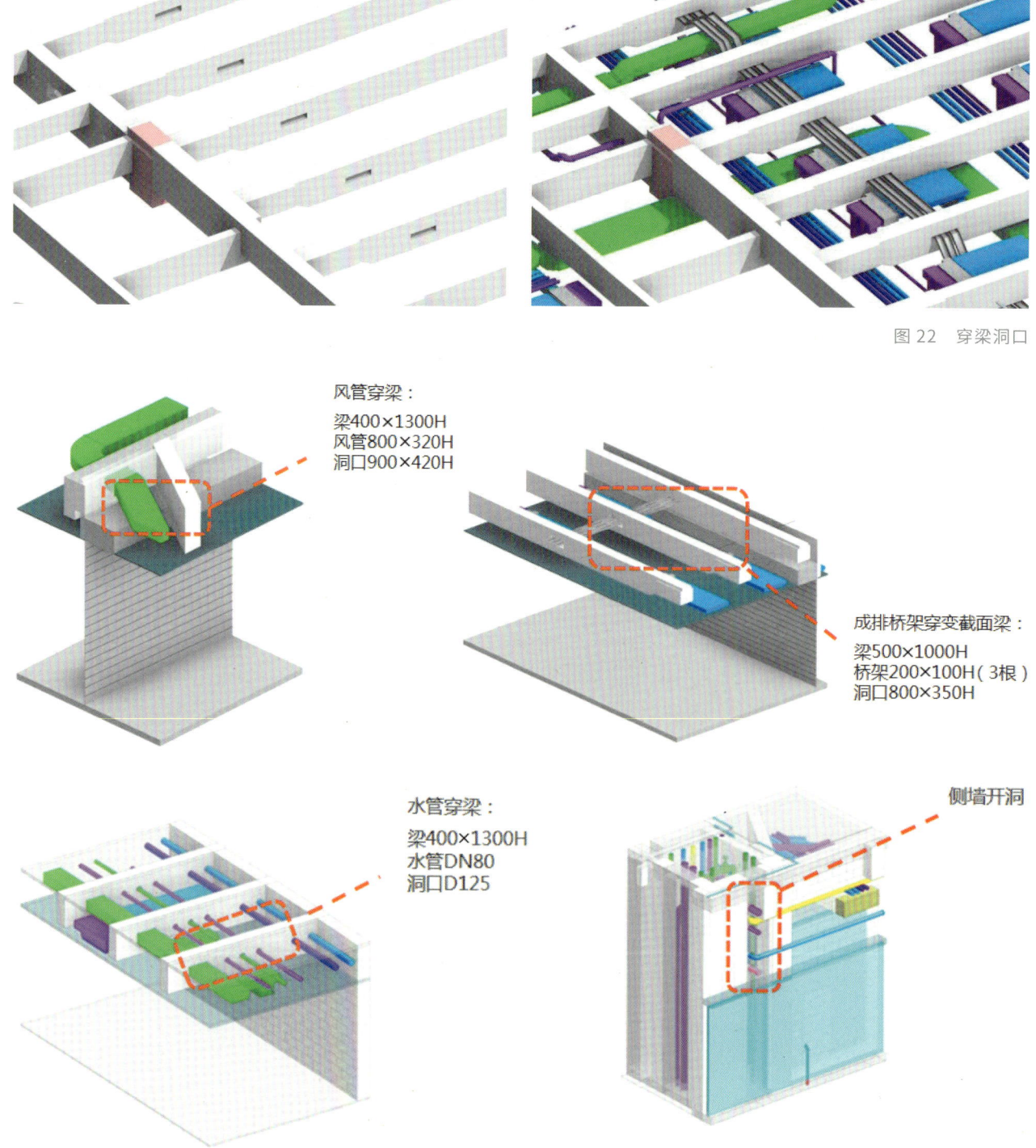

图22 穿梁洞口

图23 机电管线开洞

提结构设计穿梁洞口图，BIM基于管综与穿梁原则的正向设计图如图24所示。

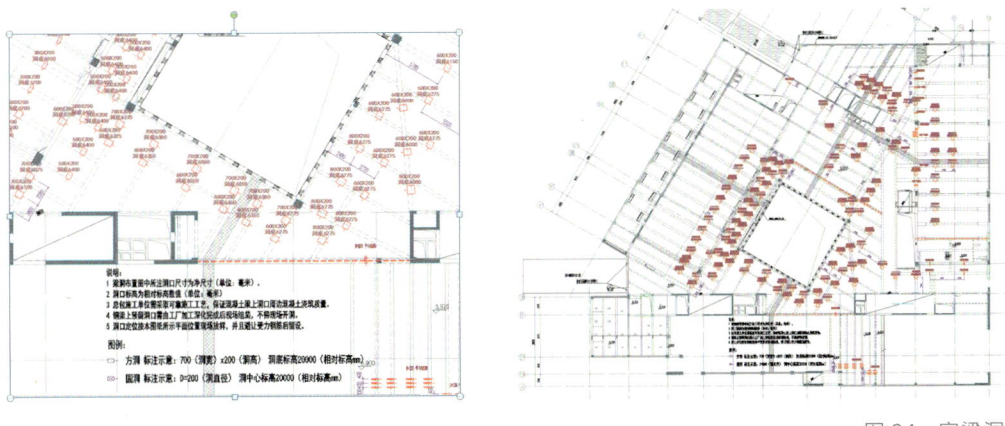

图 24 穿梁洞口图

2. 基于管综的结构梁布置正向设计

根据复杂的建筑布局、MEP 管线排布、穿梁要求,结构设计师与 BIM 团队研究多种梁布置方案,升降梁措施对局促的管线空间产生了有利影响(图 25)。

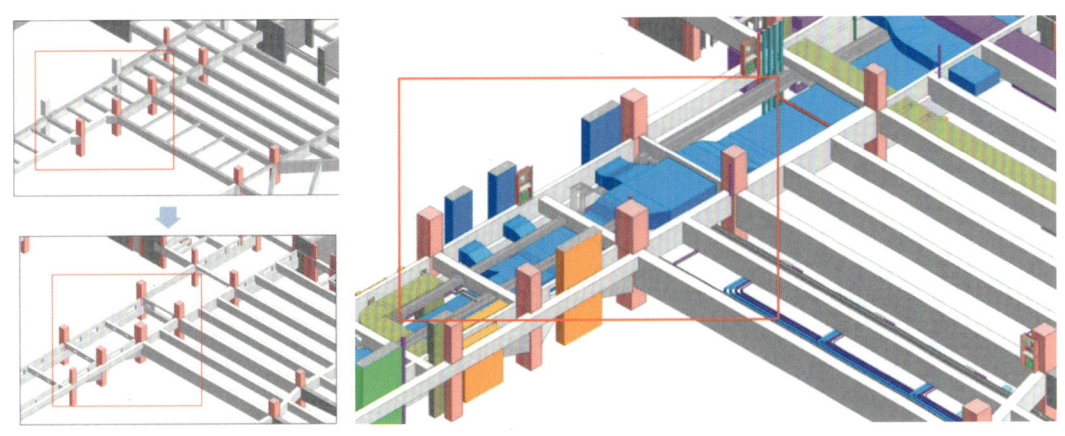

图 25 结构梁布置方案研究

3. 基于内装灯槽的管综末端验证与变截面梁正向设计

3F 大展览空间采用复合灯槽设备送风口,结构梁端采用变截面,保证展厅净高(图 26)。

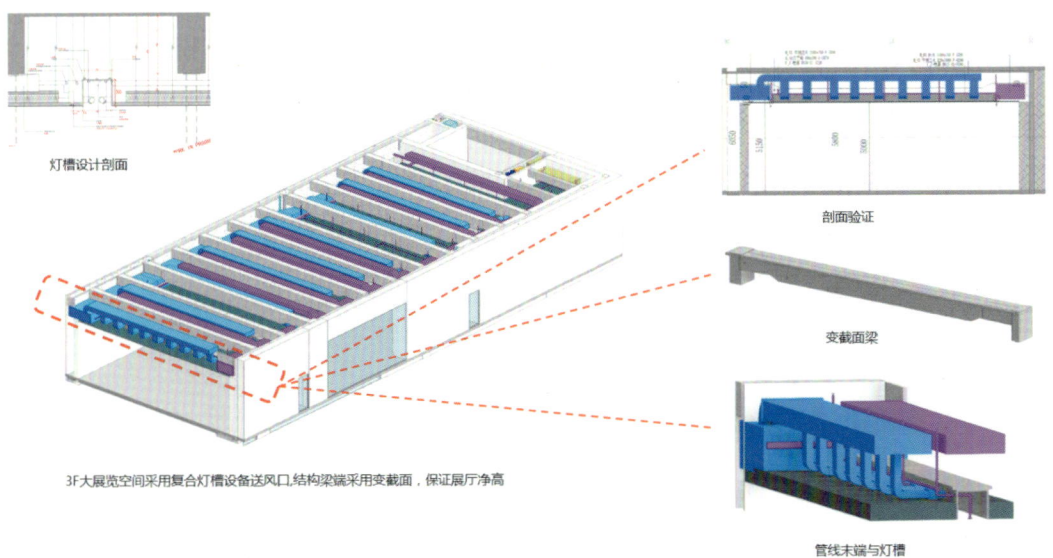

图 26 末端验证与变截面梁

4. BIM 对于复杂极限空间的多专业协调解决方案（图 27）

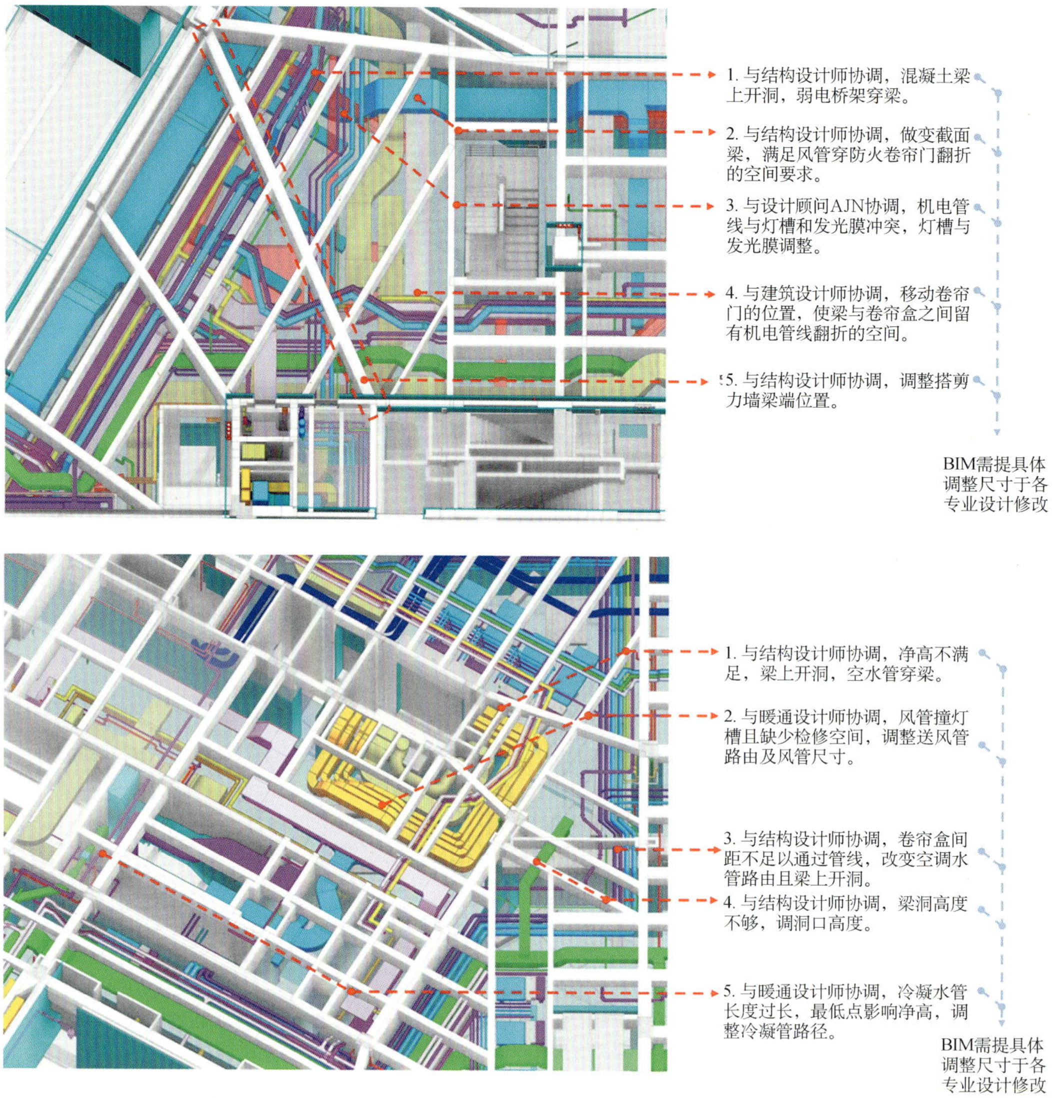

1. 与结构设计师协调，混凝土梁上开洞，弱电桥架穿梁。
2. 与结构设计师协调，做变截面梁，满足风管穿防火卷帘门翻折的空间要求。
3. 与设计顾问AJN协调，机电管线与灯槽和发光膜冲突，灯槽与发光膜调整。
4. 与建筑设计师协调，移动卷帘门的位置，使梁与卷帘盒之间留有机电管线翻折的空间。
5. 与结构设计师协调，调整搭剪力墙梁端位置。
BIM需提具体调整尺寸于各专业设计修改
1. 与结构设计师协调，净高不满足，梁上开洞，空水管穿梁。
2. 与暖通设计师协调，风管撞灯槽且缺少检修空间，调整送风管路由及风管尺寸。
3. 与结构设计师协调，卷帘盒间距不足以通过管线，改变空调水管路由且梁上开洞。
4. 与结构设计师协调，梁洞高度不够，调洞口高度。
5. 与暖通设计师协调，冷凝水管长度过长，最低点影响净高，调整冷凝管路径。
BIM需提具体调整尺寸于各专业设计修改

图 27　复杂极限空间解决方案

5. 其他 BIM 正向设计应用

根据管综及讨论方案修改机电管线路由，反提路由图给设计团队，由设计团队复核并确认管线路由（图 28）。

浦东美术馆地下一层暖通风管路由图

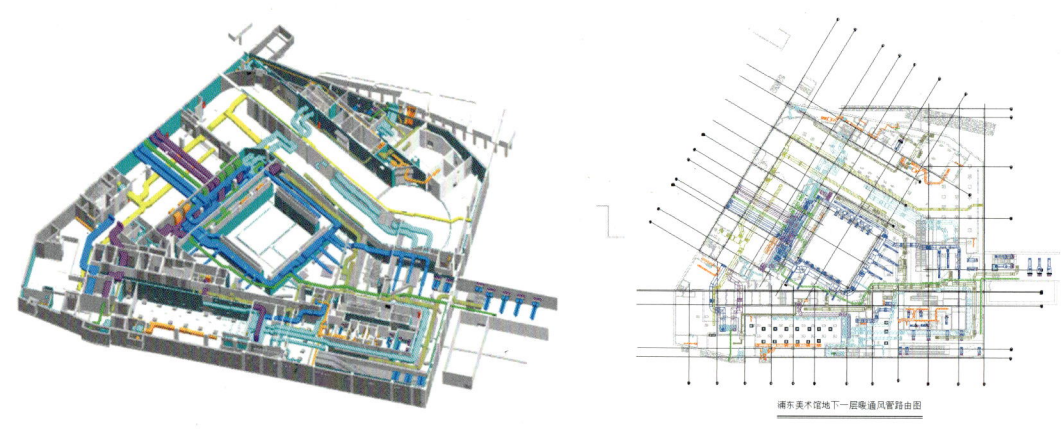

图 28　机电单专业管线路由修改图

灯槽和发光膜冲突处，BIM方反提灯槽和发光膜修改图资料给设计顾问（图29）。

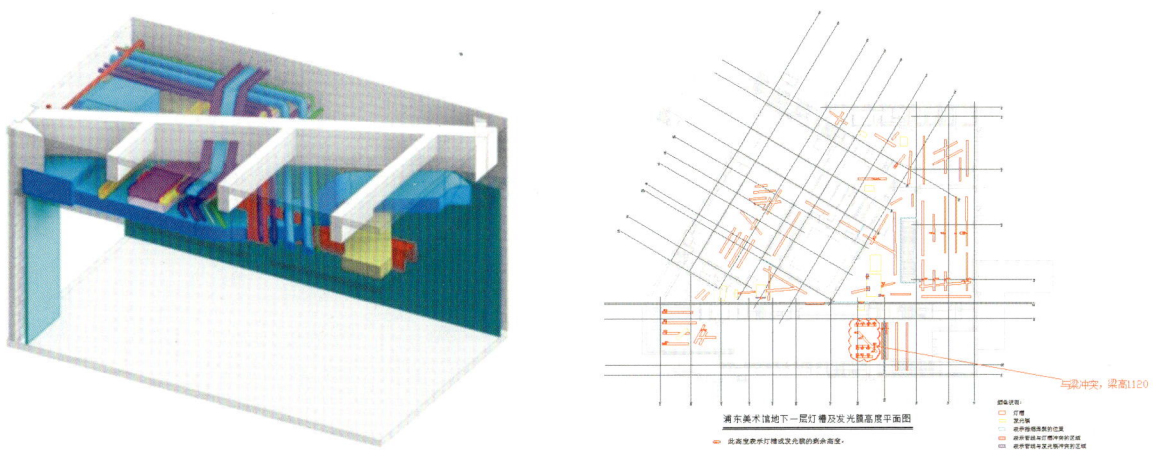

图29 现有管线对灯槽和发光膜影响图

2.1.5 参数化与数字模拟

1. 原始地形参数化分析

利用Civil 3D将原始地形点云标高数据进行处理，结合Rhino和Grasshopper等参数化工具，还原数字化信息场地地形（图30）。

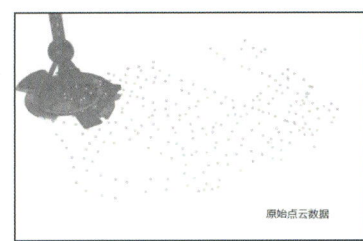 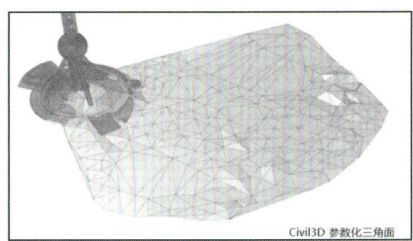 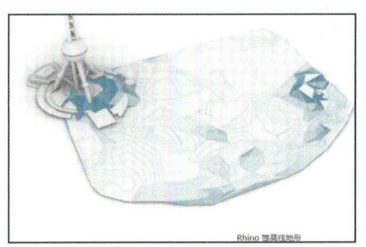

图30 地形参数化分析

2. 地下车行流线动画漫游模拟

对地下行车流线进行数字化行车模拟，可视化流线功能，给设计师及用户带来真实体验，验证方案效果（图31）。

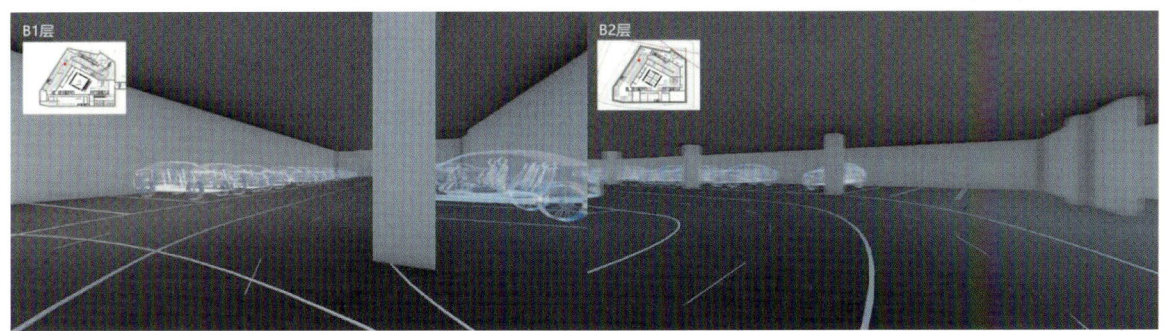

图31 车流模拟

3. VR与AR应用

虚拟现实技术（Virtual Reality, VR）是一种可以创建和体验虚拟世界的计算机仿真系统，它利用计算机生成一种模拟环境，是一种多源信息融合的、交互式的三维动态视景和实体行为的系统仿真，使用户沉浸到该环境中。通过头戴式VR设备实现沉浸式体验，设计师与用户可以直观地感受真实方案视觉效果。

增强现实技术（Augmented Reality, AR）是一种实时地计算摄影机影像的位置及角度并加上相应图像、视频、3D模型的技术（图32）。

图32　VR与AR应用

4. 气象数据分析

气候分析是指从研究一地气候要素变化的规律着手，例如室外温湿度，风速风向，太阳辐射量分析，随时间的变化规律及其在空间分布的特征。

根据统计学和气候学原理，利用Rhino+grasshopper+ladybug等参数化数据分析工具，对气象资料进行统计、分析。结合气候调查，从中寻找气候特征和规律，为开发利用气候资源、建筑绿色节能设计服务（图33）。

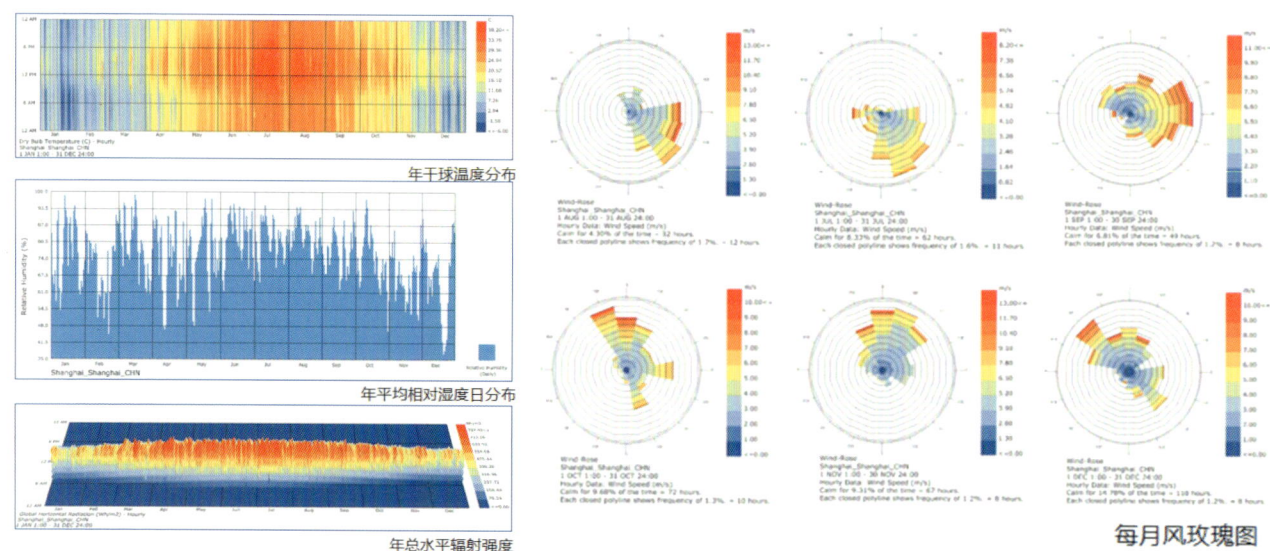

图33　气象数据分析

5. 场地风环境绿建分析

利用Rhino平台和STAR CCM模拟器，统计设计用地全年风向、风速的发生频率并以可视化的方式展现。并作出绿建评估：在过渡季节和夏季，场地活动区域无涡流或无风区域，50%以上的室内外表面具有大于0.5 Pa的风压差异。根据《绿色建筑评价标准》（GB/T 50378）的第4.2.6条，浦东美术馆场地风环境评价结果为6分（满分）（图34）。

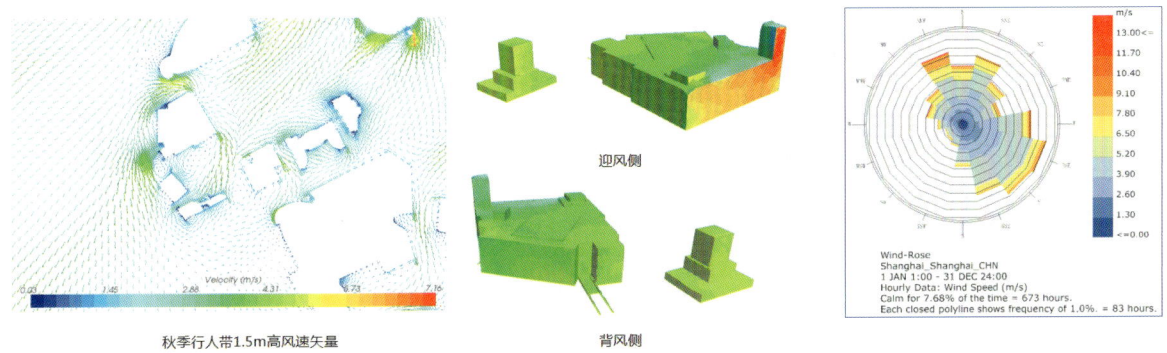

图 34　风环境分析

6. 建筑能耗绿建分析

利用 Revit+Trace700 进行能耗模拟分析，结合冷热负荷、逐月及全年能耗进行节能设计，通过提高冷热设备的能效、通风系统和供水系统的变频控制等节能措施，美术馆暖通空调系统的年能耗比参考建筑低 6.29%。根据《绿色建筑评价标准》(GB/T 50378) 第 5.2.6 条的规定，该项目的节能效果为 3 分（图 35）。

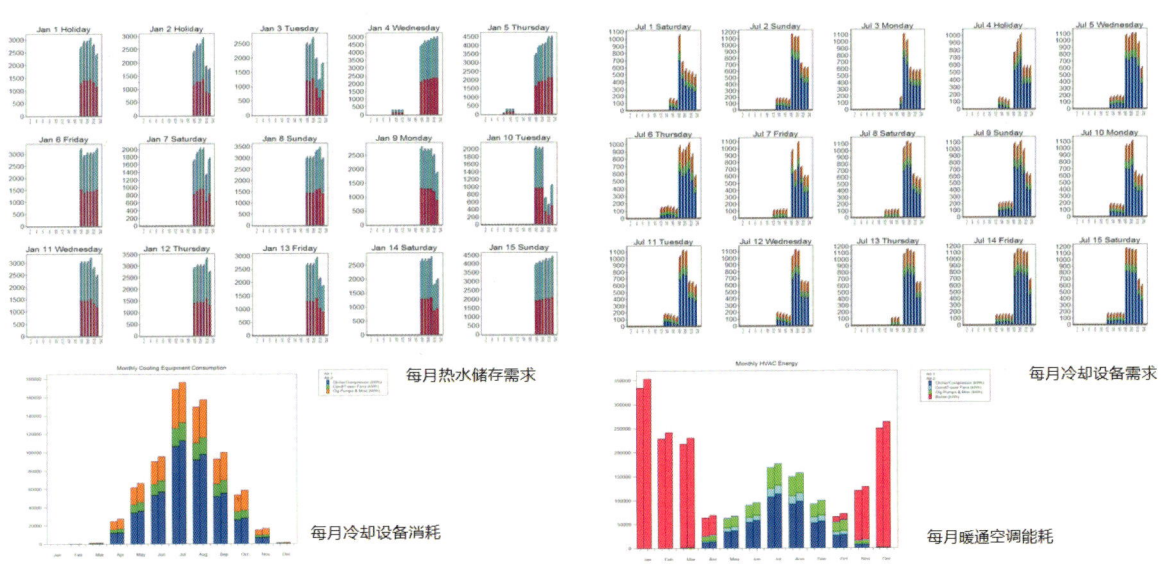

图 35　能耗分析

7. 展厅自然光 + 人工光研究

在美术馆项目中，展厅的光照优劣是体现设计的重要环节，优秀的光照带来良好的展览体验。数字化 BIM 团队与光学团队合作，研究自然光对室内空间的影响，实现人工光与自然光更好地结合（图 36—图 38）。

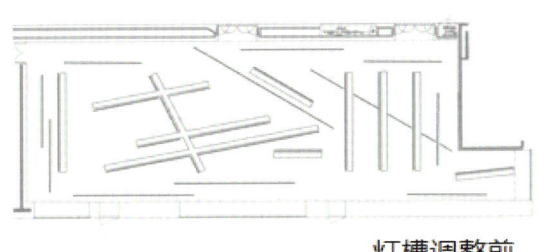

灯槽调整前

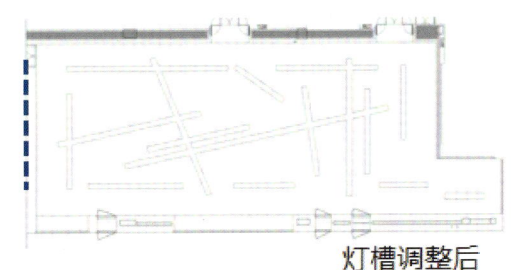

灯槽调整后

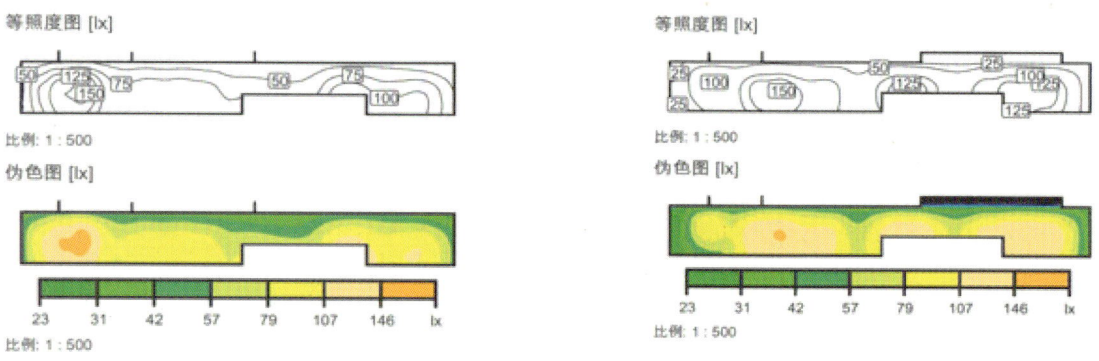

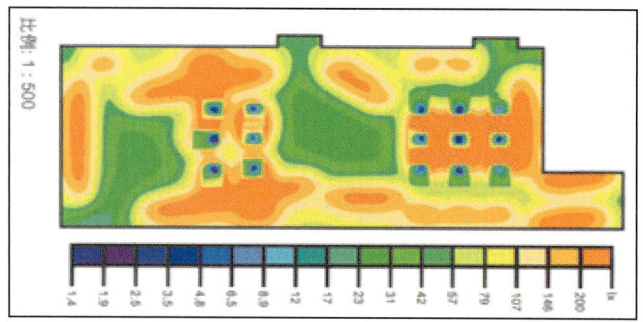

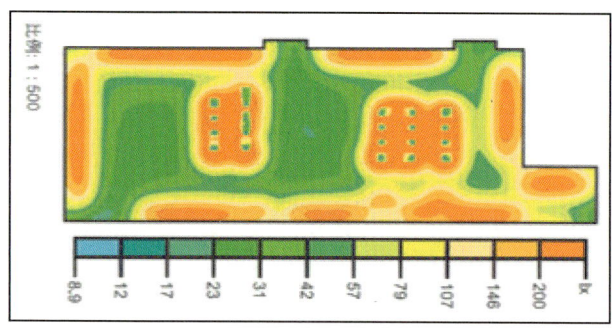

图36 灯槽（人工光）对展厅效果的影响

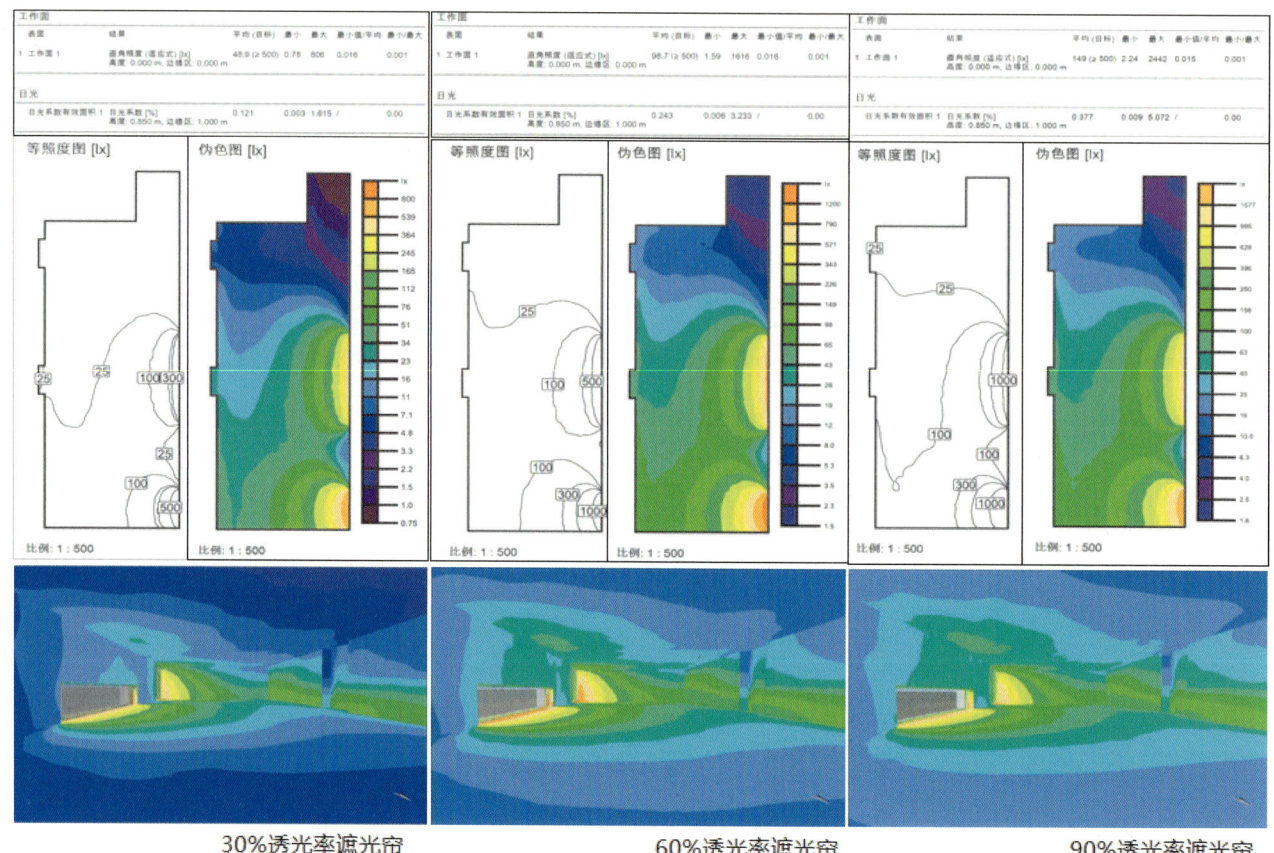

图37 自然光对展厅效果的影响

8. 结构梁批量开洞与定位

结构梁开洞及洞口定位，结合结构梁开洞原则及 MEP 模型中管线的位置及走向，使用 Dynamo 软件二次编程对所有管线穿梁处进行开洞处理（图39）。

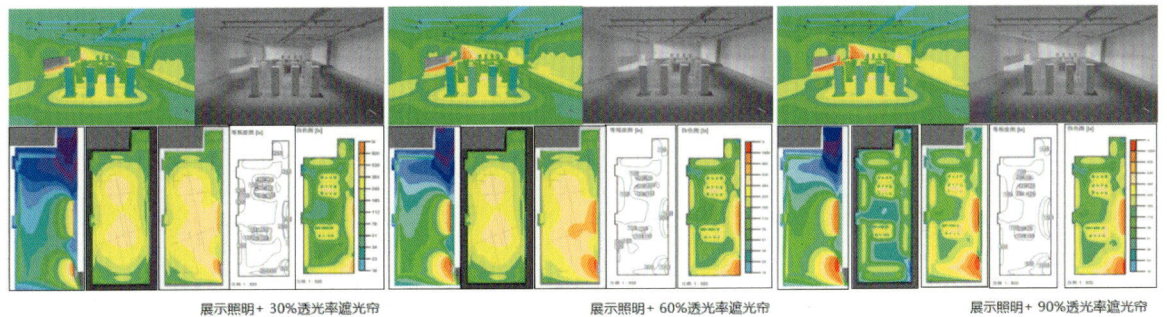

图 38　自然光＋人工光对展厅效果的影响

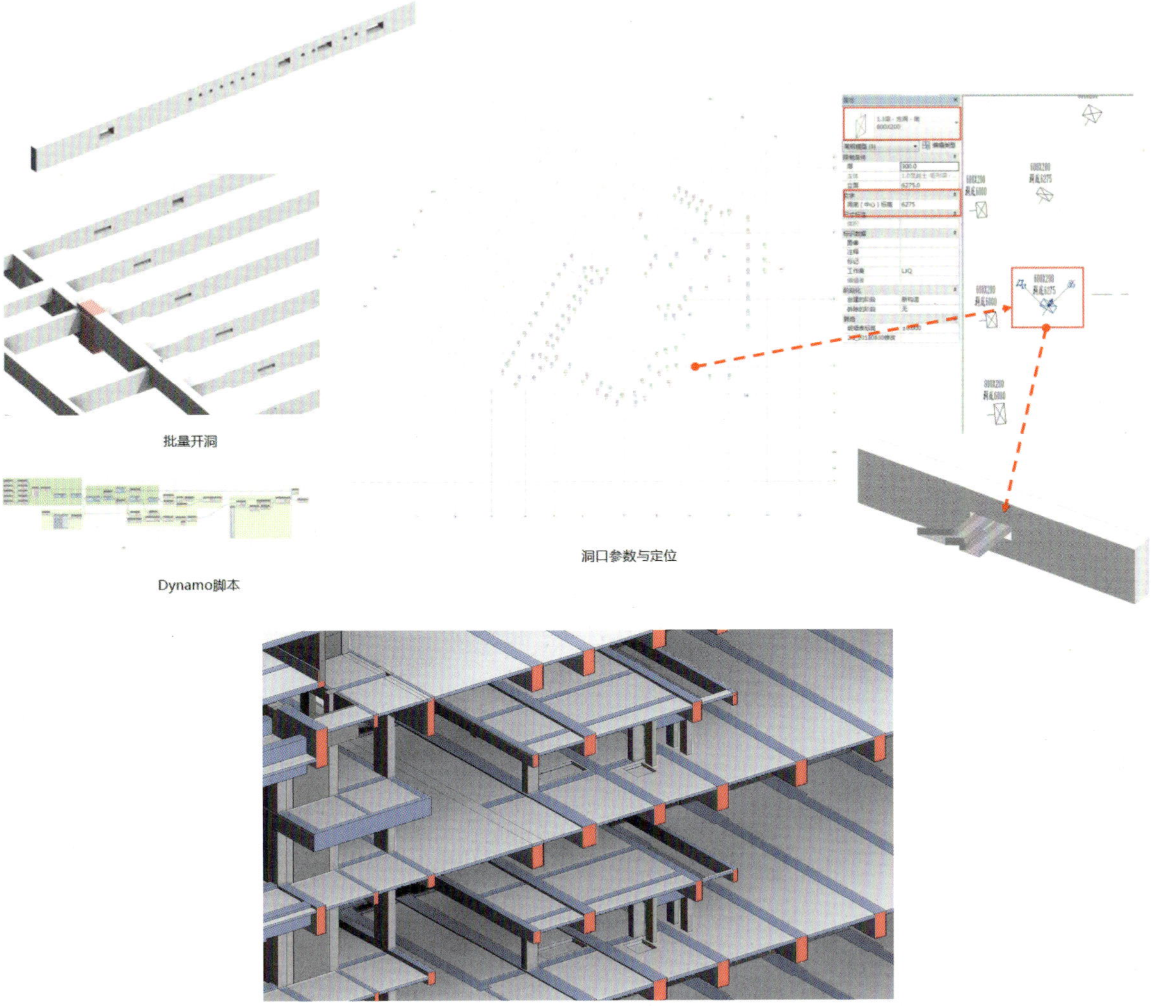

批量开洞

Dynamo 脚本

洞口参数与定位

图 39　结构梁开洞与定位

9. 参数化定位编号与模型剪切关系

为满足工程量计算要求并优化设计及修改流程，通过 Dynamo 编程的方法完成了以下两项工作：

1）剪切关系调整（图 40）

对所有的构件按照实际工程中的剪切关系进行梁板柱关系批处理，例如纠正梁在数字模型中体积的计算，既节省了大量的手工操作时间，又大幅提高了工程算量准确性。

2）参数化定位（图 41）

对所有的构件进行了批量编号与定位回写，在满足 BIM 标准的情况下节约了大量的时间，

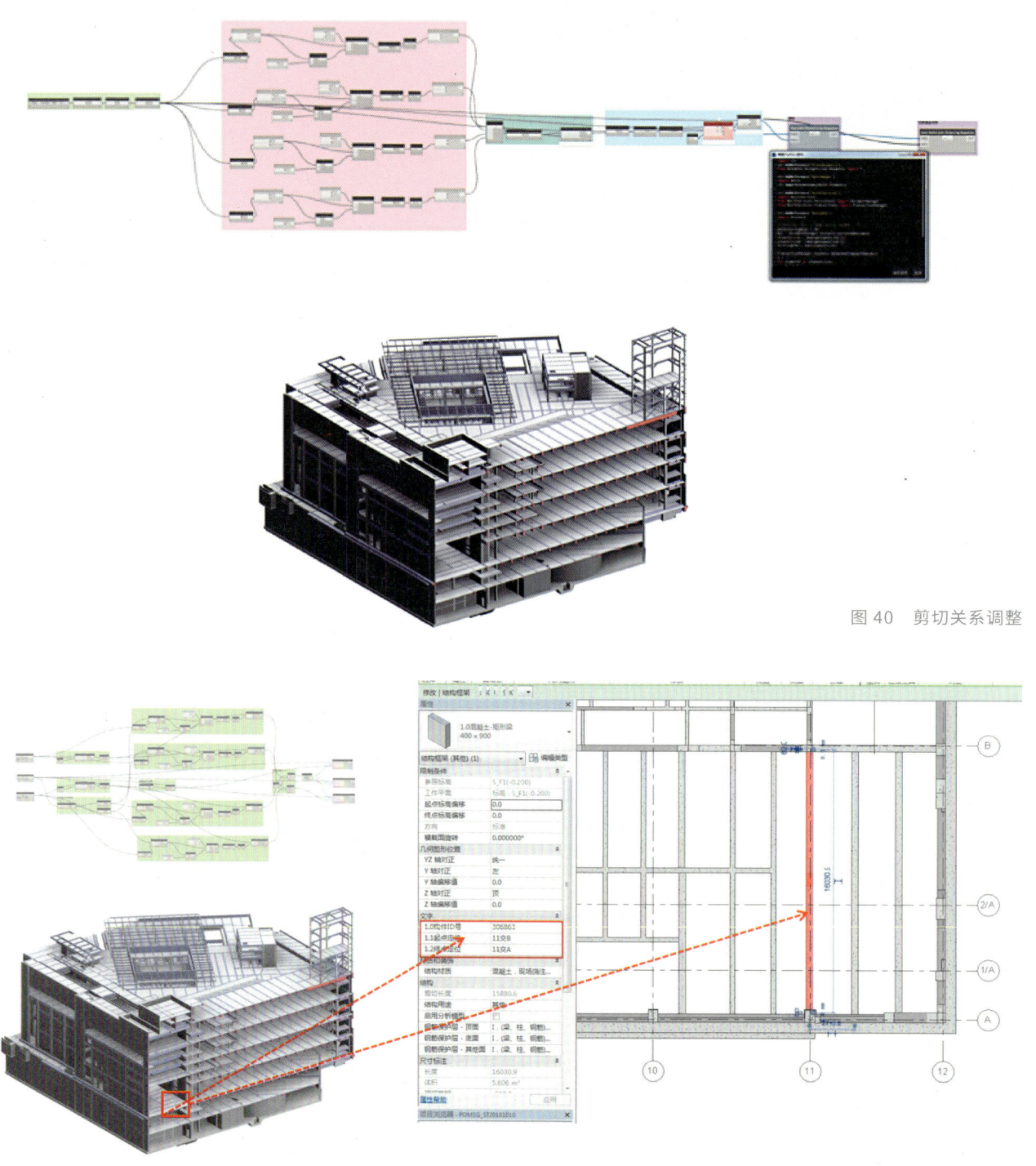

图 40 剪切关系调整

图 41 参数化定位

帮助设计师快速定位构件并进行基于构件的工程量统计。

2.2 施工阶段 BIM 应用

2.2.1 施工阶段 BIM 应用目标

（1）优化管综排布。重点解决专业间的碰撞及管线综合设计和优化设计，提高工程设计的施工质量。

（2）优化施工方案。通过 4D 模拟，协助编制安装计划表，跟踪施工进度，合理调整安装方案，缩短项目工期。

(3) 安全质量管控。通过二维码对场地安全巡检，根据不同施工阶段和现场实际情况进行有效管理。

(4) 后期运维。利用平台录入设备信息，方便后期运维管理。

施工阶段目标如图 42 所示。

图 42　施工阶段目标

2.2.2　施工阶段 BIM 实施流程

施工阶段 BIM 实施流程图如图 43 所示。

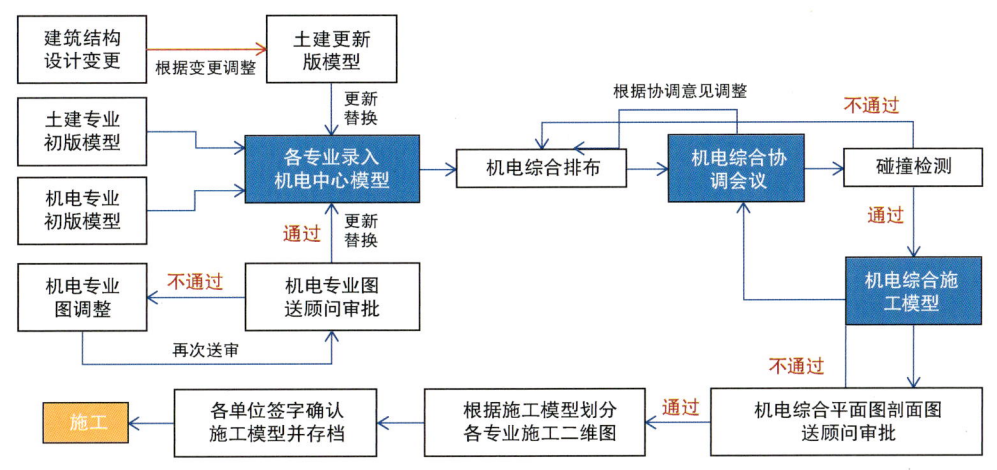

图 43　施工阶段 BIM 实施流程图

2.2.3　施工阶段 BIM 问题梳理

在 Revit 中进行碰撞检查，导出并且筛选出其中典型的碰撞点，结合平面视图以及三维模型视图整理出碰撞报告，及时进行协调、讨论与修改（图 44）。

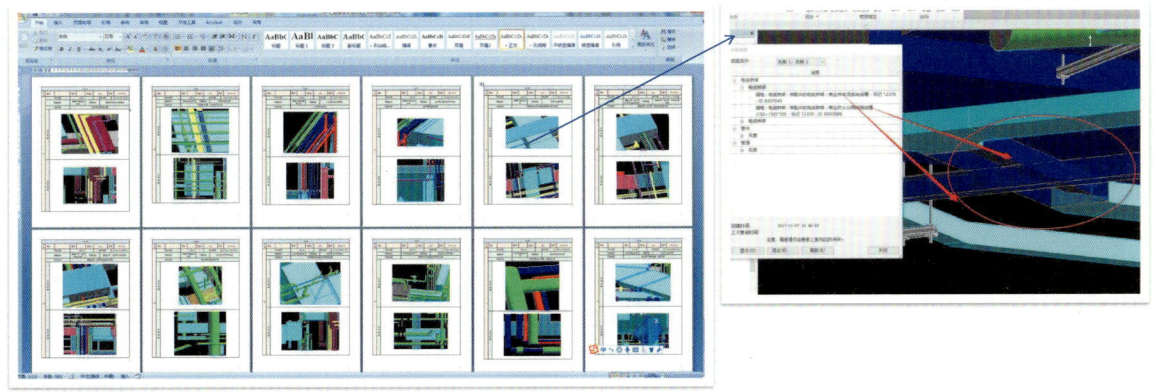

图 44　问题梳理

2.2.4　BIM 辅助分析

1. 留洞优化

利用插件开洞，某一结构剪力墙预留套管洞口出图并送审（图 45）。

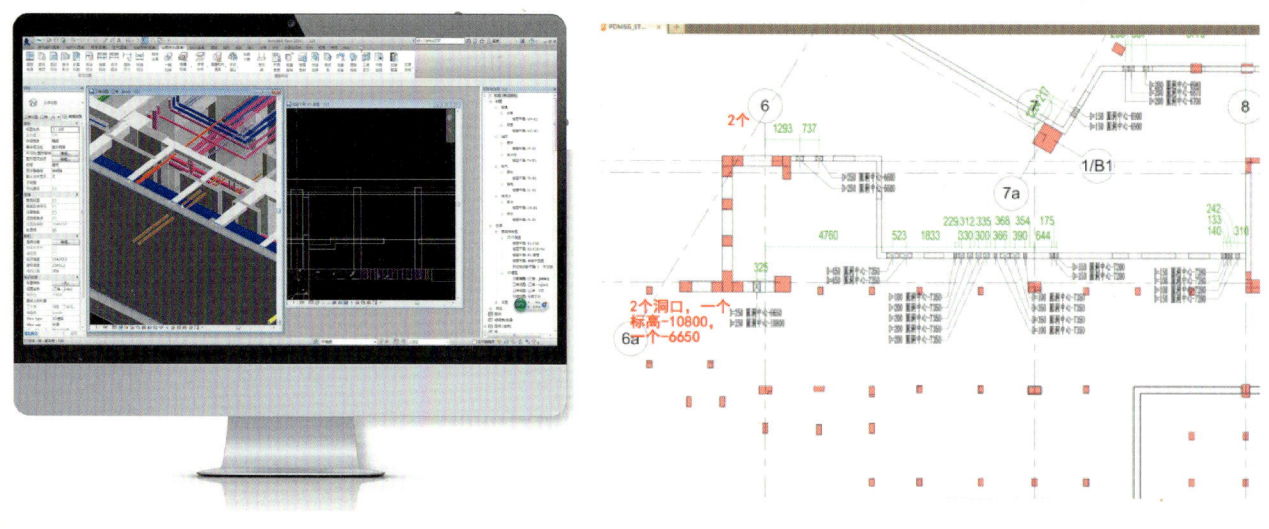

图 45 预留套管洞口图

2. 复杂节点 3D 详图优化（图 46）

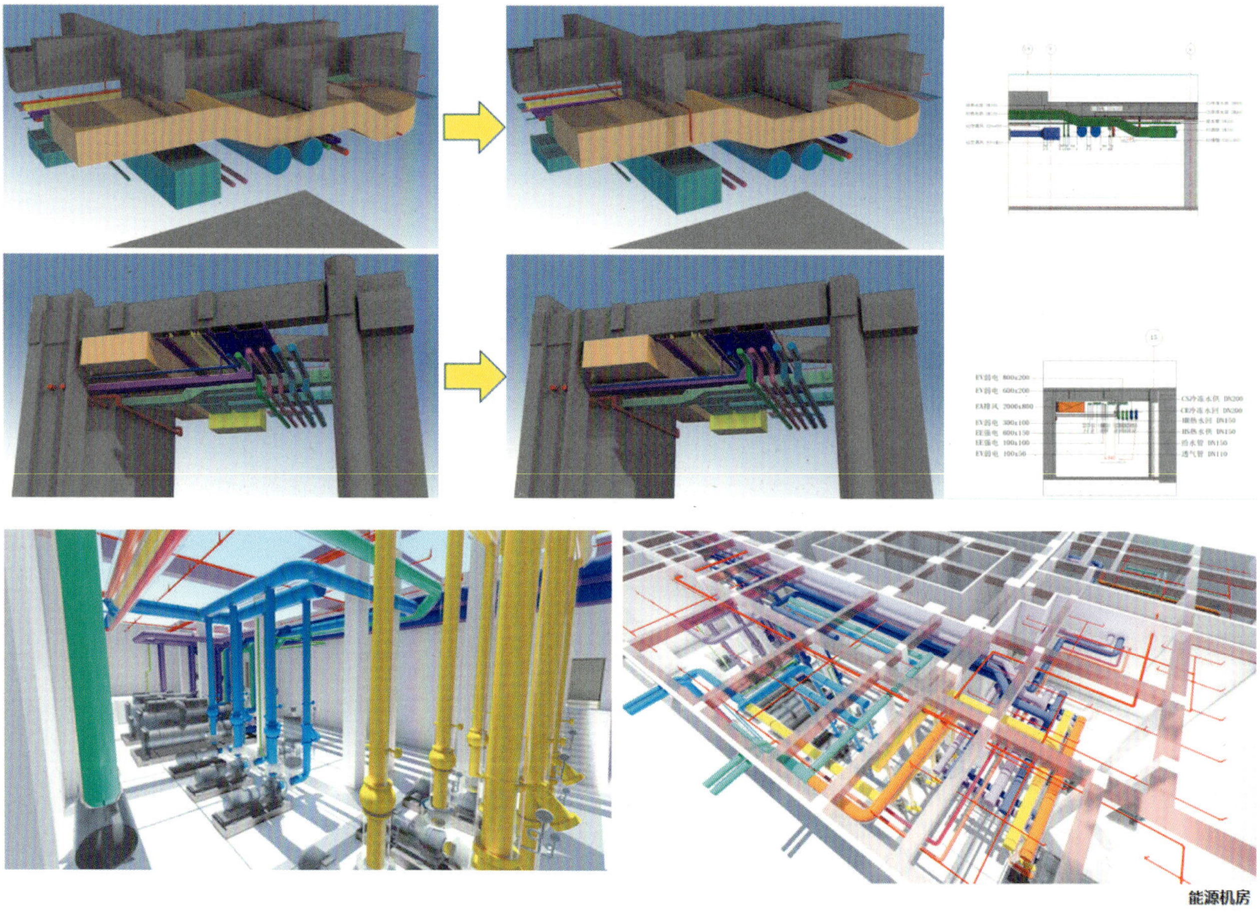

图 46 复杂节点模型

3. 复杂钢筋节点

通过三维剖面和详细节点的形式使人更好地理解设计意图及节点处理方案，发现问题后及时反馈给设计单位（图 47）。

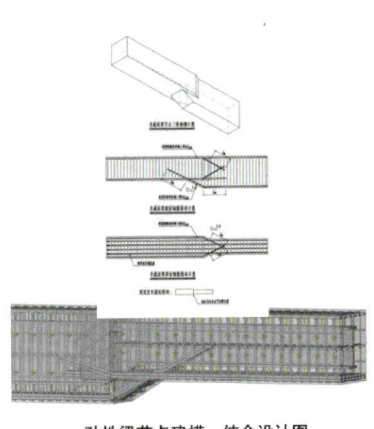
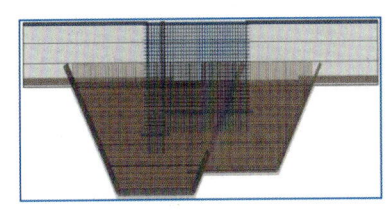

图 47 复杂钢筋节点模型

2.2.5 BIM 辅助排砖模拟

二结构墙体可使用 5D 排砖功能，对砌体、砌块、柱等构件进行预排布及优化、细化设计，采购量比以往节约 7.73%（图 48）。

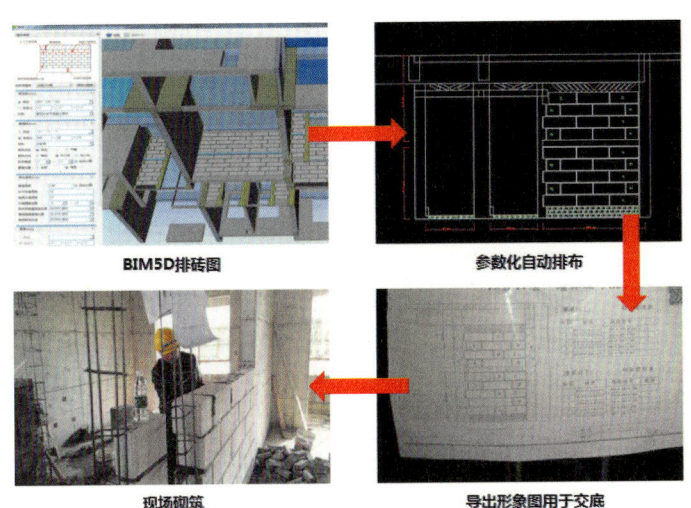

图 48 排砖模拟

2.2.6 立管井内机电安装演示（图 49）

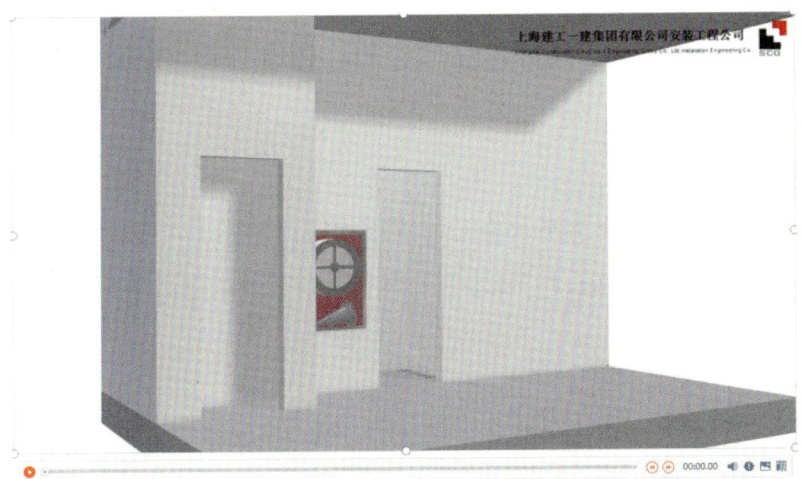

图 49 安装演示

2.2.7 BIM 辅助模拟施工方案

运用 BIM 进行施工方案模拟，并进行方案模拟对比（图 50）。

图 50　施工方案模拟

2.2.8 BIM 辅助对二结构墙体缓砌部分进行复核（图 51）

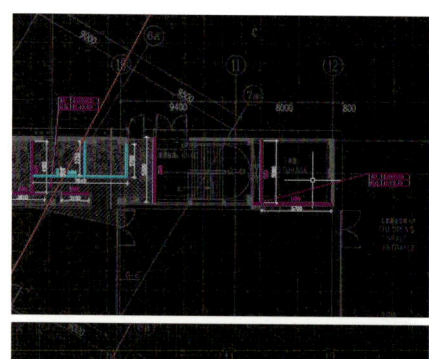

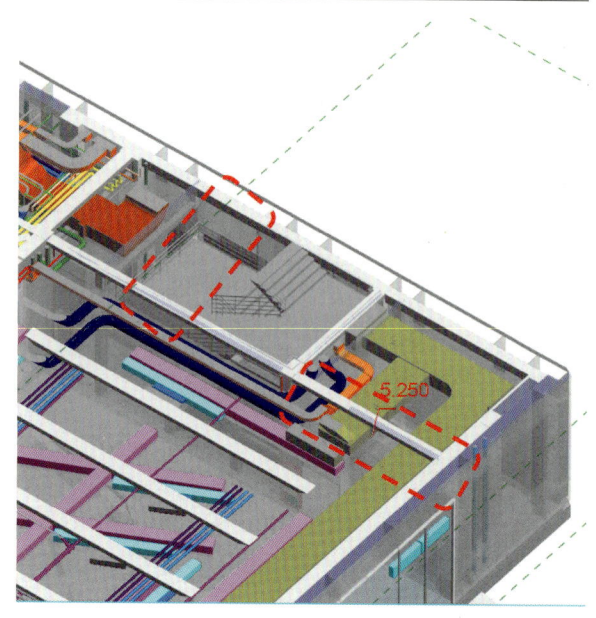

图 51　二结构墙体缓砌部分复核

2.2.9 BIM 辅助算量与预算部门核对

结构施工过程中，现场模型按楼层后浇带进行拆分，运用软件进行混凝土方量的计算（与预算部门核对后方量上下浮动为 2%）然后报至施工部门，最后运用到现场并进行浇筑（图 52）。

2.2.10 配合无人机规划场布（图 53）

2.2.11 施工现场 BIM 应用

安排现场人员进行 BIM+ 平台移动端专题培训，施工现场利用 BIM+ 移动端查看模型，现场张贴交底二维码，方便施工人员查看各类交底内容及工程相关内容（图 54）。

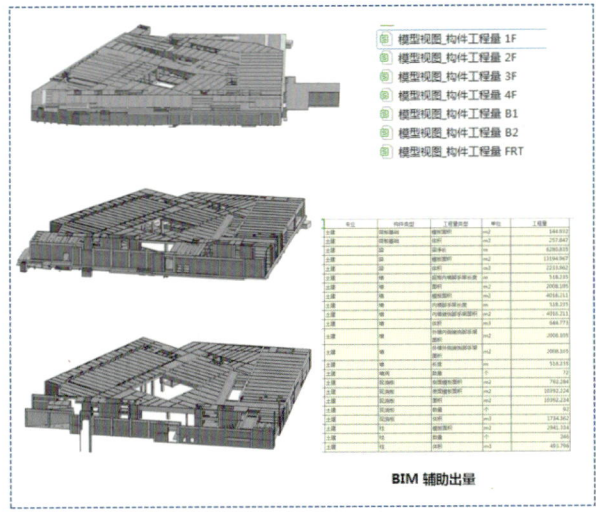

图 52　BIM 辅助算量

图 53　无人机规划场布

图 54　施工现场 BIM 应用

2.3 运维阶段 BIM 应用

2.3.1 BIM 全生命期系统

全生命期流程如图 55 所示。

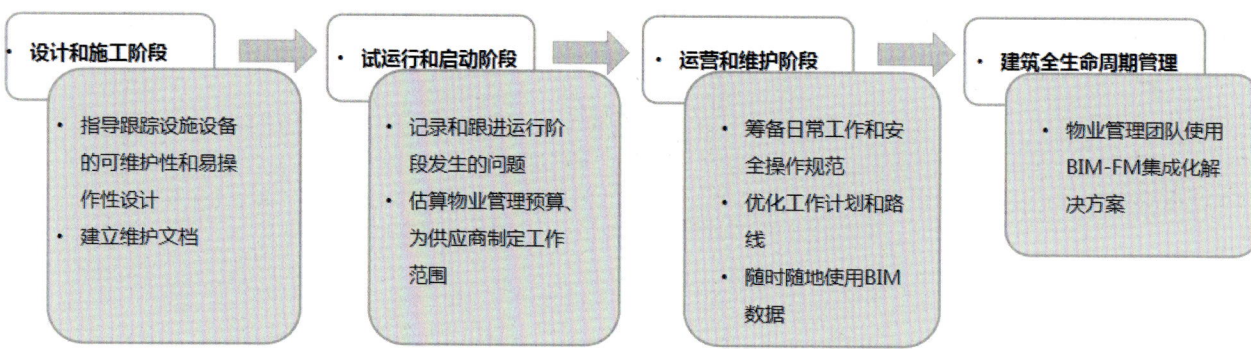

图 55 全生命期流程

运维系统 7 大特色如图 56 所示。

2.3.2 运维阶段价值点

平台简介：

同济大学建筑设计研究院（集团）有限公司 BIM 技术事业部已经成熟运用了一个协同管理平台，所有数据资料采用云存储管理，能够在云端查看资料及模型，还提供基础信息、管理、统计和日志功能。能够根据项目要求分配项目的成员、阶段、专业、权限等，实现工程项目管理、进度管理、安全管理、成本控制、质量控制等方面全关联的协同管理，实现设计与 BIM 的协同管理（图 57）。

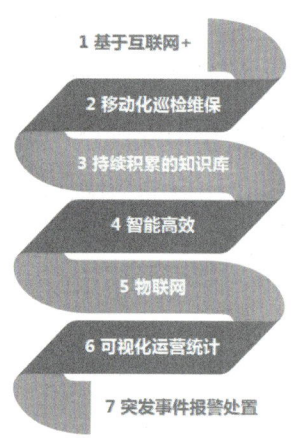

图 56 运维系统特色

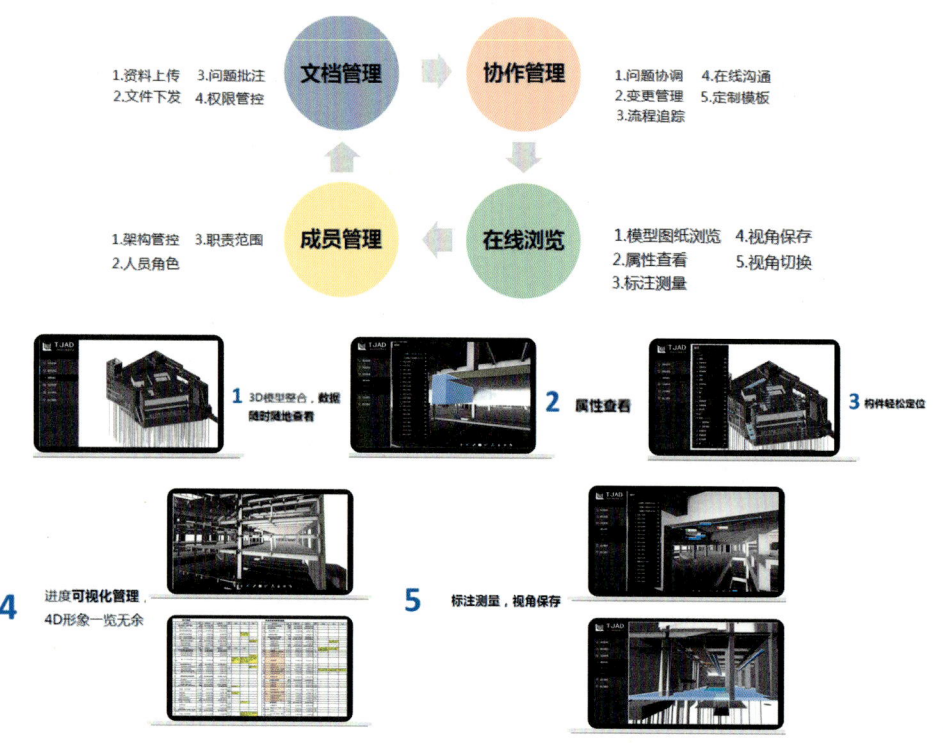

图 57 运维阶段价值点

2.3.3 多项目全过程管理平台（图58）

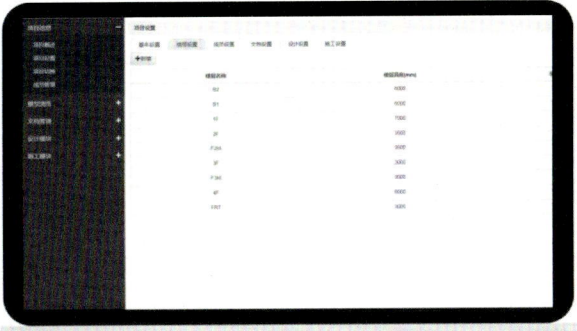

图58　管理平台应用

模型创建阶段可借助二维码技术，为每一台设备、阀门附件分配一个与现场安装一致的标签，方便现场巡检及维保时查询运维信息（图59）。

图59　移动化巡检与维保

3　总结与展望

价值点分析如图60所示。

（1）BIM服务应结合项目的特点、难点，编制实际符合项目本身BIM工作计划，深入探讨设计问题，承担协调任务，使BIM技术在设计阶段的应用效益最大化。

（2）对于陆家嘴核心区复杂成熟的城市空间场地，BIM技术可运用数字信息整合的优势，为设计师在方案阶段把控和梳理复杂场地关系。

（3）随着BIM技术的日渐成熟，BIM在复杂项目中的应用不可或缺，尤其是三维半正向

1. 场地BIM设计

运用BIM技术对原始地形数据进行搭建与数据整合，并进行三角面建模，绘制地形等高线，结合世界坐标，精确定位周边建筑群落，梳理复杂场地关系，为设计师把控设计提供精准的信息依据。

2. BIM参数化设计与数字模拟

设计阶段，应用技术并结合项目自身特点与需求，运用先进数字化工具，批量化、高效化，可视化信息产出，实现BIM的高阶价值。

3. 精准施工模拟

BIM技术在复杂空间、构件的施工定位、工序、排班、场地物料管理和三维验收方面提供便捷高效的解决方案。

4. BIM半正向设计

BIM团队与设计团队在协作方式上展开创新，在施工图后期阶段，BIM模型前置于设计图纸，对复杂空间把控更准确，有效推进项目运转，在工作流中形成了局部的BIM半正向化。

5. BIM运维

以BIM为手段，借助云平台与物联网系统，实现设计、施工、运维三阶段、多团队的数据流通与复杂协作；同时，BIM将运维阶段所需的条件进行前置，如运维平台搭建、场地机电设备的链接、传感器的埋设等等，为项目实现高效、直观的运维体系提供有力保障。

图60　价值点分析

和三维正向设计的逐步推广和尝试，使得建筑设计焕发新活力。

（4）美术馆等对净高要求苛刻的文化公建类项目，BIM 技术应用在这类项目上主要在于复杂极限空间的梳理，例如大面积管线穿梁等需要多专业配合的痛点问题，BIM 技术在其中承担了重要角色，推动项目进度。

（5）BIM 技术可整合现有众多参数化、可视化工具，完善、丰富现有服务内容，对于项目数字化的延展和工程量的计算有一定的作用。

（6）BIM 项目协同平台对于 BIM 管理有着重要作用，包括对问题销项的追踪、轻量化的查看和文档记录等。

BIM 的应用，结合参数化技术、数字模拟、物联网和云平台技术使得复杂的建筑设计与建造变得轻松便捷，这些技术被成功应用，从某种程度代表了国内建筑业的设计与建造方式的新趋势。建筑业的发展，正是利用一个个这样的项目磨炼参建团队的技术，锻炼队伍，整合上下游产业链，形成合力，慢慢改变建筑设计、实践的世界观与方法论，逐步重塑建筑业未来图景。

供稿人：宋妮蔓　王凌宇　尹武先

专家点评

本项目以虚拟建造和运维为目标，实现了 BIM 技术在设计、施工和运维全生命期中的应用。在管理模式方面，建立了以业主为主导、设计施工方参与的全过程 BIM 技术应用模式，通过实施策划和创建标准有效保障了 BIM 技术应用的开展；在 BIM 技术应用方面，探索了基于 BIM 的半正向和正向设计模式，并结合项目高品质需求，结合 BIM 技术模拟性特点，开展针对性强的能耗分析和日照分析等专项应用；在数字化工具方面，自主研发结构梁批量开洞、参数化编号定位等插件，有效提升设计效率。本项目将为其他项目全过程 BIM 技术应用提供参考意义。

第四篇
房屋建筑施工赛道

案例 17

仿古建筑数字化建造

1　工程概况

上海岩花园项目位于上海市长宁区虹桥路街道 284 街坊 A1-01 地块，是以传统中式建筑风格为特色的园林式高档酒店。总建筑面积 6.06 万 m²，结构形式主要为钢结构，地上共 10 栋单体，包括京式、苏式、宋式、晋式、仿宋式现代等五种建筑风格，建成后将为上海国际高端商务活动及国际重要外事接待提供保障服务（图1）。

图 1　项目平面图

2　项目特点

作为高端定位的仿古园林酒店，在本项目的建造过程中，既要体现古建效果，又要满足现代化使用功能，机电管线隐蔽要求高；本项目园景交融，假山形式多样，造型复杂、建造难度大；传统彩绘等工艺复杂耗时，人工、材料成本高，深化专业度高、难度大；仿古建筑修缮可参考的规范少，后期维护难度大。为了解决以上问题，岩花园项目基于 BIM 技术进行了仿古建筑数字化建造应用实践。

3　组织架构

本项目总包单位是上海建工四建集团有限公司，公司成立于 1964 年 2 月，是上海建工集团股份有限公司的全资子集团，具有房屋建筑工程施工总承包特级资质、建筑行业（建筑工程）甲级设计资质、市政公用工程施工总承包一级资质等。曾先后荣获鲁班奖 33 项，詹天佑奖 10 项，上海市科技进步奖 44 项，各类 BIM 奖项 100 余项。

本项目 BIM 团队的组织架构，主要由业主牵头，协调设计与施工单位进行 BIM 工作的沟通，施工单位设立联合 BIM 工作组，下分协调、机电、假山和彩绘四大工作组。在团队制度建设中，甲方、设计方、BIM 团队方、施工方共四方参与，通过项目实际应用，形成了一套从创建标准、维护模型、沟通机制到数字化交付的完善流程。除常规硬件配置，本项目根据古建特色，配备了三维扫描仪、MR 头盔、激光雕刻机等设备，同时在软件上，也创新使用了可视化编程软件和自主研发插件系统，用于古建细部深化。

4 BIM 等数字化技术应用

本项目应用点主要分为模型创建、深化设计、数字施工和项目管理四块：模型创建包括仿古建筑参数化建模、塑石假山逆向建模及轻量化整合建模；深化设计包括管综优化、管线隐藏、古建排砖和假山深化；数字化施工包括彩绘渲染漫游、彩绘可视化编程和彩绘自动扎谱；项目管理包括工程量计算、MR 复核、360 全景巡航和数字化资产留存。具体应用主要为以下几方面的内容。

4.1 仿古建筑参数化建模

针对本项目仿古建筑群风格各异的特点，根据特色运用 ArchiCAD、Revit、SketchUp 等不同软件参数化建模，其中最有特色的京式主殿，通过在 ArchiCAD 中调取图软官方图库、编辑 GDL 语言、移动热点、布尔重组等手段，参数化建模，使藻井、斗拱等特色构件能还原设计要求，如图 2 所示；苏式建筑的参数化建模通过在 Revit 中添加参数编写公式实现，参数化成果可用于后续排砖、脚手架布置等深化工作中；SketchUp 则主要用于构件彩绘的贴图渲染，服务业主进行方案比选。

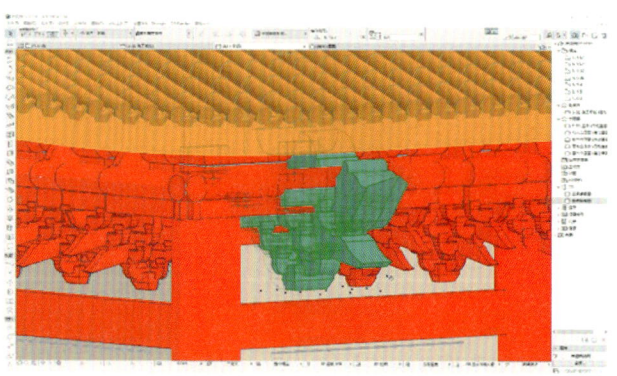

图 2　藻井及斗拱模型

4.2 管线深化

本项目地下室为主要机房区，管综复杂，设备林立，通过三维深化实现管综排布和净高的双重优化。

除此之外，作为高端定位的仿古园林酒店，对机电管线、设备隐蔽要求极高，以未进行隐藏处理的项目为鉴，岩花园项目通过建立节点模型、隐藏深化、MR 复核进行深化设计，遵循"内藏、遮挡、与环境融合、改变构造"四种思路原则，保证所有管线、设备在满足使用功能前提下，实现完全隐藏或视觉隐藏效果，如图 3 所示。

图 3　机电隐蔽思路

在完成节点设计深化后，通过佩戴 MR 眼镜，扫码匹配模型与实景，利用场景漫游、视线分析、截图录屏等功能，沉浸式复核验收，既能在正式施工前检验各节点隐蔽效果，提出优化措施，降低纠偏成本；又能在施工完成后进行对比验收，保证现场与模型的一致性，如图 4 所示。

图 4　MR 复核及验收

4.3　古建砖深化

为了真实还原古建风格，本项目使用的外墙古建砖都是由房山、任丘等古镇拆旧而来，同时，外墙砖利用干挂工艺，由不锈钢挂件勾结钢筋网片、再将网片通过 U 型箍与内部砌体墙连接，所用材料成本高，工艺难度大，对用量需要精细控制，如图 5 所示。

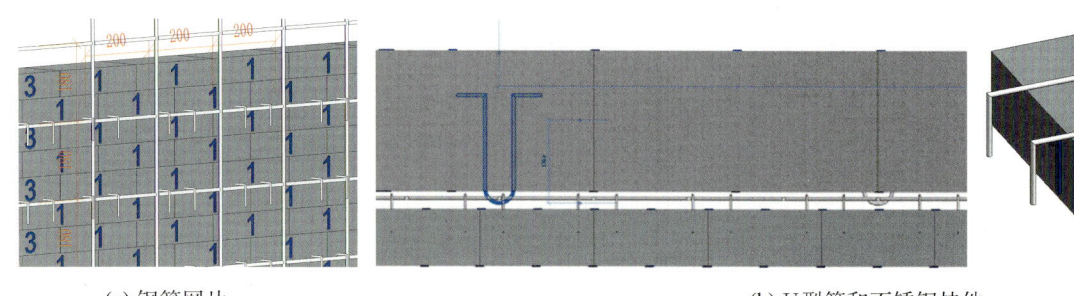

(a) 钢筋网片　　　　　　　　　　(b) U型箍和不锈钢挂件

图 5　古建砖干挂工艺

项目利用自主研发的 Revit 插件，对外墙古建砖进行排砖、出图、算量，提前获取古建砖用量，方便材料采购，从采购源头控制成本，如图 6 所示。通过古建砖深化，也能同时确定不锈钢挂件的数量和布置位置，方便放线定位。

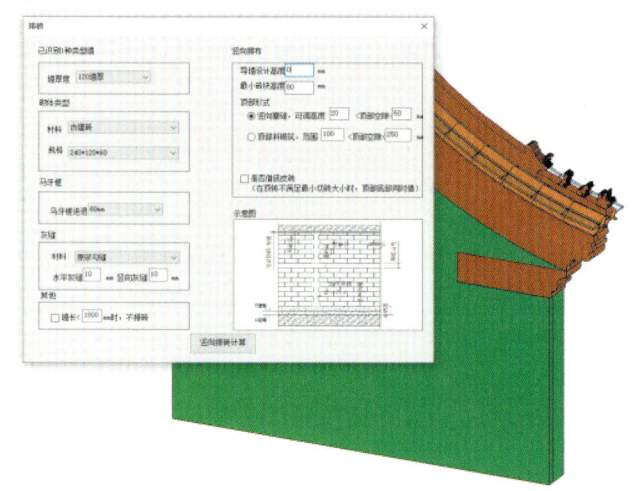

图 6　古建排砖深化

4.4　假山深化

假山深化主要分为钢筋网片深化和次钢结构深化两个部分。在塑石假山的建造中，为将概念模型更好地实体化表现，采用三维扫描＋逆向建模技术，扫描缩尺模型，如图 7 所示，并将采集的点云导入 Rhino 软件中与建筑模型整合，调整优化。然后，在 Rhino 中，利用切片工具将调整后的假山切割编号，得到钢筋线模型，形成钢筋弯折图纸，进行钢筋弯折加工，再在现场焊接形成网片，绑扎密目网并喷涂砂浆，最终雕刻成型，如图 8 所示。次钢结构基于网片模型进行深化，通过后置埋件，将次钢结构固定到主体结构上，方便后续焊接钢筋，如图 9 所示。

图 7　三维扫描假山小样

图 8　塑石假山钢筋绑扎

现场塑石假山脚手架的搭建，需同时考虑叠石和依附结构，参考扣件式脚手架技术规范，运用基于 Revit 栏杆扶手族的脚手架快速绘制方法，在 Revit 中根据投影轮廓放线调整，进行脚手架布置，便于指导现场搭设施工。

针对假山不规则外形特征，可利用 Rhino 面积分析工具，分块计算表面积，得到塑石假山所需要的喷涂砂浆用量，方便计量结算，如图 10 所示。

4.5 彩绘应用

彩绘施工时值疫情期间，业主位于北京，彩绘效果的确认及验收开展困难，考虑到彩绘的要求高且现场返工情况严重，为了保证彩绘施工的进度，及时验收，减少返工，本项目使用三维扫描仪采集彩绘，导入模型纹理贴图，渲染呈现完工效果，方便业主远程确认及验收，如图 11 所示。同时，贴图素材依据彩绘分段规则，还可利用 AI 对枋心图案进行二次创作，渲染后进行效果比选。

针对天花彩绘施工，经过现场比选，最终采用贴纸软做的形式，直接在嵌板上绘制大边，通过调节大边宽度来实现中心彩绘的居中统一。项目部分区域为跳色天花，比起单色天花，在施工中更容易混淆出错，同时，在起谱扎谱和二次套谱作业中，存在效率低、出错率高、出品质量不稳定、人工成本高的问题。对此，项目利用 Dynamo 软件，基于坐标赋值、二次排序、布尔分类等原理，在 Revit 模型中进行可视化编程，导出天花信息表，生成编号平面图，方便在起谱扎谱和二次套谱中批量放线、精准定位，既能保证质量又能提高效率，如图 12 所示。

针对传统彩绘施工中，起谱扎谱专业要求高、人工成本高、效率低、成品不稳定的问题，项目通过基于稀疏点提取算法的彩绘自动扎谱方法进行解决。技术路线具体为：首先，三维扫描采集彩绘，基于最小值替代和亮度阈值比对原理，提取线稿；其次，基于点云算法拾取

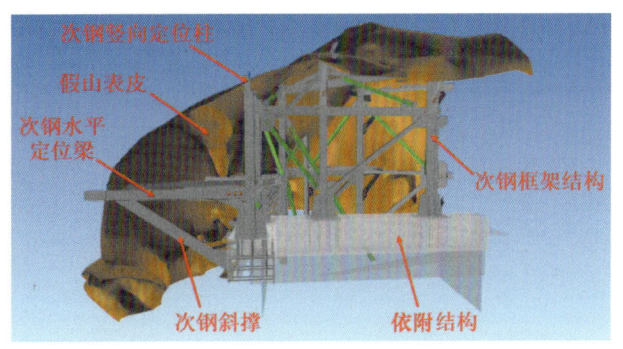

图 9　假山次钢结构深化

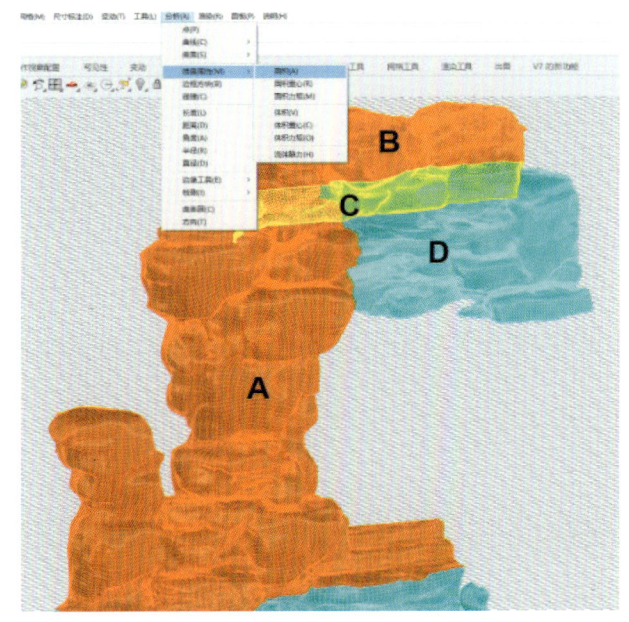

图 10　假山喷涂砂浆算量

图 11　彩绘渲染效果

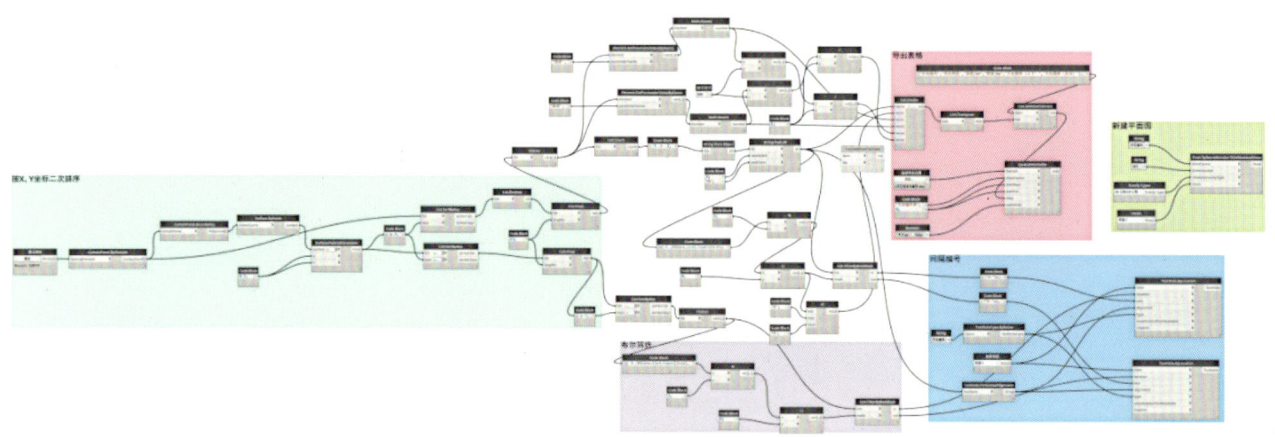

图 12 Dynamo 天花彩绘编程

线条、通过遍历循环、化线为点，获取扎谱图中的点云坐标；再次，结合实际扎谱图尺寸和扎谱点大小，绘制电子扎谱图并保存为矢量图格式；最后，将矢量图导入振镜激光雕刻机中，设置合适直径并进行纸品打点，如图 13 所示。对比传统人工作业，通过技术创新运用自动扎谱技术，既提高了施工效率，又保证了出品质量，还节约了人工成本。

(a) 扫描采集

(b) 提取线稿

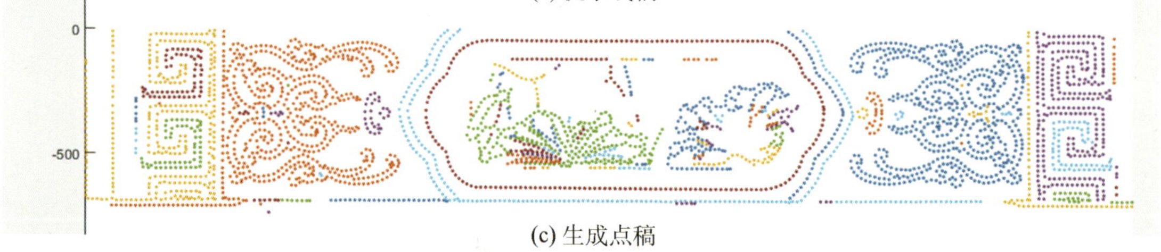

(c) 生成点稿

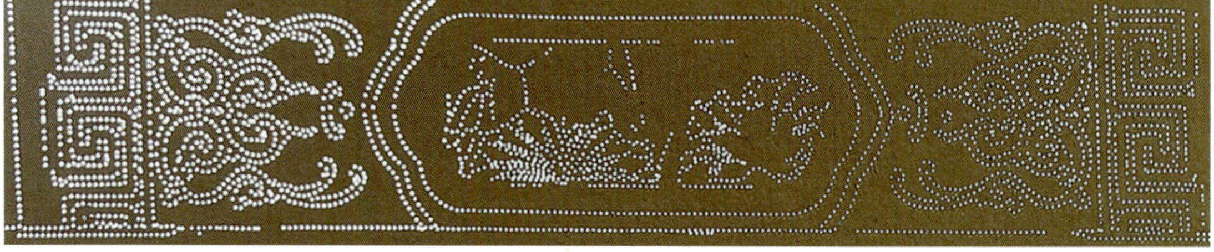

(d) 激光扎谱

图 13 基于稀疏点提取算法的彩绘自动扎谱

4.6 数字化项目管理

项目利用360全景巡航相机，基于约束的智能对齐算法，实现BIM模型与全景照片的视图精确对齐，可进行虚拟模型与实景照片的重叠查看，便于远程验收和线上管理。

针对室内的三层鎏金藻井，项目利用全景相机制作全景球模型，添加标签记录施工流程及时间，形成影像资料，除此之外，还利用全站式三维扫描仪，逆向建模获得藻井模型，作为数字资产留存，可用于后期维修参考，如图14所示。

图14 藻井点云模型

5 总结与展望

总结本项目BIM应用及创新，可简单凝练为四项技术：

（1）形成了基于MR的仿古建筑机电隐藏效果验收技术，通过在施工前沉浸式检验，降低返工成本，可复制推广于同类古建与仿古项目中。

（2）形成了基于三维扫描的复杂假山建造技术，利用逆向建模深化假山钢筋，指导现场施工，假山点云模型还可用于不规则外轮廓线脚手架模型的创建和外表皮喷涂砂浆的用量计算。

（3）形成了基于Dynamo的天花彩绘深化技术，可实现自动编号、导出表格、生成图样，保证出品质量、提高施工效率。

（4）形成了基于稀疏点提取算法的彩绘自动扎谱方法，用机器代替人工扎谱，优化工序并提高彩绘施工效率。

本项目运用BIM技术取得了较好的经济效益，人工、机械、材料费用都大大减少，现场综合管理效率显著提升。此外，还申请包括"一种基于稀疏点提取算法的彩绘自动扎谱方法""一种大型仿古藻井及建造方法"等10项专利，发表包括《一种现代仿古建筑基本形式的研究》《基于BIM+MR的仿古建筑机电隐蔽应用实践》等4篇论文，相关成果实现了科技转换，贡献了社会效益。

岩花园项目基于BIM技术，结合三维扫描、MR、点云算法等技术，进行了仿古建筑数字化建造应用实践，解决了建造中的疑难问题，为同类仿古项目建造提供了借鉴，打造了仿古建筑智能建造的标杆。

供稿人：叶子青 仇春华 黄亦楠 曹文根 刘佳

专家点评

针对仿古建筑设计复杂、施工工艺难等特点，本项目通过BIM等数字化技术与传统建筑施工工艺相结合，实现仿古建筑参数化建模和彩绘深化应用，提高设计和施工精准度。在数字化应用方面，通过三维扫描、MR技术和自动扎谱技术，有效优化施工质量。在数字化工具方面，项目研发自动扎谱技术和天花板彩绘编程，有效提升数字化实施效率。在管理模式层面，建立了设计、施工再到资产全过程数据传递。本项目通过BIM技术在仿古建筑施工过程中的应用，为仿古建筑运维阶段的应用奠定了基础，同时也为类似传统建筑的数字化应用提供借鉴思路。

案例 18

上海久事国际马术中心幕墙工程数字化应用

1 项目概况

1.1 项目概况

汇聚全球体育精彩、打造全球卓越体育城市，上海久事国际马术中心项目坐落于浦东新区世博文化公园C04—01a地块，南临通耀路，西临济明路，总用地面积3.32公顷，主体建筑包含1个90 m×60 m的竞赛场地、热身场、训练场和高规格马厩，以及约5 000个观众与贵宾看台席位等设施，本项目作为中国首座国际顶级标准马术赛馆，既可提供国际马联五星级赛事的比赛场地，也可立足上海城市中心发展中国马术行业。

上海久事国际马术中心作为上海体育发展"十四五"规划中的重大体育设施之一，也是上海打造世界一流国际体育赛事之都和全球著名体育城市的标志性建筑之一（图1）。

图1 现场实景图

1.2 项目特点

上海久事国际马术中心坐落于黄浦江畔世博文化公园区域，设计理念源自对空间环境及马术运动精神的尊重，摒弃常规体育场馆"高而显"的设计思路，转而将自然环境引入上海久事国际马术中心内部，力求在有限的用地条件下实现专业性的马术运动功能。

建筑设计理念取意"马术谷"，形态呈Ω马蹄形，与山谷等穿插交错形成一体，与世博文化公园相融，成为彰显马术运动特色的文化地景（图2、图3）。

图2 整体漫游效果图

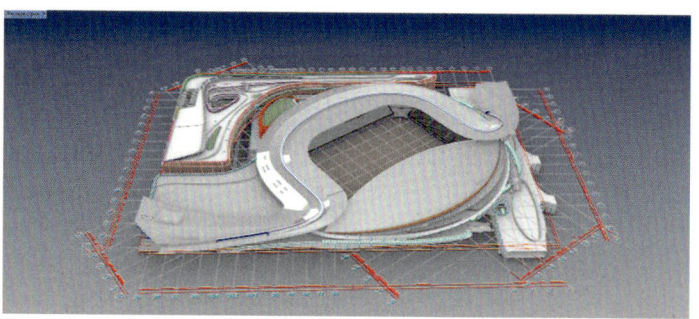

图3 整体BIM模型图

上海久事国际马术中心主体建筑包含竞赛场地、热身场、训练场和高规格马厩等竞赛设施，以及约5 000个观众席、贵宾看台、空中包厢的一流观赛设施，致力于打造集赛事活动、马匹检验检疫、马术产业交流合作、马术文化艺术、青少年教育培训五大中心为一体的特色场馆。同时为满足不同类型、不同时间与天气条件下的马术赛事转播和

图4 双曲异形GRC/UHPC

灯光照明需求，马术中心原创设计了全球首个群控可升降灯光平台。

项目外立面装饰幕墙系统包括双曲异形GRC/UHPC系统、异形直立锁边屋面系统、双曲面屋顶蜂窝铝板系统、双曲面陶棍吊顶系统、群控可升降灯光平台系统及多用途马厩开启门窗系统等约30余个系统，面积约8.8万 m²（图4）。

上海久事国际马术中心外装饰幕墙具备形体复杂、实施技术难度大、国际标准要求高三大技术挑战。为完美地呈现这座地标性建筑的外装饰工程，上海建工装饰集团始终遵循"研发、设计、制造、服务"高度集成的专家型新生产与服务理念，在建造过程中不断寻找建筑艺术与建筑技术的完美契合点，将数字化、工业技术、信息化技术与建筑幕墙进行有机融合，坚持技术创新和细节把控。

2 数字化技术运用

2.1 应用目标

提高设计效率和精确度：通过数字化建模和数据驱动设计，设计师能够更快速地生成和修改幕墙设计方案，提高整个工程的设计效率和质量。

增加设计的创新性：数字化技术如虚拟现实和增强现实等，帮助设计师在虚拟环境中模拟展示幕墙设计效果，激发设计师的创造力，推动双曲面幕墙设计的创新和发展。

优化施工流程：数字化施工管理通过 BIM 技术，对施工过程进行数字化管理，实时监测施工进度和质量，提前预防和解决施工中的问题。

保障施工质量和安全：对双曲面幕墙的质量检测和安全评估，通过激光扫描和三维建模等技术，对幕墙的几何尺寸、材料性能等进行精确测量和分析，从而确保施工质量和安全。

双曲面幕墙工程数字化应用的目标是提高设计效率和质量、增加设计的创新性、优化施工流程、保障施工质量和安全。通过双曲面幕墙工程数字化建造提高企业施工效益和企业竞争力。

2.2 软硬件应用

BIM 软件应用环境如表 1 所示。

表 1　BIM 软件应用环境

序号	软件名称	功能
1	Rhino 7.0	对双曲 GRC、金属屋面等幕墙系统进行曲面优化及放样定位
2	Digital Project V1, R5/Catia P3 V5	对龙骨单双曲优化并进行数字化加工
3	Revit 2018	用于结构、机电、暖通等专业模型整合
4	Tekla Structures 2019	读取钢构模型与幕墙模型合模
5	Autodesk Navisworks	施工进度模拟
6	3ds Max	三维效果图及幕墙施工动画模拟
序号	硬件名称	功能
1	激光扫描仪 FARO	空间三维扫描、构件扫描获取主体结构安装后位置偏差
2	无人机大疆御 2 专业版	现场勘察、720 全景应用获得实际安装进度，进行进度控制
3	全站仪 Trimble	测点坐标异形构件空间定位安装
4	水准仪	找平及测量两点高差
5	垂直仪	垂直方向控制
6	二维码打印机	构件尺寸及安装信息录入

2.3 应用展示

2.3.1 设计阶段应用展示（图 5）

在项目设计策划阶段通过可视化漫游展示、施工区域划分、重难点施工措施模拟及二维码可视化交底等方面进行可视化展示，帮助项目参与者更好地了解项目概况，有利于提高后期施工质量（图 6、图 7）。

本工程体量大，项目复杂，传统的二维图纸太过碎片化，因此在设计阶段，还需要解决如何系统、完整地表现设计意图（图 8—图 11）。

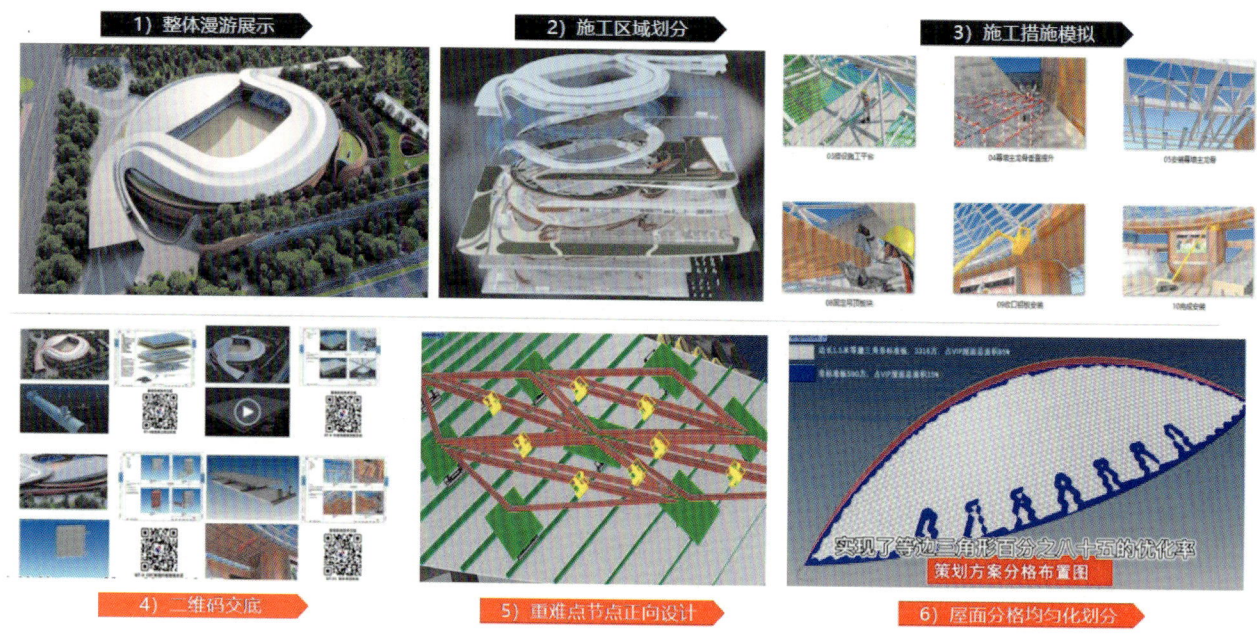

图 5 设计阶段模拟应用

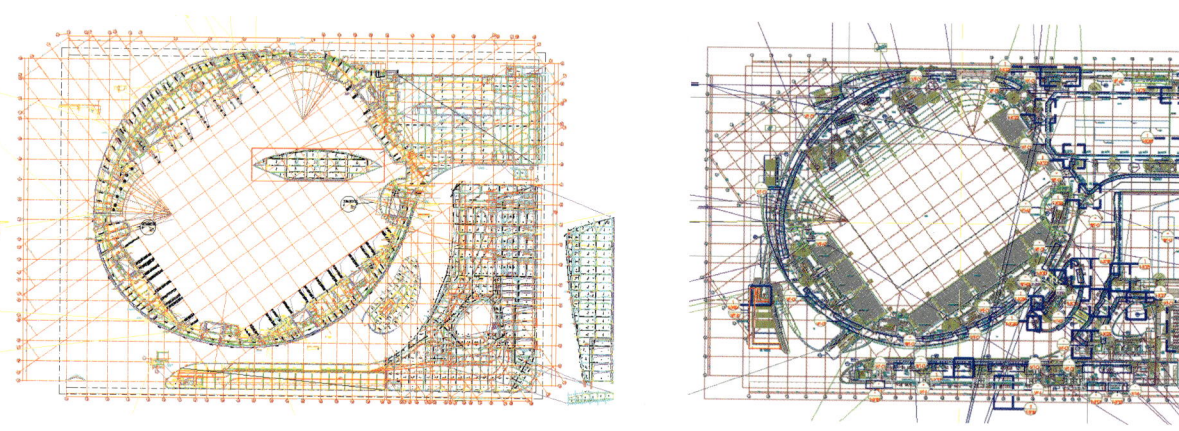

图 6 本工程结构平面图

图 7 本工程建筑平面图

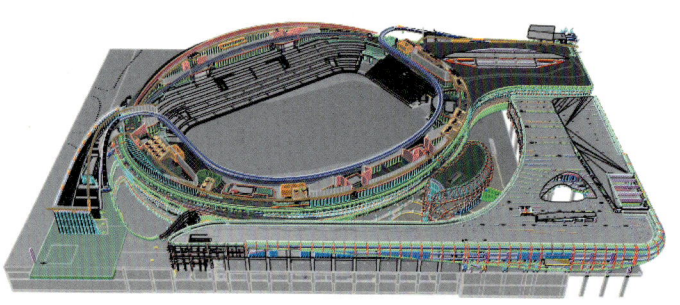

图 8 总包土建结构 BIM 模型

图 9 幕墙增加二次翻口结构

图 10 完成土建部位幕墙 BIM 模型深化

图 11 幕墙 GRC 挂点连接件 BIM 模型

运用 BIM 技术，在总包土建结构 BIM 模型现有专业数据上，进行幕墙 BIM 模型深度延伸。模拟出现场工况后再进行幕墙模型深化，以及模型优化的相关工作（图 12）。

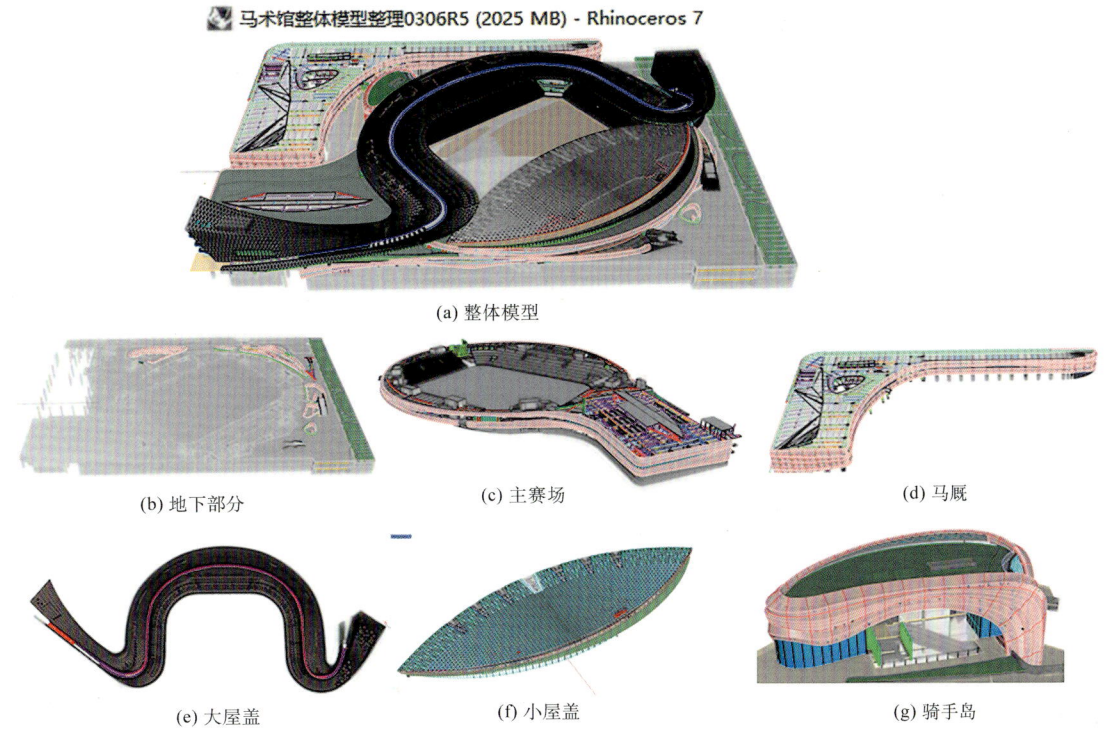

图 12　分区轻量化储存模型

并将 2G 超大 BIM 模型分 6 部分文件分别存储，将设计意图完整、及时流转，实现施工全过程价值的延伸。

2.3.2　施工阶段应用展示

1. 大跨度双曲面金属屋面系统

本工程整个屋面为渐变曲面，曲面曲率变化大，看台屋面板最长长度约 45 m，如何保障施工时长度方向没有接缝，同时包含对众多天沟、水箱、检修洞口的安装，防水要求高，施工难度大（图 13、图 14）。

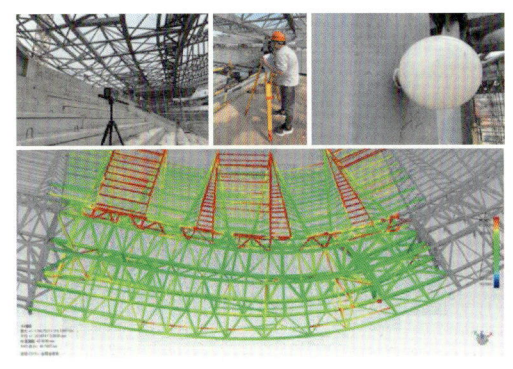

图 13　屋面结构 3D 扫描

图 14　屋面外装饰板

项目团队整合装饰集团技术资源和优势，通过针对大跨度 45 m 屋面如何保证长度方向没有接缝难题，通过大量的理论研究和试验验证，最终采用高空压瓦机将铝卷提升至屋面高度时再进行加工，使加工与运输工作一气呵成，保障了幕墙整体防水性能（图 15、图 16）。

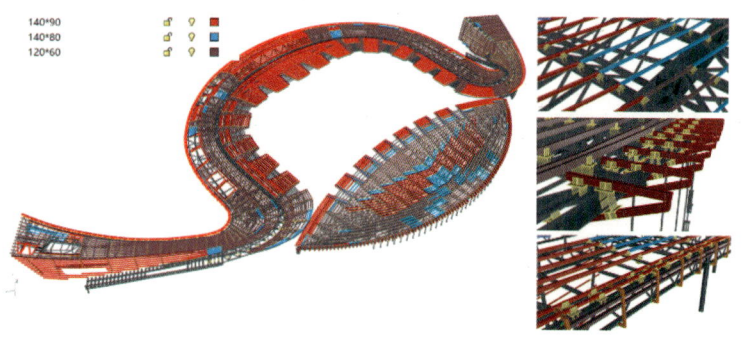

图 15　双曲屋面整体檩条模型　　　　　　　　　　　　　　　图 16　高空压瓦机

屋面钢檩托的加工及定位安装是整个金属屋面施工的基础。将主结构 12 种直径大小不同的钢管径，通过拱高差优化成 4 种类型，并对每种类型檩托长度再合并归类，最终将 3 758 个钢檩托件优化成 25 种标准加工件。通过加工及安装效率的提升，极大减少了钢结构卸载后，屋面动火作业量，保障了大跨度钢结构的结构安全性能（图 17、图 18）。

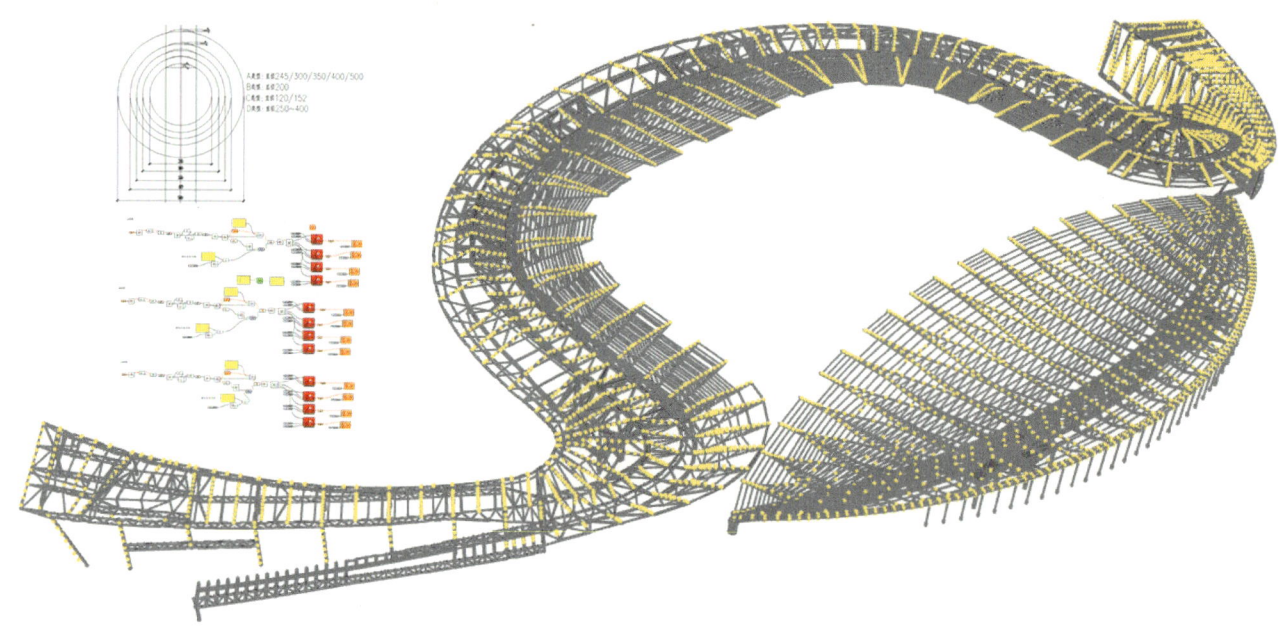

图 17　整体屋面 3 758 个钢檩托件

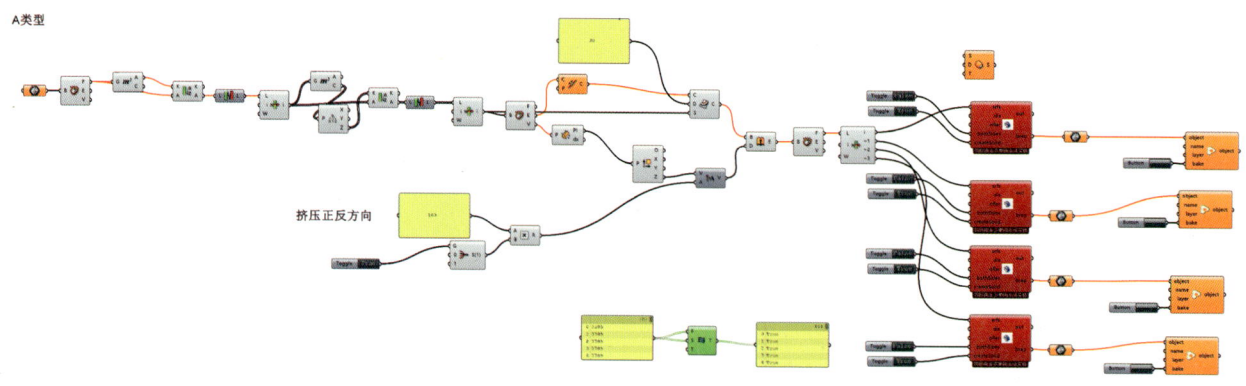

图 18　檩托件编程优化

2. 超规格可开启升降灯架系统

为满足不同类型、不同时间与天气条件下的马术赛事转播与灯光照明需求，马术中心比赛主场馆原创设计了全球首个群控可升降灯光平台。首次运用的 21 个升降灯架（图 19），主体结构设计难度大，结构预留空间紧凑。灯架安装定位精度要求极高，同时在施工期间还要预留后期灯架机电检修的空间。

图 19　屋面 21 个灯架开启实景图

主体结构 30 m 大悬挑（图 20），在 7.8 m×3.7 m 超重电机安装后钢结构的变形监测是项目施工重点（图 21），因此项目团队经过研究策划，将电机整体模型合模，通过空间分析确定电机安装位置，采用数字坐标方式进行精确定位。在钢结构变形较大位置设置监控点，对钢结构变形进行动态实时监控（图 22）。

图 20　30 m 大悬挑钢结构

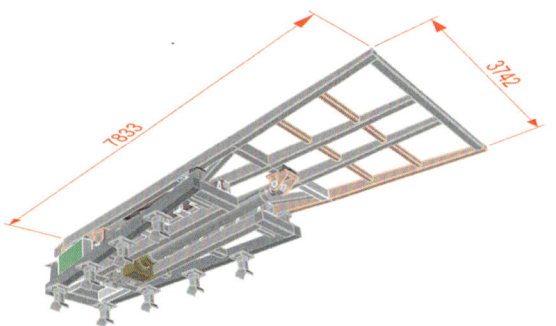

图 21　7.8 m×3.7 m 超重电机模型

通过数字化手段对大型灯架的偏差监测及其施工过程中的精确定位，极大提高灯架的安装精度及安装效率（图 23）。节约了 10 天工期，节约吊装机械台班费约 20 万元。精确预留灯架机电检修的空间，满足建筑施工功能，也避免了不必要的经济纠纷（图 24）。

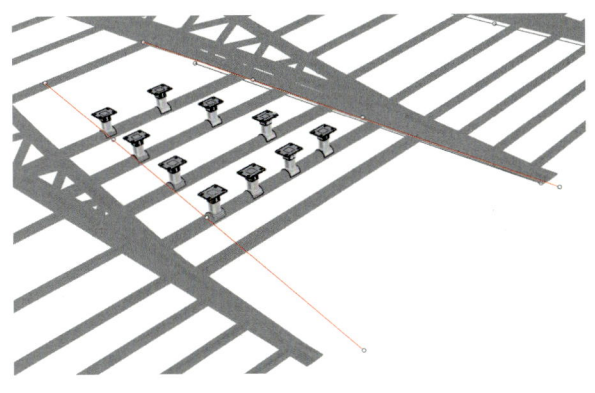

图 22　坐标点控制线

图 23　灯架位置施工工况

3. 大体量双曲面蜂窝铝板系统

大型曲面金属屋盖外设双曲异形铝蜂窝板造型装饰板，异形曲面造型由三角形和梯形形状拟合而成，为保障拟合后曲面顺滑、流畅的效果，技术团队发明了一套可实现多功能无极调节的"云台"连接系统，可实现曲面铝板的万向调节，确保蜂窝铝板的安装精度（图 25）。

图 24 现场完工照片

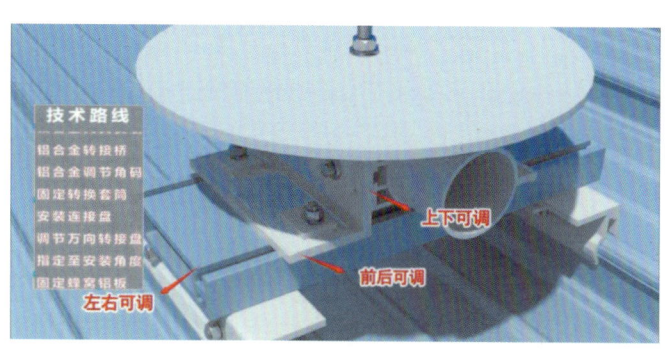
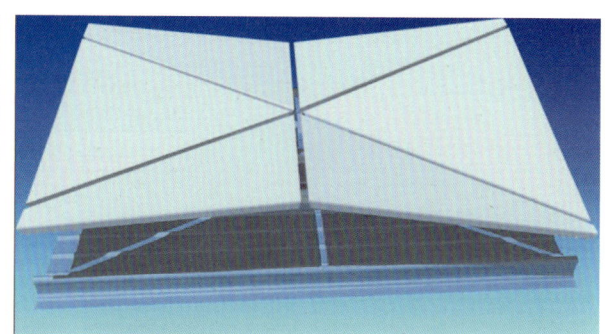
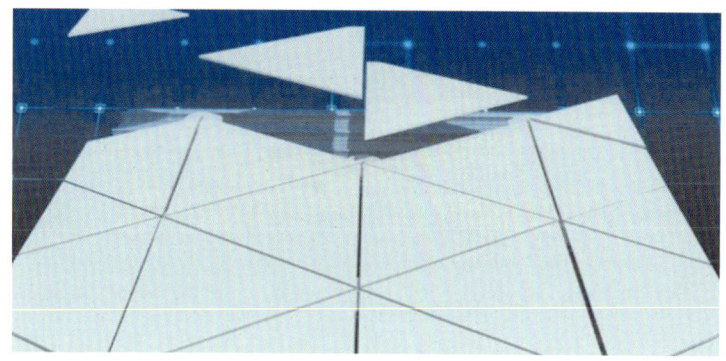

图 25 无极调节"云台"系统

由于屋面曲面造型的特征，致使屋面 2.8 万块三角形蜂窝铝板的规格尺寸均不相同，对幕墙的加工及安装精度提出了极大的挑战。

为了突破技术挑战，技术团队自主研发出可视化编程系统对异形面板进行批量运算，快速实现屋面异形板块的批量缩缝（图 26）。同时自主研发完成空间面板批量加工的 3 种方法，并获得发明专利，该算法可针对不同的幕墙场景进行灵活选择，适用性强。为项目提质增效提供了坚实的技术支撑，也为行业未来类似工程的实践提供了很好的参考经验。

屋面 2.8 万块铝板编号如按乱码进行编号，现场根据轴线结合图纸安装，转运难度大。通过算法将铝板按纵横两方向等差编组，现场只要标记 1、2、3 组数字，实现材料高效转运。通过装饰面板数字化加工专利技术结合收口装饰板逆向建模实测，以及高效的材料转运方法，节约蜂窝铝板材料利用及使用率，创建整体成本及工期效益约 80 万元。

4. 超规格大板块 GRC 幕墙系统

马术中心外立面采用超大异形双曲面造型 UHPC 及 GRC 板，整体面积约 1.7 万 m²，相对于平板

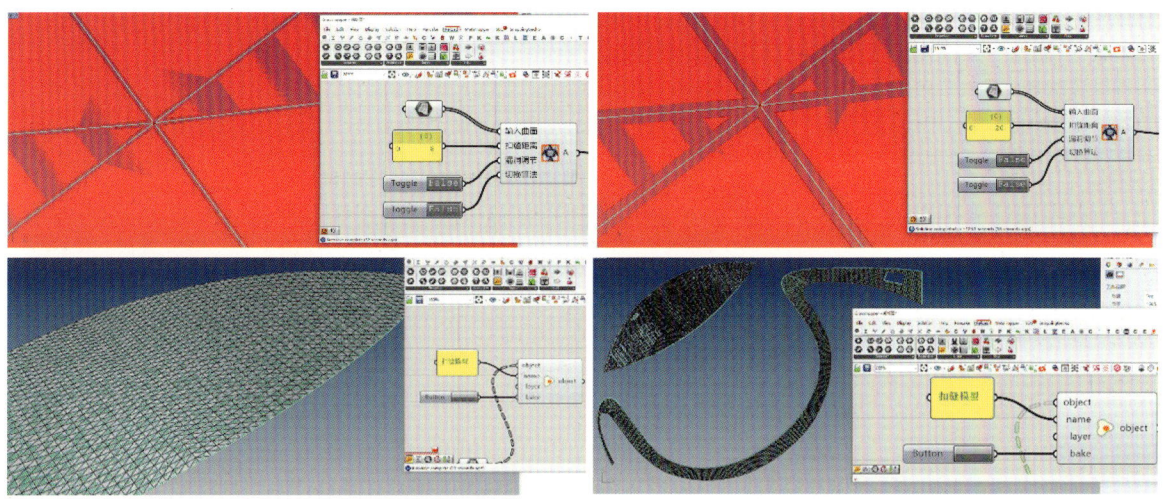

图 26　可视化编程批量缩缝系统

和单曲板,双曲板具有加工难度大、加工成本高、施工安装难度大等特点。

立面 GRC 板局部单块尺寸达到 5 m×4 m,面积 20 m²、重达 3 吨(图 27),巨型的 GRC 板块厚重尺度惊人,但却不失优美造型,面板表面迷离起伏的线条仿佛一幅流动的画卷,亦动亦静,叹为观止(图 28)。

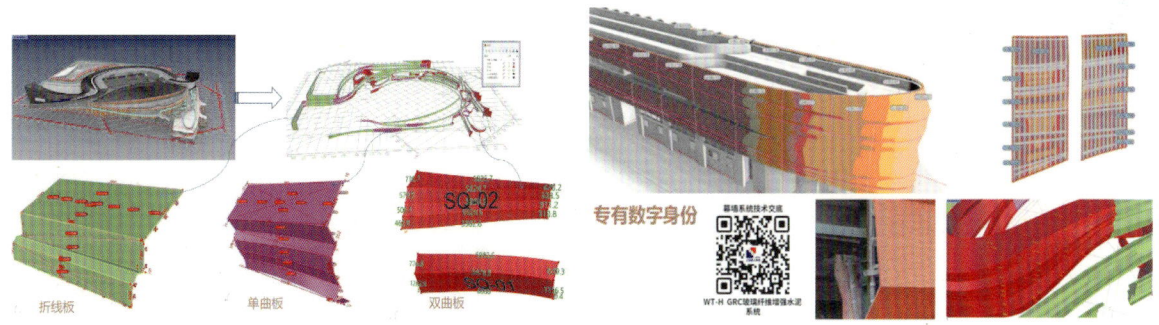

图 27　GRC 参数化分析及数字身份

图 28　GRC 幕墙实景图

在马术中心主场馆相连的走道区域矗立一座独立的"小岛",名曰"骑手岛",通过两边的空中连廊分别连接着主赛场和马厩,是比赛区和后勤区的中转站(图 29)。

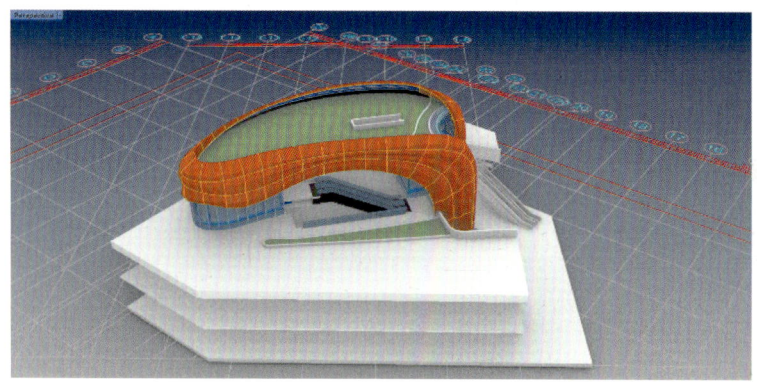

图 29　骑手岛 UHPC 模型及实景图

骑手岛的外立面采用的是 1 500 m² 的新型建筑材料 UHPC 装饰板，朴实的外观、自由扭曲的造型和细腻的质感呈现出一种独特的视觉效果，在周边厚重的 GRC 板映衬下更显突出与高贵。外形神似一座沉甸甸的冠军奖杯，而西南面玻璃幕墙上流动水幕，更似奖杯上一条无比璀璨的钻石彩带（图30）。与 GRC 装饰板同色的铝合金格栅吊顶，将建筑物的视觉效果由立面引入平面，使建筑物的外观更加浑然一体（图31）。

图 30　骑手岛钢构数字测量

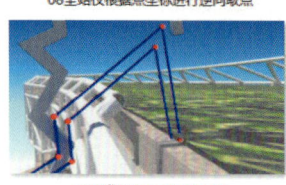

图 31　骑手岛幕墙龙骨数字测量定位

1.7 万 m² GRC 板块中，每块的连接形式各不相同，在幕墙进场后 10 天内通过编程算法批量完成转接件专项设计。确保钢结构预埋件在钢构吊装前安装完成。GRC 局部尺寸 2 m×8 m，单块重量达 1.5 吨，除了 GRC 板块的生产、加工运用，通过数字化定位方式实现毫米级定位安装（图32）。

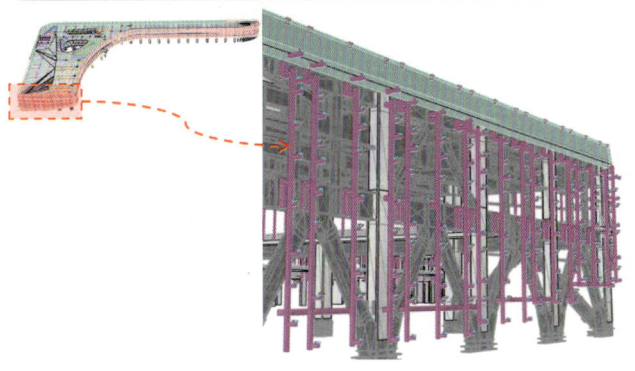

图 32　GRC 连接件

3　数字化运用推广点

3.1　智能管控平台应用

"数字化、工业化、信息化"三化理念是上海建工装饰集团项目管理理念的核心，也是打造新质生产力的关键，公司始终围绕三化理念来打通全产业链条，为这座国际标准马术中心建设赋能。马术中心作为上海建工装饰集团数字智能管控平台的试点工程，在工程管理方面全过程运用数字智能管控平台（图33），通过自动化和智能化技术，极大地简化了管理流程，减少了人工操作，提高了整体工作效率。

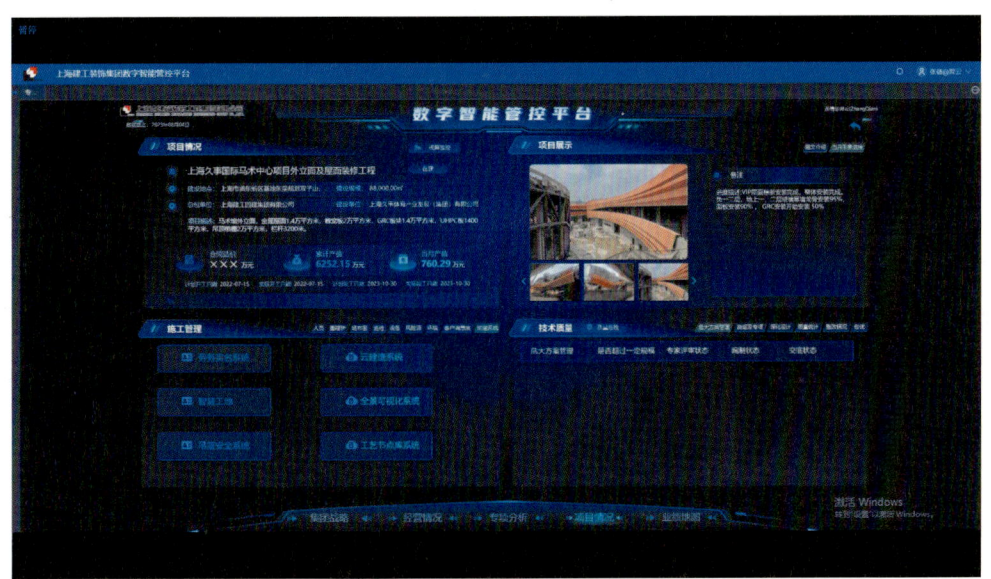

图 33　智能管控平台界面图

3.2 智慧工地企业看板

施工阶段通过智慧工地可实时收集、处理并展示工地上的各类数据，包括项目进度、质量、安全等方面的信息。使管理人员可以迅速获取工地实时状况，及时做出准确决策，为项目施工保驾护航（图34）。

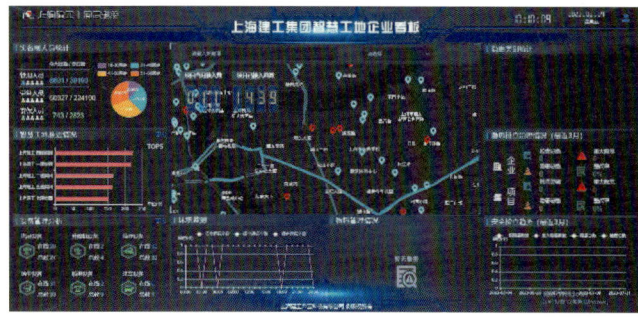

图34 智慧工地企业看板界面

智慧工地企业看板具备实时预警功能，针对质量、安全等方面的问题进行及时预警，帮助管理人员提前发现并处理潜在风险，降低安全事故的发生概率。

3.3 720全景图

通过对720全景图的运用，可对设计方案进行预览和修改，以更好地满足业主和施工方的需求。同时施工人员也可以根据全景图对施工方案进行调整和优化，确保工程质量（图35）。

图35 720全景图

3.4 幕墙机械管理系统

马术馆高峰期投入施工人员多，总体幕墙施工机械及登高设备使用量大，因此采用幕墙机械管理系统对施工机械及操作人员上岗进行规范化管理（图36）。

图36 主赛场施工机械现场图及机械管理系统应用截图

为保障上海久事国际马术中心外立面及屋面装修工程的高标准建造，始终坚持以绿色化为目标，以智慧化为技术手段，以工业化为生产方式，以工程总承包和全过程智慧服务为载体的新型建造方式。在上海市第一届"数建杯"房屋建筑类项目BIM技术应用施工成果赛获一等奖，获得数字城市建设成果赛总决赛二等奖。并在全国装饰协会举办的第五届全国建筑装饰BIM大赛中获得幕墙组一等奖（图37）。

图37 获奖证书

上海建工装饰集团以绿色化、工业化、数字化技术赋能上海久事国际马术中心，创建了高标准国际专业赛马馆异形幕墙智能建造关键技术体系，已自主研发13项创新技术，申请7项专利。运用多项国内首创技术，打造完成中国首座符合国际五星级标准的永久性马术场馆。为上海卓越体育城市建设增添一幅浓墨重彩的优美画卷。

落成后的上海久事国际马术中心将在2024年5月3日迎来它落成以来首场国际顶级赛事环球马术冠军赛（图38）。

图 38　落成后的上海国际马术中心

4　总结与展望

上海久事国际马术中心的幕墙工程展示了数字化技术在建筑设计和施工中的深度应用。项目团队经过超大体量大模型的算法训练，自主研发了多项创新技术，如无极调节"云台"系统、数字化定位测量、装饰面板批量数字化加工等技术的运用，更精准、高效地解决了大跨度双曲面金属屋面和异形 GRC 板的施工难题。同时通过智能管控平台和智慧工地的应用，简化了管理流程，提高了项目管理工作效率。项目的成功实施不仅提升了企业竞争力，也为行业提供了宝贵的经验和参考，展现了数字化技术在建筑领域的广阔应用前景。未来，将进一步提升更深层次的 BIM 技术应用与智能化施工机器人的普及，以及 AI 和大数据分析在项目管理中的深入整合。将绿色建筑和可持续发展的理念进一步融入设计和施工中，推动行业向更高效、环保的建造方式转型。

供稿人：牟永来　李功绩

专家点评

针对本项目幕墙工程形体复杂、实施难度大、国际标准要求高三大挑战，项目开展了系统化、整体性的 BIM 数字化策划与应用。在 BIM 数字化策划与应用方面，项目形成了幕墙表皮设计优化类、技术创新应用类、信息数据应用类、数字扫描测量类、施工及设备管理类等数字化建设的应用标准与数字化应用管理办法；在技术研发方面，项目自主研发并应用大数据汇聚分析、三维可视化编程等技术，实现了异形面板的批量运算，突破了屋面异形板块批量缩缝算法技术；在管理模式方面，项目通过智慧工地实时收集处理项目进度、质量、安全等数据，实现全区域、全要素、全流程的动态展示，有效优化了项目管控能力，为项目施工管理保驾护航。本项目运用的"数字化、工业化、信息化"三化管理理念，是工程技术与数字技术紧密结合的典范。

案例 19

徐家汇体育公园"两馆一建"项目数字化技术综合应用

1 项目概况

徐家汇体育公园建设项目占地面积约 127 720.9 m²。该项目旨在保留原上海体育场和上海游泳池的主体建筑，同时实施内部改造，建设地下运动基础设施和室外结构。项目分为三个单元：上海体育馆、上海游泳馆改造工程和新建综合体。建设项目总用地面积 115 487.7 m²，包含地上建筑面积 51 386.4 m²，地下建筑面积 64 101.3 m²。其中新建综合体占地面积 58 635 m²。项目地下室建筑主要配备运动房屋、地下车库和下沉式广场。地下室建设主要包括两部分：上海体育馆新增地下室和新建综合体（图1）。

图1 项目整体效果图

上海体育馆初建于 1975 年，建筑面积 32 000 m²，主馆直径 110 m，高 33.62 m，期间进行过一次改造。本次改造内容包括：外部屋面与网架更新，幕墙更新，裙房与大台阶重建；内部的结构加固以及机电与装饰更新（图2、图3）。

上海游泳馆初建于 1982 年，地上四层、平面呈不等边六角形，高 30 m、东西向 93.5 m、南 90 m、周围有 5.5 m 宽的挑檐。外部改造：更新屋面与网架、更新幕墙、调整出入口；内部改造：拆除看台、新建四层结构、更新机电与装饰（图4、图5）。

图 2　上海体育馆现状图

图 3　上海体育馆效果图

图 4　上海游泳馆现状图

图 5　上海游泳馆效果图

2　项目特点

上海市徐家汇体育公园"两馆一建"项目是改建与新建同时进行的公共体育用房项目，由于项目初建年代较早，档案馆留存图纸为手绘图，中途经过一次加固改造部分有相应图纸，结合本次施工三次图纸采用的坐标系及标高均不相同，给项目实施决策带来困难。

本项目两馆改建涉及主体结构，部分拆除，部分新建，部分加固，拆除、加固与新建穿插作业多，加固、新建节点相交，施工工况复杂。另外，两馆改建与新建综合体基坑施工同步进行，并且周边环境复杂，这提升了施工实施的整体难度。

3　BIM 技术应用

本项目将 BIM 作为工程项目管理和技术手段，包括协同设计、管线综合优化、深化设计、施工组织、进度管理、质量监控等，保证了项目的成功实施，提高了工程建设质量和项目综合管理水平。

3.1　基础建模

为解决施工三次设计图采用的坐标系及标高均不相同的问题，现将 BIM 模型分为两块：
（1）施工前通过原始图纸，结合现场踏勘进行的原始土建模型，并通过三维扫描复核模型的准确性。

(2) 依据本项目施工图改建完成后的新建模型（图6、图7）。

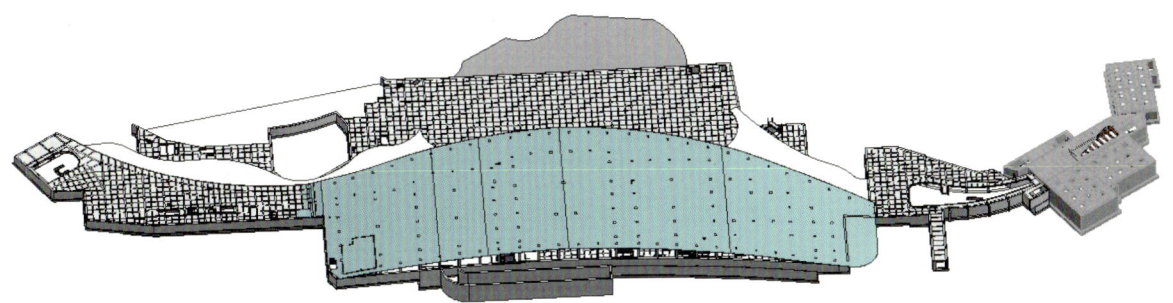

图6　新建综合体结构模型

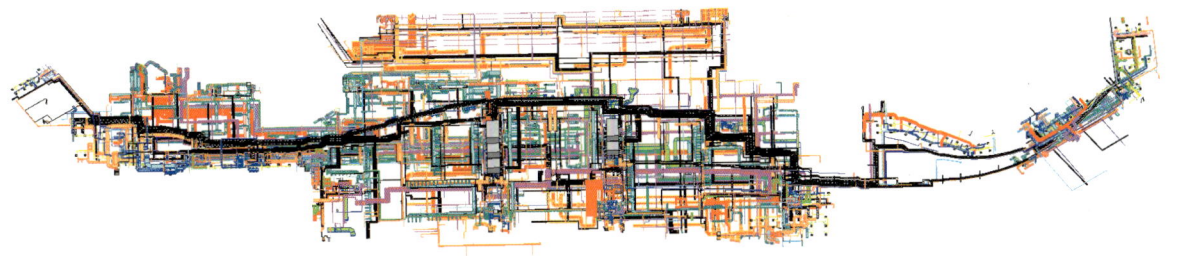

图7　新建综合体机电模型

项目实施过程中以模型作为交流载体，对建筑的拆除及加固方案进行讨论优化，在施工过程中确保结构安全稳定。

3.2　结构深化设计

结构深化工作中，在确保建模准确度的前提下，着重对结构留洞及梁加腋位置进行重点排查。在工作开展过程中，向设计单位提交多份软、硬碰撞报告，在项目部组织的设计线下协调会中，也提出了诸多意见，在现场施工前能够解决大量专业内图纸问题。

3.3　机电深化设计

利用BIM模型对各专业进行碰撞检查，其中体育馆共发现碰撞点11 612处、游泳馆13 609处、新建综合体9 550处（图8）。

通过模型对管线进行综合排布，起到合理布置、优化净高的目的，使成果达到满足现场施工的要求。

现场支吊架采用抗震支架，依据管综结果合理配置支架，并按照管综结果定制支架。

3.4　钢结构深化设计

体育馆原屋面网架结构为三向普通三角桁架体系，由边长6.111 m、网状结构高度6 m、中心拱2.5 m的三角网格和930只钢球组成。体育馆新建网架由中心环和36榀径向主桁架组成，主桁架之间共设置9组环向桁架；主桁架自身高度5.800 m，支撑于原结构36根混凝土

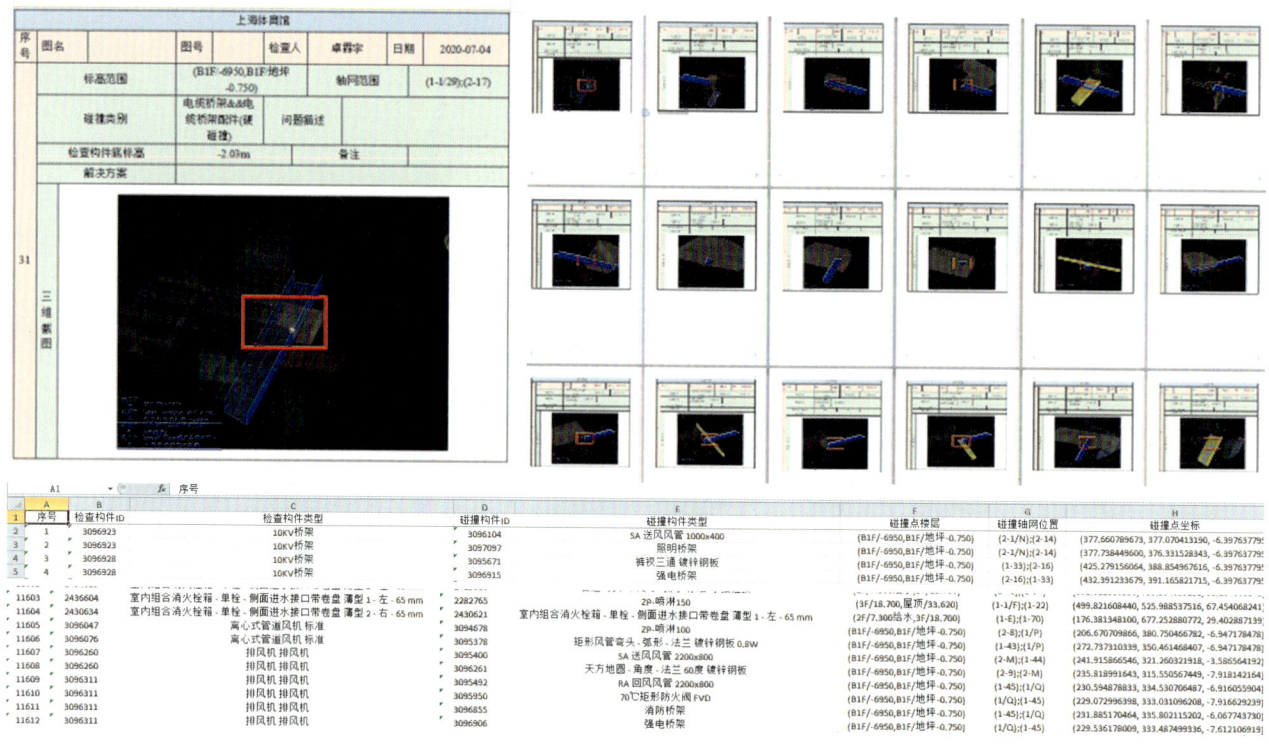

图 8 体育馆碰撞报告

柱顶。

游泳馆原屋顶结构形式为三向三角形网架结构，网架高度最大为 7.6 m。网架总重量约为 420 t；新建网架外形尺寸与原网架相同，边缘根据建筑改为圆角。新建结构重量约为 800 t。

由于新建网架需考虑原有结构加固，钢结构设计时基于土建 BIM 模型建立深化设计模型，结合数字模型所包含的几何信息和非几何信息属性，通过数字模型的流转，以构件图和零件图等方式实现信息的传递，实现多终端的数据跟踪与反馈。钢结构深化设计，应确认其构造、加工、装配与安装工艺，并考虑土建结构施工的衔接、机电设备及幕墙装饰的相互配合，以消除详图设计误差为原则。本项目采用自动生成的深化图纸的方式，图中需补充说明用于加工和安装的辅助数据，并对安装节点的构件进行编号（图 9、图 10）。

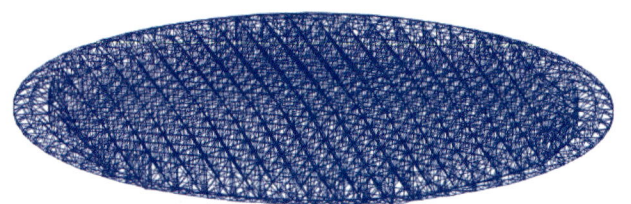 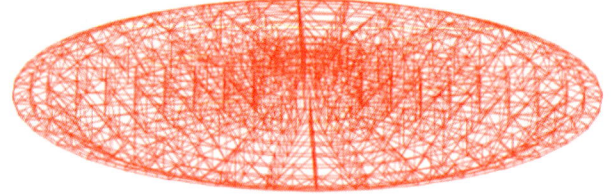

图 9 体育馆网架体系（拆除前）   图 10 体育馆桁架体系（新建后）

3.5 施工范围分析

两馆施工工况复杂，施工时拆除、加固和新建内容交叉作业，现场通过模型加以区分，对不同工况编制相对应施工方案（图 11、图 12）。

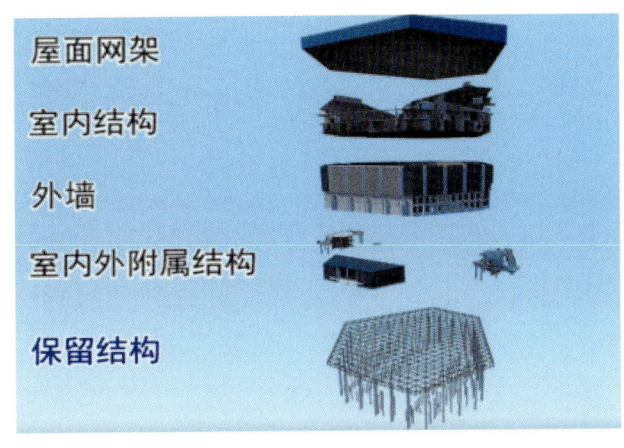

图 11　游泳馆各结构拆分图　　　　　图 12　游泳馆各部位拆除保留列表

3.6　复杂节点模拟

体育馆原结构框架柱保留并需进行加固，梁柱连接处节点复杂。BIM 团队通过对节点建模与设计院、深化单位、同济大学加固专家、现场的钢筋工及木工等班组长共同多次商讨节点加固方案，以确保结构改造安全（图 13、图 14）。

图 13　复杂节点模型　　　　　　　　图 14　现场实际节点情况

3.7　满堂脚手架排布

本项目游泳馆网架施工采用满堂脚手架的排布：由于本次游泳馆改造将去除比赛功能，拆除原有看台，增设 2~4 层内部功能空间，以满足市民需求。满堂脚手架布设需考虑结构拆改工况进行综合考虑。项目 BIM 团队通过 Revit 建模导入 Fuzor，结合其他分部分项工程施工流程，对旧网架拆除及新网架安装过程进行模拟，确保拆除过程合理高效。最后确定游泳馆旧网架拆除阶段在两侧看台及中间泳池位置分别搭设满堂脚手架作为拆除支撑；新网架安装阶段在两侧框架结构顶板上搭设满堂脚手架，中间泳池位置满堂脚手架不作拆除（图 15）。

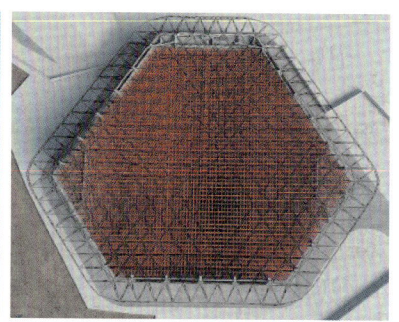

图 15　游泳馆满堂脚手架图

3.8　临时 609 钢管支撑系统

体育馆中采用格构式 609 钢管支撑体系，将整个屋面钢结构托起。临时 609 支撑体系搭设完成后，再施工馆内满堂支撑脚手架。内侧满堂脚手架纵横距 1.2 m，步距 1.5 m，面积约 10 000 m²，高度 26 m（图 16）。

图 16　体育馆 609 钢管支撑系统

4　应用亮点

4.1　两馆三维激光扫描技术

三维激光扫描技术可以被应用于环境条件复杂的施工现场，具有较强的实时性与扩展性，数字化程度比较高，充分发挥其数字化作用，能够提高施工质量。

由于本项目场地环境非常复杂，对扫描作业的实施有很多限制。在本项目的施工场地内选择 4 处相互通视且基础稳定的位置，设置场区固定测量控制点，形成上海体育馆、上海游泳馆改造及新建体育综合体项目三维扫描控制网，以便后续测量控制的统一性和稳定性。

针对体育馆和游泳馆改造施工工序，本项目拟定以下扫描频率：体育馆主要体现屋面网架的撤除和安装改造，项目准备分为在旧网架撤除前扫描、撤除过程中扫描与屋面安装完成后扫描三个阶段；游泳馆主要体现屋面网架安装改造（空中拼接工序），按照施工工序，分为在网架拼装前扫描、拼装过程中扫描与屋面完成后扫描三个阶段。

两个场馆的施工工序和工作的重点不同，扫描的内容及成果的侧重点也不相同。体育馆：第一阶段为在旧网架撤除前，将整个场馆全面扫描（重点为网架扫描），将扫描的点云数据与已有的 BIM 模型对比，比对出局部或整体结构的差异，同时也为撤除和安装过程建立了实际现状模型。第二阶段为整体或局部扫描，形成实体点云数据，通过点云数据比对设计模型，可以检核安装过程的全程质量，为技术变更提供依据。第三阶段为验收阶段，整体结构扫描，形成最终的点云数据和实体模型，与原有、设计、撤除前模型比对，分析结构差异性，同时为后期运营提供了相关数据（图17）。

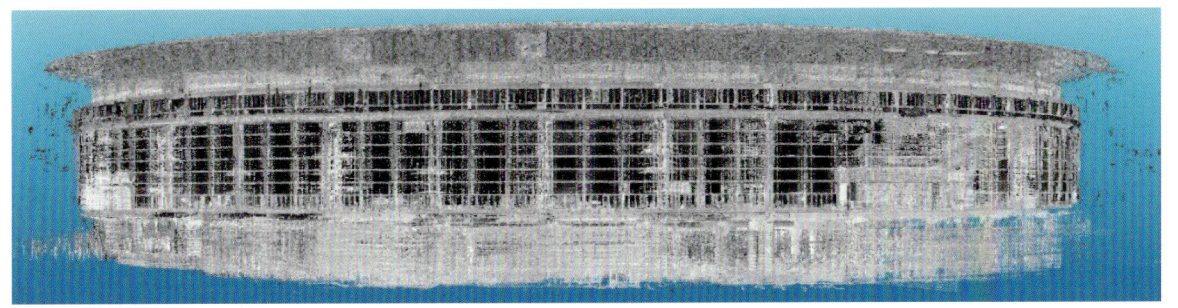

图17 体育馆扫描灰白点云

游泳馆：在全面扫描过程中分三个阶段，空中拼接构件前扫描，建立初次实际点云模型，与原有和设计模型比对，检核与原有模型的差异性，为设计提供实际数据；过程扫描阶段为检核拼装质量，为技术变更提供依据和指导；待脚手架和支撑全部拆除后，对整体进行扫描，形成最终模型，比对和分析整体变形，为后期运营提供可靠数据资料（图18）。

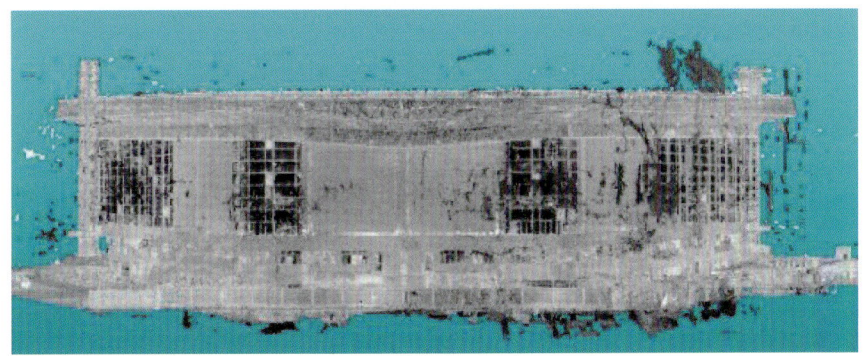

图18 游泳馆扫描灰白点云

4.2 模型匹配

首先在 scene 菜单下提取柱中心部位至少3个特征点，按顺序命名，然后在 Revit 模型中提取相应部位的三维坐标，并以相同的名称命名，利用强制匹配功能将点云的独立坐标转换成与 Revit 模型一致的坐标系，以便后期做偏差及碰撞分析（图19）。

图 19　体育馆内部扫描点云

利用 3 个以上特征点将点云与模型匹配到同一坐标系。平面坐标匹配用于分析平面位置偏差，由于现场高程和模型存在差异，需要单层配准。现场一层地面不平整，最大高差有 20 cm 误差，实际地面中心点与夹层地面的高差约为 3.4 m，BIM 模型中一层地面到夹层高差为 3.55 m。最终将夹层点云的地面高程设置为 3.55 m（与 BIM 模型夹层地面高程一致），一层地面中心点高程为 0.15 m 左右，以便分析夹层梁柱的位置偏差。

4.3　偏差分析

以模型为参考，将点云设为测试，点击分析三维模型并进行比较，实时监测改造过程中的结构变形，确保改造结构安全。

在不同高程处生成横截面，进行平面比较，查看并测量点云和模型的位置偏差（图 20）。

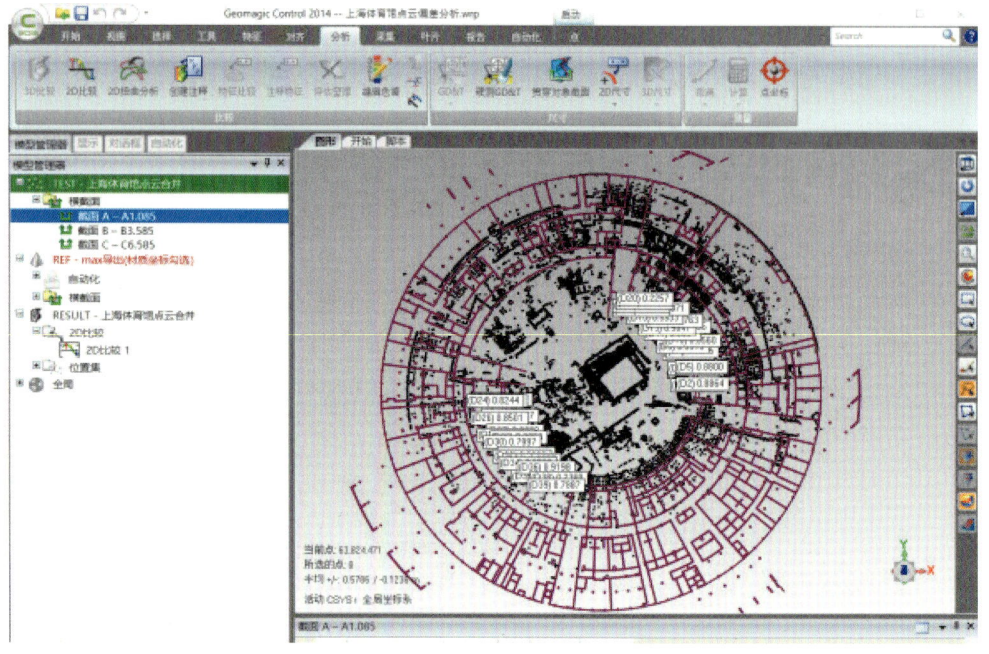

图 20　体育馆 2D 偏差分析

土建模型基于结构、建筑设计图翻模得出，与施工现场情况存在一定的偏差，如不校正模型，无法将模型用于后续钢结构、机电、消防等专业的深化设计，通过偏差分析对模型进行调整，使模型适用于指导现场施工。

4.4 碰撞分析

将 Revit 机电模型转成 NWC 格式,通过 Navisworks 软件打开,附加点云并进行碰撞分析,以点云为基础,调整机电模型,优化管线排布方案。

现场扫描报告形成后,根据机电报告进行调整,申请再次扫描复核;对依旧有偏差的管道调整扫描,直到所有管道都满足要求,才能封模板;最后出具项目管线精度报告。报告中包括扫描区域、扫描管线编号、偏差值描述、BIM 模型与点云扫描数据偏差叠合图,用标号标识;当钢结构吊装与混凝土浇筑完毕后最终复核管线位置;对同区域应多次扫描数据并进行对比,确认在精度范围内的管线是否扫描数据无偏差,并形成数据闭合(图 21)。

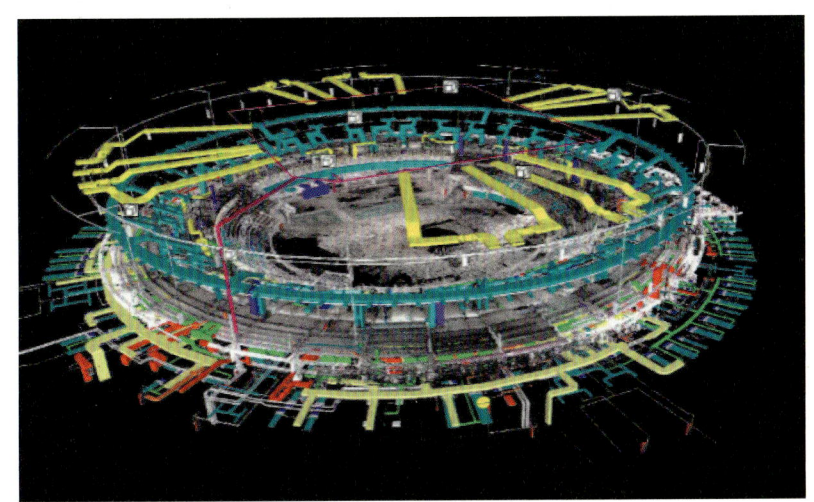

图 21　体育馆点云与机电管线碰撞检测

5　总结与展望

徐家汇体育公园项目将 BIM 作为工程项目管理和技术手段,应用于协同设计、管线综合优化、深化设计、施工组织、进度管理、质量监控等方面,保证了项目的成功实施,提高了工程建设质量和项目综合管理水平。同时在改造项目过程中,采用三维激光扫描技术,对施工过程中两馆的建筑物体进行三维扫描,高精度采集现场真实坐标数据及纹理信息,其输出的三维格式点云数据与设计的 BIM 模型做对比分析及碰撞分析,实现建筑施工的精度检测、BIM 模型调整及现场安装指导,优化管线排布方案,提升了项目管理效率。同时为项目的后期运维提供了可靠的数据支持,对今后同类项目的建设提供了借鉴与参考,具有较强的实践意义与推广价值。

供稿人:王斌　王孙骏　曹阳　夏静平　吴顺佳

专家点评

上海市徐家汇体育公园"两馆一建"项目是集旧馆改建与综合体新建于一体的综合性公共体育项目。该项目在处理复杂的改建与新建并行、多坐标系统整合等难题时,通过BIM技术实现了高效协同。针对项目初建年代早、修缮改造次数多带来的图纸版本多且标准复杂的情况，采用激光扫描技术对既有两馆进行三维扫描复核原始模型，解决了多版本图纸坐标系及标高不同的问题，确保了改建基础数据的准确性。该项目以BIM技术作为工程管理手段，将其作为项目协同设计、管线布置优化、钢结构深化设计、施工工况推演和组织、进度管理和质量监控的载体进行全生命期的管理，有效提高了工程建设质量和项目综合管理水平，保证了项目的成功实施，体现了智能建造在复杂公共建筑项目中的巨大潜力和价值。

案例 20

世博文化公园双子山项目 BIM 施工方案正向应用

1 项目概况

1.1 工程概况

世博文化公园双子山项目位于上海浦东新区世博文化公园南区，地块东至卢浦大桥-长清北路，南至通耀路，西至规划济明路，北至雪野路。项目西侧为地铁 19 号线济民路站，场内东侧打浦路隧道及市政过江污水南干线，南侧、东侧为卢浦大桥。

项目在设计上以"景观造山"为出发点，力求创造自然形态的山体景观空间。整体以松江本土山体形态"九峰三泖"为原型，运用堆山理水的造景手法，塑造出自然制高点。充分考虑山体与整个园区的延续与结合，形成丰富的"自然地貌"景观区域。项目建成后将成为国内第一座高度超过 40 m 的人工仿自然山林，能够让游客拾级而上，能够在上海市区的山顶一览黄浦江两岸的风景（图 1）。

图 1 项目效果图

项目建设用地面积约 30 万 m^2，地上建筑面积约 82 163.6 m^2，地下建筑面积约 4 036.86 m^2，新建绿地面积约 247 765.7 m^2，水体面积约 19 814 m^2，绿地率 87.9%。整个项目山体南北向长 207 m，东西向长 830 m。双子山最高峰相对高度为 48 m，向东西两侧延伸融入周边平坦地貌，形成绵延的整体山脉。山体内部 1～2 层为停车场及公园配套管理用房，3 层为人员疏散层，4～5 层为世博文化主题展厅（图 2、图 3）。

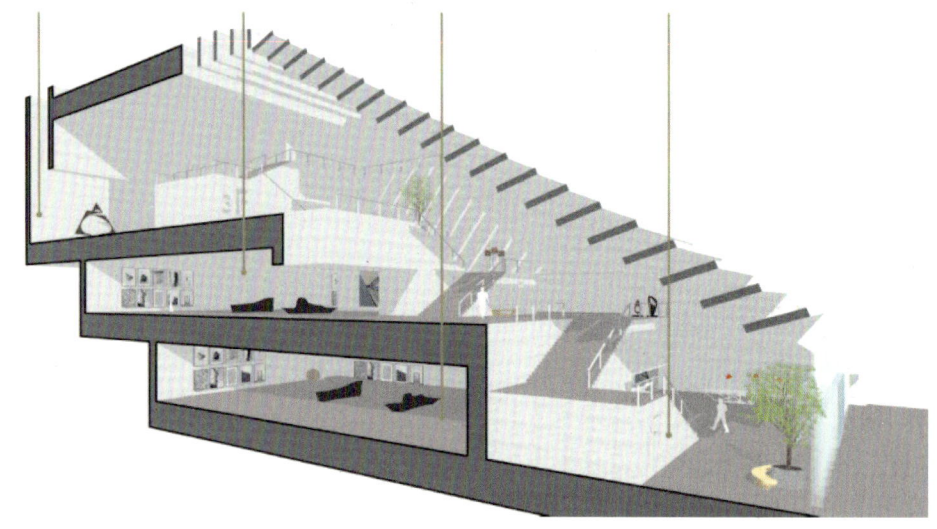

图 2　世博文化主题展厅

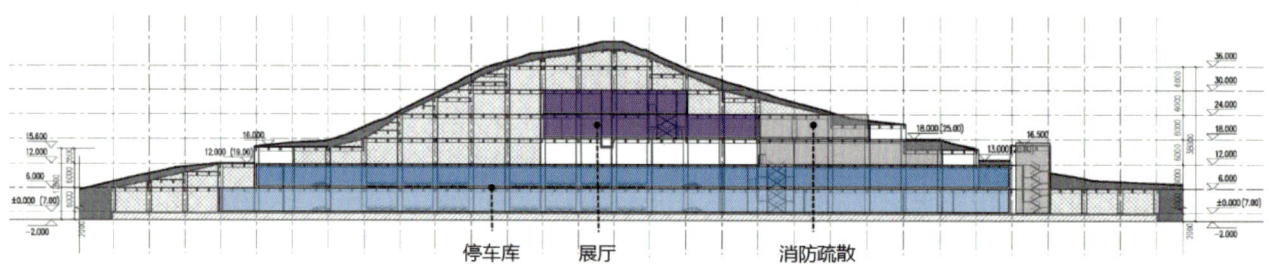

图 3　山体内部停车场

山体结构分为一次结构和二次结构，山体的主要形状由一次结构搭建成型，一次结构的结构形式为装配式 PEC 框架结构上铺钢筋桁架楼承板，并且局部设有现浇剪力墙结构。独特的山形曲面形状由二次结构塑造而成，主要分为表皮柱、表皮梁板和用作固土的挡土墙，均为钢筋混凝土现浇结构（图 4）。

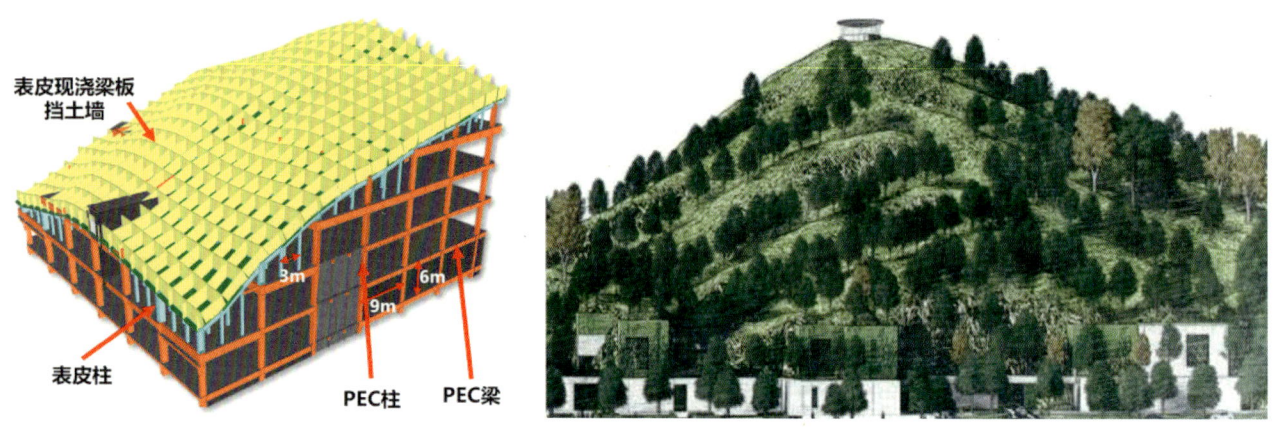

图 4　结构概况

本工程由上海地产（集团）有限公司开发，上海建筑设计研究院有限公司负责方案设计及施工图设计，由上海建工一建集团有限公司负责承建。

1.2 项目特点

双子山表面呈现自然风貌，而在山体内部，巧妙地融合了游览、停车和旅游服务等多种功能，将公共建筑的内部空间布局与外部生态环境的延伸完美结合，其特点如下：

（1）山体内部创新性采用 PEC 结构形式，构件数量多，工艺要求精湛，工期紧张，要在 4 个月完成近 9 000 根 PEC 构件的吊装工作（图 5）。

（2）山体高且跨度大，斜屋面板及挡土墙混凝土浇筑困难（图 6）。

（3）山体覆土，方量大，坡度陡峭，覆土困难，必须合理策划覆土方案（图 7）。

基于上述特点，项目运用 BIM 技术进行构件三维深化设计达到高精度的要求。通过施工模拟可以在实际施工前预见并解决潜在的施工冲突，优化施工顺序，帮助确定最佳吊装路径和机械位置，确保施工过程的安全和效率。对于复杂节点利用 BIM 模型能够帮助项目管理人员与施工团队更好地理解和评估山体结构，从而制定最佳的施工方案。

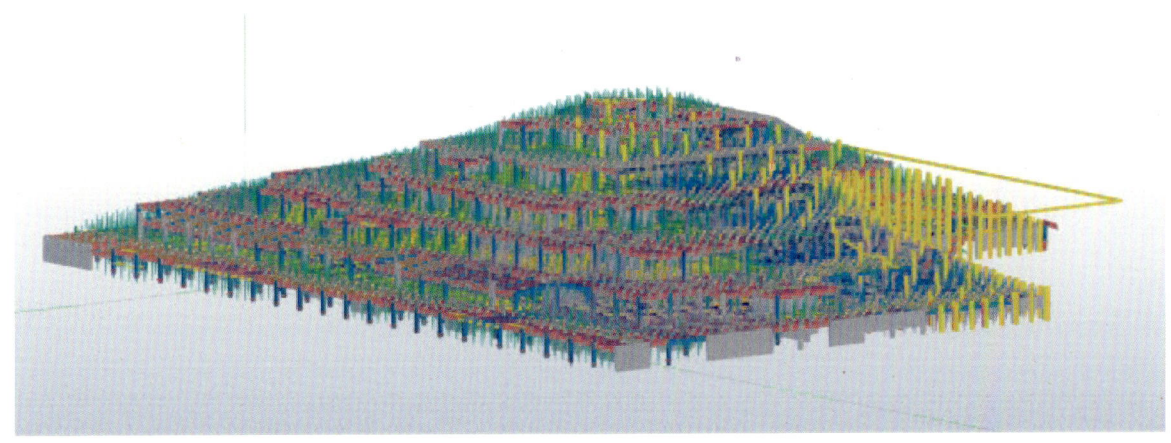

图 5　PEC 结构 BIM 深化模型

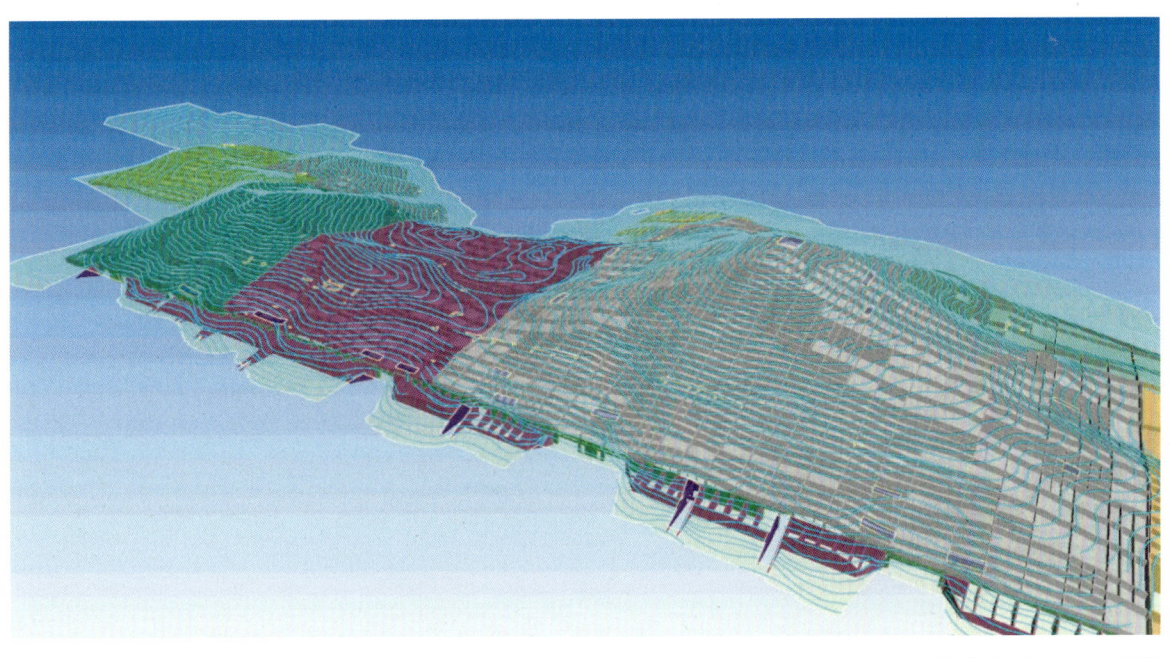

图 6　屋面二次结构 BIM 模型

图 7 山体土方模型

2 BIM 技术应用介绍

2.1 PEC 一次结构施工 BIM 技术应用

2.1.1 施工方案模拟

本项目在实际动工之前，项目 BIM 团队借助 BIM 技术的模拟功能，利用 BIM 模型对 PEC 结构的吊装施工过程进行虚拟构建，其中还包括了对施工现场环境、施工技术、施工机械的运作模式、施工道路的布局以及临时或永久设施安装位置的模拟（图 8）。通过 BIM 虚拟构建项目的三维模型，能够直

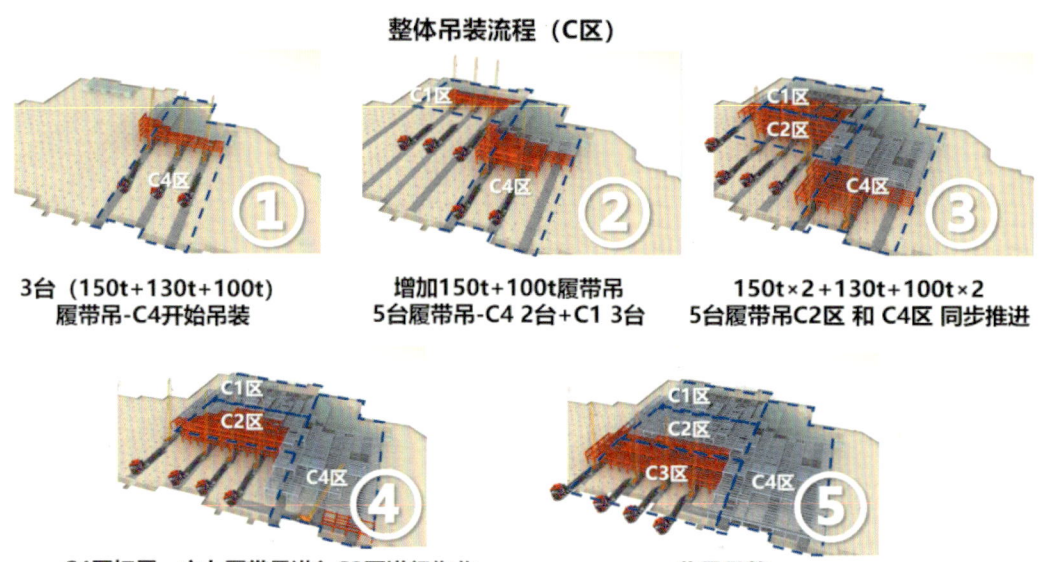

图 8 PEC 吊装方案模拟

观揭示二维图纸无法展现的细节，并可以预见施工过程中可能出现的挑战。项目技术人员就能根据BIM技术模拟的结果提前对施工方案进行对比、优选，合理分配施工资源，从而减少返工和资源浪费。

2.1.2 PEC构件深化设计

本项目运用Tekla软件进行PEC结构的深化设计，这一过程覆盖了从设计到加工，再到施工的整个流程。通过BIM技术的深化设计模型，能够精确展示PEC结构的各个部分，包括钢筋、连杆、栓钉和剪力墙等，从而有效避免了构件间的碰撞和遗漏问题。为了确保构件在公路运输和现场堆放时的便利性，项目团队对构件进行了分段优化，确保了运输和安装的准确性。通过BIM模型的应用，项目团队生成了一系列关键的工艺文件和图纸，包括构件加工图、结构布置图、节点详图，以及钢结构的焊接工艺和PEC结构中混凝土的预制工艺等。项目团队通过借助BIM技术对PEC结构的模型进行深化设计，不仅提高了设计的精确性和施工的效率，还确保了项目的顺利进行并获得了高质量的成果（图9）。

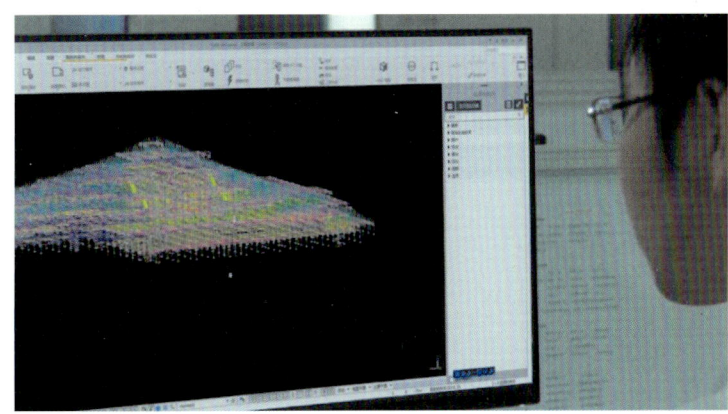
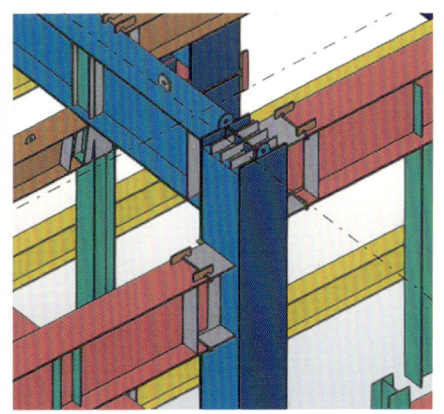

图9 PEC构件BIM深化设计

2.1.3 PEC构件加工、运输及安装数字化管理

鉴于PEC构件的数量庞大，且考虑到结构的特殊性，本项目采用了退吊法进行施工，这意味着一旦遗漏任何构件，就无法在后续补吊，从而要求PEC构件的制造、运输和吊装必须严格按照既定顺序进行，任何顺序上的错误或遗漏都可能导致工期的延误。为了应对这一挑战，项目团队运用了BIM轻量化模型和管理平台，为每个构件分配了唯一的编码，并结合了二维码技术，以便随时追踪和监控特定编号构件的状态，从而确保构件安装的准确性和及时性。这种方法使得项目团队能够根据实际需求，有效地安排设计、加工、运输、储存以及吊装工作（图10）。

2.2 屋面二次结构施工BIM技术应用

本项目采用空腔型人造山体结构，由于山体跨度宽广，常规汽车泵无法实现全面覆盖，且由于表皮结构坡度变化剧烈，施工面临诸多挑战。为解决这些问题，项目团队借助BIM模型对山体形状进行了深入分析，并将屋面二次结构划分为几个区域：低区、道路覆盖区、结构后做区和布料机施工区。这样的分区旨在优化施工流程，确保每个区域都能得到适当的施工方法和资源分配。

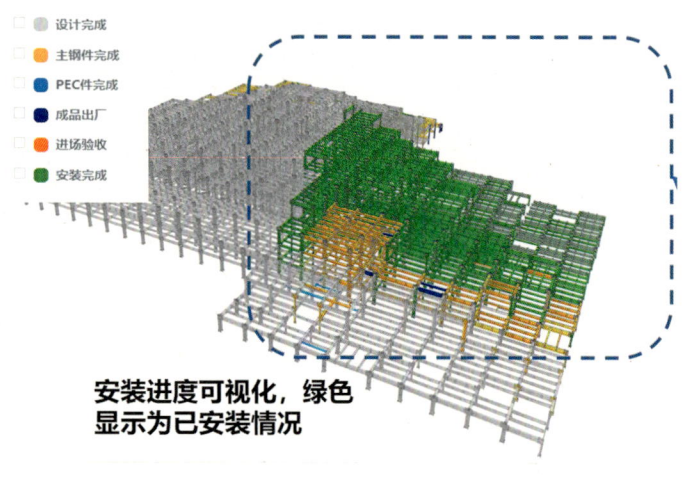

(a) BIM模型可视化　　　　　　　　　(b) 构件二维码

图 10　BIM+ 管理平台

施工流向按 PEC 结构吊装顺序由北往南进行，低区可直接利用汽车泵在山下进行浇筑。在道路覆盖区，项目团队通过 BIM 模型在山体的消防车道两侧找到了坡度较为平坦的区域，并在此处新建了 8 个浇筑平台。这些平台为汽车泵提供了停靠位置，使得汽车泵能够进行浇筑作业，有效覆盖了消防车道两侧以及北侧山腰部分的表皮结构。通过这种方式，确保了施工的连续性和效率（图 11）。

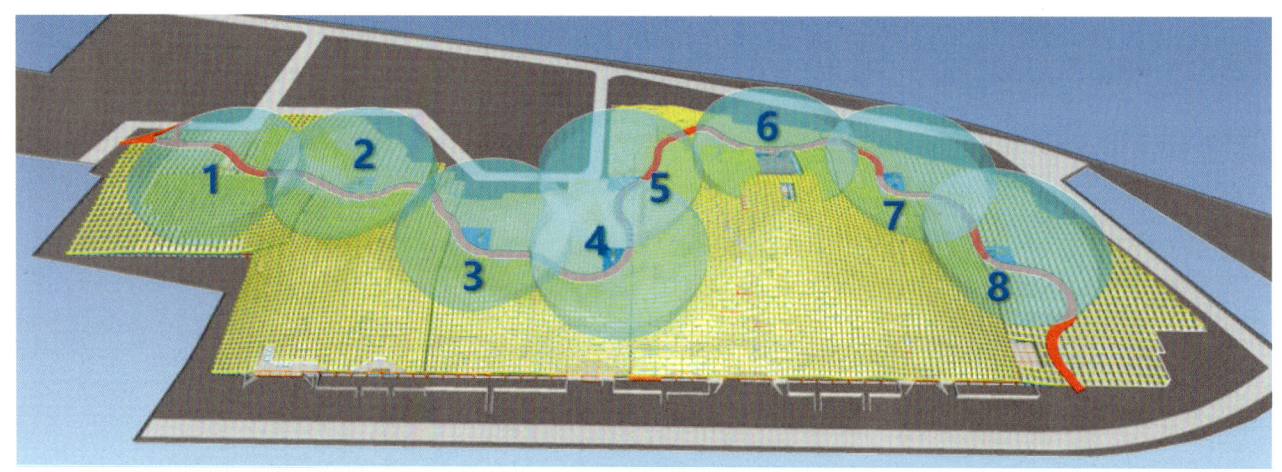

图 11　消防车道两侧浇筑平台

在结构后做区域，由于山体南侧没有车道，汽车泵无法到达山腰部位进行浇筑作业。为了解决这一问题，项目团队运用 BIM 技术进行模拟分析，在山体南侧预留了四个结构后做区域，这些缺口专门用于汽车泵的进入，以便它们能够驶入山体内部进行浇筑。为了准确确定汽车泵的覆盖范围，项目团队创建了一个 62 m 汽车泵 1∶1 的 BIM 模型，并在模型中考虑了泵管垂直段的半径损失。通过这种精确的模拟分析，最终确定该位置的浇筑半径为 40 m。这个半径确保了汽车泵能够有效地覆盖南侧山腰处的表皮结构（图 12）。

在布料机施工区，考虑到主峰最高处表皮结构的坡度变化较大，项目团队利用 BIM 模型设计了一个独特的钢架平台。这个平台的特点是其柱脚高度可调节，使其在不同的坡度位置能保持稳定。布料机被放置在这个平台上，用于对主峰山顶的表皮结构进行浇筑作业（图 13）。

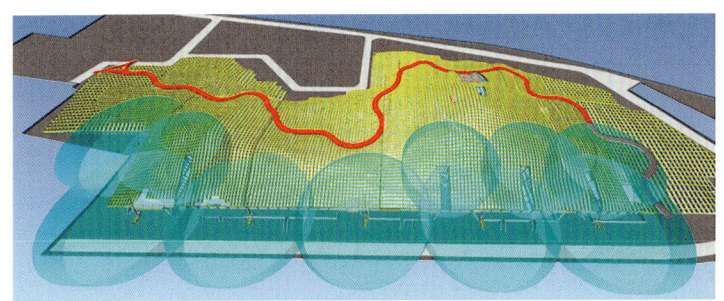
(a) 山体南侧结构后做区域

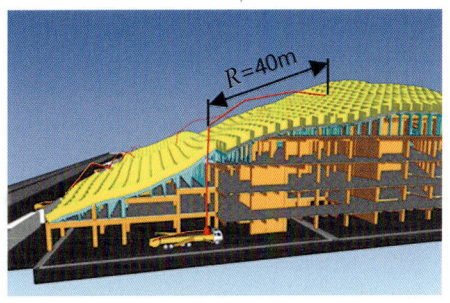
(b) BIM模拟分析汽车泵浇筑半径

图 12　结构缺口处汽车泵浇筑工况

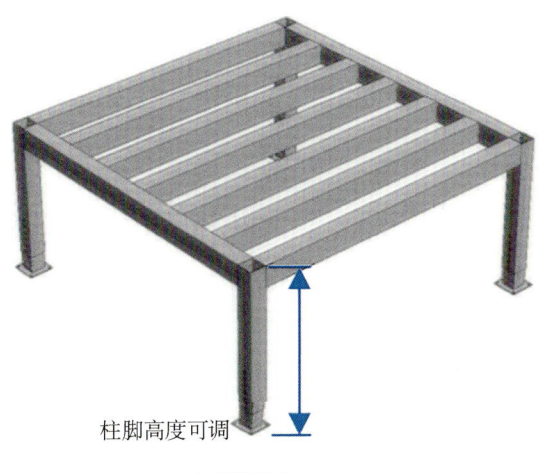

柱脚高度可调

(a) 钢架平台

(b) 主峰最高处混凝土浇筑作业

图 13　布料机区域施工工况

2.3　山体覆土施工 BIM 技术应用

项目团队使用 BIM 技术在山体覆土方案编制过程中发挥了重要作用，为解决覆土难点提供强有力的支持。通过借助 BIM 模型，考虑地形、建筑结构、土壤等因素，有助于深入掌握山体的形态特征，使山体的坡度分析变得更加精确和直观，预测了覆土施工中可能遇到的难题和问题，这些预测的内容为制定有效的施工方案奠定了重要的基础（图 14）。

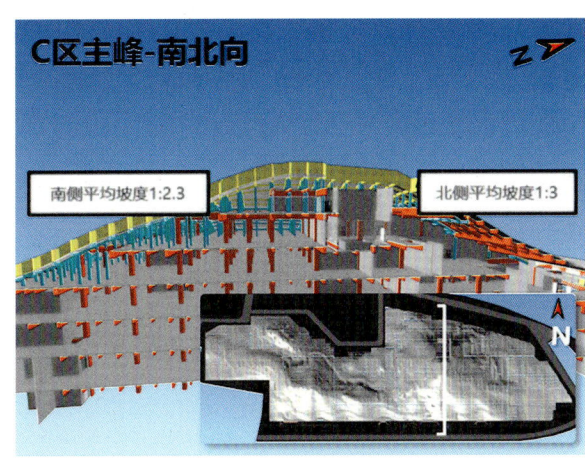
(a) C区主峰山体坡度变化

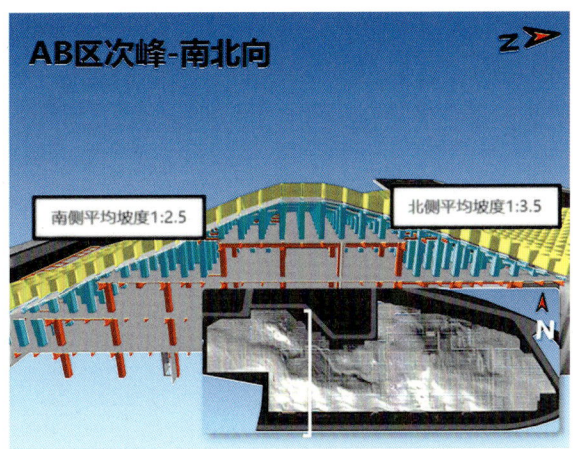
(b) AB区次峰山体坡度变化

图 14　山体坡度分析

为了确保覆土施工过程的安全性和施工的顺利进行，必须根据实际情况合理规划施工道路。项目团队利用 BIM 模型进行多方案模拟和比较，分析并选择最佳的施工方案。

项目团队共讨论过 5 个方案，具体如下所述，被否方案示意见图 15。

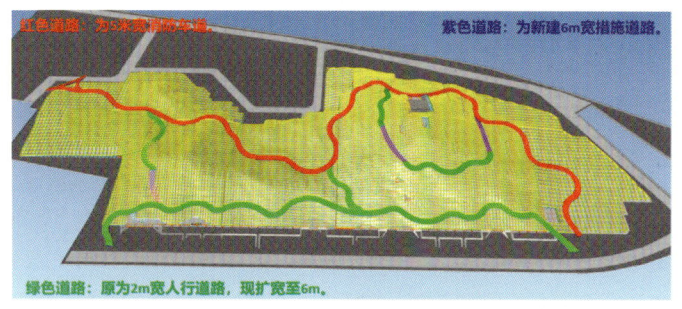

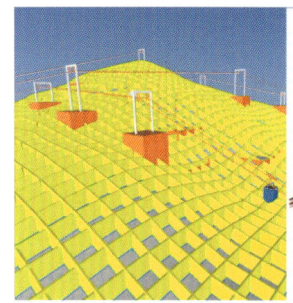

图 15　覆土方案 1-4

第一个方案是拓宽南侧人行步道，用作施工道路，但是这个方案由于步道坡度过大，车辆无法安全行驶，并且后续拆除工作量大，因此被否决了。

第二个方案是使用移动传输机进行土方回填，但由于这种传输机主要适用于粮食运输，对土壤的适应性较差，而且运输距离有限，因此也被否决。

第三个方案是使用货运索道来运输土壤，尽管这种方法能够覆盖山体，满足回填土方需求，但设备的购置成本很高，周转利用效率却不高，而且还存在一定的安全风险，因此方案被否。

第四个方案是客土喷播技术，这种方法常用于高速公路两侧的边坡绿化，但它会产生大量扬尘，对环境污染较大，同时使用的外加剂可能会对将来生长的树木产生负面影响，因此方案被否。

第五个方案是新建道路，项目团队利用 BIM 模型进行"找路"，依据坡度高程等信息，计算出整个山形建筑范围内坡度较缓及平坦区域的位置，综合考虑最终在南侧山腰处利用山体分仓挡土墙新建一条"山"字形混凝土现浇道路，并与山体永久消防车道相连，作为上山施工的主要通道。通过永久道路和临时道路相结合，节省了资源，降低了运输和施工成本，实现了节能减排减碳的效果（图 16）。

为了确保道路的坡度符合安全行车标准，项目团队采取了特别措施。即将道路外侧的挡土墙进行升高处理，内侧的挡土墙进行降低处理（图 17）。这种设计使得道路的纵坡坡比达到了 1∶8，满足了安全行车的要求。

鉴于既定施工方案的工艺要求，需要对原挡土墙进行加高处理。为此，项目团队对道路上可能涉及的行驶机械进行了详细调研，以获取准确的数据。随后项目团队运用 PKPM 软件对挡土墙的稳定性进行了缜密的计算分析，在综合考虑安全因素与工程实际的基础上，提出了具体的解决方案。在整个施工过程中，项目团队积极与设计院沟通协调，确保每个环节都得到妥善处理（图 18—图 20）。

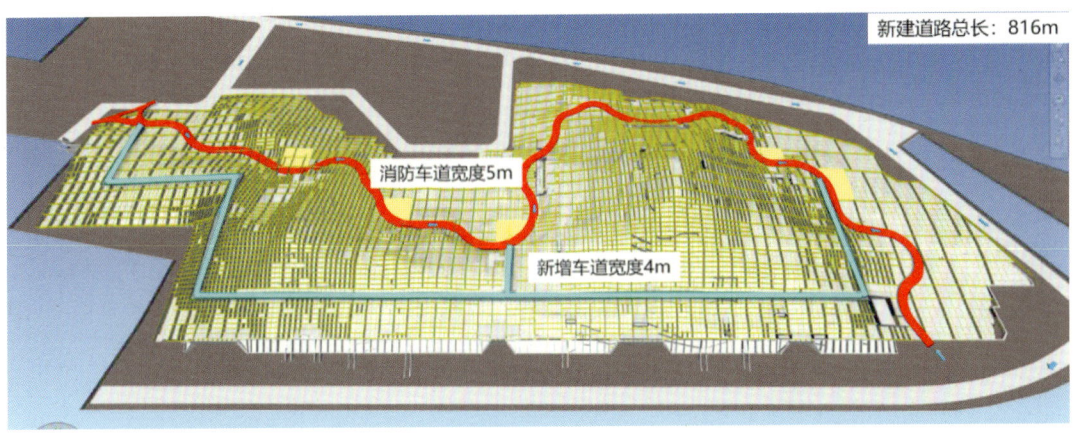

图16 "山"字形上山车道

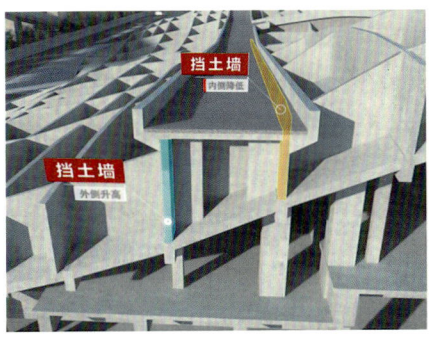

(a) 挡土墙加高

(b) 1:8坡度的道路

图17 挡土墙措施

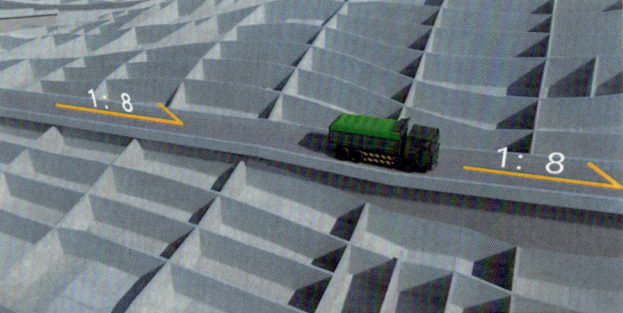

图18 上山机械信息

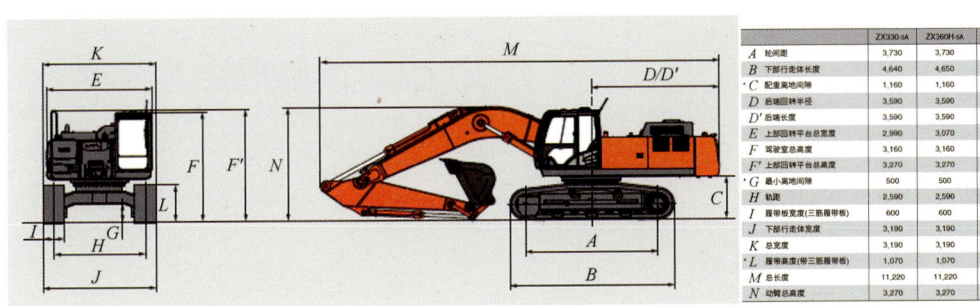

图19 承载力计算书

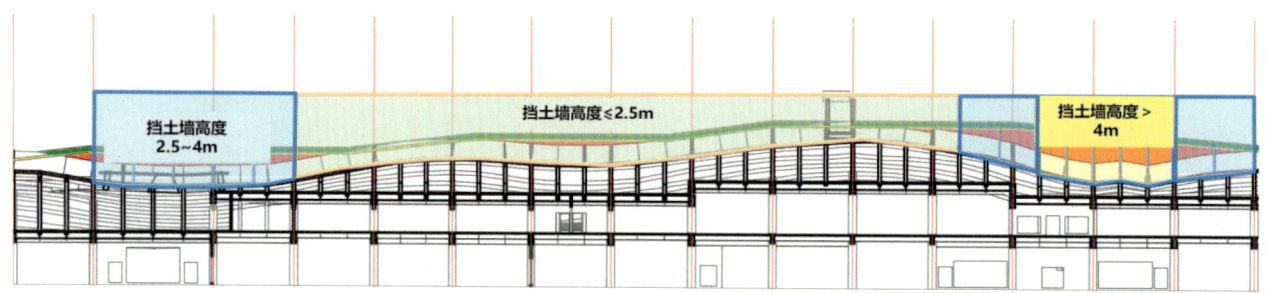

图 20　挡土墙加固类型

通过对不同高度挡土墙的稳定性计算，根据挡土墙的总高度不同，需要满足原设计方案承载力要求的具体加固措施如下：

（1）当挡土墙总高度不超过 2.5 m 时，原设计能够满足承载力要求，无需采取措施（图 21）。

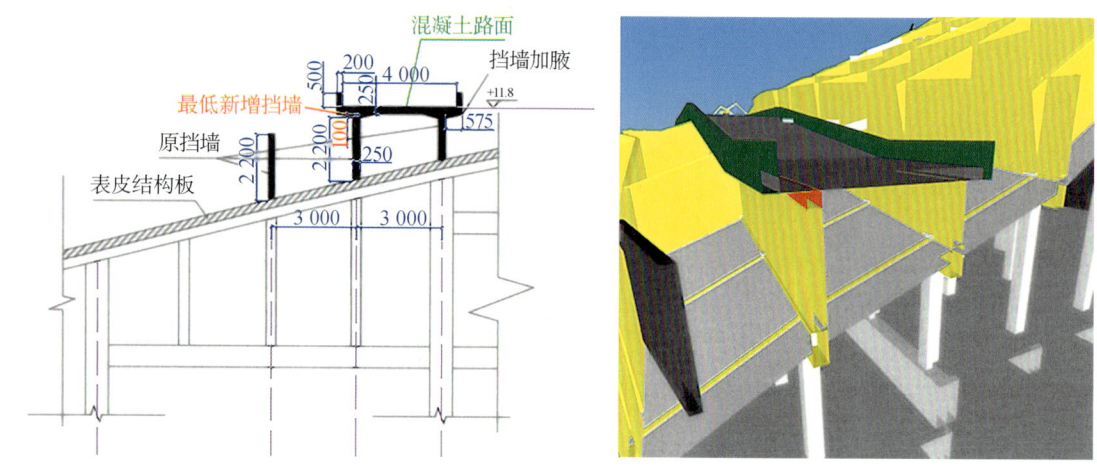

图 21　高度 ≤ 2.5 m 挡土墙节点

（2）当挡土墙的总高度在 2.5～4 m 之间时，为了满足承载力需求，需要在道路下方每 4.5 m 间距增加一个 800 mm 宽、200 mm 厚的墙肢（图 22）。

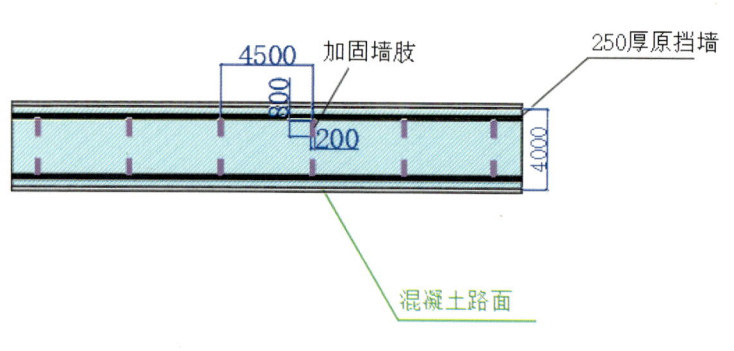 

图 22　高度 2.5～4 m 挡土墙节点

（3）当挡墙的总高度超过 4 m 时，为了满足承载力需求，需要在道路下方每 3 m 间距增加一个 800 mm 宽、250 mm 厚的墙肢（图 23）。

（4）车道板厚度为 250 mm，配筋需加大：由长向 10@150 双向，短向 12@150 双向；调整为长向加大至 12@150 双向，短向加大至 14@150 双向（图 24）。

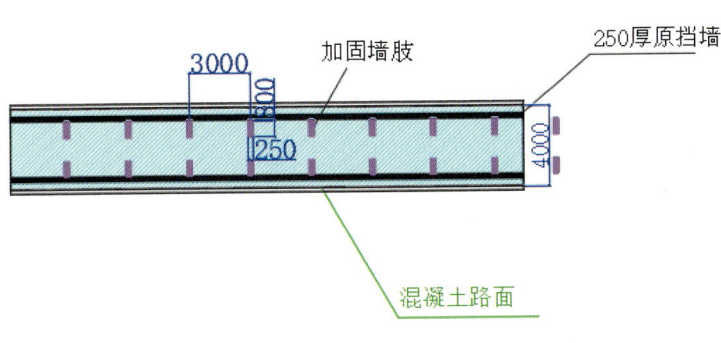

图 23 高度＞4 m 挡土墙节点

图 24 现场新建道路照片

3 总结与展望

世博文化公园双子山项目作为国内首个在城市核心区新建的人工仿自然山体，其复杂性和特殊性带来了诸多施工难点。首先，项目的大体量要求在有限的时间内高效完成施工任务，这需要精确的施工计划和资源管理。其次，异型结构形式对施工方法提出了挑战，特殊的施工方法意味着项目团队需要创新和适应新的施工技术。为了应对这些挑战，项目团队采用了BIM 技术进行施工方案正向策划，与传统二维编制方法相比，BIM 技术的可视化和可模拟性为项目带来了显著的优势。BIM 模型可以直观展示项目的三维形态，这种可视化能力在现实与虚拟之间搭建起了一座桥梁，它不仅增强了沟通的效率，更缩小了想象与现实的差距，使得每一个决策都更加准确、每一项方案都更加完善。

世博文化公园双子山项目，不仅标志着我国在城市规划建设领域的创新突破，更为世人展现了现代技术与自然和谐共生的壮丽画卷。随着 BIM 技术的不断深入和应用，未来的建筑将更加智能、更加绿色、更加人性化，而世博文化公园双子山项目，正是这美好未来的一个缩影。

供稿人：曾浩东　徐瑜　易卫军　张斌　杜量

专家点评

　　世博文化公园双子山项目以"景观造山"为设计理念和出发点，力求创造自然的山体景观空间，作为国内首个位于城市核心区的人工仿自然山体新建工程，其复杂性和特殊性带来了施工规划难和异型结构施工难等挑战。该项目将 BIM 技术应用于 PEC 构件和山体覆土施工规划，利用 BIM 模型模拟 PEC 构件现场安装过程和山体覆土运输路线，预测出了潜在的施工冲突，确定了最佳的施工顺序、路线及机械位置。在施工方法优化方面，项目团队基于 BIM 技术深入分析了山体形状，从而优化了屋面二次结构施工流程，设计出位置合理、覆盖率高的浇筑平台和布料机平台。此外，该项目还将 BIM 技术应用在 PEC 构件全生命期的数字化管理，通过构件深化设计，有效避免了构件间的碰撞和遗漏，结合构件唯一编码和轻量化展示平台，实现了构件制造、运输、吊装的追踪和监控，确保了 PEC 构件安装的准确性和及时性。世博文化公园双子山项目通过全面应用 BIM 技术，在设计优化、施工模拟、构件管理、施工方案制定等方面取得了显著成效，为其他建筑项目的精细化、智能化、绿色化管理提供了借鉴和参考。

案例 21

长三角一体化绿色科技示范楼及楼园一体化 BIM 应用

1 项目概况

1.1 项目信息简介

长三角一体化绿色科技示范楼及李子园公园项目是上海首个楼园一体化近零能耗示范项目，项目位于上海市普陀区桃浦智创城东部拓展区。项目用地性质为教育科研设计用地。李子园公园占地 4.7 公顷，示范楼总建筑面积约 11 782 m²，其中地上 5 层，建筑面积为 6 973 m²，地下 2 层，建筑面积为 4 809 m²。项目由世界 500 强企业上海建工集团旗下投资、设计、施工、运维全产业链相关单位共同建设，旨在打造具有全球影响力的高标准绿色碳中和建筑与近零碳智慧公园（图 1）。

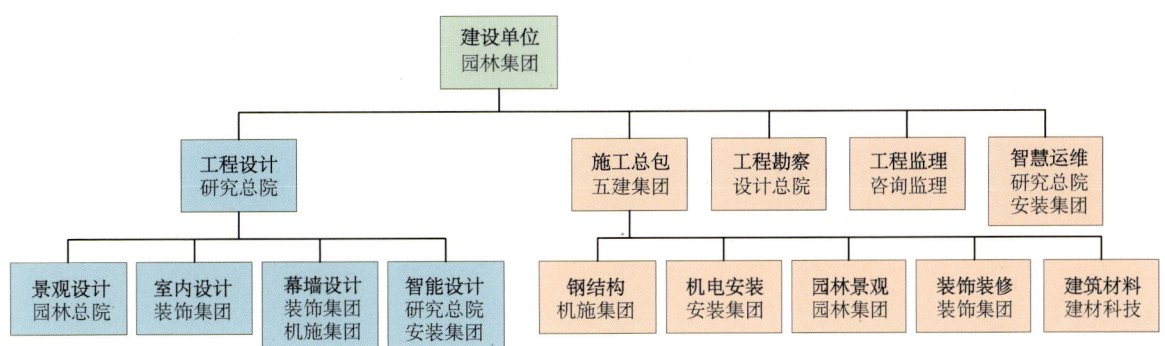

图 1 项目建设单位架构

1.2 项目设计理念

项目以零碳为最终目标，基于"公园""楼宇"两大建设主体的碳排放、碳中和特征，充分利用李子园公园（图 2）的固碳能力及海绵公园属性，实现对示范楼宇（图 3）的碳中和、碳抵消，最终实现楼园一体化近零能耗运维。

理念 1：能源驱动

通过建筑信息模型 BIM 技术应用、风景园林信息模型（Landscape Information Modeling, LIM）技术应用，结合物联网，GIS，大数据云等技术打造数字孪生平台，积极研究和开展全生命期零碳建筑、海绵型城市公园建造和运维实践，助力城市信息模型（City Information Modeling, CIM）智慧城市基础平台建设。

图 2　公园实景照片

图 3　示范楼实景照片

理念 2：能碳双控

通过建筑 BIM 技术应用，将"能碳双控"的理念贯穿应用于项目规划、设计、施工建造、运维等全生命期过程，推动建筑的净零碳排放技术、景观绿地的植物碳汇技术的研究与探索，助力国家"双碳"战略，实现"双碳"目标。

1.3　绿色建筑认证

上海建工集团积极践行绿色发展理念，主动探索并计划实现零碳、零能耗、零水耗、零废弃、零甲醛的绿色碳中和建筑目标。

作为上海市第一批减污降碳协同增效优秀案例，示范楼于 2022 年 11 月被中国建筑节能协会评为零能耗建筑（图 4），于 2023 年 7 月获得健康建筑设计三星认证证书（图 5）。

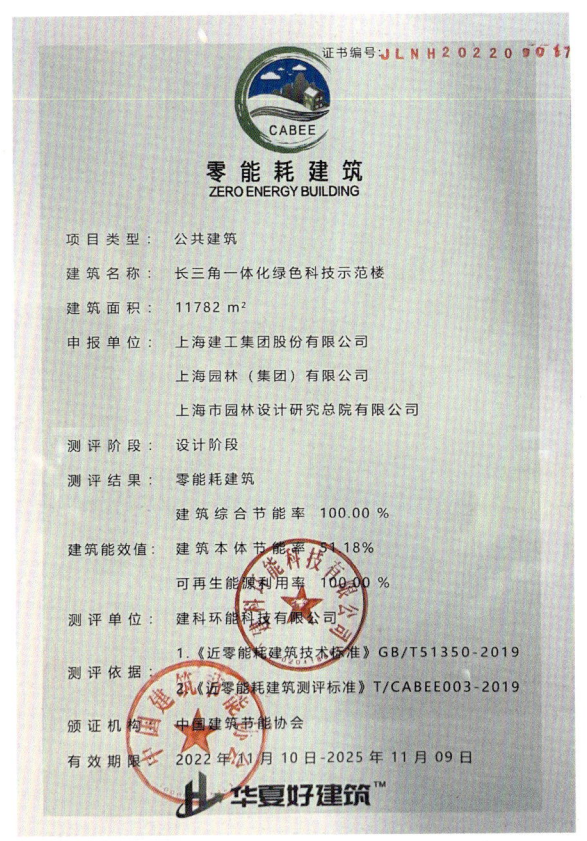

图 4　零能耗建筑认证

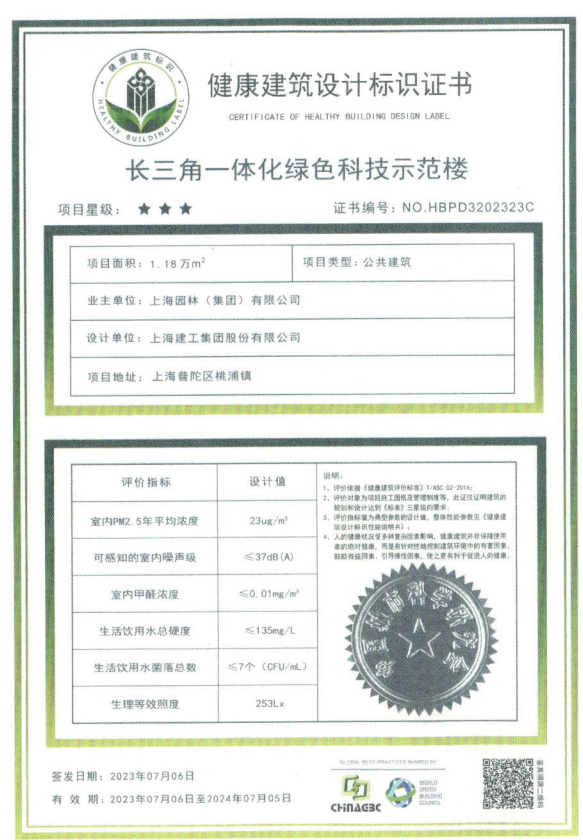

图 5　健康建筑设计认证

2　LIM 智慧园林建造的探索与应用

2.1　从 BIM 到 LIM

风景园林信息模型 LIM 是指在传统的 BIM 技术和软件基础上，将 GIS 技术、倾斜摄影技术、物联网、大数据等应用于风景园林数字化，实现从数据获取、数据处理、模型建立、数据集成到模型应用的综合性技术。它集成了景观工程项目的各种相关信息，是项目相关信息的详细表达，其信息数据在建筑设计、施工、运营、管理等生命周期中发挥着巨大作用。LIM 可实现风景园林现实世界与三维模型的连通，提高风景园林项目规划设计、施工建设效率，降低建设成本，为后期养护管理提供技术保障，是未来景观设计与建筑业的发展趋势（图 6）。

2.2　LIM 应用亮点

2.2.1　碳汇数据库

作为景观园林项目的先行示范性尝试，在公园设计启动阶段，选用技术成熟的平台服务

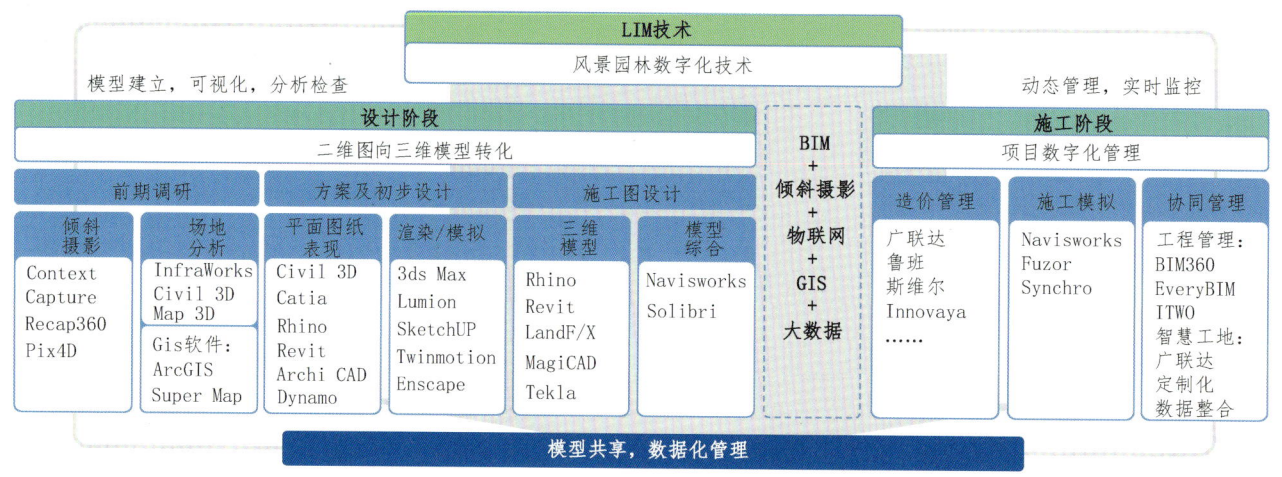

图 6　风景园林数字化技术

商，同步开始 LIM 应用平台搭建工作，使公园二维图文件与三维模型基本保持同步更新和深化。最终实现项目各阶段各类型数据实时共享，共享模型，查看轻量化模型，文档图片视频等数据修改备注等操作。并利用三维实景扫描技术，形成公园点云数据。结合 LIM 模型，建筑物数据可用于验证施工成果，植物数据用于构建植物碳汇数据库（图7）。

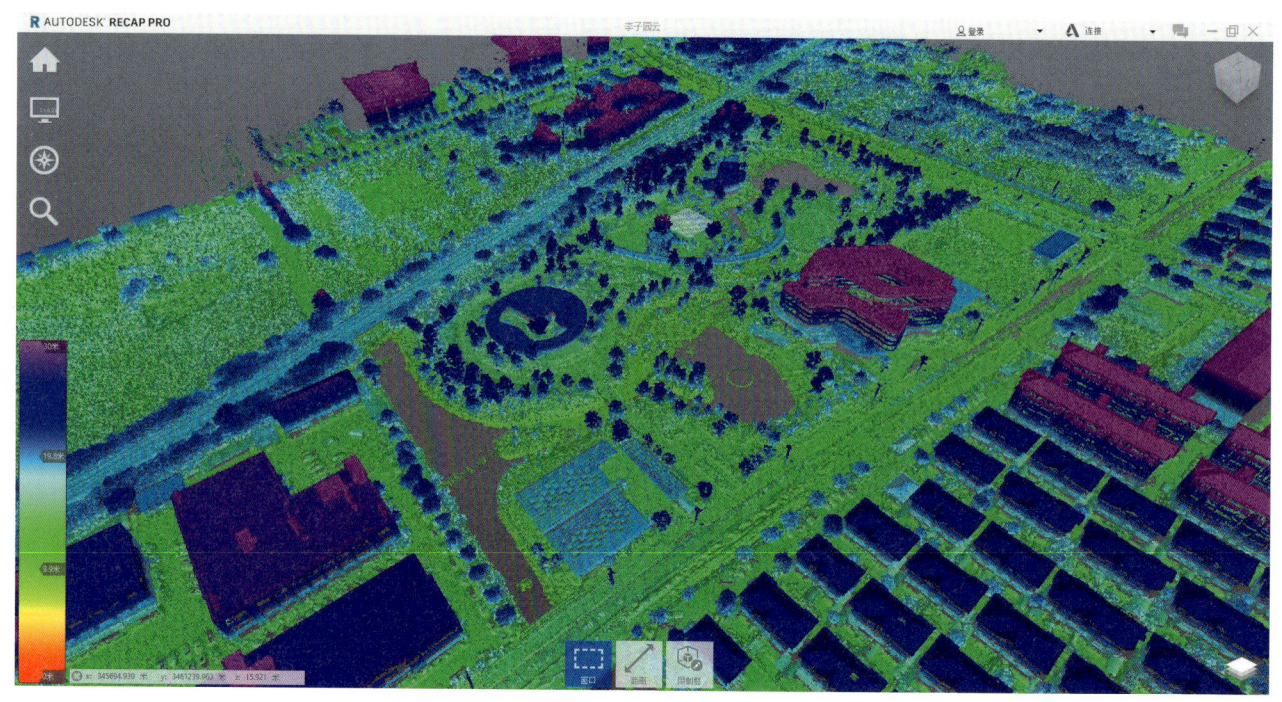

图 7　公园点云图像

利用点云数据定期更新模型中的植物信息，包括树高、胸径、冠幅体积等基本信息，连同计算得出单株绿植固碳释氧量合并录入碳汇数据库。依据植物固碳量差异对公园园林设计方案进行迭代管理，以更好地实现"双碳"目标（图8）。

2.2.2　植物定位与工程量统计

建立工程项目数字化档案库，电子归档公园乔、灌、草各类植物信息，为养护制订更新计划，项目方案具有可复制性，为数字化交付提供基础数据支持及作业指南。对施工建设过程进行数字化管理，

图 8　单株植物点云图像

实现单棵植株全生命期定位跟踪。优化采购种植施工成本，为后期公园园林养护提供孪生数据模型。

2.2.3　智慧公园运维

智慧公园运维运用生态透水材料结合景观竖向设计，收集并消纳周边区域雨水径流，存储并汇入中央集雨带净化，最终存入收集池。本项目年径流总量控制率为 80%；径流污染控制率为 64%；雨水调蓄容积 788 m³；透水铺装率为 84.7%。公园赋予传统基建设施数字化、智慧化的特征，建立智能感知、智慧监测、大数据分析、集成应用管理的一体化智慧平台示范点。利用 LIM 模型建立数据平台，收集和统计海绵系统数据，探索应用技巧，积累经验，总结其可推广性和可复制性，助力海绵城市数据管理运维方面的推广应用（图 9）。

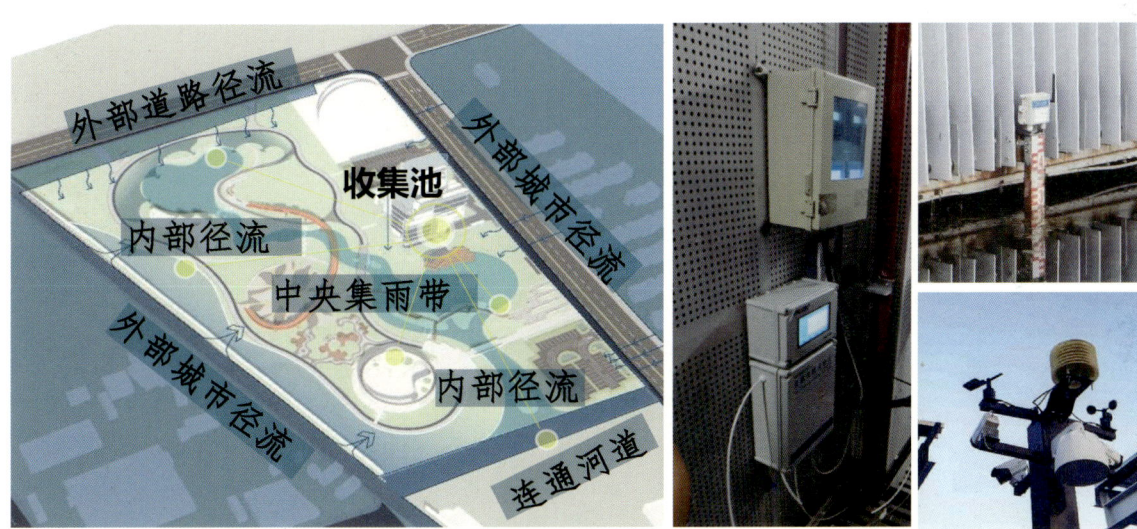

图 9　雨水回收路径及数据采集设备

基于智慧公园环境监测需求，使用 LIM 信息模型建立数据平台（图 10），搭载物联网技术（超 120+ 智慧传感器）对公园进行水质、土壤、大气等环境数据收集监测，为智能园林运维管理平台提供实时数据。公园智能灌溉系统基于 LIM 技术及多种传感技术搭建而成，搭配水位传感器、土壤湿度探测仪等智能化设备，形成一整套物联网，实现了对植物水分信息、土壤水分与温度等指标数据的采集及实时展示。运维人员结合天气预报，智能分析预测并制定灌溉方案，实现远程监控灌溉，可节约水肥 50% 以上。

图 10　公园智慧数据平台

3　BIM 智慧楼宇建造及 BIM+ 应用

3.1　BIM 数字化设计

在机电深化设计过程中，项目以精细化建模为基础，通过采用碰撞检测、4D 模拟、机电净高分析、成本预算管理等在内的多项应用来更好地完成设计及相关工作。

3.1.1　机电方案优化

利用 Revit 软件，高效地对各专业机电管线进行三维建模与精细化优化。通过其卓越的三维可视化技术，有效弥补了设计人员在空间布局上的想象局限，显著提升了设计的整体效率与品质。这一流程不仅加强了设计的准确性，也为项目执行阶段提供了更可靠的依据（图 11）。

3.1.2　管线碰撞检测

通过软件内置的碰撞检测功能，预先识别和排查设计方案中的错误、遗漏和潜在碰撞等问题，并即时生成详尽的问题报告，提升项目管理效率，帮助管理人员更精准地进行组织协调，及时解决问题，避免项目后期不必要的拆改与返工，确保项目的顺利进行和高质量完成（图 12）。

3.1.3　机电净高优化

对于不同功能区的不同净高要求，设计人员以 BIM 模型为基础，通过智能化分析净高，精确掌握所有区域的最终完成高度，及时对不满足净高区域进行再优化调整，提高与装饰单位的配合效率（图 13）。

3.1.4　4D 及工艺仿真模拟

根据施工进度安排，项目人员通过 BIM 技术对机电各专业施工进度进行仿真模拟和分析，验证各专业计划合理性，避免专业冲突。此外，通过 BIM 技术对如制冷机房、管井等重难点区域施工工艺进行可视化模拟，预先验证方案可行性，确保施工顺利进行。

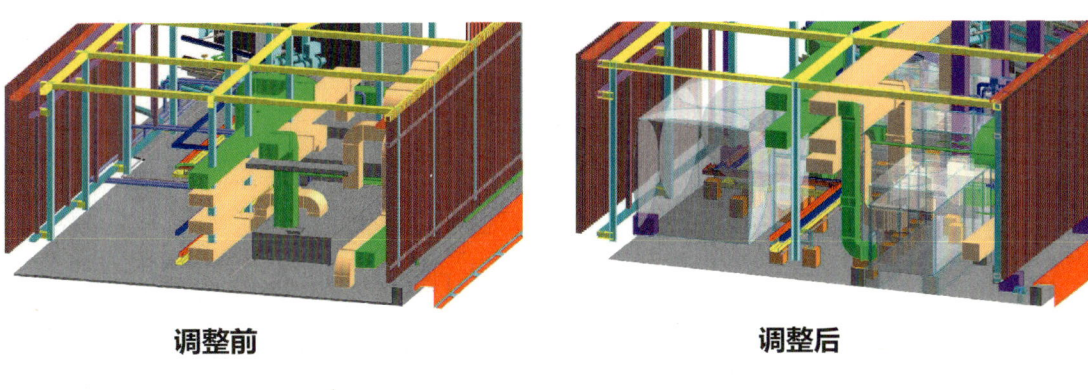

图 11 机电方案优化对比

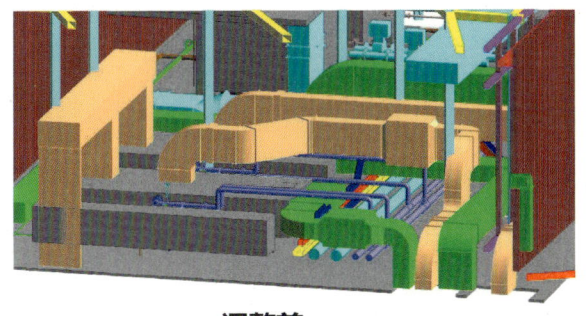
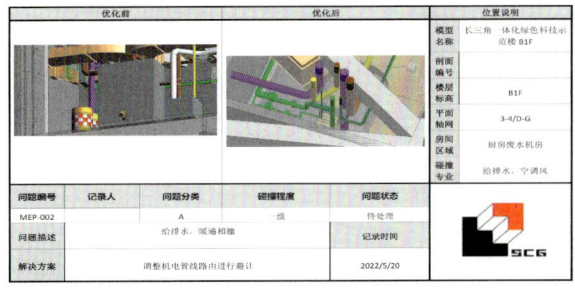
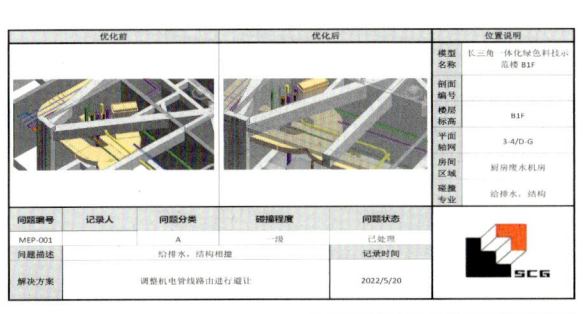
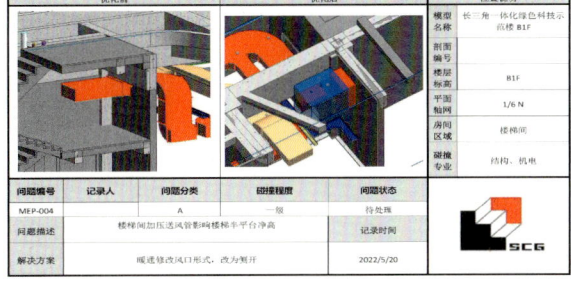

图 12 碰撞检测

3.1.5 VR技术交底

项目团队采用BIM+VR相结合的技术方式,将制作好的BIM模型导入VR软件中,为施工人员提供一种沉浸式的交底体验。利用VR技术加强施工人员的空间感知力,提高现场设计交底的工作效率。

3.1.6 数字化交付

为配合项目后期的数字化运维工作,项目团队在施工过程中分阶段逐步将施工过程信息录入BIM模型中,并最终形成数字化交付成果移交给运维管理团队,保证各阶段施工信息的有效传递和无缝衔接(图14)。

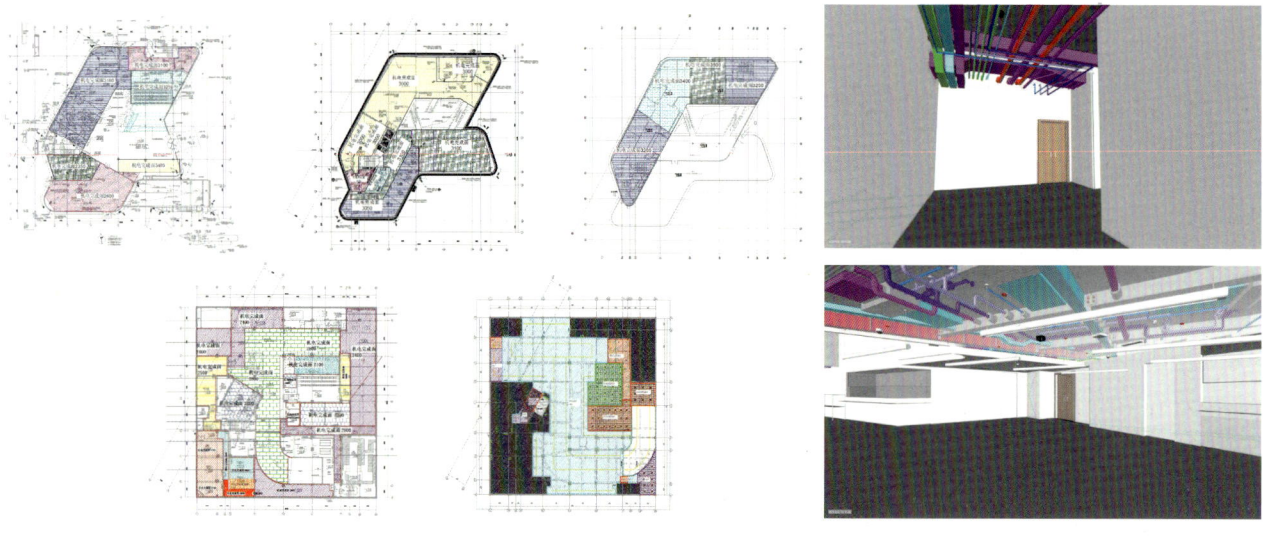

图 13 净高优化方案对比

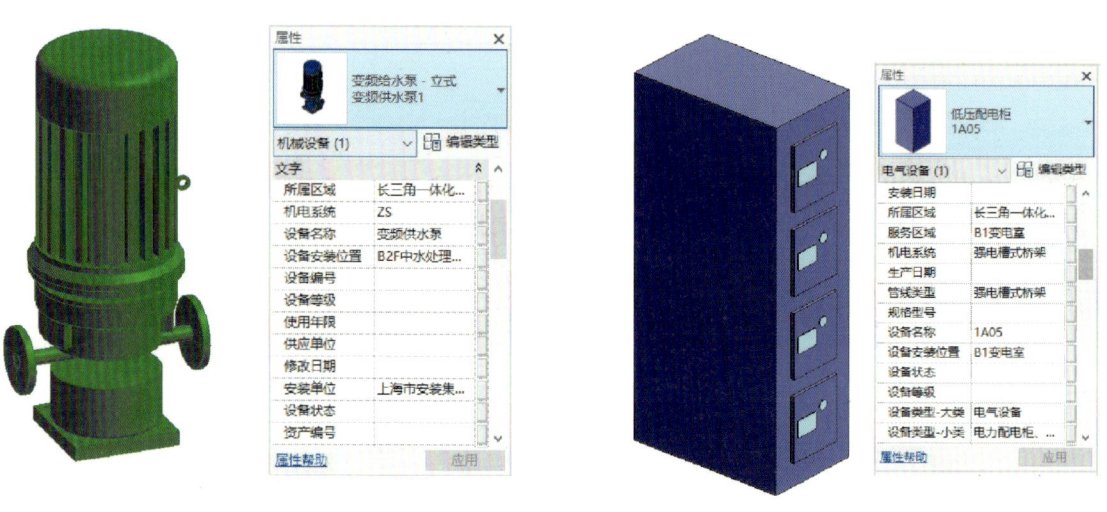

图 14 数字化成果交付

3.2 BIM 数字化装配

在"双碳"目标指引下的新战略布局中，本项目以科技创新为核心驱动力，积极实施绿色化、工业化与数字化技术的深度融合，深入探索和实践绿色施工与安装的创新路径。为此，项目精心选取了高效制冷机房、空调水管井以及水平综合管廊三个重要区域开展数字化装配技术的试点应用。

3.2.1 模块分割设计

利用模块化设计软件对试点区域内的 BIM 模型进行分段加工设计，实现模块化分割设计的自动、精准与高效。降低现场动火危险发生率，减少项目材料损耗，实现机电管线整体装配化，提升项目整体施工品质。

在模块化分割设计过程中，利用三维激光扫描技术采集现场实际数据，精确掌握现场施工误差，提高模型与现场的匹配程度。

3.2.2 模块加工制作

为提升分段模块的加工效率与质量，项目采用工厂预制的方式对所有分段模型进行加工制作；利用工厂化加工高效、可控、优质的技术特点，通过标准化流程管理，确保管道加工一次成优。

3.2.3 模块运输配送

为保证模块化单元从预制工厂到施工现场的运输质量,项目研发了管线模块运输工装,该工装适用于 DN50 至 DN800 且长度 6 m 以内各种类型管道模块的近远场运输配送,解决了运输效率低下,成品质量难以保障的问题(图 15)。

图 15　管线模块运输

3.2.4 模块装配施工

本工程制冷机房采用 BIM 施工模拟、活套法兰连接、预制模块装配施工、数据合模、误差消除等技术,实现机房无动火绿色施工,并将工期从 60 天缩短至 10 天;空调水管井采用组合立管吊装工装,将工期从传统逐根立管施工方式的 8 天缩短至 3 天;水平综合管廊采用管线模块就地组装、整体举升的工艺使作业效率提高 3 倍(图 16)。

3.3 BIM 数字化运维

为实现 BIM 的全生命期价值,项目搭建了一套智慧运维管理系统,全方位管理建筑能耗、设施设备、环境及运维。系统开发了能效管理、环境管理、机电设备管理、安防管理、消防管理、物业管理等多个功能模块。在物联感知、设备运维、碳排减量、安防提升、物业运维等多方面提供智慧化的场景应用(图 17)。

3.3.1 能源管理

本系统能效管理功能主要是对建筑整体能耗状况进行实时监测和精细化管理,并对建筑能耗做出等级评估,同时根据能耗数据,优化用能策略。

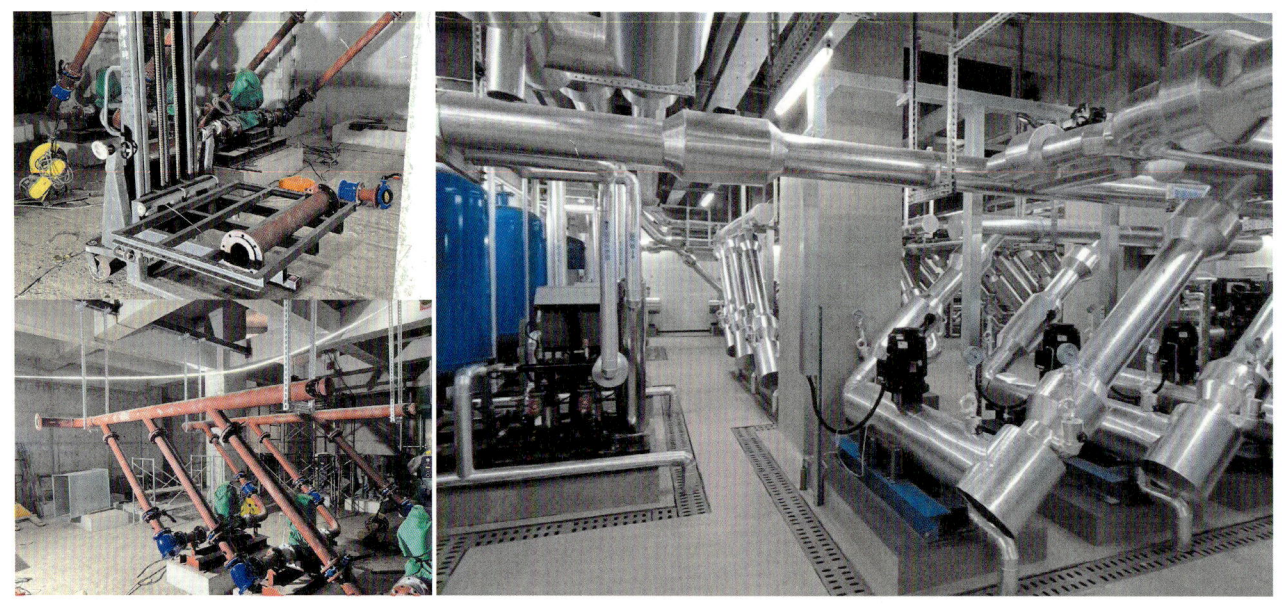

图 16 装配施工模块施工

图 17 智慧运维管理平台界面

3.3.2 设施设备管理

设施设备管理功能可以对设备运行参数进行监测，通过对比历史曲线，智能诊断异常工况，做到提前处理，从而保障设备稳定运行。

3.3.3 环境管理

环境管理功能运用工业级的环境检测设备，实时感知二氧化碳、一氧化碳、甲醛、颗粒物、温湿度、风速等各项室内环境参数；一旦发现超标情况后立刻下达指令，精准调度空调风系统进行处理，提升空气品质。

3.3.4 智能维保管理

智慧运维管理系统与 BA 系统结合，可自动上传各种异常数据，及时派发工单，协调维修人员进行处理。

3.3.5 安防管理

系统接入视频监控信号，与机电设备管理系统的故障信号联动，根据设备故障等级，主动调取故障部位监控画面，联动物业管理系统，生成工单。同时系统还接入火灾自动报警系统信号，设置报警弹窗，联动物业管理系统，生成工单。

4 总结与展望

本项目为桃浦老工业基地转型过程中对于绿色低碳发展的探索实践。项目地块经产业调整迁出污染企业，根据区域规划，通过土壤污染修复治理与园林造景相结合，污染土壤修复后的地块用于建设近零碳排放的公园和办公楼宇（桃浦李子园公园和长三角一体化绿色科技示范楼），将绿色低碳理念贯穿于项目设计、建造、运营的全过程，既拓展了生态空间、还绿于民，又兼顾经济发展，实施了楼、园、城一体化的零碳探索，实现了经济、社会、生态效益三者有效统一，在老工业基地低碳绿色转型方面具有较强示范意义和推广价值。

供稿人：卫丽亚　赵彦　邢磊　丁振宇　吴昕　王之兰

专家点评

长三角一体化绿色科技示范楼及李子园公园项目是上海首个楼园一体化近零能耗示范项目，秉持"能源驱动、能碳双控"的设计理念，通过治污造景相结合，旨在探索老工业基地绿色转型发展道路、打造高标准绿色碳中和建筑与近零碳智慧公园。

示范楼项目在建筑机电深化设计中应用 BIM 技术，通过碰撞检测、4D 模拟、VR 技术交底等手段，提高设计工作成果质量和施工效率；此外，基于 BIM 模型进行全流程数字化装配技术试点应用，并且搭建了 BIM 智慧运维管理系统用于全方位管理建筑能耗、设施设备、环境及运维，降低了项目管理难度，使得项目建设变得更加高效，最终被评为零能耗建筑并获得健康建筑设计三星认证。

在公园项目中，将 GIS 技术、倾斜摄影、物联网和大数据等与传统 BIM 技术融合研发出风景园林信息模型，在此基础上，采用三维实景扫描技术动态提取自然资源数据建立碳汇数据库，对植物进行定位并统计工程量，实现智慧公园运维。

案例 22

前滩 21-02、03 地块超高层综合体数字化创新管理应用

1 项目概况

1.1 工程概况

前滩 21-02、03 地块项目（以下简称"前滩 21 地块项目"），建设面积较大，施工周期较长，工程位于浦东前滩国际商务区内，工程拟建地块北侧为杨思西路，南侧为海阳西路，西侧为东育路，东侧为济阳路。中间由分隔墙分割为前滩 21-02 和 21-03 两个地块。总基地面积 63 804.3 m²，总建筑面积 608 784.2 m²，其中地上 378 460.2 m²，地下 230 324 m²。

本工程除裙房外的主体结构包含 2 座商业塔楼以及 4 座高级住宅，商业塔楼建筑高度分别为 195 m 和 159 m，4 座高级住宅楼高度均为 150 m，裙房高度为 30.95～35.5 m（图 1）。工程的结构形式有较多种类，地下室结构形式为混凝土框架结构；商业裙房结构形式为钢框架结构；住宅楼结构形式为现浇剪力墙-PC 叠合板结构；塔楼结构形式为钢框架劲性柱-混凝土核心筒结构。

图 1 项目效果图

1.2 项目特点

前滩 21 地块项目建设过程中主要存在以下难点：

(1) 项目超高层单体较多，施工装备种类多，超高层施工过程安全要求高。

(2) 超大、超深基坑施工工况复杂，集水井群深化设计复杂。

(3) 项目体量大，材料工程量精细化管理要求高。

(4) 项目文明施工要求高，需要完成"绿色建筑二星级认证、LEED 金奖认证"。

除上述难点外，项目周边情况极为复杂，不仅有 6 号线、8 号线、11 号线三条地铁线路，还存在较多正在施工或即将完工的建筑。施工过程需要特别注意地铁线路的保护和基坑变形的控制，另外，还需要合理规划交通运输线路（图 2）。

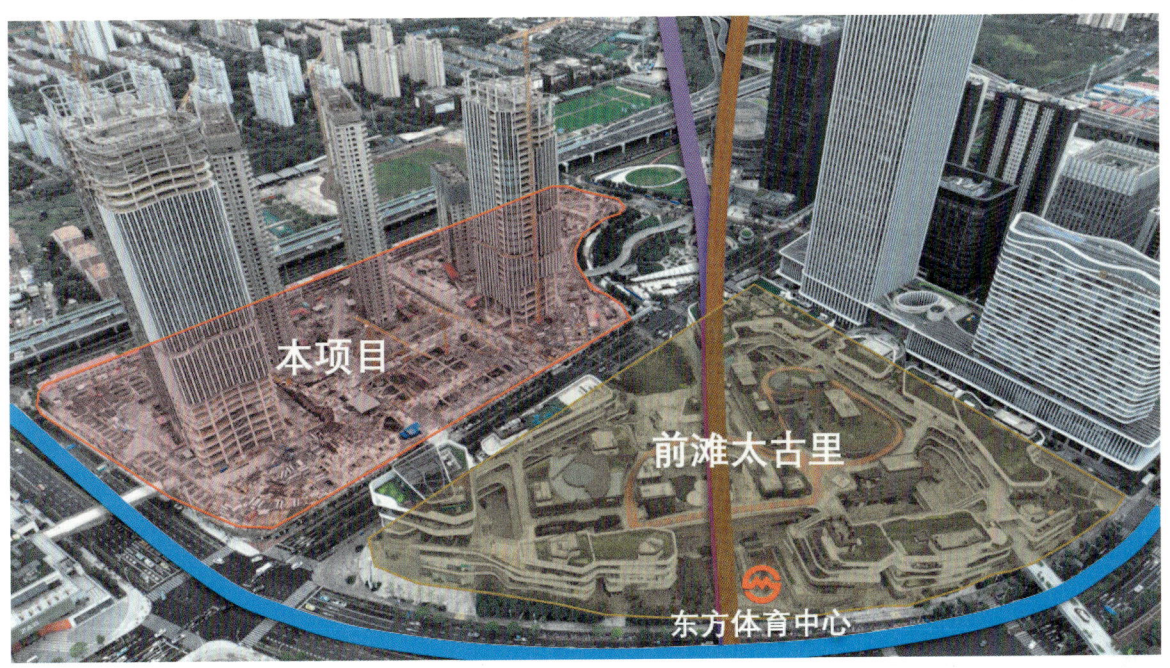

图 2　项目的周边地铁线路情况

考虑到项目的特点及实际存在的困难，承建方引入了 BIM 及数字化技术用于施工全过程的管理与控制，主要有以下五方面的应用：施工方案正向模拟设计、方案数字化模拟计算分析、超高层远程自动监测平台应用、材料工程量数字校核及算法优化研究与应用、基于 BIM 技术的数字化碳管理应用。

2　数字应用实施管理

项目的数字化管理组织架构如图 3 所示。

本项目设立了专职 BIM 负责人和土建、机电、钢结构和幕墙等不同专业的 BIM 工作组，与项目总工程师配合协调指挥，以确保各专业协同工作。同时，本项目配置了高性能计算机、专业建模与应用软件以及数字化管理平台，以支持 BIM 建模和集成应用以及数字管理相关工作的开展。

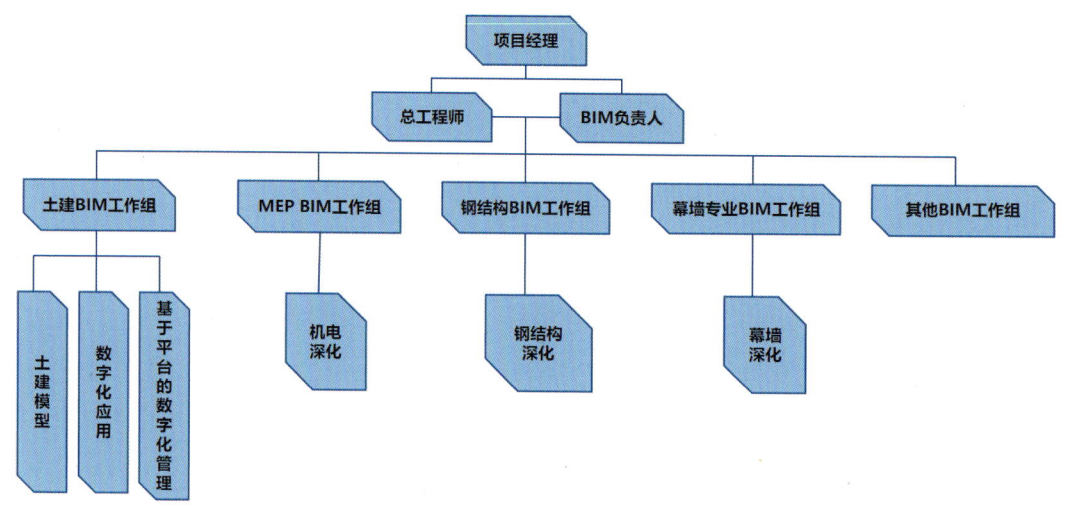

图 3　项目的数字化管理组织架构

2.1　BIM 技术实施与协调

本项目在开工前，由 BIM 顾问单位牵头，业主、设计、施工单位共同参与，以业主单位"BIM 技术应用管理标准"为参考，编制并实施《前滩 21-02、21-03 号地块 BIM 技术实施管理大纲》，定下了项目各类 BIM 及数字化成果的指标与要求。该大纲内容包含项目的基本情况、实施管理体系、各分项与专业在不同阶段的 BIM 技术执行管理标准、各参建方例会和问题汇报与交付的内容。

2.2　BIM 技术实施与协调

在项目各方联合编制大纲的基础上，总承包单位的 BIM 团队进一步细化了内部工作方式，制定"内部建模与审核流程"，项目实施管理过程均严格按照该流程执行。同时对项目成员和分工任务精细划分确定工作界面，并结合本项目作出具体应用计划和工作分配（图 4）。

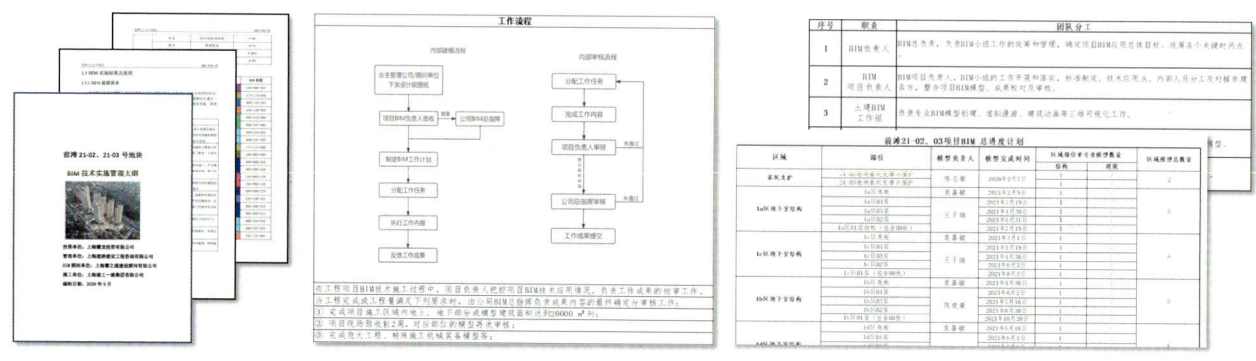

图 4　数字化应用管理内容

3　数字化创新应用

3.1　超高层专项方案数字化施工模拟与分析计算

本工程后期各专业单位较多，存在多家专业单位同期施工，在施工平面内存在各专业单位穿插作业、交叉施工的情况。作为总承包单位，必须协调组织好各专业分包单位之间的施工配合与搭接，合理划分工作面及工作关系，确保各专业单位正常施工。通过 BIM 技术直观地对工程各阶段工序及工法进行模拟，通过"数字化计算分析"验证安全性，另一方面还能有效提高各单位沟通和交接效率。

由于本项目特殊的需要，电梯井道施工需采用内筒施工操作平台完成。经过对比后发现现有内筒施工操作平台不满足本项目的使用需求，纯钢管扣件式操作平台施工效率低，脚手架周转时间较长，不利于节约成本，且架体高度过高存在安全隐患；型钢焊接整体式操作平台：用钢量大，爬升时占用塔吊使用时间，且过程中存在较大的安全隐患。

最终承建方决定自研一种"自提升筒体施工操作钢平台"，研发过程均通过 BIM 技术提资的三维可视化方案深入设计，并进行了可行性模拟与优化，期间不断进行纠错并根据三维可视化方案不断优化，最终该平台成功在本项目中使用并可推广到其他项目，具有"质量轻、成本低、效率高、承载大"四大特点，平台研发团队取得了诸多科研成果（图 5）。

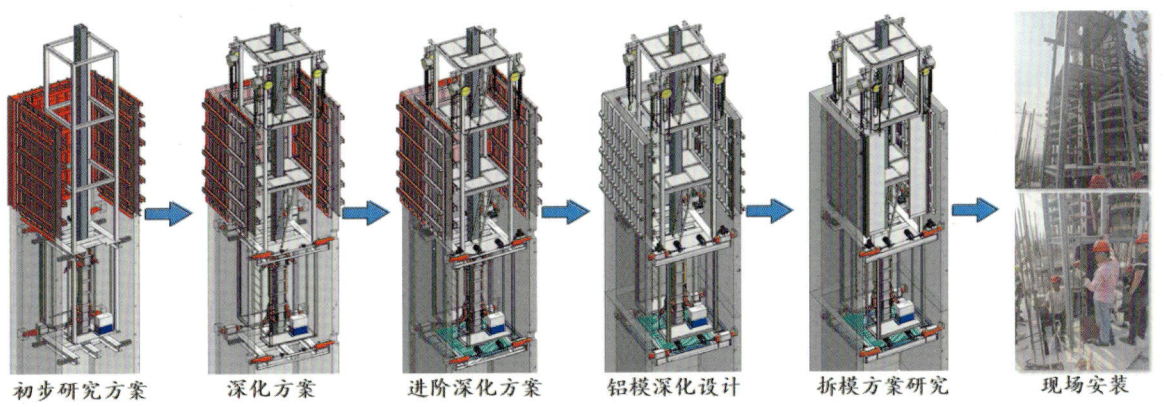

图 5 "自提升可悬停式施工操作平台"方案研究与模拟深化过程

通过 BIM 技术承建方还进行大量大型施工装备的设计选型及模拟分析。在确定设计方案后，进一步通过数字化软件进行深化设计与模拟分析，验算设计成果。在"T1 塔楼钢平台"的设计选型和模拟分析工作中，承建方采用数字化手段分析了不同牛腿方案下的受力和位移情况。最终，确定了在核心筒墙体施工到收分阶段时，采用"四牛腿方案"（左单体 4 牛腿，右单体 5 牛腿）以保证施工高效有序（图 6）。

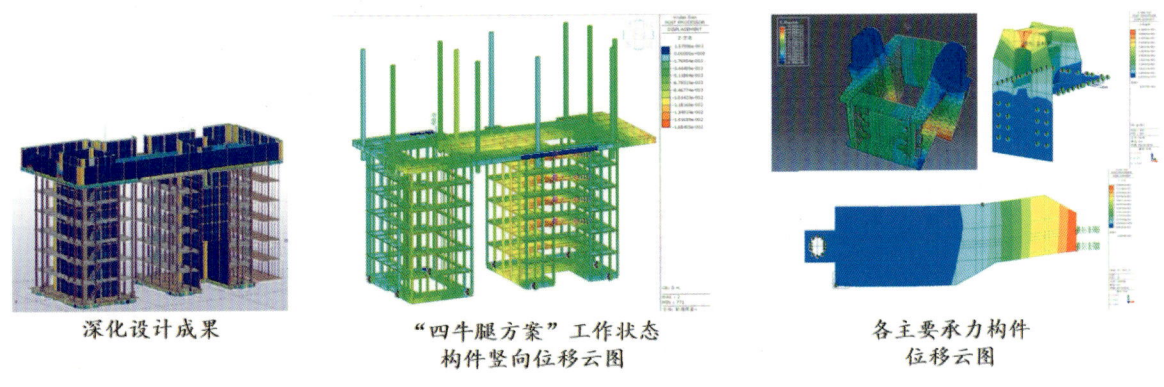

图 6 "T1 塔楼钢平台"设计选型深化与数字化计算分析

通过对 DOKA 爬模装置进行数字化分析，计算各个单体、杆件、导轨、连接件等构件在不同场景工作、提升、极端的情况并进行详尽的数字化分析，使安全施工有了充分的理论保证（图 7）。

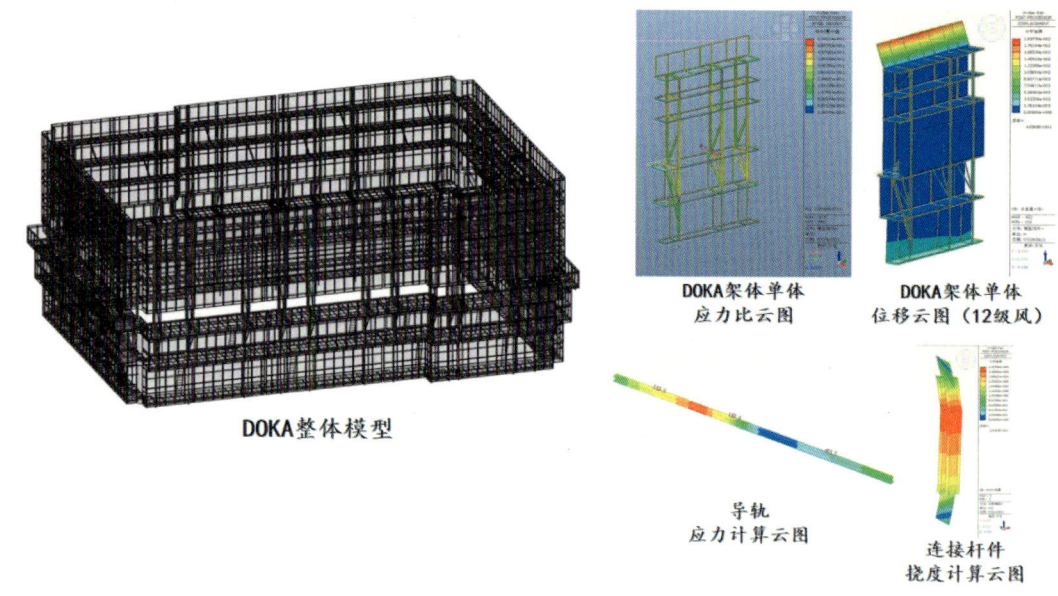

图 7 "DOKA 爬模装置"数字化计算分析

另外，在整体提升脚手架的设计和验算上也采用了数字化施工模拟计算分析的方法。按照脚手架操作安全要求，整体提升式脚手架在六级风（13.8 m/s）作用下方可正常工作或爬升。根据施工流程，整体提升脚手架结构施工工况分为工作工况和爬升工况。对风力、风级提高一个等级考虑风荷载的不同取值，并进行 12 级台风工况复核。通过 Revit 完成模型的创建，通过插件导入模型分析软件中并进行数字化分析，有效保障施工安全顺利进行（图 8）。

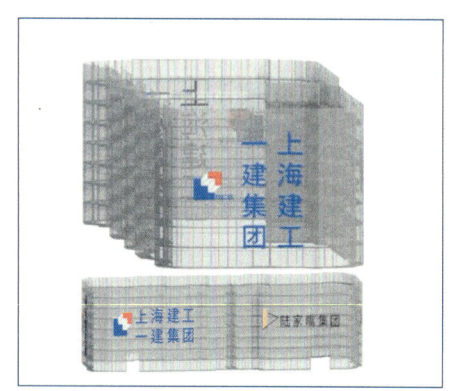
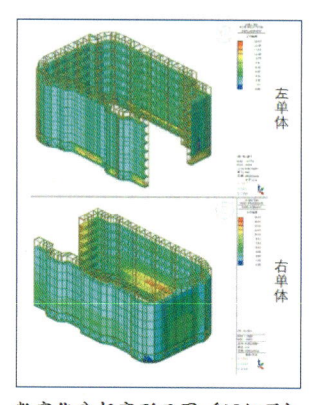

图 8 "整体提升式脚手架"数字化计算分析

3.2 超高层专项方案数字化施工模拟与分析计算

超高层建造过程产生的数据较多，尤其在各类设备工作状态和提升状态时参数的控制尤为重要。

本项目开发了超高层远程自动化监控平台，综合运用自动化监测数据采集、BIM、通信网络和人工智能等技术，建立以实时监测为核心的数据管理中心和平台服务应用系统，还提供安全状态监测、风险预警等功能。监测数据处理分析系统可规范自动化监测数据格式，优化数据前处理和后处理流程，提高监测数据成果的可靠性、稳定性和统一性，促进数据共享（图 9）。

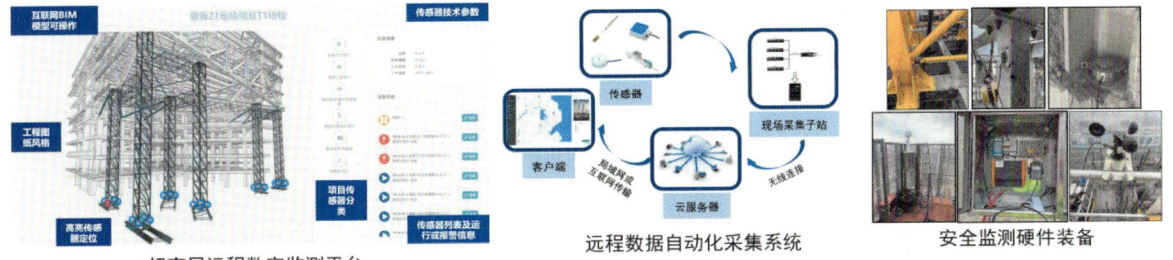

图 9　超高层远程自动化监控平台的采集管理原理

通过设置不同传感器，集成物联网和通信网络技术，实现监测传感器和测量设备的系统部署、连续采集、远程传输和精密控制；通过将 BIM 数据、文档资料和其他监测相关数据内容进行结合，形成各类不同监测控制系统并在平台直观展示钢平台位移、姿态等信息，通过物联方式进一步实现各种数字化管理功能（图 10）。

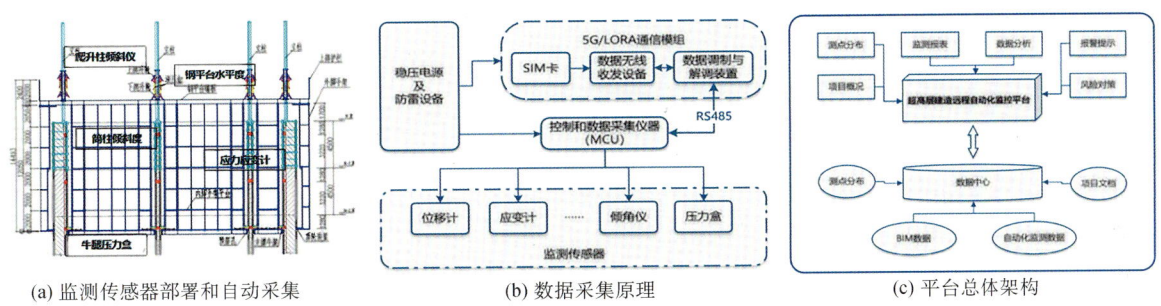

图 10　超高层远程自动化监控平台的后台及数据采集处理原理

3.3　多联集水井数字深化设计方法

本项目不同区块存在较多、较大、较深的基坑，其中包含的集水井放坡交错复杂。技术人员深化设计过程面临着时间短、任务重、改动多的难题，传统集水井深化设计方法存在大量的手工计算和绘图工作，工作效率低，人工误差多。在过程中不断探索，一套以 BIM 技术为基础的"多联集水井深化设计方法"被研究并总结了出来，且可满足快速响应变更的需求（图 11）。

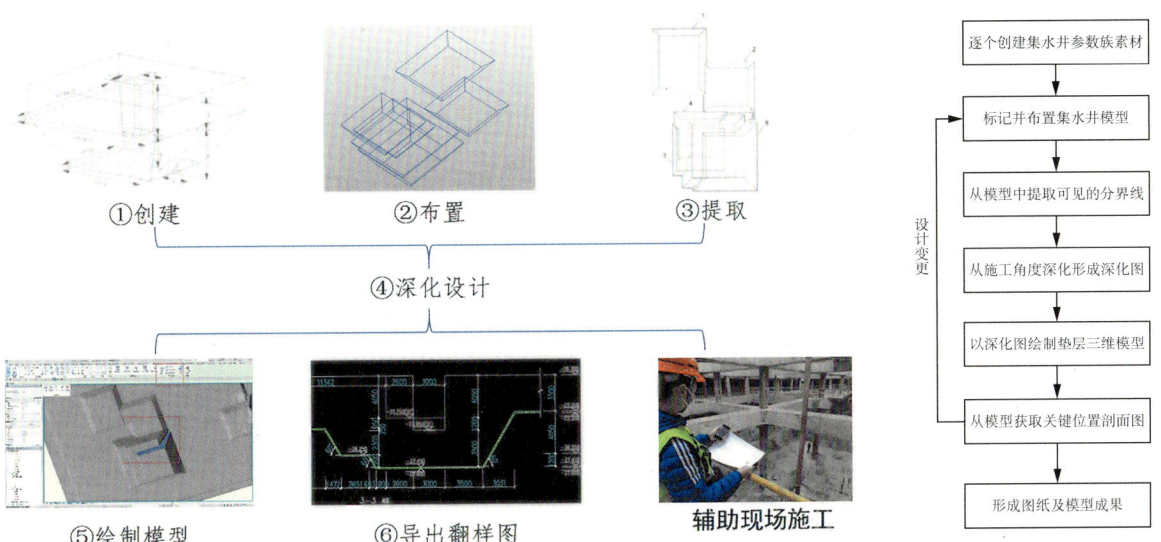

图 11　多联集水井深化设计方法的实施步骤

以前滩 21 地块项目 1a 区块为研究对象，通过简化计算内容、提高出图效率、快速响应设计变更三个角度开展研究工作，总结出了"一种多联集水井快速深化设计方法"。通过数字化方式简化计算与绘图流程，过程中若存在设计变更也能及时响应修改，总结并申请了相关发明专利，并在公司其他项目中推广使用该深化设计方法，取得了较好的反响（图 12）。

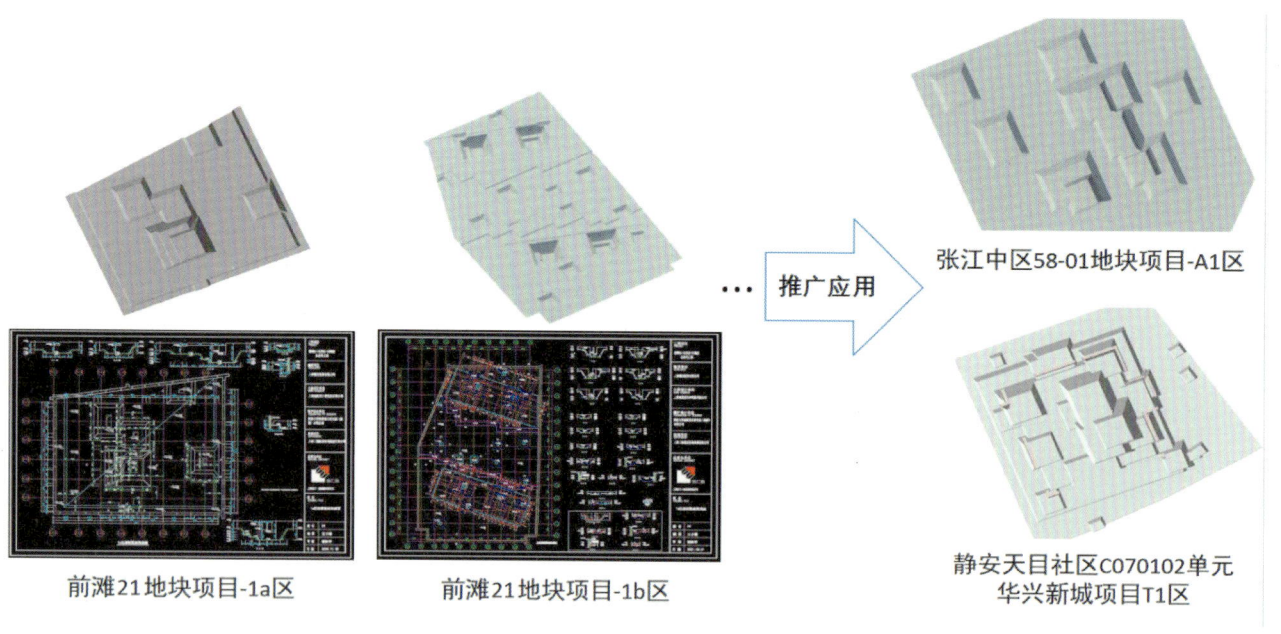

图 12　多联集水井深化设计方法的推广应用

3.4　钢筋算量数字校核及算法优化

由于本项目体量较大，工程量计算繁杂，期间存在的材料浪费等情况。为研究钢筋工程量手算和电算方法的准确性，使算量结果更加全面细致，提高项目经济效益，进行了以 BIM 技术为基础的钢筋算量精准校核及算法优化研究（图 13）。

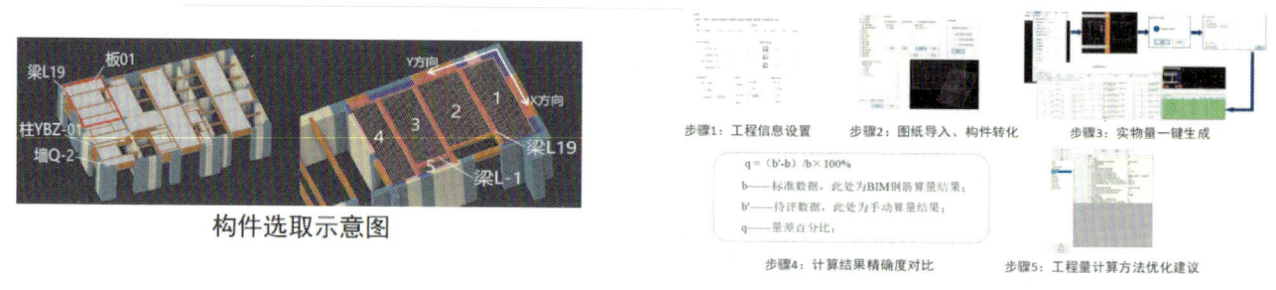

图 13　钢筋算量精准校核及算法优化技术的选取示意和具体实施步骤

通过对项目中选取的具有普遍性的柱、墙、梁、板构件研究，以及电算和手算工程量对比反查，分析其中存在的差异并给出计算优化建议。在此基础上进一步研究并总结出较为成熟的"钢筋算量精准校核及算法优化技术"。

通过对手工计算优化前后的工程量与实际工程量比对分析，发现经该方法优化后，工程量的量差被控制在 1% 以内。通过此项研究，总结了各构件的电算与手算过程中产生数值差异的原因，修正了过程中存在的问题，节约了材料成本，提高了数据的精确度（图 14）。

构件	钢筋种类/型号	BIM钢筋算量 b / m	优化前手动算量/优化后手动算量 b' / m	量差（前/后）/ m	量差百分比 q（前/后）/（%）	
柱 YBZ-01	主筋/C32	208	208 / 208	0 / 0	0 / 0	0
	箍筋/C12	849.03	850.08 / 849.03	1.05 / 0	0.12	0
墙 Q-2	纵筋/C14	25.15	25.49 / 25.2	0.34 / 0.05	1.35	0.2
	水平筋/C12	95.04	95.57 / 95.04	0.53 / 0	0.56	0
	拉结筋/A6	37.93	39.6 / 37.84	1.67 / -0.09	4.4	0.24
梁 L19	面筋/C20	16.2	16.1 / 16.2	-0.1 / 0	0.62	0
	底筋/C20	32	32.2 / 32	0.2 / 0	0.63	0
	支座钢筋/C20	19.12	28.14 / 19.12	9.02 / 0	47.18	0
	腰筋/C12	46.32	42.6 / 46.2	-3.72 / -0.12	8.03	-0.26
	箍筋/C8	62.56	61.2 / 62.56	-1.36 / 0	2.17	0
	拉筋/A6.5	19.66	19 / 19.66	-0.66 / 0	3.36	0
板 01	底筋、面筋/C10	887.95	905.69 / 890.3	17.74 / 2.35	2.0	0.26
	附加受力筋/C10	41.4	46.2 / 41.4	4.8 / 0	11.59	0
	附加分布筋/C10	7.25	0 / 7.25	-7.25 / 0	-100	0
	洞口加筋上/C14	4.41	4.5 / 4.44	0.09 / 0.03	2.04	0.68
	洞口加筋下/C14	3.81	3.9 / 3.84	0.09 / 0.03	2.36	0.79

量差<1%

图 14　手工计算方法优化前后工程量准确性对比分析

在此研究基础上开发了钢筋对量小程序，可实现不同软件输出的钢筋工程量自动比对。小程序可抓取上传文件的值，将存在差异的值记录并加上标识颜色以及直观地进行自动对量，有效提高了工程量的准确性，节约了材料成本（图 15）。

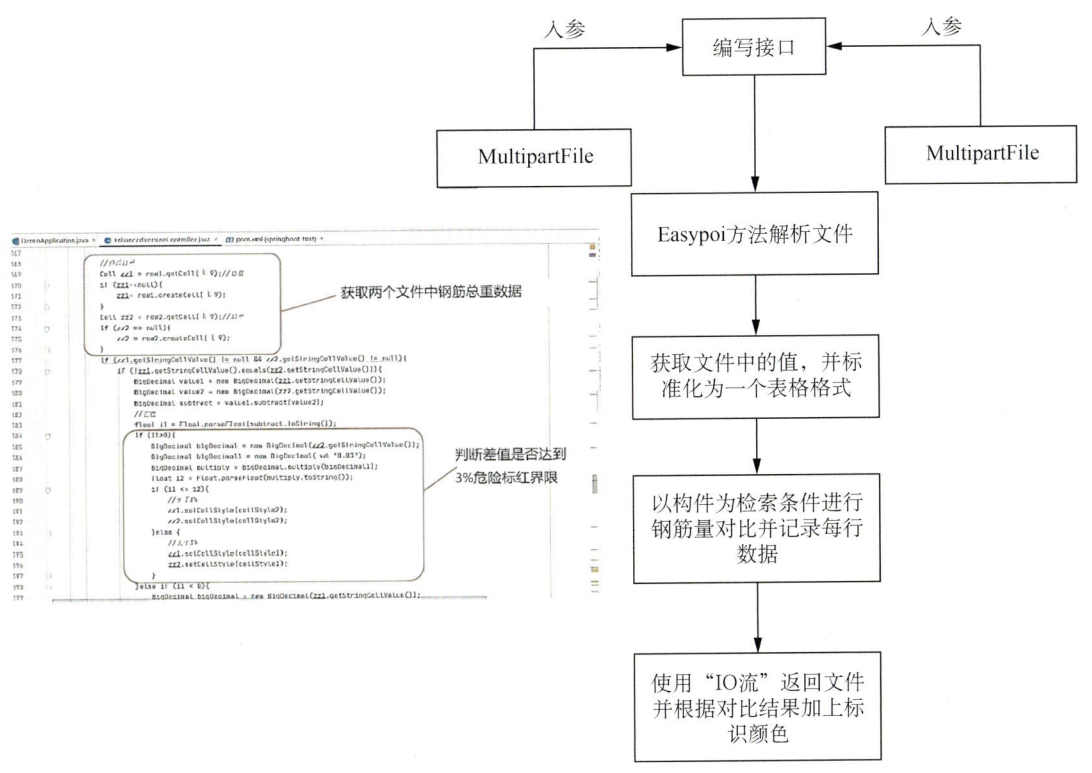

图 15　钢筋对量小程序开发的原理和逻辑示意图

3.5　碳排放数字化管理

通过 BIM 技术统计材料用量和精确碳排放数据，通过 BIM 预排布降低材料浪费，促进绿色建筑双碳管理。

本项目将碳计算模块与 BIM 算量技术嵌套联动，实现 BIM+ 碳管理。通过 Revit 软件统计各类主材用量，将数据在表格中关联并自动计算材料隐含碳排放量，最终反推项目总体碳排放情况并加以干预。根据计算，前滩 21 地块项目材料隐含碳排放强度为 422.90 kg CO_2e/m^2，低于相似项目平均水平 450 kg CO_2e/m^2（图 16）。

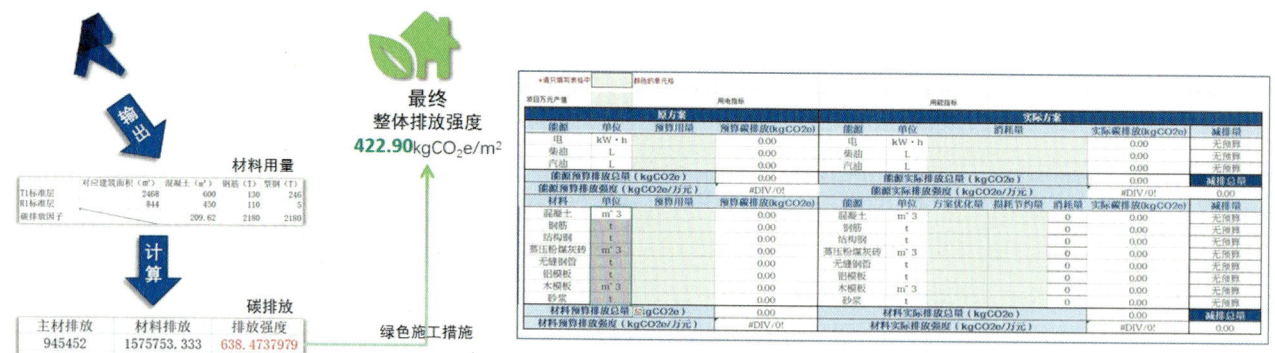

图 16　碳排放数字化算量及其计算原理

目前，商业综合体项目平均碳排放强度（材料分项）为 450 kg CO_2e/m^2，经过预算发现 T1、R1 楼栋碳排放量较高，经过优化建材选型、预排布、做好材料周转等绿色施工的方式。最终，预计将本超高层项目的碳排放总量控制在普通商业综合体项目的排放标准之内，与之相比减少碳排放总量约 16 498 吨。

4　数字化其他应用

在其他数字化应用上，本项目也做了许多深入的工作。一方面，在基本建筑、结构、机电模型之外，还在基坑围护和样板区的视觉样板（Visual Mock-Up, VMU）等不同专项内容建立了深化模型，在钢结构、PC 构件进行了深化设计和构件加工应用，同时丰富了大量大型施工装备的模型素材库，为后续项目的模型标准化使用打下了基础。另外，通过数字化手段进行机电管线的碰撞检查与综合，截至目前已发现并解决了 300 多个问题，避免了返工和材料浪费。另一方面，数字化应用还辅助现场技术人员做场布设计、4D 施工进度模拟、技术路线优化和方案论证交底等工作，保障了项目相关技术方案的顺利开展实施。在本项目施工的关键工序处，通过施工模拟动画与漫游动画展示关键内容并进行有效交底（图 17）。

项目通过数字管理平台进行资料管理、模型管理、人员管理和安全管理，提高了项目管理的效率和精度。各相关单位按流程将图纸、模型和相关报告上传至云服务器，供业主、管理公司、BIM 顾问等相关方进行资料查阅、模型整合和碰撞检查等。BIM 工作过程中产生的问题每周被上传至云服务器（图 18）。

各相关单位方可上传专业模型，由管理员审核后添加到项目模型浏览中，可查看模型的基本属性以及漫游、剖切、显隐、构件工程量统计等简单应用。项目通过平台内置人员管理功能对场内人员进行管理，管理人员及工人均需要通过人脸识别和考勤进出场，系统能够实时反馈场内人员数量及个人基本情况，若发生紧急情况能及时采取有效措施（图 19）。

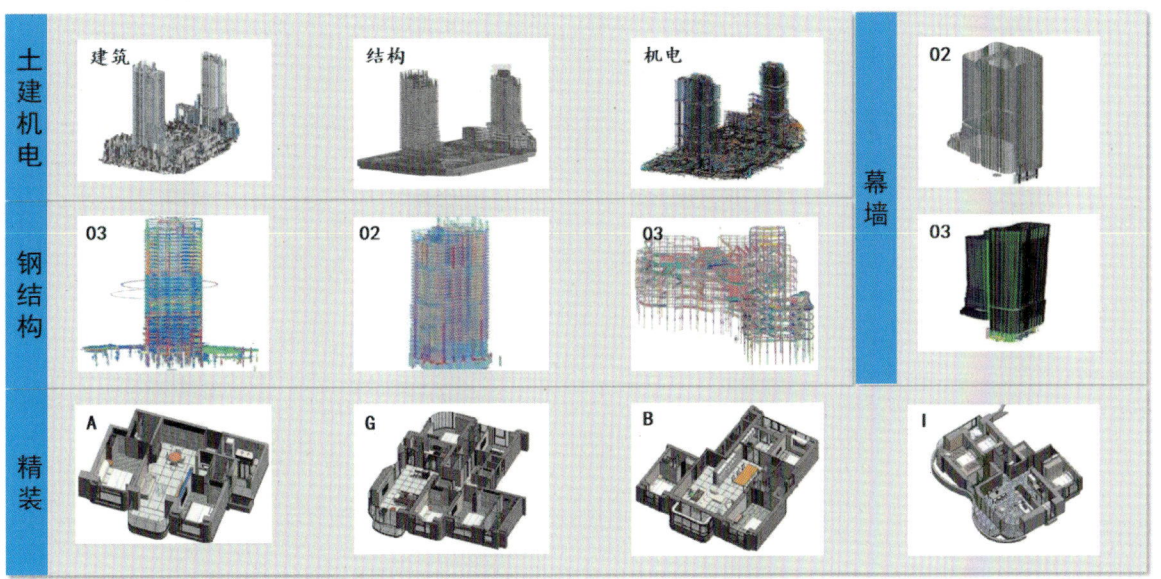

图 17　本项目涉及的各类专业模型示意图

各参与方信息　　　　　　　　　　　　　模型、图纸等文件共享

图 18　平台资料共享管理示意图

(a) 模型浏览、构件属性

(b) 模型剖切

图 19　平台模型管理与应用示意图

5　总结与展望

本项目通过深度应用数字化创新管理技术，为项目节约预计约 1 510 万元建设成本。多联集水井的数字深化设计方法显著提升了经济效益，通过精确指导施工，减少了土方开挖和材料损耗，节省了成本约 280 万元。机电碰撞与管综优化预计将为项目节省 300 万元以上返

工修改费用。钢筋算量的数字校核则通过提高管理效率，节省了约 500 万元成本。

此外，数字化施工模拟与计算分析、远程数字监测平台等技术应用，极大提升了施工安全性，减少了事故发生率。多联集水井数字深化设计方法不仅提高了设计效率和质量，还适应了行业边设计边施工的需求。碳排放数字化管理实践则体现了公司对环境保护的积极态度，有助于推动行业绿色转型。

展望未来，持续深化数字化技术在项目管理中的应用，不断总结经验，创新技术，为行业提供更多优秀案例。通过不断推动行业创新与发展，构建更加高效、安全、绿色的工程项目管理体系，为实现可持续发展的社会环境贡献力量。

供稿人：王子瑞　凌旭辉　丁剑磊　王少纯　满海达

专家点评

前滩 21 地块项目位于浦东前滩国际商务区，包含多栋超高层建筑及裙房主体结构，具有超高层单体多、建筑体量大、施工装备种类多、周边环境复杂等特点。项目团队通过引入 BIM 及数字化技术，实施了施工全过程的精确模拟、数字化分析管理以及材料和碳排放核算，不仅有效解决了超高层、超大基坑施工中的技术难题，提高了设计效率和质量，全方位地显著降低施工成本，体现了绿色施工的理念。特别是在超高层专项方案数字化施工模拟与分析计算方面，项目团队展现了极高的创新能力和实践能力，自研的"自提升筒体施工操作钢平台"通过 BIM 进行三维可视化设计和模拟，成功解决了现有平台不满足需求的问题，提高了施工效率和安全性。该项目在数字化创新应用方面的成功实践，为类似的超高层综合体项目建设提供了宝贵的经验，在数字化创新管理方面具有极高的专业水准和示范价值，对推动建筑行业数字化转型和升级具有积极意义。

第五篇
城市数字孪生赛道

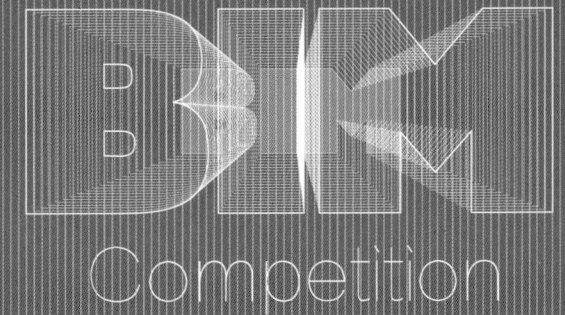

Awarded Cases of
BIM
Competition

案例 23

上海港智慧指挥中心

1　项目概况

1.1　工程概况

上海港作为全球第一大集装箱港口，是南北沿海运输和长江经济带江海联运的重要衔接枢纽、"21世纪海上丝绸之路"的重要节点，同时背靠发达的长三角洲地区，是国际集装箱贸易航线的重要枢纽，也是我国对外开放、参与国际经济大循环的重要口岸。

2023年，上海港（下文简称"全港"）集装箱吞吐量突破4 900万TEU（标准箱）大关，连续第14年蝉联全球第一，集装箱航线覆盖全球200多个国家和地区的700多个港口，每周班轮进出超过320个班次，每年进出港作业近6万艘次船舶，各类航运要素高度集聚，航运服务能级持续提升。作为全球领先的集装箱港口运营商和上海国际航运中心建设的排头兵，为进一步巩固和深化上海国际集装箱枢纽港地位、提升全港管控水平、加快数字化转型升级，项目融合数字孪生、人工智能、大数据等数字技术，构建数以百万计的智能孪生体，以全球第一大集装箱港口的码头数字孪生一体化管控推动上海智慧港口、智慧口岸的数字化转型和高质量发展。

1.2　项目特点

传统的码头大数据分析、展示系统主要以二维表格和图表（界面原型）的形式展示数据分析结果，分析行为以被动查询为主，性能瓶颈和事件往往需要经验丰富的专业人员才能识别，缺乏直观性、关联性，响应速度慢等缺点突出。项目针对传统系统存在的弊端，突破港口全过程数据无缝交互的集团级数字孪生高保真与虚实融合关键技术、自学习且可扩展孪生分析和智能算法融合技术等技术难点，研发了全球第一大集装箱港口的码头数字孪生一体化管控平台：

（1）及时、高效、简单、直观地感知和指导实际生产运营（图1）。

（2）对作业大数据从事后分析总结逐渐过渡到事中分析预警和事前分析指导。

（3）首创对接航道级的数据，并关联港口运营数据，直观呈现码头与航道之间的关联并提供决策依据，航道、锚地、东海大桥的数字孪生将上海港原有生产的管控区域从码头扩大到整个港域，这在港口领域是首次尝试，也首次将港口管理与城市道路管理相结合。

（4）项目不仅关注自动化码头的发展需求，还为传统非自动化码头提供了可行的解决方案，使得数字孪生平台具备了可复制、可推广的价值（图2）。

图 1　自动化码头数字孪生

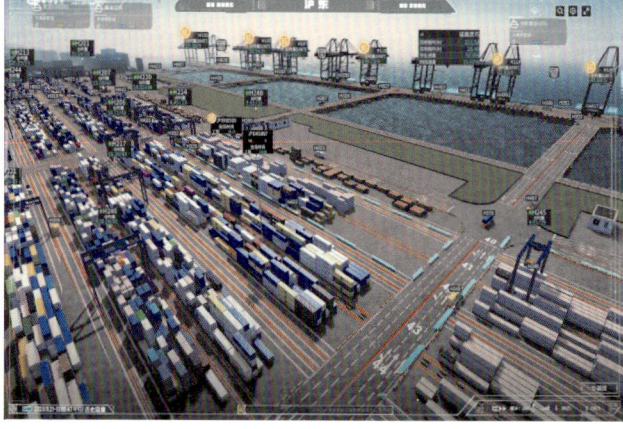
图 2　传统码头数字孪生

2　组织架构

本平台建设包括系统开发、测试、推行优化及验收等多个阶段，上海国际港务（集团）股份有限公司特别组建了智慧港口生产指挥数字化平台项目建设领导小组和工作小组，负责统筹协调资源、强化落实，确保项目的顺利推进。由生产业务部牵头组织，信息化办公室（现科技信息部）配合，港航纵横（上海）数字科技有限公司及上海海勃物流软件有限公司负责研发，其他相关单位积极协助（图 3）。

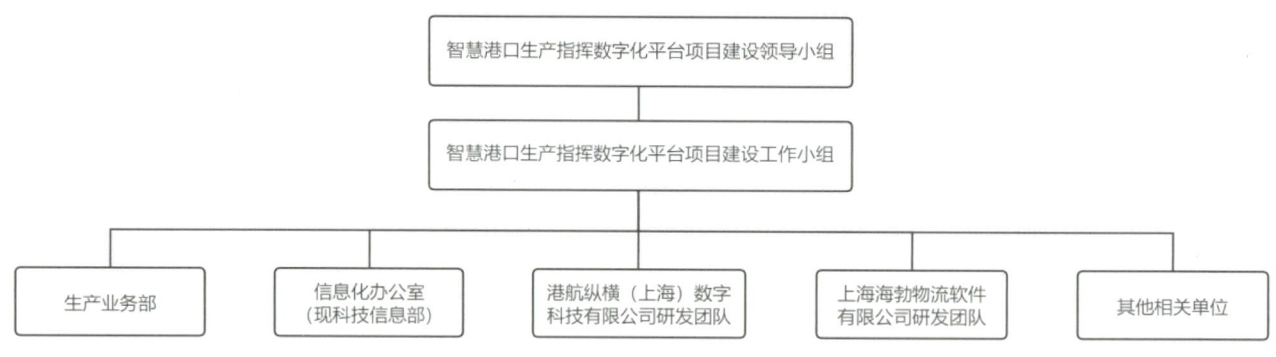
图 3　组织架构图

3　项目应用介绍

3.1　数字孪生技术应用目标

项目应用数字孪生技术，旨在通过对港口全域范围内场景、航道、锚地、船舶、作业设备等全要素进行三维建模，构建港口实景三维场景，高质量还原港口全要素环境，辅助管理人员对港口全要素实现全方位精细化管理，实现一屏管理、一屏指挥，支持集团对全港生产作业进行态势推演、运行评估、异常预警等功能，有效优化码头管控能力，实现码头作业事前智能预测、事中孪生监控、事后离线分析的全域多维度孪生实时管控，提升上海港全港管控水平。

3.2　数字孪生应用点概览

数字孪生技术应用点如表 1 所示。

表 1 数字孪生技术应用点

序号	应用点	主要内容
1	集团视角数字孪生模块构建	主要展示集团整体码头的运营指标、直观呈现所有码头的 3D 空间关键位置信息
2	航道、锚地、船舶监控模块构建	在全港视角融入航道和船舶 AIS 数据，接入实时消息协议（Real-Time Messaging Protocol, RTMP）视频流，实现航道实时规划、锚地靠泊预警和资源调配、全场实时监控功能
3	全港八大指标体系模块构建	呈现全港数字孪生八大基础指标信息，包括全港吞吐量、全港设备出勤等，支持港口运营态势量化分析
4	码头视角数字孪生模块构建	支持单个码头的个性化分析，包括实体分析、堆场分析、场外效率分析功能等
5	集团数字孪生数据主题体系构建	整合全港所有数据，通过抽取、清洗和转换，搭建数据侧的港口基础设施
6	离线分析模块构建	搭建集团级离线分析系统，包括全局指标总和、码头运营效率分析、岸边机械作业效率等

3.3 数字孪生应用亮点展示

3.3.1 八大指标体系

项目针对全港业务运营模式，设计了全港八大指标体系：全港综合看板、全港吞吐量、全港设备出勤、全港道口监控、全港堆场监控、全港船舶监控、全港航线服务、全港外集卡动态，最大程度化为港口运营态势提供量化分析。

3.3.2 码头实时孪生分析

项目设计了各个码头的实时分析功能，提供码头全景俯视图（界面原型）、设备信息、工作状态等，"超"代表设备超时、"闲"代表设备空闲等，并可点击相应孪生体，进一步查看关键信息，帮助工作人员多维度地了解码头作业情况。

3.3.3 码头作业监控和预警

通过数字孪生技术，对岸边机械、水平机械、堆场机械等码头作业设备孪生监控，展示其基本信息、设备状态、效率指标，并设计预警智能推送、提醒、原因分析等功能，极大地方便业务调度人员进行指挥和干涉。

3.3.4 东海大桥孪生分析

东海大桥是连接上海市区与洋山港区的唯一陆上通道，属于社会道路，我们将集卡定位数据与港区的作业数据相结合，通过电子围栏等技术，实时孪生东海大桥上集卡通行的情况，监控东海大桥集卡流量，集卡拖运作业情况，提前发现流量异常，发布拥堵预警，首次将港口管理与城市道路管理相结合。

3.3.5 航道锚地孪生分析

项目接入船舶自动识别系统（Automatic Identification System, AIS）及抵港确报数据，融合海事提供的航道实时监控数据，进而可分析码头拥堵等情况；收集长江口各个锚地的船舶密度大小，提示预估锚地拥堵情况，并向全港各个码头发出靠泊船舶延误预警，协助工作人员进行资源调配，将上海港原有生产的管控区域从码头扩大到整个港域，这在港口领域是首次尝试。

3.3.6 关联分析

项目将不同实体根据作业安排进行关联展示，设计了船舶关联分析及堆场关联分析功能，船舶关联分析功能可以方便工作人员快速了解有哪些岸桥及堆场机械正在为该船服务，堆场关联分析旨在帮助工作人员快速了解有哪些桥吊正在为该堆场工作，大幅提升工作效率。

3.3.7 历史回溯

将整个码头作业过程通过数据的形式保存下来，提供历史回溯功能，实现码头生产场景复现，多角度、多机位捕捉历史现场每一个细微的生产动作，做到将业务经验数字化，为工作人员深入分析码头作业瓶颈、优化流程提供有力支撑。

4 总结与展望

项目实现了全球第一大集装箱港口全港域码头、航道、锚地及周边道路的数字孪生一体化呈现与统一管理应用。三维模型与数据有机结合，实现多源业务数据的三维实时实景管理，打破数据孤岛，实现二维平面到三维立体的全新数字化应用升级，港口安全态势、运营态势、物资分布等全要素数据一张图呈现，打造沉浸式智慧港口视频孪生时空实景一张图，辅助管理者全面掌控港口运行状态，做到码头作业事前智能预测、事中孪生监控、事后离线分析的全域多维度管控，助力集团港口管控技术从自动化到智能化的跨越式发展。

与传统港口运营管理相比，数字孪生平台具有不可比拟的场景优势。例如在监管方面，全面的数字化生产装备、5G网络系统，让生产经营者、生产管理者、设备操作者可以在任何时间、任何地点使用数字孪生移动设备，全方位掌握港口生产运营状态，监管力度可以到箱、设备可到某个运行部件。同时，数字孪生平台的现场场景还原的广度、深度，可达到视频系统、无人机系统无法比拟的程度。可以预见的港口数字孪生场景将推动行业新一轮发展，项目将数字孪生与港区场景、业务需求紧密结合，将以示范场景应用有力支撑未来数字港口的建设和发展，为港口集团运营提供决策支持，同时为推动全国港口行业智能化和数字化管控的创新性发展提供一个切实的突破口和示范案例。未来，项目单位将持续致力于研发与创新，推进港口数字化转型和智慧港口建设，推动上海国际航运中心向"全面建成"跃升，以智慧港口数字化转型驱动上海口岸营商环境优化。

供稿人：朱季超 范莉青 潘旭峰 沙科斌 高咏

专家点评

项目落地全球第一大港繁杂的集装箱港口业务场景，凭借数字孪生、人工智能和大数据等先进技术，打造了高效、智能的港口运营管理平台。针对孪生体数量大、种类杂、传感器多样的特点，自主研发并融合应用大数据汇聚分析技术、三维可视化引擎技术、风险引擎技术及相关算法，实时还原全港运作和管控场景，突破海量数字孪生体秒级动态生成瓶颈，实现全域、全要素、全流程高保真动态映射，实现上海港全港域锚地、航道、码头及周边道路的数字孪生一体化呈现，完成从二维平面到三维立体的全新数字化应用升级，港口安全态势、运营态势、物资分布等全要素数据一张图呈现，实现港口管控从自动化到智能化的跨越式发展，显著提升了上海港的管控水平和运营效率，填补行业领域空白，为港口行业的数字化转型树立了标杆，兼具创新性和前瞻性。

案例 24

基于数字孪生的桥梁运营安全检测与评估管控技术

1 项目概述

在城市化快速发展的当下，桥梁作为城市基础设施的核心组成部分，承担着重要的交通运输任务。随着城市交通负荷的日益加重，确保桥梁的安全运营成为了城市管理的重要挑战。传统的桥梁检测与评估方法，如人工目视检查和基于纸质记录的评估，面临着效率低下、数据碎片化、实时监控能力不足等诸多问题。这些挑战不仅影响了桥梁安全的及时评估和处置，也制约了城市基础设施管理的现代化进程。

鉴于此，上海市建筑科学研究院有限公司联合上海大风技术有限公司和上海建科数创智能科技有限公司，共同研发基于数字孪生的桥梁运营安全检测与评估管控技术，目标是借助先进数字技术构筑桥梁的全息模型，实现桥梁从设计、建造到运营全生命期的智能化管理，从而提升桥梁安全检测与评估的效率和准确性，推动桥梁运维向数字化、智能化转型。

为实现既定目标，项目团队聚焦以下关键技术研究与应用：

（1）数字孪生技术：项目应用数字孪生技术构建了桥梁的高精度三维模型。该技术通过创建桥梁的数字孪生模型，实现了数字空间与现实桥梁之间的实时数据同步和互动，为桥梁检测、评估及维护决策提供了全面而直观的基础。

（2）无人机技术：考虑到桥梁结构的复杂性及检测的难度，项目采用了无人机技术（Simultaneous Localization and Mapping, SLAM）进行自动巡检和三维建模。该技术能够在无 GPS 信号的情况下，通过自主定位和地图构建，精确捕捉并重建桥梁的结构信息，实现毫米级高精度三维模型。

（3）智能识别算法：利用深度学习等智能识别算法，项目能够在大量图像和视频数据中，自动识别桥梁的潜在病害，如裂缝、腐蚀等，显著提高了病害检测的精确度和工作效率。

（4）数据融合分析技术：项目通过整合桥梁历史检测数据、实时监测数据、环境影响数据等多源信息，采用先进的数据分析技术，为桥梁的安全评估和维护决策提供科学、准确的支撑。

通过上述技术革新和实践应用，提升了桥梁安全运营的管理效率和响应速度，并为城市基础设施的数字化转型提供了有力的技术支持和示范案例。项目的成功实施也展示了数字技术在现代城市基础设施运营安全管理中的巨大潜力，特别是在提升公共安全、优化资源配置和增强决策效率方面的重要价值。

2 面向桥梁检测的数字孪生技术研究

2.1 面向桥梁检测的参数化建模方案

面向桥检的参数化建模方案是指针对桥梁检测的特点，采用参数化建模方法，建立桥梁的三维模型。

1. 参数化建模方案的优点

(1) 提高建模效率。参数化建模可以根据桥梁的设计图纸或现状数据，快速建立桥梁的三维模型。

(2) 提高建模准确性。参数化建模可以根据桥梁的结构特点，精确地描述桥梁的几何形状和尺寸。

(3) 提高建模灵活性。参数化建模可以根据需要，调整桥梁的模型参数，满足不同检测需求。

2. 参数化建模方案主要步骤

(1) 参数化模型的建立：根据桥梁的设计图纸或现状数据，建立桥梁的参数化模型。参数化模型应包括桥梁的几何形状、尺寸、材料、连接等信息。

(2) 模型的校验：对参数化模型进行校验，确保模型的准确性。校验可以采用人工校验或自动校验的方法。

(3) 模型的应用：将参数化模型应用于桥梁检测，实现桥梁检测的自动化和智能化。为了满足不同桥型的建模需求，参数化建模设计了多样化的方案，既实现了快速建模，又支持对模型进行精细化调整。对于量大面广的装配式梁桥，可以满足在 1 分钟内实现少参数快速建模，而对于个性化的桥梁，能够精细化调整参数实现精细化建模。

该方案的技术实现基于 WebGL 跨平台开源技术，无需特定插件即可在多数主流浏览器上运行，确保了其广泛的应用兼容性。它通过硬件加速渲染，优化了三维场景的显示效果，即便是复杂的桥梁模型也能在用户设备上流畅展示。特别适合用于需要采用移动端作为系统承载平台的桥梁检测作业的软件开发（图 1）。

2.2 基于三维数字孪生的病害标注模式

1. 基于三维数字孪生的病害标准模式的概念及优势

基于三维数字孪生的病害标注模式是指通过三维数字孪生技术，对桥梁的病害在模型上进行标注（图 1），同时形成对应的病害记录。该模式具有以下优势：

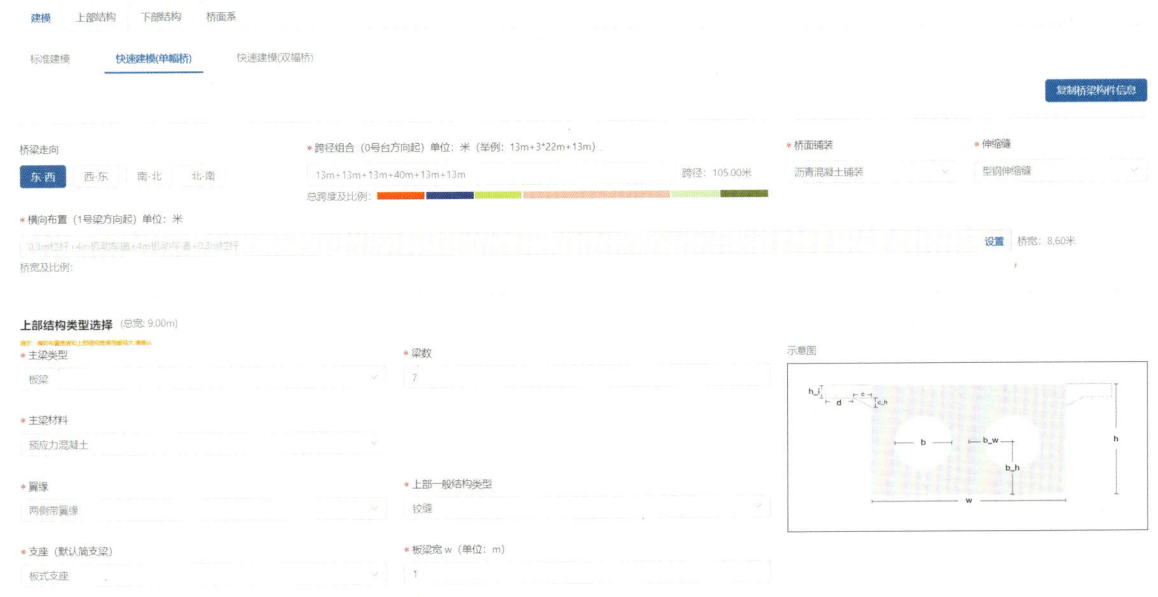

(a) 参数化建模信息输入

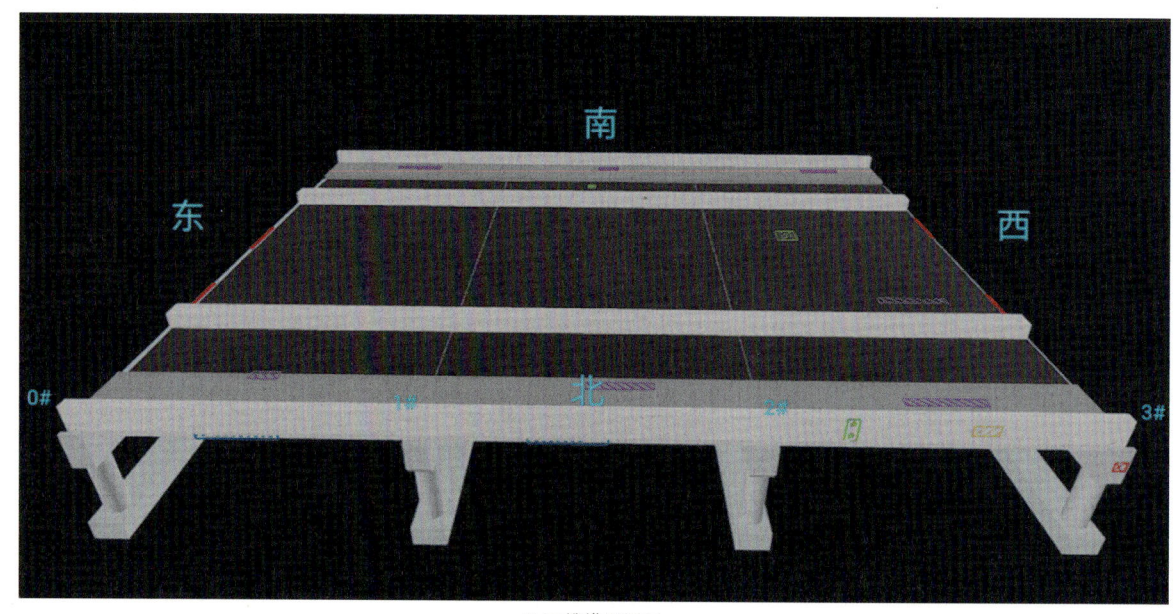

(b) 三维模型展示

图1　跨平台开源技术示意

（1）提高标注效率。三维数字孪生技术可以提供桥梁的三维模型，可以快速进行病害标注，用户可以直接在模型上进行操作，既直观便捷，又可以提高检测作业的效率。

（2）提高标注准确性。三维数字孪生技术可以对桥梁的病害进行可视化展示，通过辅助标尺的提示，可以提高标注准确性。

2. 基于三维数字孪生的病害标注模式主要步骤

（1）三维数字孪生模型的建立：根据桥梁的设计图纸或现状数据，建立桥梁的三维模型。

（2）病害数据的采集：采用人工或自动采集方法，获取桥梁的病害数据，包括病害类型、病害位置、病害程度、病害照片等。

（3）病害数据的标注：根据三维数字孪生模型，在其上对桥梁的病害数据进行标注，确定病害的实际位置与模型位置的对应关系（图2）。

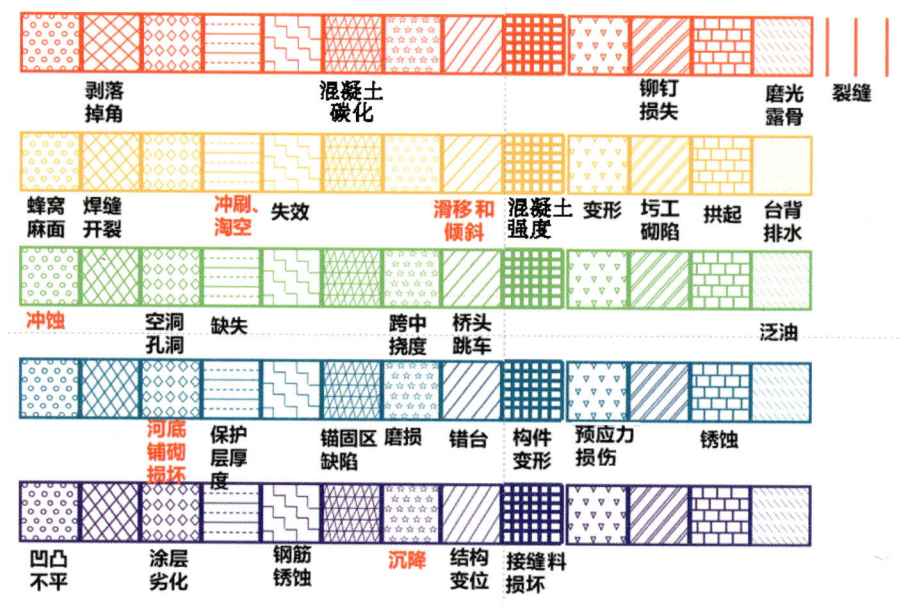

图2　标准化桥梁病害标注图标方案

(4) 病害数据的保存：将标注后的病害数据和相关信息上传至服务器，以便于后续数据的使用与分析。

2.3　基于数字孪生的桥梁检测成果交付模式

项目研究探索了数字孪生模型+平台的交付方式，实现检测项目的数字交付。相较于传统的以报告为主的交付方式，这种数字化交付模式具有以下优势。

（1）提高交付效率。三维孪生技术可以提供工程项目的三维模型，可以快速进行交付。传统的数字交付需要人工完成大量的原始记录、报告、图纸等，效率较低。而基于三维孪生的数字交付可以通过三维模型进行交付，效率大幅提升。

（2）提高交付准确性。三维孪生技术可以对工程项目进行可视化展示，可以提高交付准确性。传统的纸质报告需要人工进行修改，审核，结构化程度性较低。而基于三维孪生的数字交付可以通过三维模型进行可视化展示，准确性大幅提升。

（3）提高数据利用率。三维孪生模型可以结合平台进行展示，数据更加直观易分析，用户友好性高。

这种交付模式本质上是对传统交付方式的一种创新，它不仅显著提升了交付流程的效率，而且在准确性和信息的再利用方面也具有突出的优势（图3）。

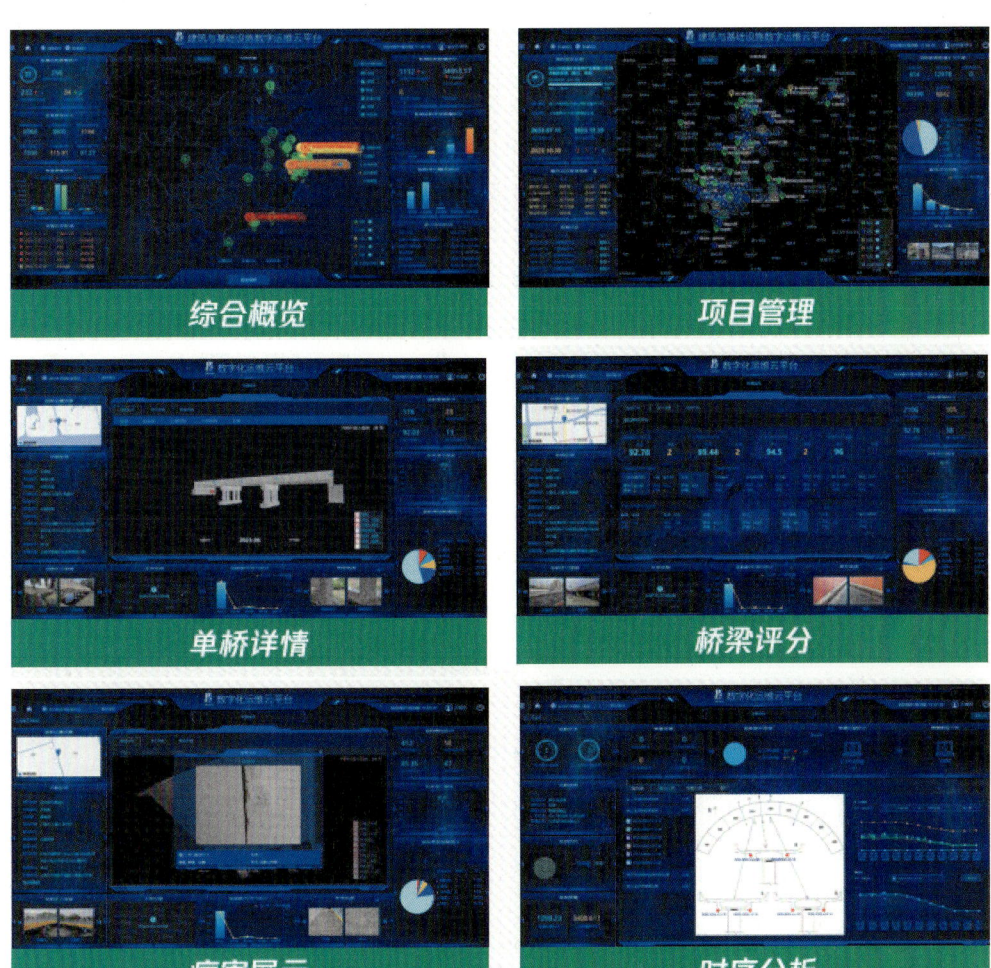

图3　桥梁综合数字化运维平台

3 基于 SLAM 无人机的桥梁智能巡检技术

3.1 基于多传感融合的无人机避障技术

桥梁周边存在大量障碍物，如电线、树枝、路牌等，其中有些障碍物肉眼也很难被发现。为了实现在复杂环境中安全平稳飞行，该无人机必须拥有很强的自动避障能力。桥梁周围的单调场景（如长距离出现的连续梁）及水面宽广环境对视觉 SLAM 定位构成了挑战。研究通过集成多源感知传感器模块，实现了对复杂环境的精准适应和高精度定位（图 4）。

图 4 多传感器融合的硬件集成

研究中采用了改进的实时地图构建与定位算法，结合双目视觉与惯性测量仪（Inertial Measurement Unit, IMU），是测量物体三轴姿态角及加速度的装置，包括三轴陀螺仪及三轴加速度计）传感器的数据，优化了实时位姿估计。在超声波测厚仪（TUM）系列测试数据集上的显示，系统能实现最高 1 cm 的定位精度。研究基于该框架，实现双目视觉与 IMU 数据的融合，精准计算位移距离并给出可靠的实时位姿，使得无人机在无全球定位系统（Global Positioning System, GPS）的情况下进行实时定位成为可能，并能被应用于各种无 GPS 场景下的自主飞行与建模（图 5、图 6）。

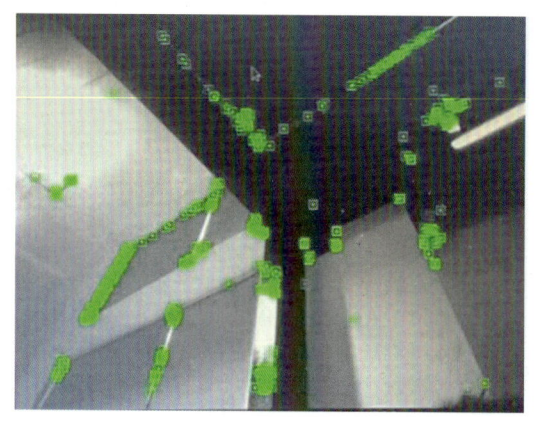

图 5 特征点提取图　　图 6 地图点与双目相机位姿

进一步，系统通过紧耦合的方式将激光雷达和卫星定位数据进行融合。这种融合考虑到了激光雷达的高定位可靠性和全球卫星导航系统（Global Navigation Statellite System, GNSS）的全球定位能力，解决了在桥梁等复杂环境下的导航挑战。尤其是在桥下桥面场景频繁切换的情况下，紧耦合方法能有效避免定位跳变，保证了系统的高精度和鲁棒性。

3.2 桥梁全息三维快速建模与病害匹配技术

通过对桥梁检测图像进行时空信息的匹配和关联，实现对桥梁结构安全性的有效评估，研究结合了计算机视觉、图像处理、机器学习、三维重建等技术，以提供更准确、更深入的桥梁检测结果。

在无人机桥梁检测中，时空信息通常指的是图像或模型在时间和空间上的变化，这些变化包括桥梁的形状、位置、颜色、纹理等在不同时刻的形态变化。变化可能反映了桥梁的老化、损坏、变形等问题，因此如何高效地实现高质量且高准确度的时空信息匹配关联是本研究的关键。研究开发的方法主要包括以下步骤。

1. 时空信息采集

使用专业的无人机负载（如高性能相机、激光雷达等）对桥梁进行自动化拍摄，以获取高质量、高定位精度的检测数据。采集设备包括：

（1）变焦相机。对于不易接近的部位，在高倍率变焦下采集精细的局部照片。

（2）全画幅相机。以高分辨率和高质量的影像实现高精度的三维建模和摄影测量。

（3）激光雷达。对于影像特征不明显的区域，通过激光雷达快速获取真实的点云数据，重现桥梁的真实三维结构。

2. 三维重建

基于采集到的高精度基础数据，利用多视角三维重建技术对桥梁实体进行实景三维重建，重建过程包括：特征点提取、特征点匹配、运动结构恢复、建立稠密点云、三角剖分、网格化以及纹理贴图，生成具有真实纹理和尺度信息的桥梁实景三维模型，如图7所示。

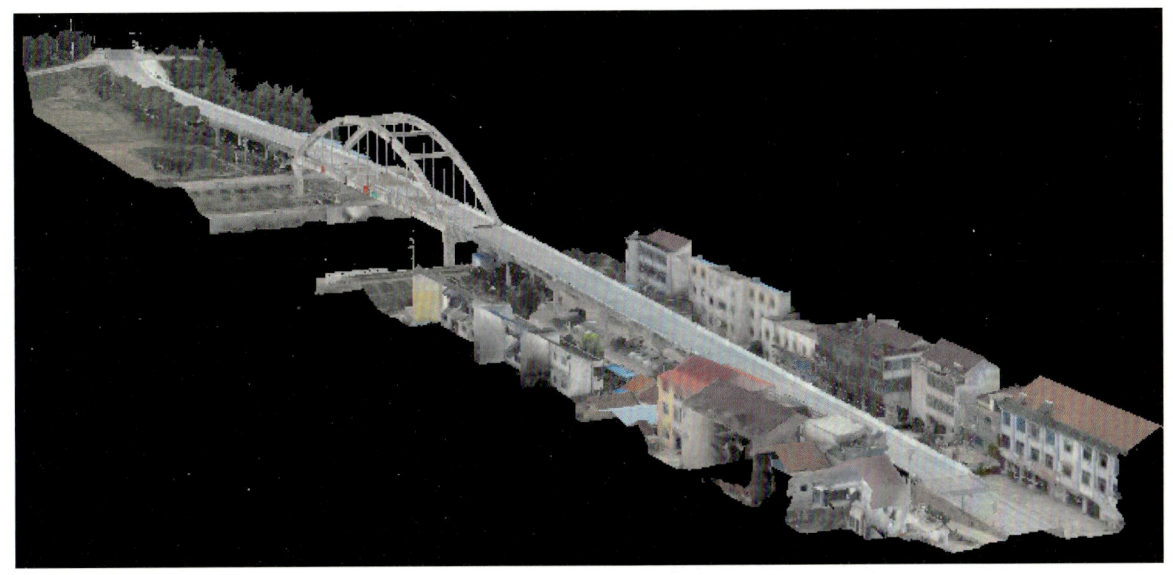

图7　三维实景建模效果

3. 构件划分

基于空间几何特征将实景三维模型按照桥梁结构特征划分为若干个桥梁构件。划分效果如图8所示。

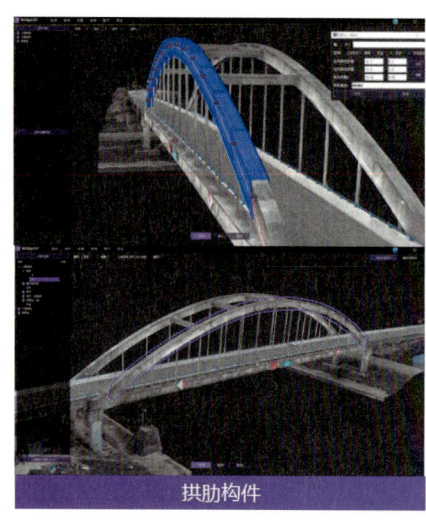

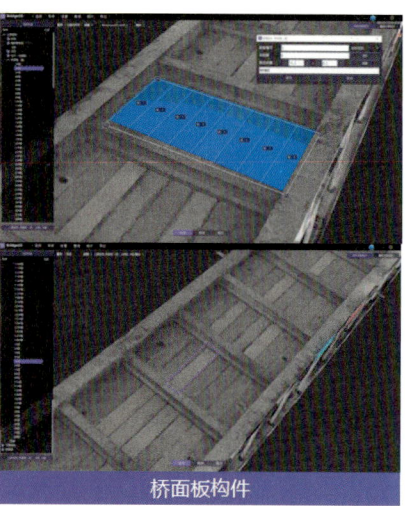

图 8　构件划分效果

4. 信息匹配

利用先进的算法和技术，将提取的时空信息与桥梁的实景三维模型进行精准比对。通过这一过程，能够找出桥梁构件与图像之间的相似性和差异性。研究采用了高效的匹配算法，自动识别和比对桥梁模型中的关键特征点。这些特征点包括桥梁的特定部位、结构细节或病害易发生部件。通过与实际图像匹配，为后续的关联分析提供了重要依据。

5. 关联分析

综合运用统计方法和机器学习方法，通过计算统计量分析桥梁病害的分布情况和空间坐标的关系。这有助于识别出影响桥梁结构安全的关键要素。此外，借助机器学习模型，自动学习桥梁结构状态与各种因素之间的复杂关系。这些模型能够从大量数据中提取有用的特征信息，并预测潜在问题。通过机器学习方法的应用，能够更加全面地对模型和图片信息进行提取和定位，提高桥梁检测的精度和效率。

4　基于计算机视觉的桥梁病害智能识别算法

4.1　基于计算机视觉的桥梁病害智能识别方法

借助计算机视觉、图像处理和深度学习，项目组研究了桥梁病害的智能识别方法。该方法的主要步骤包括：数据采集、预处理、特征提取、病害识别、智能评估。首先，通过无人机对桥梁结构进行拍摄，获取高质量的图像数据。然后，对图像数据进行预处理，包括去噪、增强、分割等操作，依此提高图像的质量。接下来利用深度学习模型对数据进行训练，提取图像中的特征信息。随后，通过训练好的模型对病害进行识别和分类。最后，根据病害的类型、程度和数量等信息，对桥梁的病害状况进行智能评估，为桥梁维修和保养提供依据。

4.2　基于 YOLOv8 算法的桥梁裂缝识别技术研究

研究采用 YOLOv8 目标识别算法识别桥梁裂缝，在实际验证过程中，以桥梁裂缝为目标，整理了裂缝图像共计 3 447 张，以此作为深度学习模型训练的基础。图像未经预处理，保留了真实场景的数据特征。

为加快训练速度，采用了预训练权重和 Lion 训练优化器，它相较于传统优化器减少了复杂运算，具有更快的速度和更省的显存占用。在验证集上评估模型的性能，发现损失函数值稳步下降，精度逐渐提高。当训练 epoch 达到 937 时，获得了最佳的训练效果，总训练时间为 1.24 小时。

经过精确训练，模型在裂缝与露筋两种病害的识别上均表现出了超过 97% 的准确率。测试结果的混淆矩阵进一步验证了模型在病害分类上的高准确性和良好的鲁棒性（图 9）。

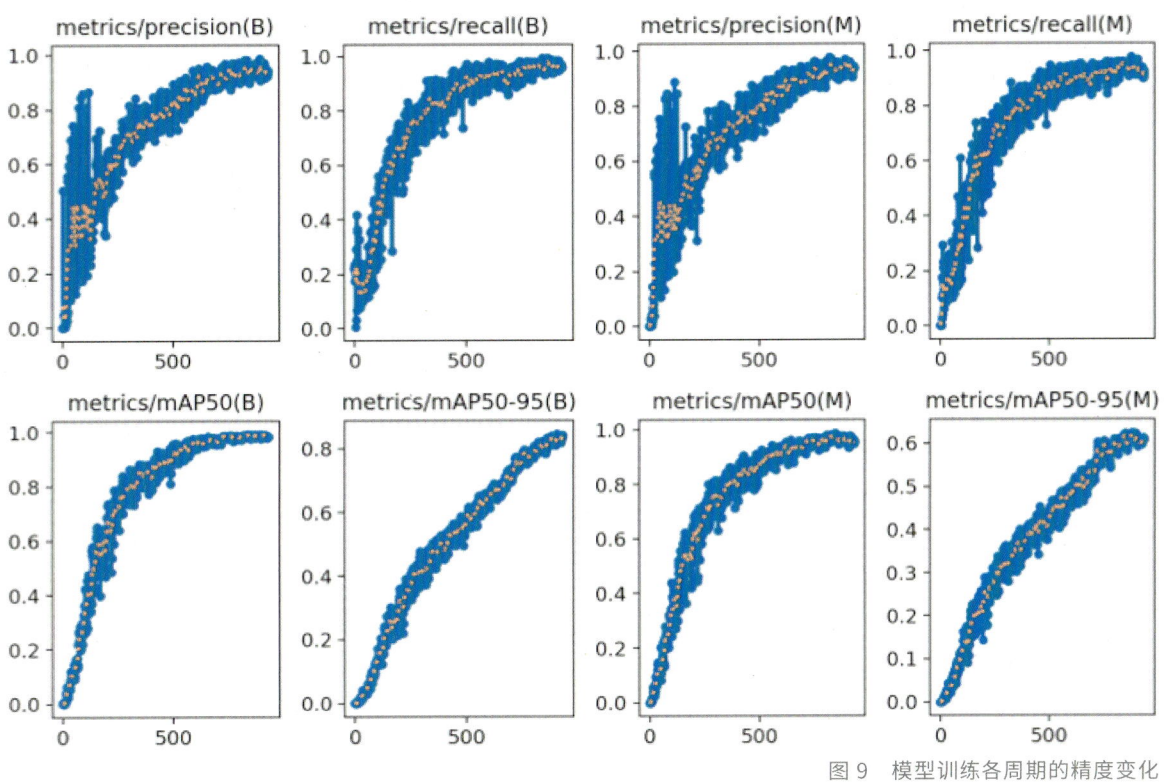

图 9　模型训练各周期的精度变化

通过深入研究和试验验证，证明了基于计算机视觉的桥梁病害智能识别算法的有效性和实用性。该技术为桥梁病害智能识别提供了一种新方法，打通了桥梁检测自主化的全流程，并为未来智能化的桥梁维护管理提供了技术参考（图 10）。

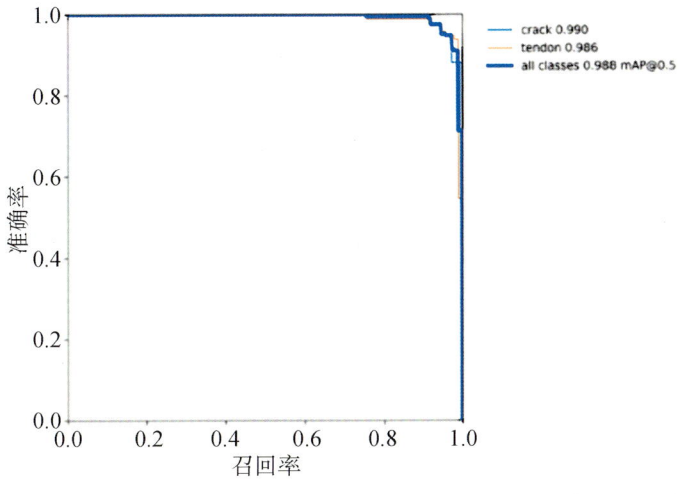

图 10　准确率与召回率曲线（P-R 曲线）

5　总结与展望

数字化转型推动了桥梁运营安全检测与评估管控技术创新。通过融合先进的三维数字孪生技术、无人机高效建模、深度学习算法、数字化交付和云平台融合等方法，该项目为桥梁运营与评估提供了软硬件＋算法＋平台的系统、高效的解决方案。展望未来，随着技术的日益成熟和应用的深化，该技术将在桥梁检测与维护管理领域发挥更大的作用，为城市基础设施的数字化、智能化运营与管理作出更多贡献。

供稿人：赵荣欣　吴华勇　周子杰　贾鹏飞　余威镭

专家点评

本项目创新地应用数字孪生技术、无人机SLAM技术和智能识别算法，实现了桥梁检测与评估的智能化和高效化，项目通过移动端App、桥梁巡检无人机对桥梁表观信息进行快速采集，使用最小参数快速建模和多视角建模方法实现桥梁三维可视化建模，采用机器视觉技术实现自动病害识别与评估，最终依托数字孪生底座，实现桥梁运营安全检测与评估管控的数字交付和辅助决策，变革行业作业模式，是数字孪生技术在桥梁检测领域的一次突破性应用，为城市基础设施维护管理的数字化转型提供了示范案例，具有良好的示范效应和推广价值。

案例 25

从"住有所居"迈向"住有宜居"
——临港新片区首个智慧社区数字孪生应用

1 项目概况

1.1 工程概况

临港产业区"先租后售"园区公共租赁住房三期项目位于上海浦东新区临港重装备产业区内，总用地面积约 101 540 m²，总建筑面积 258 854.06 m²，其中地上 188 321.5 m²，地下 70 532.56 m²。容积率 1.8，建筑密度 15.84%，绿地率 35%，地块建筑高度 55.8 m，配套住宅 1 972 套，适宜居住人数 5 916 人。小区地下配套机动车停车位 1 730 辆，地面配套机动车停车位 310 辆。

本项目主要由高层住宅、低层配套公用建筑、公共环境空间、配电室及配套商业区地块组成（其中高层住宅 28 栋，低层配套公用建筑 4 栋，3 层配套商业 1 栋，5 栋配电室），形成一个格局规整的商业配套住宅小区（图 1）。

作为临港新片区首个全生命期数字孪生应用的智慧社区项目，在临港新片区成立三周年之际正式献礼发布。本项目由临港集团下属的上海临港创新经济发展服务有限公司开发，由上海工程勘察设计有限公司负责施工图设计、上海建工二建集团有限公司负责承建，并由上海建科担任全过程 BIM 顾问和数字化顾问。

图 1 项目效果图

1.2 项目特点

临港产业区"先租后售"园区公共租赁住房三期项目涉及住户多，项目租户来自附近企业、个人，职业分布不同、年龄跨度大、人员层次复杂、人员流动性大。租赁性是公共租赁住房的核心特征，但本项目的住户变动频率非常高，若干年后还可能涉及租户变业主的出售问题，管理复杂。

考虑到居住人员的复杂性及流动性，带来了多样性的服务需求，运营管理难度大大增加。临港服务提供了租赁社区内包含报修、维修、停车、商业、运营在内的各项社区便民服务，需要从多角度提供全方位社区服务体系。

基于以上特点，住户对智慧社区的需求也更加迫切，公租房运营也需要更加便捷、智慧的系统来满足不同年龄、不同层次住户的需求。

2 项目组织架构

基于 BIM 全生命期的智慧社区，以运维管理为导向，在建设期就建立了以业主方主导，BIM 顾问总协调，设计单位、施工单位、监理单位、专业分包单位、供应商等具体实施的 BIM 模式（图 2）。

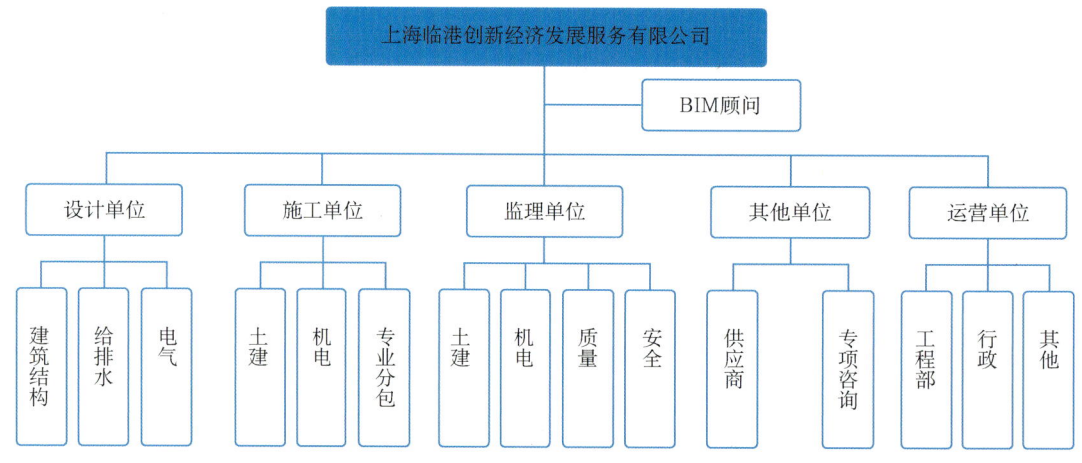

图 2　项目建设期 BIM 运营组织架构图

在项目运营期，业主方各管理部门提出工作需求，数字化顾问派驻管理团队，作为开发实施方和总协调牵头方，施工总承包单位、物业单位、各集成商与厂家等共同配合实施（图 3）。

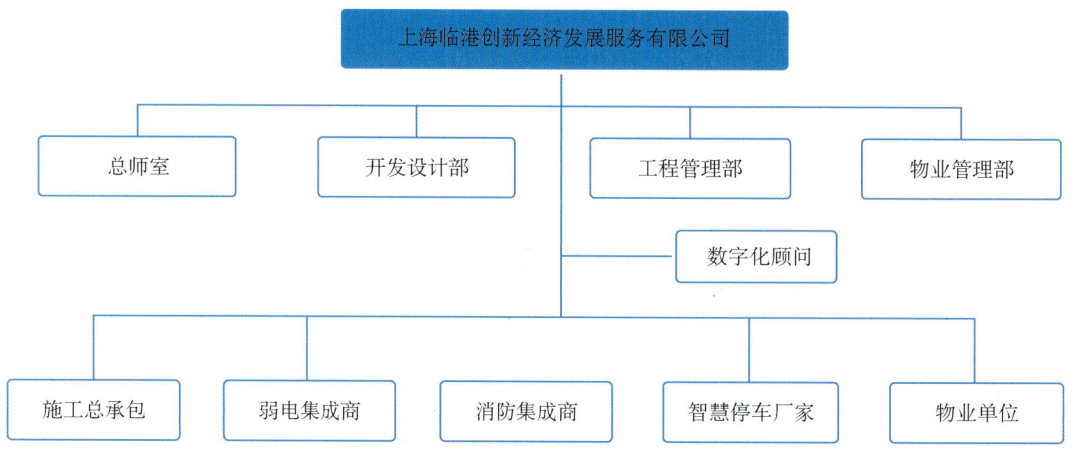

图 3　项目运营期数字化组织架构图

3 数字化应用软件

项目数字化软件应用环境如表 1 所示。

表 1 项目数字化软件应用环境

应用类型	BIM 软件名称	主要实现功能
可持续分析软件	Ecotect、IES、Green Building Studio、PKPM、Vasira	可持续（或绿色）分析软件基于 BIM 模型信息，通过对项目的风、光、声、热等分析模拟，以降低项目能耗，达到低碳环保的绿色建筑目标
机电分析软件	MagiCAD、Revit MEP 鸿业、理正、天正、Tfas	(1) 设计与建模 (2) 碰撞检查 (3) 可视化展示 (4) 数据管理 (5) 施工协调
结构分析软件	ETABS、STAAD、Robot、PKPM	(1) 结构模型信息导入或创建 (2) 结构模型导出 (3) 结构分析计算 (4) 结构出图
可视化软件	3DS Max、Artlantis、Fuzor、Lumion	(1) 真实材质、光照 (2) 实现 BIM 模型导入 (3) 材质编辑 (4) 布景创建
模型检查软件	Autodesk Navisworks、Bentley Navigator	集成各种三维软件创建的模型，并进行可视化和动态模拟等审核应用
深化设计软件	Tekla Structures	Tekla Structures 基于 BIM 技术的钢结构深化设计软件，可对钢结构进行面向加工、安装的详细设计，即生成钢结构施工图（加工图、深化图、详图）、材料表、数控机床加工代码等
模型 3D 协调检查	Autodesk、Navisworks、Bentley Projectwise、Navigator、Solibri Model Checker、Fuzor	(1) 多个专业的模型进行整合，并能自由浏览查阅和批注 (2) 整合过后的模型进行碰撞检测，高度分析等
造价管理软件	Innovaya、Solibri、COSTX、广联达、斯维尔、鲁班	(1) 实现 BIM 模型的导入 (2) 实现 BIM 模型的二次处理 (3) 按规则实现 BIM 模型的工程量统计 (4) 实现动态获得工程量（5D）
施工管理软件	NavisWorks、BIM anywhere、Autodesk BIM Field、Dassult Delmia、广联达 BIM5D、鲁班 BIM 平台	(1) 进度计划（4D 模拟） (2) 加入成本的动态模拟（5D 模拟） (3) 现场管理
运营管理软件	设计：Photoshop、Figma 三维引擎：unreal engine 5 前端开发：vue2、elementUI 后端开发：IDEA、navicat 数据库：mysql	(1) 模型（空间模型）及信息导入 (2) 信息的修改和加入 (3) 模型和信息的查询 (4) 数据清单输出 (5) 设施设备管理 (6) 空间管理 (7) 维修、维护管理

4 项目应用介绍

4.1 数字化应用目标

通过 BIM 技术在本项目全生命期的应用，提高设计效率、保障设计品质落地、减少设计变更，辅助施工管理、加快施工进度、提升施工品质，助力成本控制、节约项目造价，实现数字化设计、施工及竣工交付。

通过建立基于 BIM 的协同管理平台，支持项目各参与方之间的信息共享和协同工作，提高工作效率和信息传递的准确性，改变了传统的以建设方为中心的协调模式，提高建设方的决策水平与管理效率。通过平台中针对 PC 管理的定制模块开发，实现对预制构件的全过程监督、控制和管理。

基于全生命期的 BIM 应用，依托包括运维模型在内的完整数字化交付，通过智慧社区管理系统与运营数据的有机结合，实现社区"经营可览""安全可控""设备可溯""物业可管"的智慧化社区管理。

4.2 项目应用点及成果展示

项目应用点及成果展示如表 2 所示。

表 2　项目各阶段数字化应用点

序号	应用阶段		应用项
1	设计阶段	方案设计	场地分析
2			设计方案比选
3			建筑性能模拟分析
4		初步设计	建筑、结构专业模型构建
5			建筑、结构平面、立面剖面检查
6			面积明细表统计
7		施工图设计	全专业模型构建
8			冲突检测、管线综合
9			竖向净空优化
10			辅助施工图审查
11			虚拟仿真漫游
12			招投标阶段工程量统计
13	施工阶段	施工准备	施工深化设计
14			施工方案模拟
15			施工场地规划
16			PC 构件预制加工
17			辅助施工进度管理

(续表)

序号	应用阶段		应用项
18	施工阶段	施工准备	辅助设备与材料管理
19			辅助施工现场质量安全管理
20			辅助的绿色施工管理
21			竣工模型与竣工信息录入
22	运营阶段		BIM运维模型
23			运维信息收集与数据管理
24			智慧社区管理系统建设
25			空间管理
26			资产管理
27			设施设备管理
28			安防与应急管理
29			能源管理
30			智慧社区管理系统维护

BIM协同建筑、结构、PC、机电各专业根据相应的建模标准及依据构建各专业模型。各专业三维模型如图4—图6所示。

图4 土建总体BIM模型

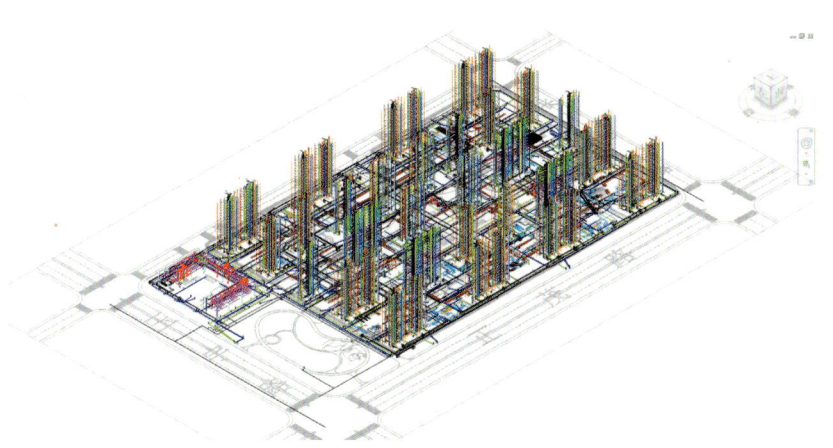

图5 机电总体BIM模型

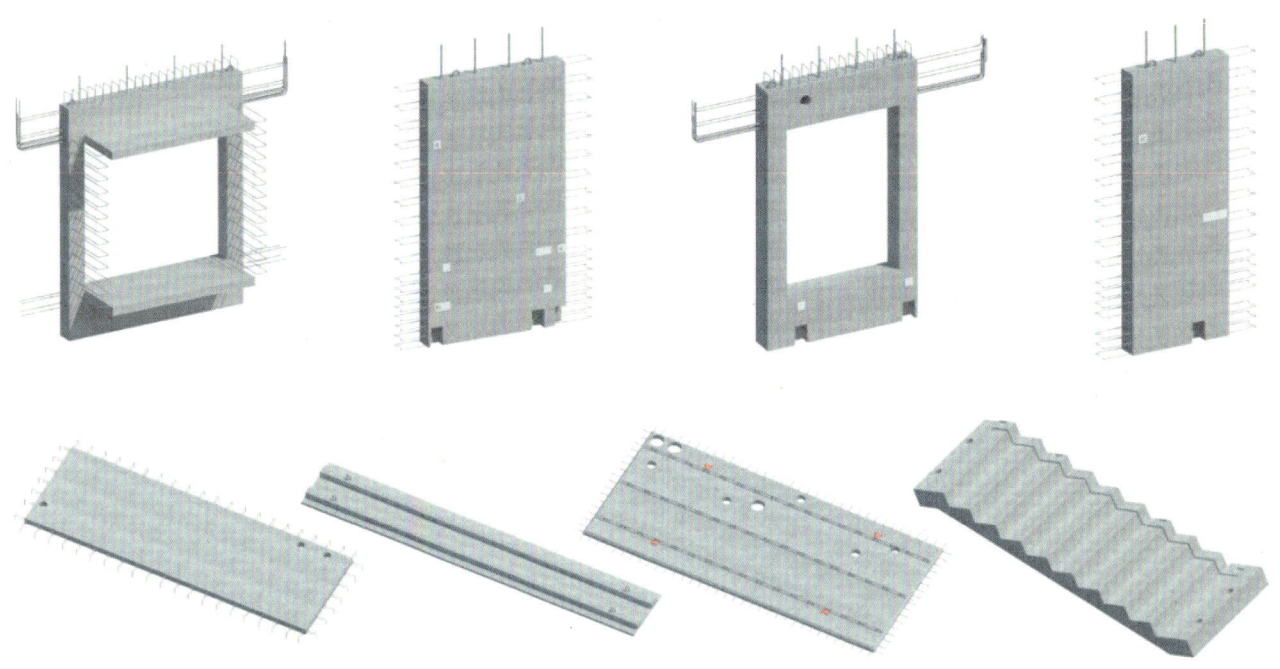

图 6　项目 PC 构件 BIM 模型

通过智能技术和数字化创新应用，建成的智慧社区管理平台界面如图 7 所示。

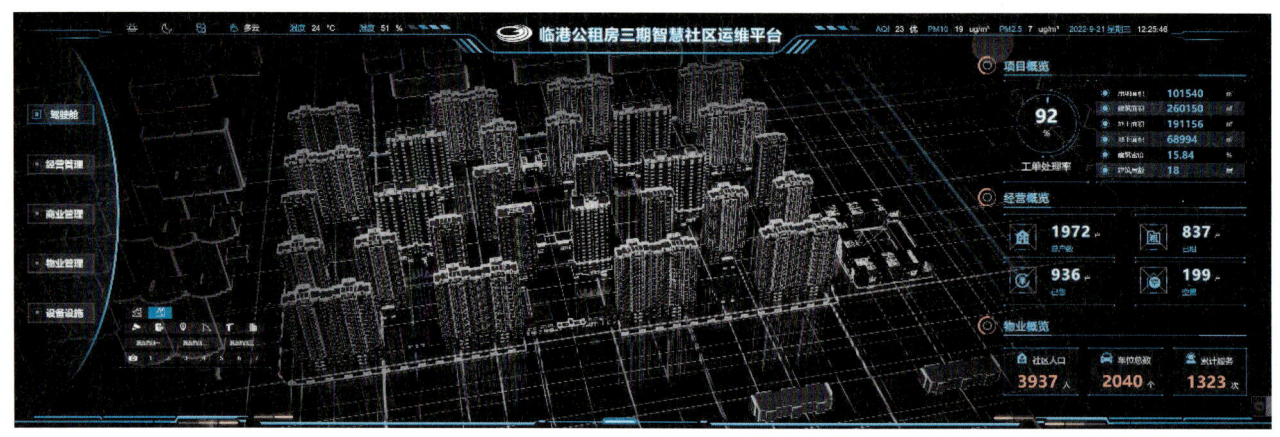

图 7　智慧社区管理系统平台项目级驾驶舱

4.2.1　建设阶段数字化应用亮点

1. 完善的模型和信息标准

通过建立完善的模型和信息标准，不仅能够保证项目建设阶段数字化应用的质量和效率，更为重要的是保障了建设阶段各类实体和数据信息能无遗漏传递到运维阶段，为智慧社区管理系统的建设提供坚实的基础（图 8）。

2. 运维模型点位校对与编码

BIM 运维模型是智慧社区管理系统的基础，模型的准确性决定了系统的成败，所以现场校对至关重要，必须确保模型与现场完全一致。很多系统功能的实现依托于前端与模型的联动，模型编码是确保点位在系统中身份唯一性的关键，确立合理的编码规则并应用插件高效写入，为系统建设奠定基础（图 9、图 10）。

图8 项目BIM模型和信息相关标准

图9 运维模型现场点位校核

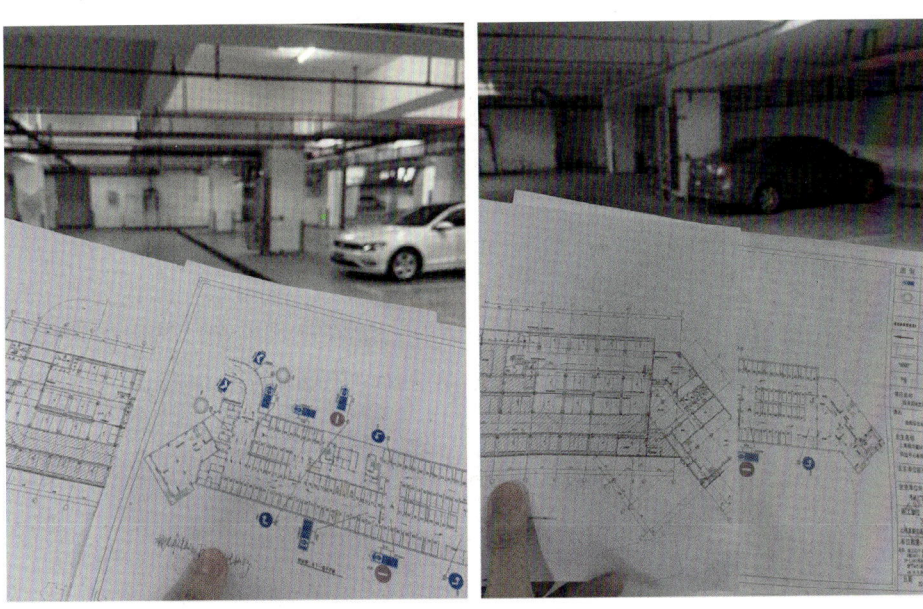

图10 运维模型点位编码

3. 运维模型轻量化

在运维阶段，通过模型几何信息简化、LOD 控制、数据压缩等技术手段，对运维 BIM 模型进行优化。在保证模型信息完整性的前提下，减少模型体积和复杂度，降低运维管理的硬件要求。轻量化后的模型更易在不同部门、不同设备之间传输，实现数据共享。有利于提升用户体验，提高运维效率（图 11）。

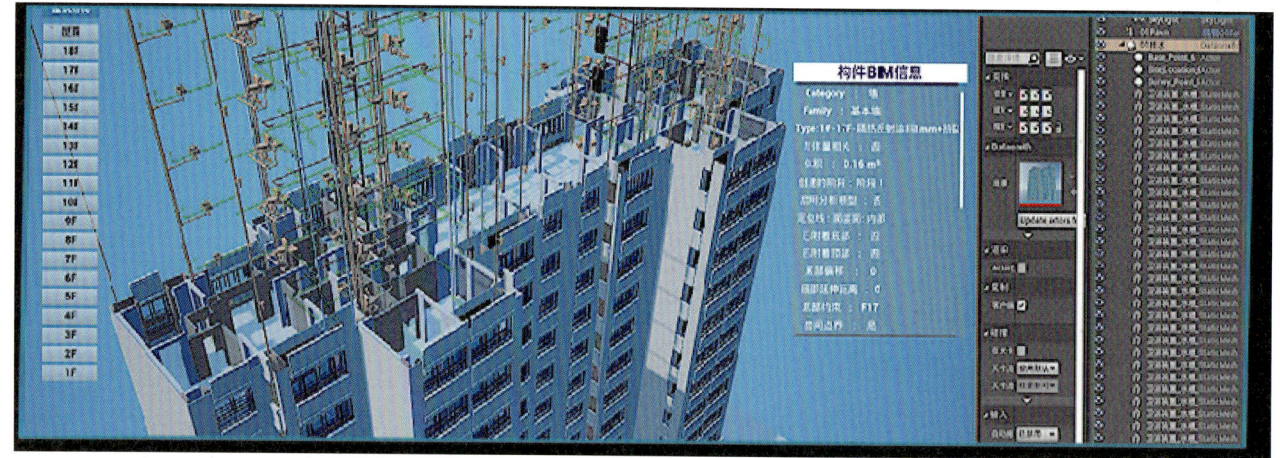

图 11　运维模型点位编码

4.2.2　运营阶段数字化应用亮点

1. 社区租赁经营精细化管理

智慧社区平台可以整合并可视化展示所有经营概览情况，包括对接经营、最租赁数据，比如总户数、已租、已售、空置、楼栋、户数等，精细化到每个合同、每个服务的企业以及其统计数量（图 12）。

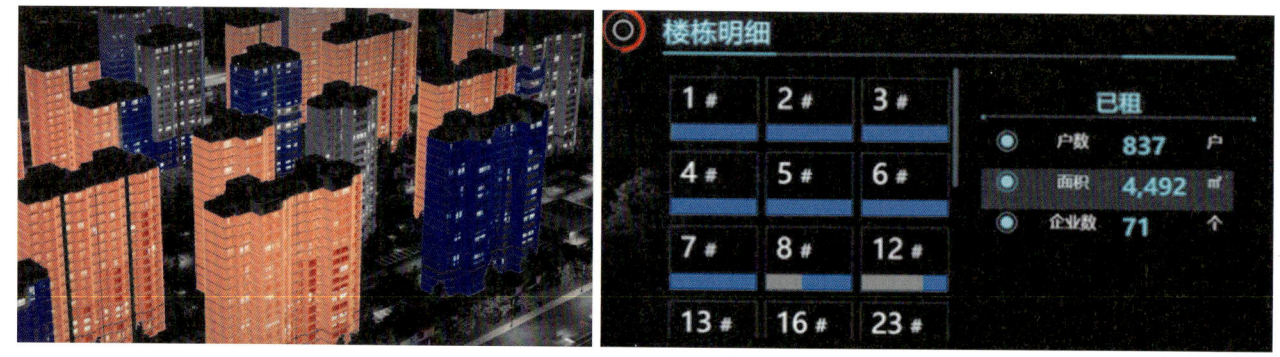

图 12　社区经营、租赁可视化

2. 社区安全子系统综合集成

智慧社区平台接入视频监控系统、门禁系统、停车管理系统、人脸识别系统、入侵报警系统、无线对讲系统等多个安防系统，实现人员及车辆的出入管理，同时可查看社区摄像头及电梯摄像头实时工作情况（图 13）。

3. 社区管理服务体系融合

智慧社区实现消防系统、物业系统的接入，可直观查看烟感、手报、声光报警、消火栓等消防设备情况，包括报警处理、故障处理等信息，同时可以显示应急呼叫人员、应急预案、应急物资以及突发事件处置的预案文件（图 14）。

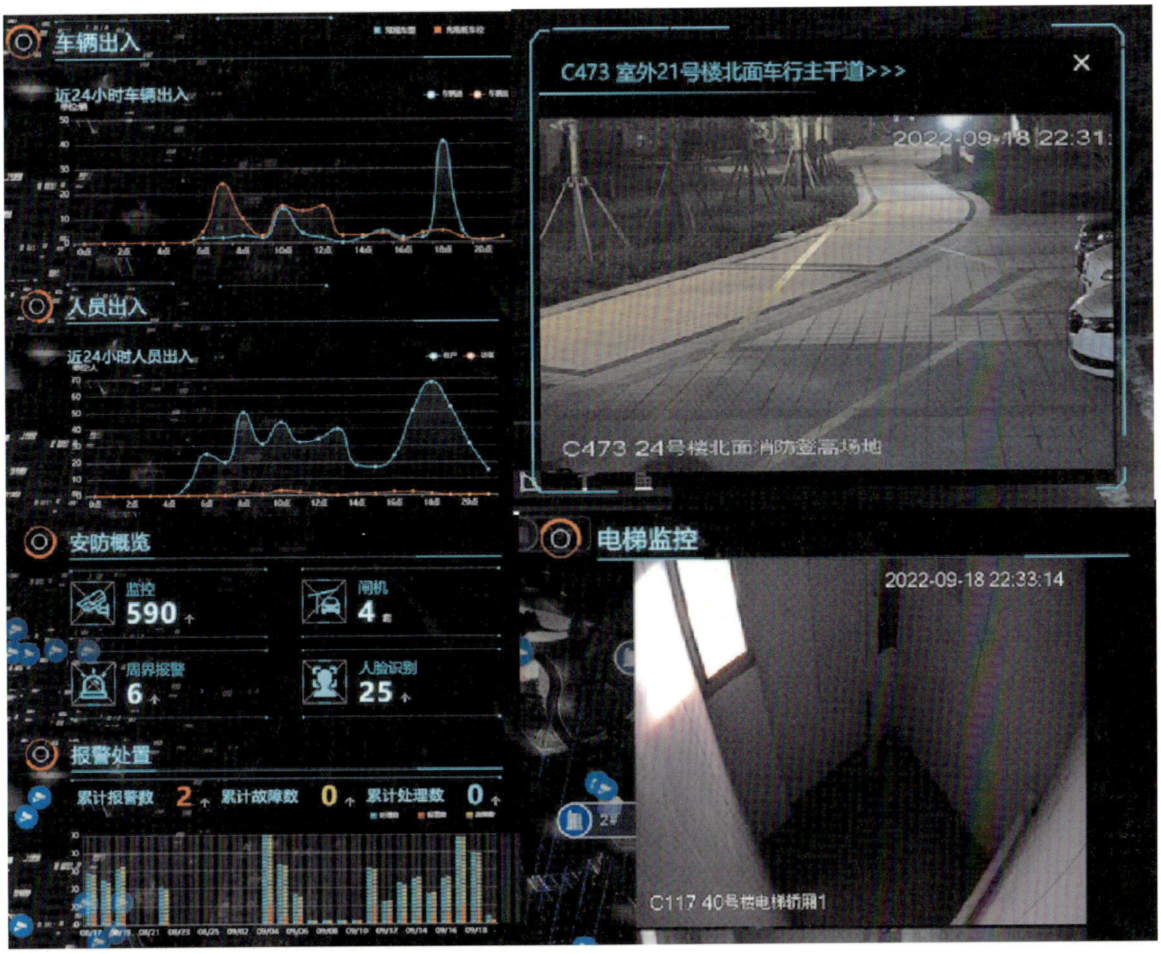

图 13　社区安防综合集成

图 14　社区应急事件处置

4. 设备设施精细化管理

智慧社区管理平台基于 BIM 底座，实现 BIM 资料的及时集成、BIM 协同平台数据的导入和记录、BIM 信息的上传下载，设施设备信息更完善，管理更方便，反馈更及时，极大方便物业维修和维护（图 15）。

图15 设备设施精细化管理

5. 数字孪生与虚拟仿真

虚拟仿真技术在社区深度应用，支持应急、消防、物业、停车等 10 多项数字孪生场景的仿真模拟与智能交互。实现更安全、更有序、更迅速、更便捷的智能社区管理（图 16）。

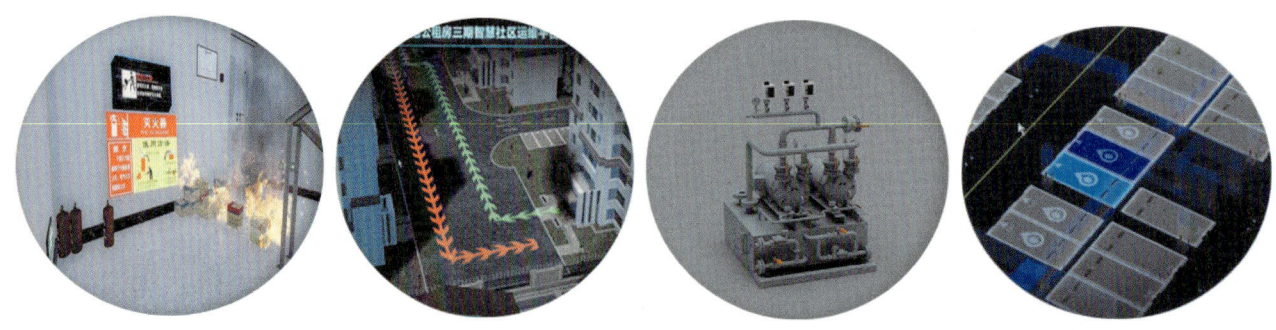

图16 数字孪生与虚拟仿真

6. CIM 级 + 企业管理融合

将 CIM 与企业管理融合，可以实现企业管理的数字化、智能化和精细化，提高管理效率和质量。企业端平台可以实现全面的智能化、信息化和现代化管理，提升企业运营效率和竞争力，为智慧城市的发展提供了有力支持（图 17）。

图 17　CIM 企业管理端

7. LOD 自适应渲染

智慧社区系统根据距离远近实时渲染不同质量模型，节约主机 GPU 资源，减少数据流送量，实现多终端快速、高真实度的访问，有效提升数据安全性。

8. 多终端像素流送技术

基于高性能服务器渲染 3D 应用程序，并将渲染的图像帧编码为视频流，通过 WebRTC 协议发送到客户端设备，客户端设备接收视频流并显示，实现在各种终端设备上提供流畅的用户体验。

5　总结与展望

临港产业区"先租后售"园区公共租赁住房三期项目，作为临港新片区首个智慧社区数字孪生项目，通过全生命期 BIM 技术应用，最终在智慧社区管理平台中全面集成，并为住户、租户提供综合服务。

智慧社区实现了社区连接方式的整体性转变，与周边服务设施有机连接，让物业服务更便捷；实现了对社区建设与运营模式的革命性重塑，重新设计和改进管理业务流程，彻底改变传统运营模式；实现了对老百姓最后一公里的全方位赋能，通过提升数据分析的精准度，带来智能决策，让社区管理更智能、高效。

未来，人本化的智慧社区会更加注重服务体验、更加在意人本化关怀，更加关注居民服务，新片区将被打造得更年轻化、更宜居的美好未来！

供稿人：张芸　冯佳庆　陈丽英　王晟峰　刘炜

专家点评

　　临港新片区首个智慧社区数字孪生项目通过创新的数字技术应用，实现了社区管理的智能化和高效化，标志着从"住有所居"到"住有宜居"的重要转变。项目的全生命期BIM技术应用贯穿了设计、施工和运营管理各个阶段，确保了信息的一致性和协同工作的高效性；多元化社区服务管理平台整合了租赁、维修、停车、商业等多项便民服务，全方位提供了精细化的管理和智能化的服务；数字孪生技术支持应急、消防、物业、停车等多场景的智能交互与仿真模拟，显著提升了社区管理的安全性和效率；在社区安全与管理集成方面，通过视频监控、门禁系统、停车管理和人脸识别等多个安防系统，实现了全方位的安全管理；同时，精细化的设施设备管理提高了物业维修和维护的效率，保障了住户的居住质量。临港新片区智慧社区项目显著提升了居民的居住体验和社区的整体运维水平，为智慧城市的发展树立了新的标杆，推动了行业的进步与发展。

第六篇
城市数字建设软件赛道

Awarded Cases of
BIM
Competition

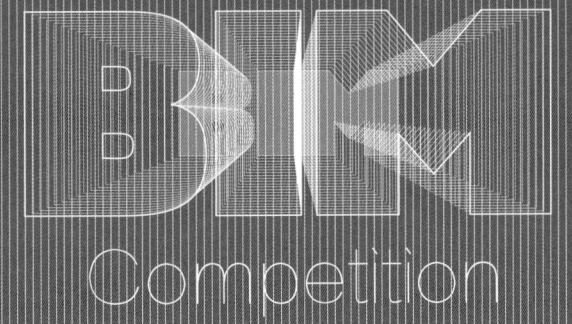

案例 26

国产 PKPM-BIM 助力 BIM 智能辅助审查试点项目应用

1 政策引领，企业助力"新城建"建设

为贯彻落实《住房和城乡建设部等部门关于加快新型建筑工业化发展的若干意见》（建标规〔2020〕8号）、《关于进一步推进本市工程建设项目施工图设计文件审查改革工作的通知》（沪建建管联〔2021〕288号）、《上海市全面推进建筑信息模型技术深化应用的实施意见》（沪住建规范联〔2023〕14号）、《上海市住房和城乡建设管理委员会关于在本市试行BIM智能辅助审查的通知》（沪建建管〔2023〕668号）等文件要求，促进BIM技术与城市建设管理的深度融合与发展，持续推动行业持续转型升级，北京构力科技有限公司（以下简称"构力科技"）基于国产BIMBase平台的各类信息智能技术集成应用，助力打造一批宜居、韧性、智慧的绿色生态城区，为城市信息模型和新型城市基础设施建设的全面推进提供强有力的支撑和保障。

上海市工程建设项目审批管理系统（以下简称"工程审批系统"）中，包含建筑信息模型智能辅助审查（以下简称"BIM智能辅助审查"）和结构专业二维智能辅助审查。构力科技作为开发单位，全程参与工程审批系统建设。

2 国产 PKPM-BIM 赋能工程项目智能审查，为企业提质增效

为加快提升设计单位设计质量、BIM应用能力以及审图单位的BIM智能辅助审查能力，推动上海市建设工程行业BIM技术应用发展，上海市住房和城乡建设管理委员会于2023年12月抽取11个建设工程项目（审图完成时间或预计完成时间：2023年11—12月，含已出证的项目和近期计划出证的项目），进行BIM审查试点工作。基于自主BIMBase平台研发的国产BIM软件PKPM-BIM建筑协同设计系统（以下简称"PKPM-BIM"）作为此次项目应用试点的国产BIM软件。

该软件涵盖建筑、结构、给排水、暖通、电气五大专业模块，支持全专业快速建模、模型自检、BIM审查、成果输出闭环应用。

PKPM-BIM依托构力云审平台，内置BIM自审模块，各专业提供BIM构件报审属性模板，支持设计过程中模型质量检查及BIM自审，为工程项目BIM审查应用提供设计-审查-交付闭环工作流程，BIM审查流程如图1所示。

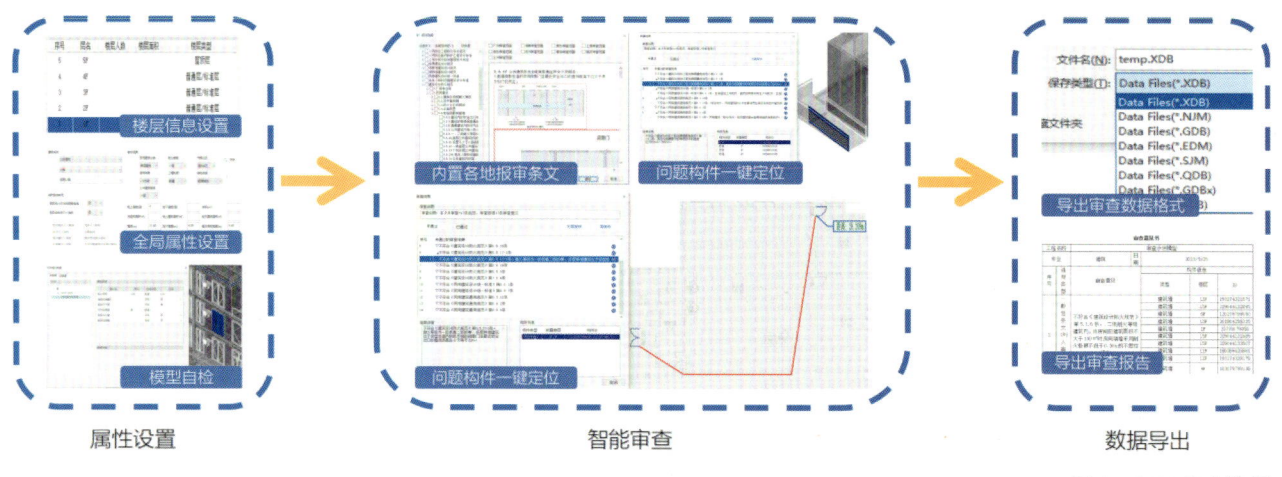

图 1　BIM 审查流程

2.1　快速建模

PKPM-BIM 各专业提供多样化建模、编辑工具，满足本土化项目需求，同时支持识别天正、CAD 图纸等创建各专业模型，建模效率与同类 BIM 软件相当，如图 2 所示。

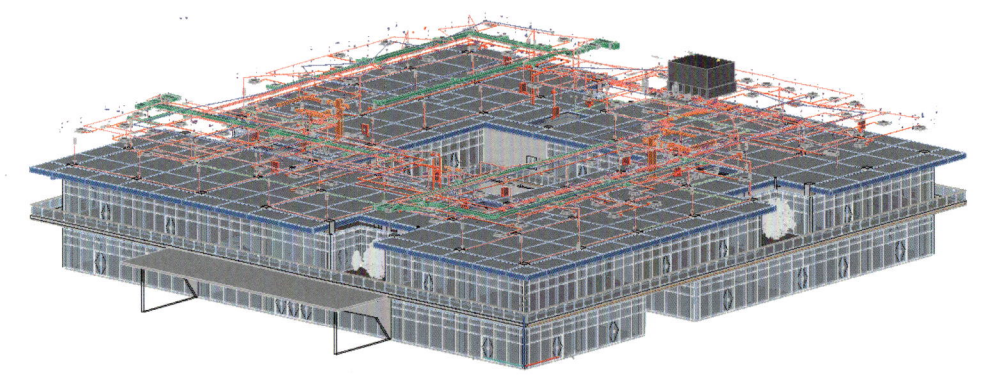

图 2　全专业 BIM 模型

2.2　构件审查会属性自动挂载

专业构件内置 BIM 审查属性模版，在构件创建过程中，审查属性自动挂载，项目、楼层信息实现了被自动计算与添加，减少了设计师信息录入的工作量（图 3）。

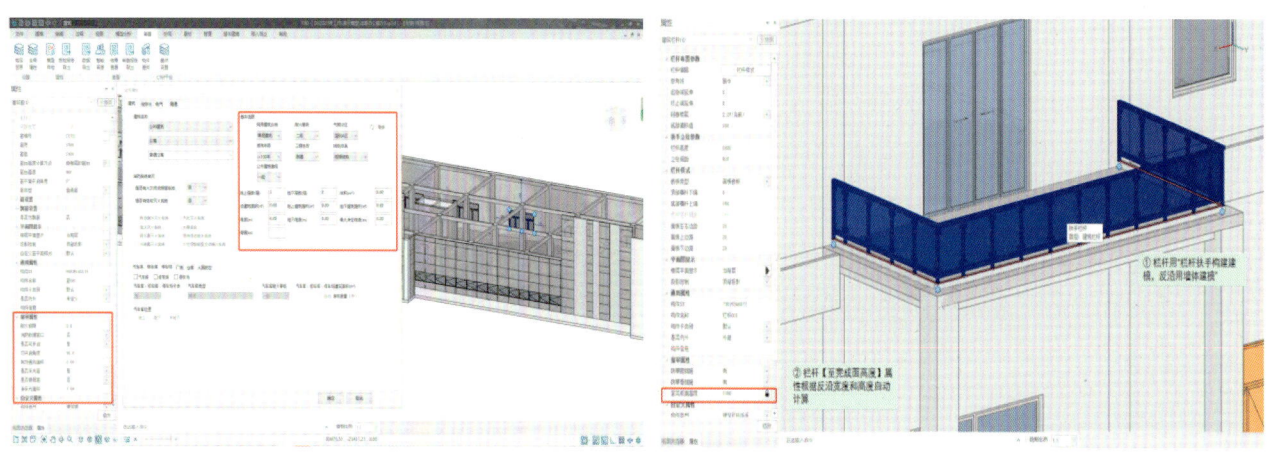

图 3　报审属性自动挂载及计算

2.3 模型质量自检

在进行 BIM 规范审查之前，对模型质量进行自检，自检结果与构件关联定位，方便快速查找及批量调整添加（图 4）。

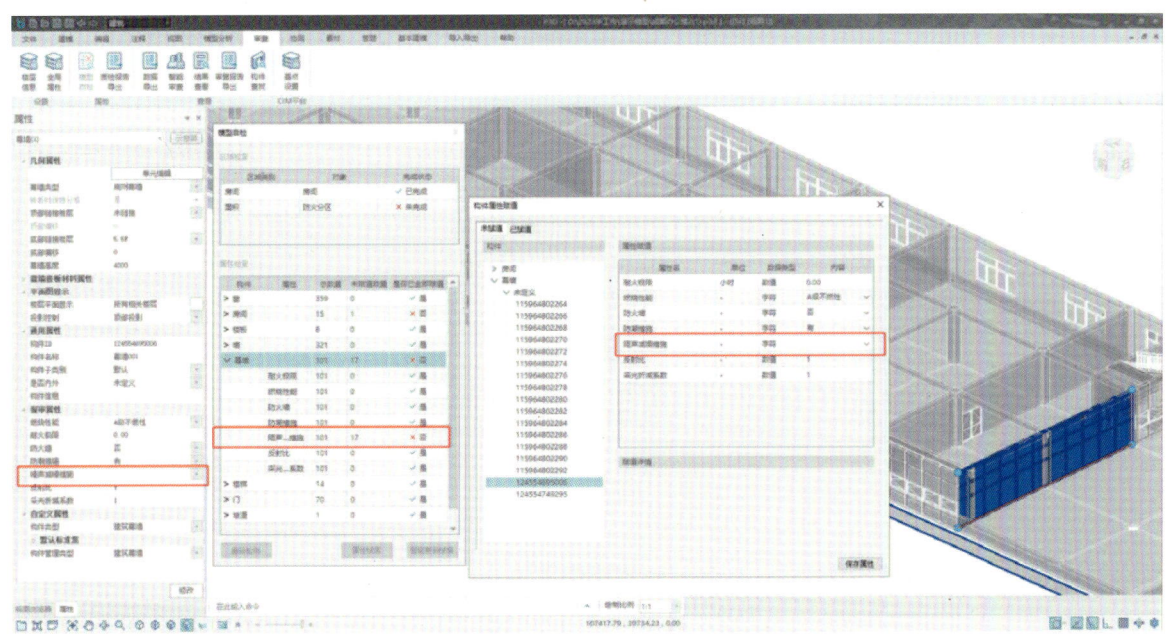

图 4　模型自检

2.4 BIM 自审

PKPM-BIM 全面对接上海市 BIM 智能辅助审查，在构力云审平台内增加了上海地区规范审查范围，软件端支持上海审查要求的 .EDM 格式，如图 5 所示。

设计师可以一键选中上海审查范围进行 BIM 自审，且审查会将结果直接反馈到模型中，并可以联动查看、修改不合规的构件，直至审查结果会全部通过后，即可导出数据提交上海智能辅助审查系统，如图 6 所示。

3　优秀试点项目应用展示

在本次试点工作中，华东建筑

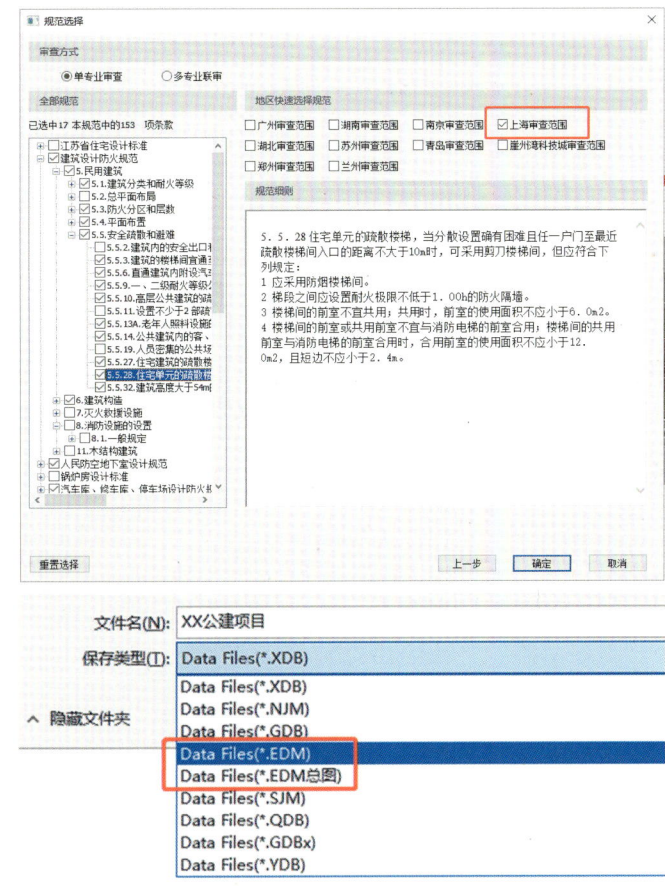

图 5　上海地区审查范围及提交格式

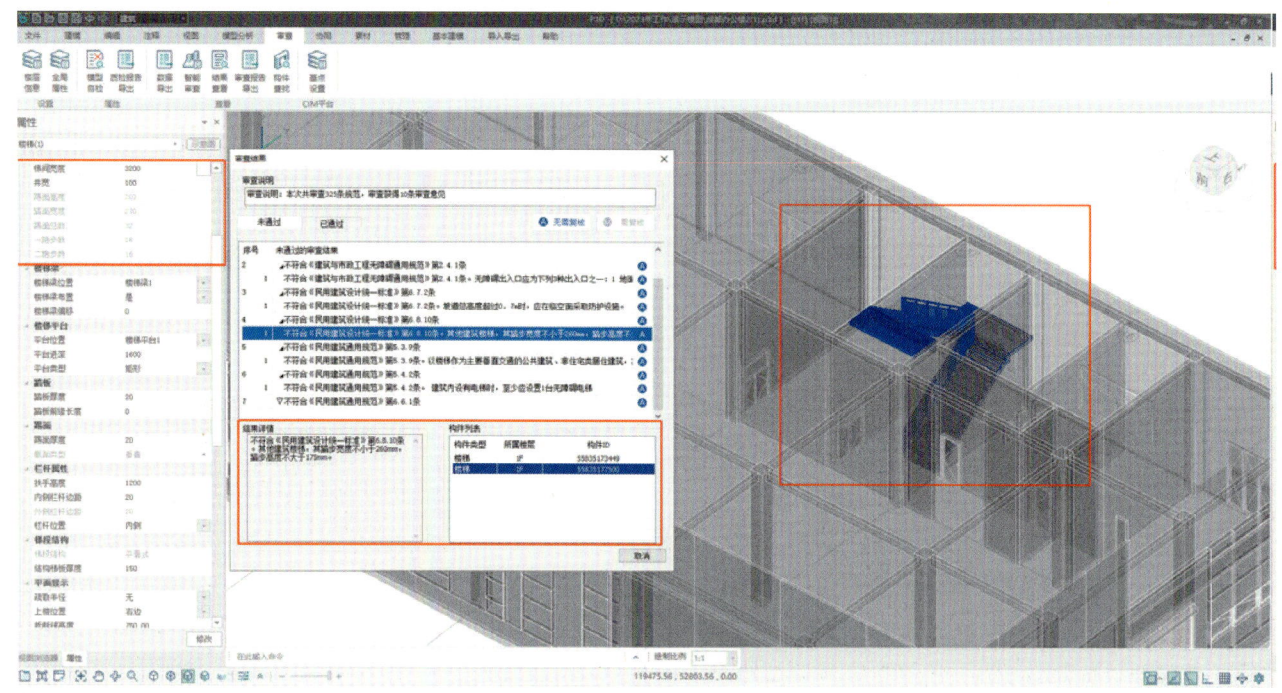

图 6　审查结果显示

设计研究院有限公司（以下简称"华东院"）设计团队严格按照 BIM 审查标准建模，在 BIM 模型审查效能、图模一致性、模型精细度等方面均保持高水准交付。项目完全使用国产 BIM 软件 PKPM-BIM 完成。

3.1　项目基本情况

紫竹科学园试点审查项目为民办圣华紫竹双语学校和圣华紫竹高级中学两校合建，位于紫竹高新区兰香湖生态社区 MHPO-1005 单元 12-02 地块内（图 7）。本次 BIM 审查试点申报项目为两栋学生宿舍楼，9# 宿舍楼建筑面积 10 940.6 m²，地上楼层共计 10 层，高度 31.17 m；10# 宿舍楼建筑面积 11 362.3 m²，地上楼层共计 10 层，高度 31.17 m。

图 7　紫竹科学园试点审查项目效果图

3.2 BIM 数字化技术应用

1. 建筑专业

PKPM-BIM 建筑专业内置 T5 图纸转模功能，打开 T5 图纸后，直接框选模型的标准层即可快速生成建筑模型，设计师按照 BIM 审查建模标准对模型优化调整即可满足审查。如图 8 所示。

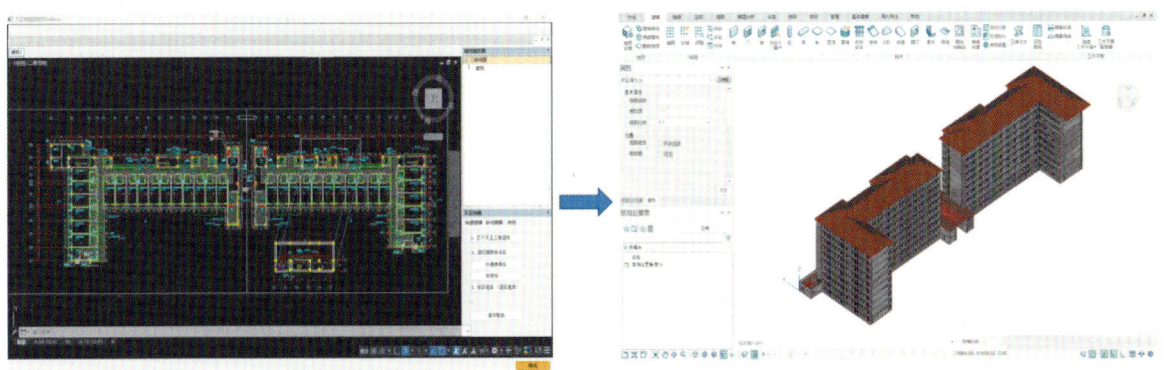

图 8　T5 图纸转模效果

2. 结构专业

结构团队颠覆传统 Revit 结构翻模方式，直接将 PKPM 结构计算模型导入 PKPM-BIM 软件中，实现结构计算模型无损转化的二次复用，减少了结构专业 BIM 建模的工作量。如图 9 所示。

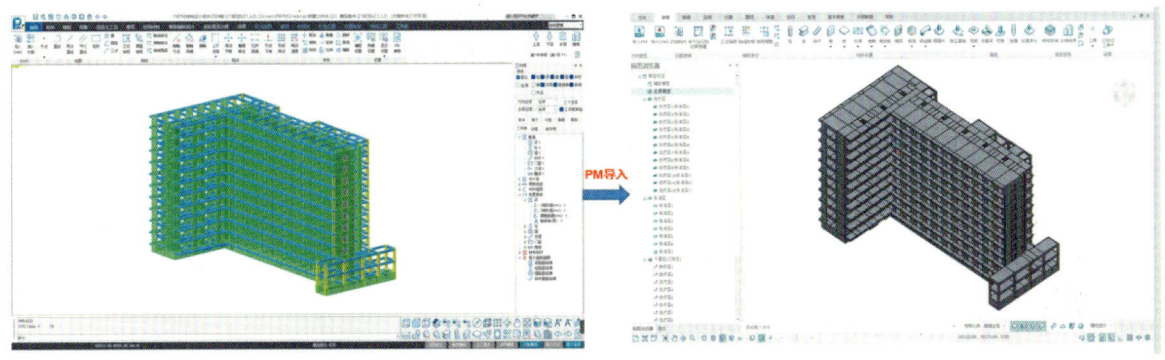

图 9　PM 模型导入

3. 机电专业

排水、暖通、电气的建模依然使用了软件自带的识图建模功能，各专业设计师根据提示逐项点选管线图层、设备图层、标注图层等，即可快速完成机电各专业建模。如图 10 所示。

由于 BIM 智能审查要求机电各专业系统的完整性，机电设备点位需要与管线进行"逻辑连接"，如地漏、坐便器需与排水管连接等。设计师利用"智能连接"功能，通过框选设备点位、相应管线，实现设备自动连接。如图 11 所示。

图 10　机电快速翻模

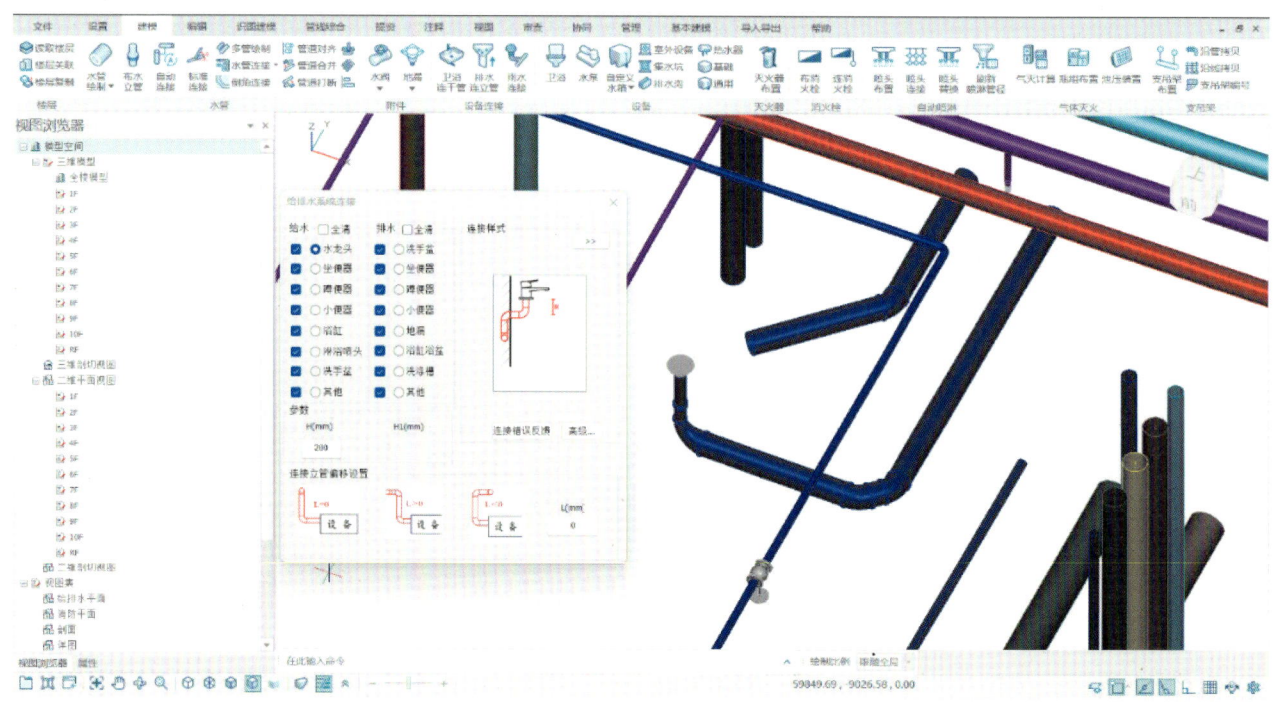

图 11　设备智能连接

3.3　对接 BIM 智能辅助审查

搭建完各专业 BIM 模型之后，如何快速判断、精准修改模型违反的强条和审查要点则是 BIM 审查工作的核心。华东院设计团队提交政府审查会平台之前，通过 PKPM-BIM 软件自审模块进行 BIM 审查。审查会结果以列表方式提示，例如原 BIM 模型中，无障碍栏杆单层扶手高度设置为 1 200 mm，而《建筑与市政工程无障碍通用规范》第 2.8.1 条，要求满足无障碍要求的单层扶手高度应为

850～900 mm。单击审查结果中的问题点，将其直接定位至不符合规范要求的栏杆，设计师可以在属性栏中快速修改扶手高度，如图12所示。

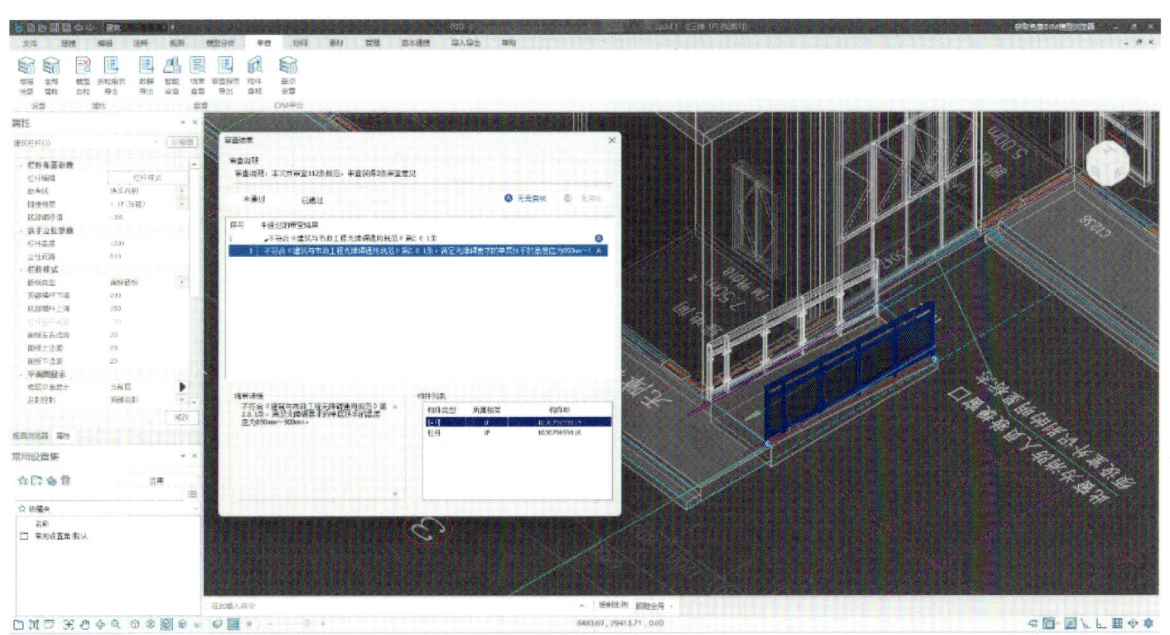

图12　审查结果与构件关联定位

3.4　BIM智能辅助审查效益

华东院完全使用国产PKPM-BIM软件，共计投入人力4人，5个工作日，高质量、高效率完成了紫竹科学园BIM审查，审查条文通过率高达97%。

基于PKPM-BIM软件，不但可以按照BIM审查标准高效完成各专业建模，而且可以确保设计团队BIM模型通过上海市BIM智能审查。本次审查试点项目充分证明了国产BIM软件可以满足设计团队的日常生产需求，也为上海市国产信创软件推广提供了宝贵的"试验田"。

上海市智能化辅助审查平台的正式实施，一方面有助于提升建筑工程审查的质量和效率，为建筑行业进一步数字化转型提供了有力支持。另一方面，智能化审查系统有助于促进建筑行业的健康发展，通过审查机制杜绝人工审查疏漏，统一规范解读，提高设计单位设计质量。

4　总结与展望

国产PKPM-BIM软件在推动建筑行业数字化转型和提升工程审查效率方面发挥了显著作用。在政策的引领下，在上海市BIM审查试点工作中，PKPM-BIM软件成功应用于多个建筑工程项目，覆盖了建筑、结构、机电专业，实现了设计-审查-交付的闭环工作流程。华东建筑设计研究院有限公司的案例更是证明了PKPM-BIM软件在提升工作效率和保障设计质量方面的巨大潜力，审查通过率高达97%，显著减少了人工审查的疏漏。

相信不久的将来，国产技术的不断成熟将推动软件在智能化设计、审查等更多方面的进一步突破，提高自检和审查的准确性与设计效率，也为未来建筑行业的智能化、标准化和可持续发展奠定了坚实的基础。

供稿人：黄放 徐柘艳 赵艳辉 黄怡萍 刘苗苗 王新花

专家点评

  国产 PKPM-BIM 智能辅助审查试点项目基于自主研发的国产 BIMBase 平台，推出了涵盖建筑、结构、给排水、暖通、电气五大专业模块，支持全专业快速建模和模型自检，还实现了 BIM 审查与成果输出的闭环应用，显著提升了设计和审查效率；应用项目构建了完善的闭环工作流程，依托构力云审平台和内置的 BIM 自审模块，从设计到审查再到交付，每一环节都实现了高效衔接和质量控制。华东建筑设计研究院利用 PKPM-BIM 在紫竹科学园项目中的应用实践，充分验证了 PKPM-BIM 的使用效果，仅用 4 人 5 个工作日完成了高质量 BIM 审查，审查条文通过率高达 97%。本项目紧密结合国家和地方政策，推动了 BIM 技术与城市建设管理的深度融合，通过智能审查系统，有效提升了建筑工程审查的质量和效率，减少了人工审查的疏漏，为建筑行业的数字化转型提供了有力支持，同时推动了国产 PKPM-BIM 软件在工程建设中的应用，为行业提供了宝贵的示范效应，对行业的高质量发展具有重要意义。

近乎无限承载力的 BIM+GIS 图形平台
——"黑洞"三维图形引擎

黑洞三维实时渲染引擎（以下简称"黑洞引擎"）是秉匠科技自主研发、拥有完全国产自主知识产权的三维图形引擎。主要为工程参建各方提供的多源异构三维模型可视化服务，解决设计、建造、运维过程中的可视化沟通及分析等问题，为工程数字化平台应用提供数字化底座，提供一整套完善的三维图形引擎软件解决方案，服务于工程行业各个阶段的数字化管理，为工程行业提供"高性能、低成本、国产化"的三维图形解决方案。

黑洞引擎基于跨平台的技术架构，同时支持客户端、Web 端、移动端等多个终端，可在主流计算机配置环境中稳定、流畅运行。底层采用分布式架构 +GPU 运算（Graphics Processing Unit），可轻松高效管理多类型、大规模的 BIM+GIS 数据，并提供多种模型编辑及仿真计算能力。

1 黑洞特性介绍

1.1 黑洞引擎承载力

黑洞引擎使用自主知识产权的轻量化模型技术和实时渲染优化技术，平台支持超过 10 TB 级体量的 BIM+GIS 数据。构件数支持 1 亿以上，三角面片数 100 亿以上。在使用非图形工作站的个人电脑上可达到 60 fps 流畅渲染效果（图 1）。

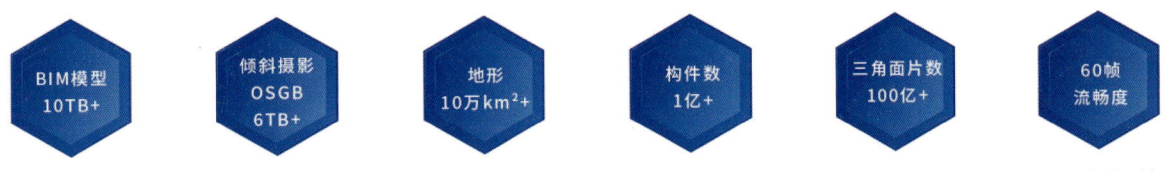

图 1 数据体量（不完全统计）

1.2 渲染效果

黑洞引擎支持实时软阴影、光晕、环境遮蔽（Screen Space Directional Range, SSDO）、高动态范围光照（High Dynamic Range, HDR）等视觉增强效果，使模型渲染更有立体感和层次感，并加入水面模拟效果，可达到接近真实物理世界的渲染效果（图 2）。

1.3 多数据格式支持

黑洞引擎支持多种常见 BIM 模型（rvt、ifc、fbx、3dxml、gim、igms、stp、gltf、3dm、

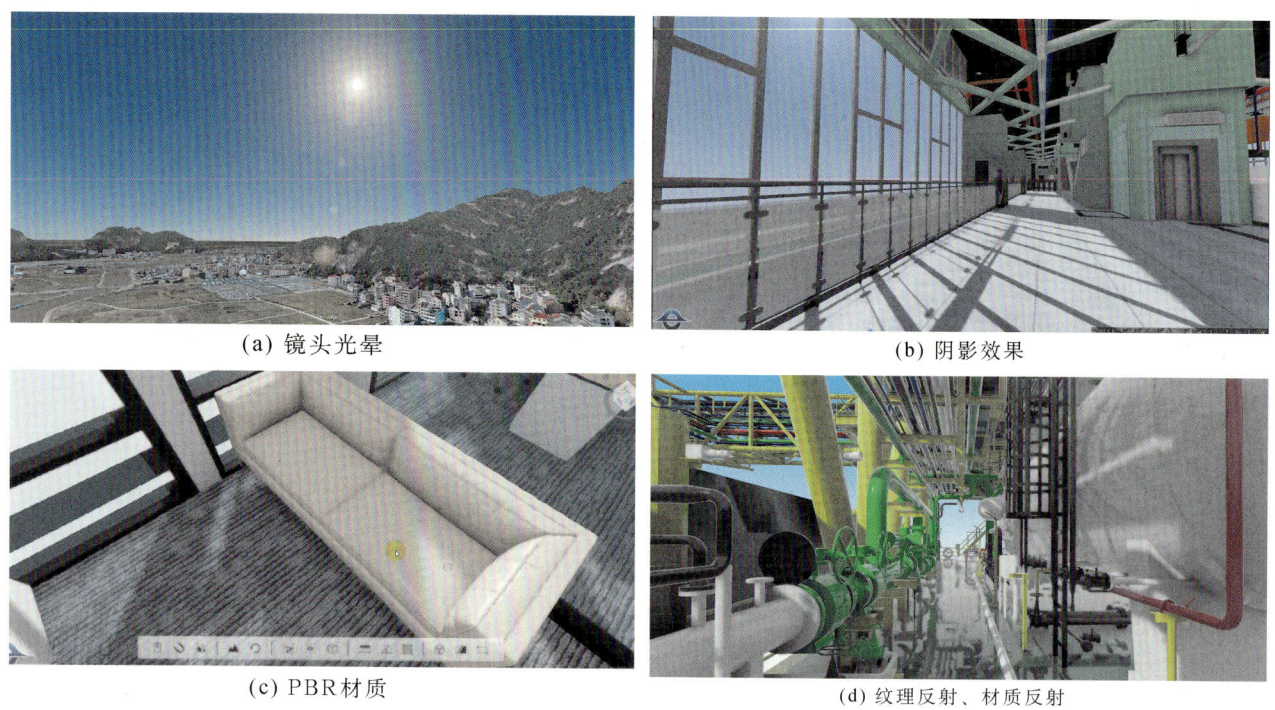

图 2　渲染效果

skp、glb、dgn、nwd、nwc 等）、GIS 数据（WMTS、tiff、DEM、DOM、jpg、png、osgb、kml、shp）、点云、360 全景图及二维平面图（图 3）。

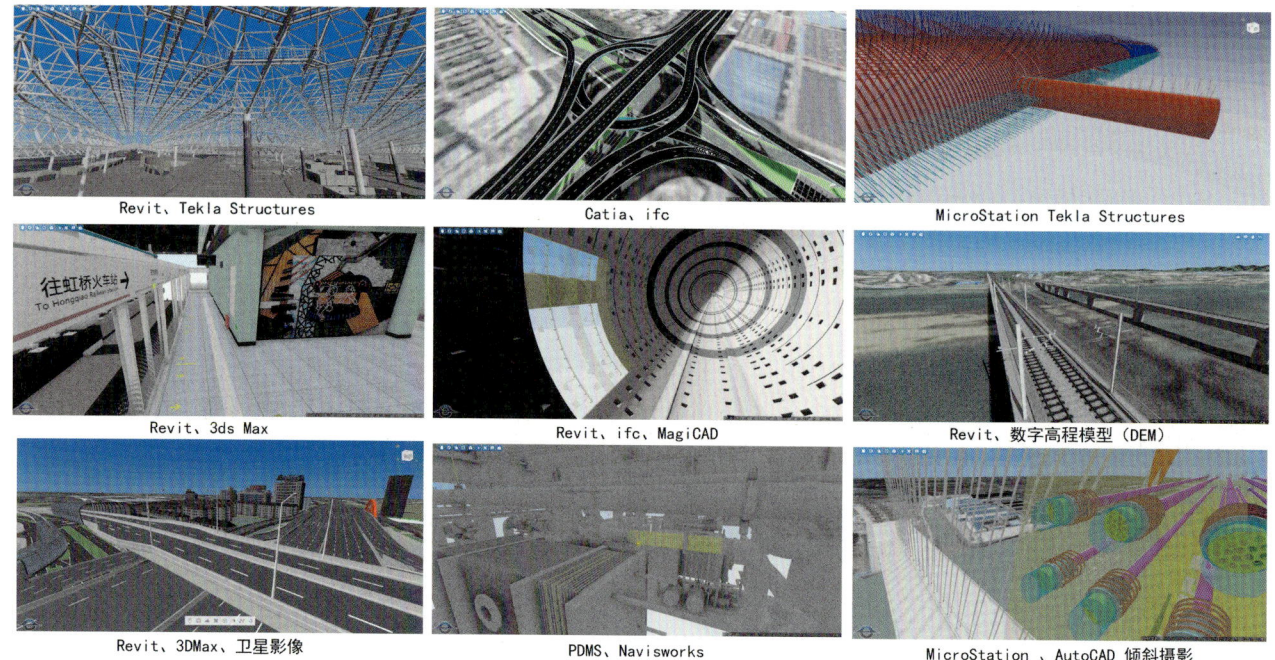

图 3　引擎支持多种数据格式

1.4　地形系统

黑洞引擎地形系统可做到大场景 GIS 数据，包括倾斜摄影（100 000 km² 以上）数据的导入和显示（图 4），支持全球 GIS 数据的导入，支持上千平方千米倾斜摄影数据的快速、高效渲染，支持多种标准的 GIS 坐标系，可融合多种数据快速构建地形和景观模型，与 BIM 模型有机融合并展现完整的三维环境效果。支持超海量数据的分页调度以及全 GPU 地形无缝 LOD 过渡（Levels of Detail），地形网格能够在高低精度间平滑切换（图 5）。

图 4　城市级倾斜摄影 300G+

图 5　DEM 高程数据

1.5　水面系统

黑洞引擎支持局部动态水面，水面网格为全 3D 网格，网格根据水波能够上下起伏，支持无缝 LOD 过渡。黑洞引擎水面系统基于 GPU 上的 FFT（快速傅里叶变换）模拟，从而获得最真实的风驱动水波效果。水面同时支持实时反射、折射。多个局部水面相互配合，可以轻松实现复杂的水面分布效果，如大坝的上游、下游、有坡度的河面等（图 6）。

图 6　水面效果

2　黑洞创新点

2.1　HLOD 技术

黑洞引擎数据处理模块通过空间刨分将所有构件强行按空间区域分割分组，然后对每个空间区域进行自动减面，并将空间区域进行 LOD 分级，从而将海量构件模型转换为一个层级化的空间区域树。在渲染时根据相机方位和空间区域在相机视平面上的投影误差，动态调度空间区域树，从而可以在不影响渲染效果的基础上，将渲染负载减小一个量级。

2.2　自定义纹理数组

材质系统会将全部材质整合成一个纹理数组，渲染时尽量减小材质切换，可大大减小 Drawcall 数量，提高渲染效率。

2.3　场景分页加载

通过互斥加载页面、叠加加载页面等技术对场景模型进行层级组织，可以实现城市级别的建筑物高效加载和渲染。

2.4　动态松弛八叉树场景管理

基于动态松弛八叉树场景原理，在场景有大量动态物体时，避免场景对象的空间划分结构频繁改变，仍可以保持较高的场景裁剪效率。

2.5 自定义抗锯齿算法

通过对多帧渲染数据进行统计计算，实现抗锯齿渲染效果，相比于 WebGL 自带的抗锯齿功能，可以提高 5~6 倍的计算速度，优化渲染效果。

2.6 遮挡剔除算法

渲染时通过对事先划分好的屏幕空间块进行遮挡查询，即可计算出下一帧的渲染负载，相比于对单构件进行遮挡剔除，效率可高一个量级，当模型构件数量足够大时，比如上千万级别，也可流畅渲染，不会因构件数量对渲染效率造成影响。

2.7 矢量系统

在不依赖于任何 UI（User Interface）框架的基础上，支持线、面、标注等矢量元素，支持海量矢量数据的分页调度、高效渲染。支持线、面矢量动态投影到地形上，使矢量元素与地形无缝贴合。

3 黑洞应用案例

3.1 上海路桥建造管理平台

上海路桥建造管理平台基于黑洞图形引擎开发，是为工程建设管理人员提供的项目数字化管理系统。平台基于数据结构化、管理可视化的理念，结合工程建设行业特点，采用"微服务"架构，在业务层面划分了综合监控、全景展现、人员管理、进度管理、质量管理、安全管理、基础数据、文档管理等多个功能模块（图 7）。

图 7　黑洞图形引擎形成图片示意

平台将分部分项、施工日志、互联物联等多项内容进行了巧妙融合，使得平台的数据在不增加项目管理人员工作量的前提下实现每天实时更新，很好地解决了平台推广中难以解决的"假数据""两张皮"等问题（图8）。

图8　综合监控平台

3.2　其他案例

其他案例图如图9—图16所示。

图9　花卉博览会数字管理系统

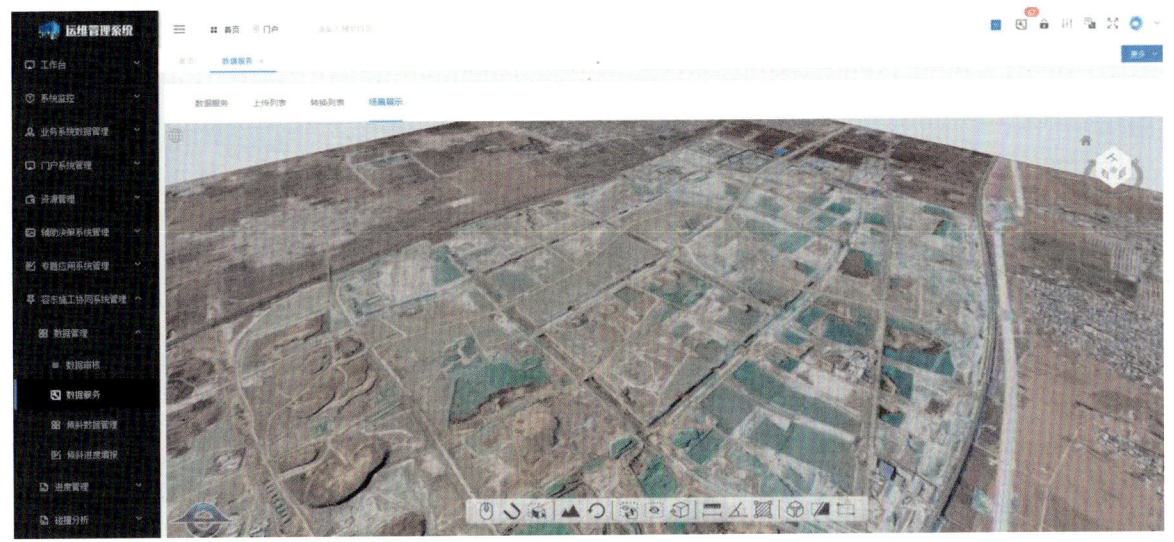

图 10　某市 CIM 管理平台

图 11　某 BIM 技术应用创新竞赛方案

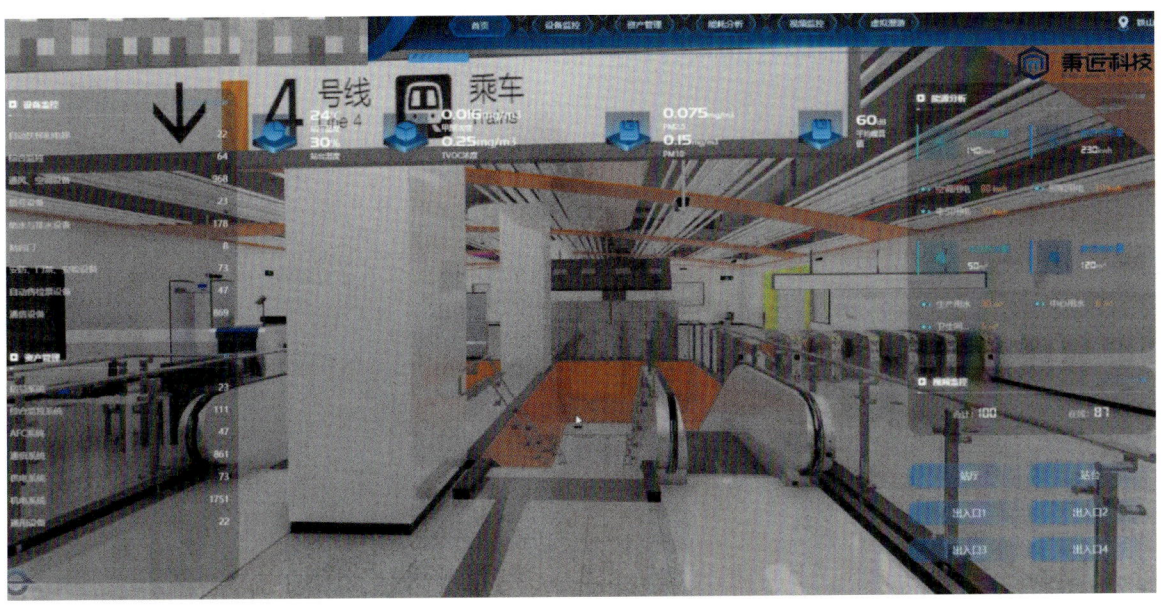

图 12　某地铁 4 号线运维管理平台

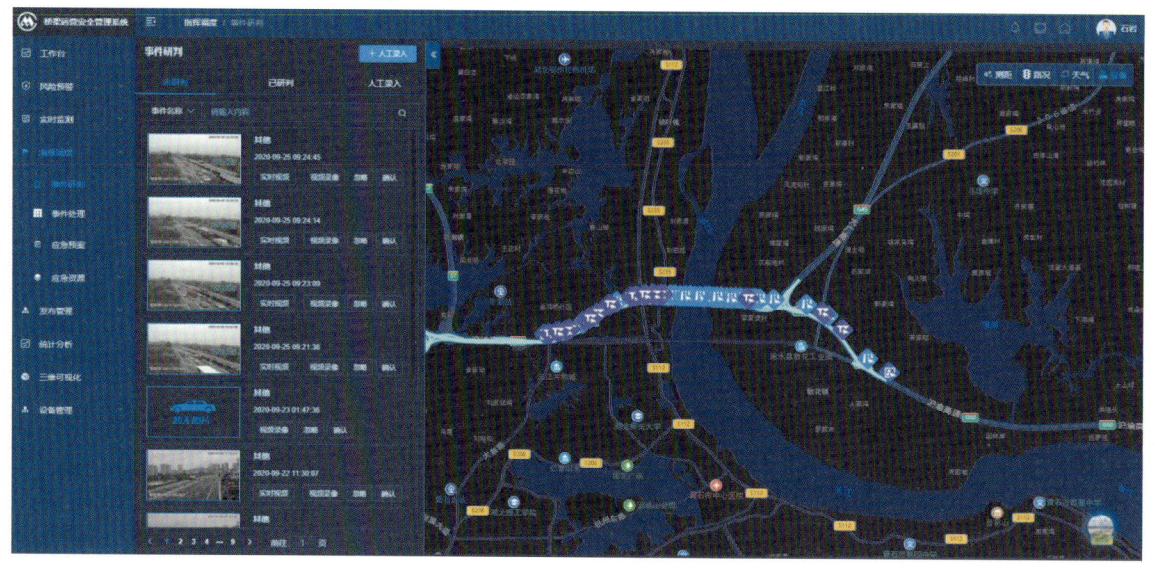

图 13 BIM+GIS 桥梁综合管理系统

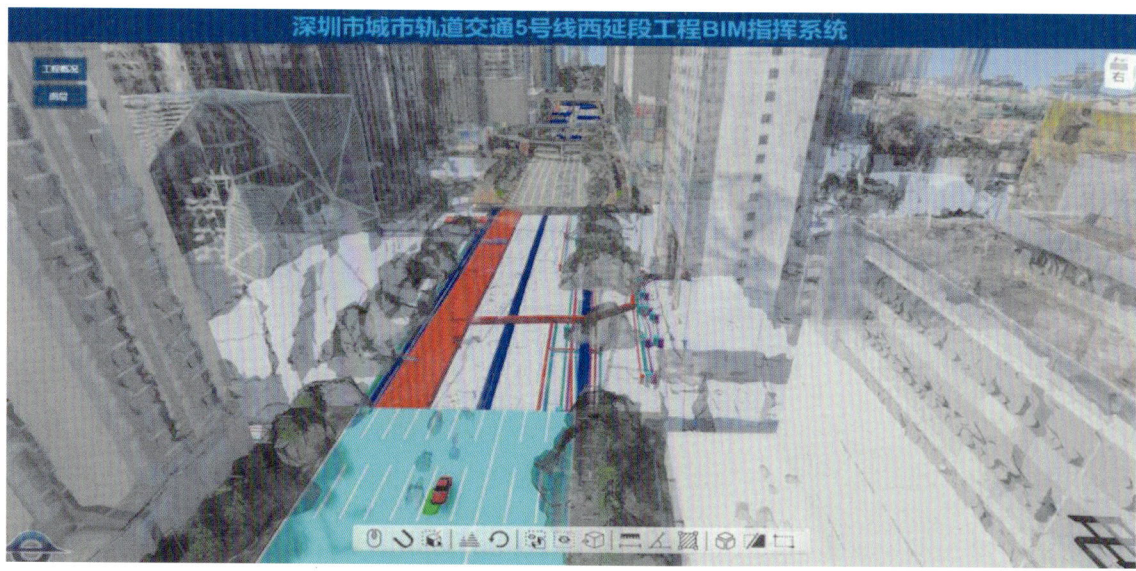

图 14 某城市轨道交通 5 号线西延段工程 BIM 指挥系统

图 15 某智慧高速公路数字管理平台

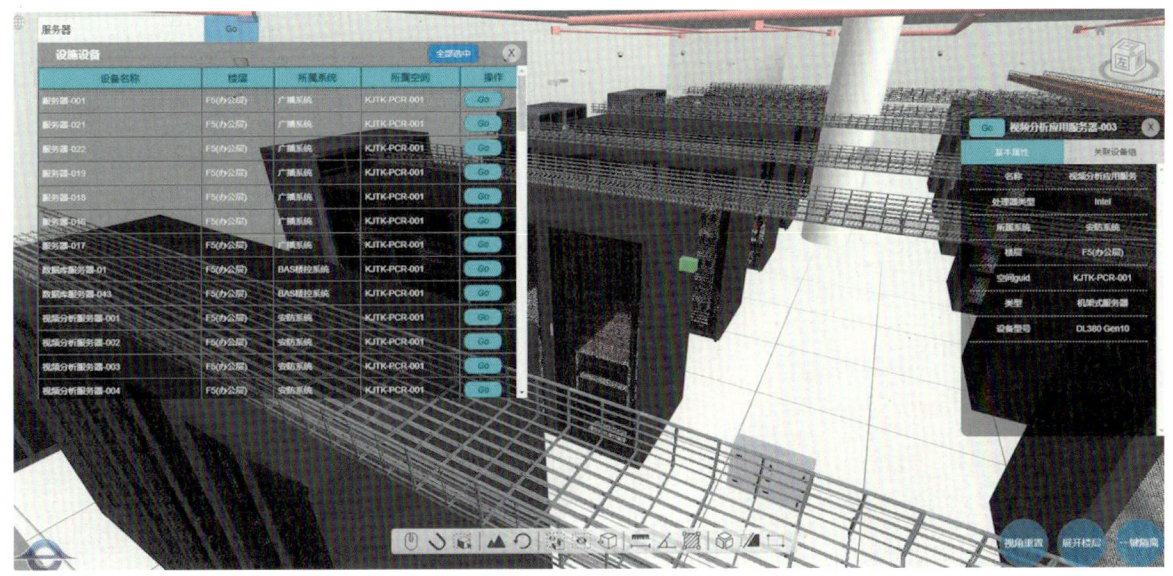

图 16　某机场数字化资产管理平台

4　总结与展望

2022年9月国资委79号文，规定国企、央企须在2027年完成信创全替代，"2+8+N"落地体系全面打开。而黑洞引擎的独立自研能力，能为行业在可视化领域中开辟出国产图形引擎的新道路。

在未来，BIM+GIS数字化平台的研发在海量数据承载、多源异构数据整合、数据可视化、三维轻量化等方面都有较高的要求。"黑洞"引擎可以将倾斜摄影模型、点云模型、GIS遥感影像等数据与高精度BIM数据集成，支持同一场景多模型展示，在不损失模型原始精度前提下，可承载任意超大场景模型，并且在网页端实现秒级加载，支持光照、阴影、水面、植被、烘焙等逼真的渲染效果。通过对IoT、AI等技术的融合应用，"黑洞"引擎对BIM+GIS数字化平台形成有力支撑，从而让城市的建设以及整个城市的运维更加智慧。

供稿人：夏海兵　高阳　沈沁宇　方维　黄晓婷

专家点评

"黑洞三维图形引擎"技术在项目上实现了创新突破，为工程行业提供了一套高性能、低成本的三维图形解决方案，在实际应用中展示了广阔的应用前景。该黑洞引擎使用自主知识产权的轻量化模型技术和实时渲染优化技术，支持TB级别的BIM+GIS数据处理，能够处理超过1亿个构件和100亿个三角面片，在普通计算机上也能流畅实现渲染，体现了强大的数据承载和处理能力；黑洞引擎支持多种视觉增强效果，如实时软阴影、光晕、环境遮蔽和高动态范围光照等，使模型渲染更加逼真和层次分明，大大提升了用户的视觉体验；黑洞引擎兼容多种BIM和GIS数据格式，包括rvt、ifc、fbx、tiff、DEM等，还支持点云、360全景图及二维图纸，具备强大的数据整合能力，能够满足不同类型项目的需求；项目还引入了HLOD技术、自定义纹理数组、场景分页加载等多项创新技术，显著提高了渲染效率和大规模数据处理能力,保证了高性能的输出。黑洞引擎已经在多个重要工程管理平台中成功应用,展示了其在实际工程应用中的高效性和可靠性。随着软件国产化替代政策的推进,黑洞引擎在国产自主知识产权方面具有独特优势,能够满足未来BIM+GIS数字化平台对海量数据承载、多源异构数据整合及逼真渲染的高要求,特别是在智慧城市建设和运维管理中能够发挥重要作用。

附 录

附录 A 上海市第一届"数建杯"数字城市建设成果赛(光荣榜)

1 总决赛获奖名单

序号	奖项	项目	申报单位	联合申报单位	参与人员
1	特等奖	轨道交通全生命周期数字化工程模型(BIM)数据共享与集成应用	上海市隧道工程轨道交通设计研究院	上海轨道交通十四号线发展有限公司	辛佐先、孟柯、汲小涛、周希圣、黄小平、陈琳、刘晓凤、周君、裴芳琼、汤素琼
2	特等奖	上海港智慧指挥中心	港航纵横(上海)数字科技有限公司	上海国际港务(集团)股份有限公司	朱季超、范莉青、潘旭峰、沙科斌、高咏
3	特等奖	上海浦东机场T3航站楼地下工程全场景BIM应用研究与实践	上海机场建设指挥部	华东建筑设计研究院有限公司 华建数创(上海)科技有限公司	尤旭东、董政民、吴玉林、刘金典、施颖东、冯诚、徐晶晶、钟敦远、朱健、宋天成、李佳苗、赵越、瞿炯、刘莉、沈皞然
4	特等奖	片区级项目设计建造数字总控创新方案(临港新片区105社区)	华东建筑设计研究院有限公司	上海临港经济发展(集团)有限公司	余飞、陈琛、魏世明
5	特等奖	广联达设计平台GDMP	广联达数字科技(上海)有限公司	—	贾合丰、杨涛、胡易容
6	特等奖	徐家汇体育公园"两馆一建"项目施工BIM技术综合应用	上海建工五建集团有限公司	—	辛家舜、曹阳、吴顺佳、夏静平、王斌、叶子涵、陈伟杰、王孙骏
7	一等奖	北横通道新建工程BIM全生命周期应用	上海城投公路投资(集团)有限公司	上海城建城市运营(集团)有限公司 上海城建信息科技有限公司	尹富秋、石茂银、周长韬、许铮铭、毛晴鹤、林煜申、李瑾、田文渊、朱俊、胡坚良、池瑜、唐弘、吴欢、丁启明、徐镇南
8	一等奖	闵浦三桥运营期BIM应用及智慧运维	上海市道路运输事业发展中心	上海城建城市运营(集团)有限公司 上海浦江桥隧运营管理有限公司 上海城建信息科技有限公司	王晓宇、吴申、刘波、朱吉、马明雷、郭叶、余敏、赵辛玮、丁良、梁承沙、蔡蓉宾、秦宝宝、徐镇南、陶源、曾蕾洁

(续表)

序号	奖项	项目	申报单位	联合申报单位	参与人员
9	一等奖	BIMBase-PC装配式建筑设计软件	北京构力科技有限公司上海分公司	—	张晓龙、姜文明、杨广剑、牛瑞刚、于贵有、左超、韩菲、王新洋、张雷、崔明阳、王建斌、王琛
10	一等奖	世博文化公园双子山项目BIM施工技术方案正向应用	上海地产（集团）有限公司	上海建工一建集团有限公司	周臻全、朱刚、张斌、曾浩东、杜量、王子瑞、施政、王润泽、王宇超、程彪、陈志豪、袁嘉敏
11	一等奖	基于数字孪生的桥梁运营安全检测与评估管控技术	上海市建筑科学研究院有限公司	上海大风技术有限公司 上海建科数创智能科技有限公司	吴华勇、邢云、周子杰、贾鹏飞、王枫、余力、徐学东、余威镭、任雅颖、谢鹏华、贺见芳
12	一等奖	基于数字孪生的化工管廊资产全生命周期管理	上海化学工业区公共管廊有限公司	—	孙华、孙宇、杨兴佑、朱统权、徐宇锋
13	一等奖	基于BIM技术的浦东机场四期市政工程数字化建造创新应用	上海建工集团股份有限公司	上海市政工程设计研究总院（集团）有限公司 上海机场（集团）有限公司	马普、李鑫生、孙智浩、穰昊、张守军、杨京鹏、罗绛豪、张悦、刘金典、王臻华
14	一等奖	基于BIM的仿古建筑数字化建造-上海岩花园项目施工BIM应用实践	上海建工四建集团有限公司	—	叶子青、许璟琳、仇春华、黄亦楠、曹旭、张英楠、何娇、曹文根、罗玲丽、刘佳、罗明、肖海帆、赵泳
15	一等奖	绍兴智慧快速路工程BIM全寿命期应用	上海市城市建设设计研究总院（集团）有限公司	上海城建数字产业集团有限公司 绍兴城市建设投资集团有限公司	洪云一、喻远奎、沈国峰、杨海涛、任晓栋、代慧瑶、郝建华、于辉、陆剑骏、王佳亮、甘露、徐晓龙、吕惠、昔青喆、龚静
16	二等奖	上海西郊国际农产品交易中心改扩建一期项目BIM应用	光明食品集团置地有限公司 上海西郊国际农产品交易有限公司	华东建筑设计研究院有限公司 旭密林能源科技（上海）有限公司	余飞、朱红坤、张涛、叶再辰、柳闻潼、林佩玲、李明新
17	二等奖	D5渲染器	南京维伍网络科技有限公司（D5）	—	韩峰、赵明军、蒋嘉诚、罗猛、苗静雯
18	二等奖	数字化助力城市高架低影响建设——济阳路快速化改建工程1标	上海浦东工程建设管理有限公司	上海市城市建设设计研究总院（集团）有限公司 上海浦东路桥（集团）有限公司 上海浦东建筑设计研究院有限公司	宋晓波、张尔海、蒋剑、杨光、陆剑骏、何冬凌、虞振清、沙丽新、黄自杰、宋健、侯艳斌、袁帅、杨国章、张婷婷、吴辉

(续表)

序号	奖项	项目	申报单位	联合申报单位	参与人员
19	二等奖	竹园污水处理厂四期工程BIM技术应用	上海城投水务工程项目管理有限公司	上海市城市建设设计研究总院（集团）有限公司 北京市市政工程设计研究总院有限公司 上海机械施工集团有限公司	李明杰、王碧波、何羽融、高原、吴文高、屠怡倩、鲍越鼎、邹帅、王艾凯、孙颖昊、张达石、边小宇、李钢、兰垩、陈建明
20	二等奖	上海久事国际马术中心外立面及屋面装修数字化技术运用	上海久事（集团）有限公司	上海市建筑装饰工程集团有限公司 上海建工四建集团有限公司	李芬、管文超、李功绩、朱军、郁元元、刘其龙、周翼成
21	二等奖	上海市域铁路迎宾三路站及相邻区间工程BIM技术应用	中铁上海设计院集团有限公司	—	梅方舒、申秀成、杨剑飞、喻学海、杨柳威、郭坤、操坦琦、魏安、周晟、李鹏亮
22	二等奖	鲲鹏展翅，剑指世界一流科学城 张江"科学之门"BIM技术综合应用	上海建工集团股份有限公司	上海市安装工程集团有限公司 英麦建筑科技（上海）有限公司	吴启晨、谢天璞、尚志强、季帅帅、田瑞赐
23	二等奖	龙水南路越江隧道新建工程	上海城投公路投资（集团）有限公司	上海市城市建设设计研究总院（集团）有限公司 上海城建信息工程有限公司 上海隧道工程有限公司	姜弘、杨光、陆剑骏、包鹤立、林咏梅、何冬凌、张湄、饶倩、陈望贤、毛睛鹤、李璟、谈晓亮
24	二等奖	张江"智盒"项目BIM智慧设计	同济大学建筑设计研究院（集团）有限公司	上海慧之建建设顾问有限公司 上海张江集成电路产业区开发有限公司 上海隧道工程有限公司	盛兴尧、曾毅、徐若云、曹灵泳、喻启杭、皮英俊、王文清、盛楠、刘惠哲、冯山鉴、曹柏玄、熊仕豪、黄昀恒、李臣杰
25	二等奖	威高（上海）国际研究院项目	信永中和工程管理有限公司	上海大境建筑规划设计有限公司 上海威恒医疗科技有限公司	陈唤、崔学强、何中、徐俊、秦娜、许亮、江阳、吴继刚、赵柯宇、尹兆刚、张建中、王郑朱峰、夏自学、范德福
26	二等奖	"新基建"交通银行数据中心项目BIM技术施工运维化应用	中国建筑第八工程局有限公司	—	王伟强、张骏辉、王晓晗、张飞、相佳佳、尹健航、王玉、张浩
27	二等奖	宝山再生能源利用中心项目数字化建造创新应用	上海宝冶集团有限公司	上海上实宝金刚环境资源科技有限公司 上海宝冶冶金工程有限公司	刘卫健、闵良建、郭小康、岑江华、韩啸、刘莎莎、张明荣、马子涵、代丽云、刘家悦、黄俊、阳志玉

2 分赛道获奖名单

1. 铁路与轨道交通赛道

序号	获奖名次	项目名称	申报单位	联合申报单位	参与人员
1	一等奖	轨道交通全生命期数字化工程模型（BIM）数据共享与集成应用	上海市隧道工程轨道交通设计研究院	上海轨道交通十四号线发展有限公司	辛佐先、孟柯、周希圣、黄小平、陈琳、汲小涛、周君、裴芳琼、汤素颖
2	一等奖	基于BIM技术的全过程数字化应用——以上海轨道交通18号线工程为例	上海申通地铁建设集团有限公司	上海市隧道工程轨道交通设计研究有限公司、上海磁浮交通发展有限公司	仝祎楠、朱宝林、贾珅翔、汤丹、孟柯、陈琳、陈百会、陈亚冬、王秀清
3	一等奖	上海市域铁路迎宾三路站及相邻区间工程BIM技术应用	中铁上海设计院集团有限公司	—	梅方舒、申秀成、杨剑飞、喻学海、杨柳威、部坤、操坦琦、魏安、周晟、李鹏亮
4	一等奖	基于BIM技术的浦东机场四期市政工程数字化建造创新应用	上海建工集团股份有限公司	上海市政工程设计研究总院（集团）有限公司、上海机场（集团）有限公司	马晋、李鑫生、孙智浩、穰昊、张守军、杨京鹏、罗绎豪、张悦、刘金典、王臻华
5	二等奖	数字化技术在轨交EPC项目中的集成应用	上海市隧道工程轨道交通设计研究院	上海申通地铁建设集团有限公司第二分公司	曹天明、张严栋、麻少川、薛婷婷、李梦顺、杨清、刘思铖、瞿政委、赵恩岚、王李彬
6	二等奖	上海市市域铁路工程基于BIM的数字化应用与管理	上海申铁投资有限公司	上海城建信息科技有限公司、上海城建市政工程（集团）有限公司	张晓宾、王月辉、雷磊、石勇、许铮铭、史菁霞、许凯、谢敬欣、潘进、卢天豪
7	二等奖	上海市轨道交通21号线一期数字化设计BIM应用	上海申通地铁建设集团有限公司	上海市隧道工程轨道交通设计研究院四分公司	赵思岚、朱宝林、仝祎楠、贾珅翔、蔡春欢、王丽慧、陈胤、王长生、宋兆华、王李彬
8	二等奖	BIM助力上海轨道交通13号线东、西延伸工程建设全过程数字化应用	上海市隧道工程轨道交通设计研究院	上海申通地铁建设集团有限公司第一分公司	褚森茂、高英林、丁建洋、陈管攀、许勇、高旭栋、刘思铖、曹挺、瞿政委
9	二等奖	BIM技术在上海轨道交通市域线机场联络线工程JCXSG-3、4、5、12标中的应用	上海隧道工程有限公司	上海申铁投资有限公司	张晓宾、安友臣、李奇默、刘永晓、孟冠楠、夏源思、宿文德、何昀、黄源

(续表)

序号	获奖名次	项目名称	申报单位	联合申报单位	参与人员
10	二等奖	BIM+智能建造助力上海地铁土建施工综合应用	中建八局轨道交通建设有限公司	—	陈鹏杰、汤效、任晓敏、王明智、廖代元、沈逸凡、禹雪阳、张尧、鲁詹呈、冯帅康
11	三等奖	上海市轨道交通23号线打造"BIM+新理念"精细化设计工程	上海市隧道工程轨道交通设计研究院	上海申通地铁建设集团有限公司第五分公司 上海现代建筑装饰环境设计研究院有限公司	陈琳、衣娟、郭长弓、顼永亮、汤素颖、邱楷君、丁玉成、王秀清、马凌颖、尤心彧
12	三等奖	BIM技术在上海市首条市域线机场联络线项目度假区站施工阶段的综合应用	中建八局科技建设有限公司	—	唐雨漾、任捷远、奚君杰、陈国飞、李正宝、梁九泽
13	三等奖	BIM技术在上海市轨道13号线东延伸工程高科中路站中的应用	上海隧道工程有限公司	上海申通地铁建设集团有限公司 上海市隧道工程轨道交通设计研究院	李伟、杨庆伟、张竹青、季应伟、罗贤亮、余一然、周利杰、高辉、徐流长、叶琳
14	三等奖	上海市城市轨道交通21号线阶段BIM技术应用的研究与实践	中铁二院工程集团有限责任公司	上海申通地铁建设集团有限公司第四分公司	朱宝林、黄栩、吴燕霞、徐忠喃、郭涛、叶建国、贾坤翔、仝祎楠、程智、楚锋
15	三等奖	上海市轨道交通18号线全过程BIM技术应用	北京城建设计发展集团股份有限公司	上海轨道交通十八号线发展有限公司	仝祎楠、朱宝林、邹红云、朱玉婷、熊丽娜、李晨曦、张匀玫、陈春燕、林宇新、卢海潮
16	三等奖	BIM技术在市域铁路项目中的探索与实践	上海申铁投资有限公司	上海建工四建集团有限公司	杜峰、雷磊、韦相廷、张连发、王冬、锡霖、曹盈、赵泳、陶瑾、邹志强
17	三等奖	上海轨道交通18号线4标沈梅路站BIM技术应用	中铁十五局集团城市建设工程有限公司	中铁十五局集团城市建设工程有限公司	关国轻、吴飞翔、李慧萍、牛永胜、张志阳、张岩飞、李江华、刘哲、彭乐
18	三等奖	上海市轨道交通11号线北段二期工程严御路站改造项目BIM技术应用	上海市城市建设设计研究总院（集团）有限公司	中铁四局集团有限公司上海轨交11号线北段二期严御路站改造工程承包项目经理部 上海嘉成智慧轨道交通发展有限公司	裴珍妮、谢波、庞晓磊、朱磊、乔磊、刘亮、孟庆芳、杨程、王亮亮、任良才

(续表)

序号	获奖名次	项目名称	申报单位	联合申报单位	参与人员
19	优秀奖	上海轨道交通15号线朱梅路站及区间BIM技术应用	上海市城市建设设计研究总院(集团)有限公司	—	谢波、庞晓磊、裴珍妮、宋琳、吴文高、陆剑骏、邹帅、王佳亮、何冬凌、张向霞
20	优秀奖	BIM技术助力最美车站诺光路站设计	上海市隧道工程轨道交通设计研究院	—	杨玲、奚程磊、汲小涛、陈琳、周君、陈百会、衣娟、刘晓凤
21	优秀奖	BIM技术在轨交定修段项目中的多维度应用	中国建筑第八工程局有限公司	—	宋志达、霍如礼、孙帅杰、郭志鑫、霍涛、张学伟、褚宗滨、周新军、李志浩、唐家兴
22	优秀奖	BIM技术在上海轨道交通21号线一期工程设计4标(高斯路站、龙东大道站)的深度应用	中铁工程设计咨询集团有限公司	上海申通地铁建设集团有限公司第四分公司	朱恺、朱宝林、郭磊、宋月光、仝祎楠、贾坤翔、邢然、杨启凡、赵泽坤、常方宇
23	优秀奖	上海市轨道交通13号线西延伸工程102标纪翟路站BIM	上海城建市政工程(集团)有限公司	—	蔡群群、朱海、钱程浩、孔令鑫
24	优秀奖	BIM技术在上海轨道交通18号线下沙站机电安装与装修工程中的应用	上海隧道工程有限公司	—	周斌、张君、周伟栋、孙皓哲、包佳华
25	优秀奖	BIM技术在上海轨交工程JCXSG-13标-机场联络线工程迎道托换中的应用	上海市基础工程集团有限公司	—	金仁兴、郭宏斌、王宝生、游才华、周雪莲、沈李强、张颂波、贾帅锋、张云海、吴迪
26	优秀奖	上海轨道交通10号线港城路站BIM技术应用	上海市城市建设设计研究总院(集团)有限公司	—	庞晓磊、谢波、裴珍妮、张向霞、宋琳、吴文高、陆剑骏、黄黄、朱唯耀、瞿超
27	优秀奖	上海地铁10号线二期双江路站、高桥西站、高桥站BIM技术应用	毕埃慕(上海)建筑数据技术股份有限公司	—	汪永鹏、李艳菊、惠星星、刘洋、方晓杰、李莹莹、朱诗雯、熊力利、陈浩、李敏
28	优秀奖	上海轨道交通十五号线BIM模式探索与实践——以吴中路站BIM实践为例	上海市隧道工程轨道交通设计研究院	—	汲小涛、王保、陈琳、刘晓凤、衣娟、周君、陈百会

2. 基础设施赛道

序号	获奖名次	项目名称	申报单位	联合申报单位	参与人员
1	一等奖	上海浦东机场T3航站楼地下工程全场景BIM应用研究与实践	上海机场建设指挥部	华东建筑设计研究院有限公司 华建数创（上海）科技有限公司	尤旭东、董政民、吴玉林、刘金典、施颖东、冯诚、徐晶晶、钟敦远、朱健、宋天成、李佳苗、赵越、翟炯、刘莉、沈曈然
2	一等奖	北横通道新建工程BIM全生命周期应用	上海城投公路投资（集团）有限公司	上海城建城市运营（集团）有限公司 上海城建信息科技有限公司	尹富秋、石茂银、周长韬、许铮铭、毛晴鹤、林煜申、李璟、田文渊、朱俊、胡坚良、池瑜、唐弘、吴欢、丁启明、徐镇南
3	一等奖	绍兴智慧快速路工程BIM全寿命周期应用	上海市城市建设设计研究总院（集团）有限公司	绍兴市城市建设投资集团有限公司 上海城建数字产业集团有限公司	洪云一、喻远奎、沈国烽、杨海涛、任晓栋、代慧瑶、郝建华、于辉、陆剑骏、王佳亮、甘露、徐晓龙、吕惠、昔青喆、龚静
4	一等奖	龙水南路越江隧道新建工程	上海城投公路投资（集团）有限公司	上海市城市建设设计研究总院（集团）有限公司 上海城建信息科技有限公司 上海隧道工程有限公司	姜弘、杨光、陆剑骏、包鹤立、林咏梅、何冬凌、张湄、饶倩、陈望贤、毛晴鹤、李璟、谈晓亮
5	一等奖	闵浦三桥运营期BIM应用及智慧运维	上海市道路运输事业发展中心	上海城建城市运营（集团）有限公司 上海浦江桥隧运营管理有限公司 上海城建信息科技有限公司	王晓宇、吴申、刘波、马明雷、蔡蓉宾、郭叶、余敏、朱吉、梁承沙、曾蕾宝宝、秦宝宝、赵辛玮、丁良、陶洁、徐镇南、陶源
6	一等奖	青岛航运贸易金融融合创新基地设计施工全过程BIM技术综合应用	上海城建数字产业集团有限公司	上海城建信息科技有限公司 上海市城市建设设计研究总院（集团）有限公司 青岛海辰园开发建设有限公司	杨杰、陈曦、阿依苯·公社别尕、徐勇、马川、王高潮、卓若克、田秀婷、吴文高、李卫东、邹帅、范兴家、颜景赞、杨涛、付希善
7	一等奖	数字化助力城市高架低影响建设——济阳路快速化改建工程1标	上海浦东工程建设管理有限公司	上海市城市建设设计研究总院（集团）有限公司 上海浦东路桥（集团）有限公司 上海浦东建筑设计研究院有限公司	宋晓波、张尔海、蒋剑、杨光、陆剑骏、何冬凌、虞振清、沙丽新、黄自杰、宋健、候艳斌、袁帅、杨国章、张婷婷、吴辉

(续表)

序号	获奖名次	项目名称	申报单位	联合申报单位	参与人员
8	一等奖	G15嘉浏智慧高速建养一体化数字生BIM模型	上海城建城市运营（集团）有限公司	上海嘉浏高速公路建设发展有限公司 上海公路桥梁（集团）有限公司 上海城建信息科技有限公司	滕丽、庄海清、戴彬、李志晨、蒋晓嵘、梁霄、于维欣、王伟、韦学健、操莉、王永、陈柳花、王会丽、李倩文、刘逸凡
9	一等奖	上海浦东国际机场三期扩建工程旅客过夜用房及其配套工程BIM数字化建造应用	上海建工集团股份有限公司	上海建科工程咨询有限公司 上海浦东建筑设计咨询有限公司	杨卫忠、邢俊、李鑫生、仲青、胡骐、徐荣梅、杨奇、任倩、王亚康、赵隽之、李友朋
10	一等奖	龙东大道快速化2标（张江路—华东路段）建设全过程BIM应用	上海市政工程设计研究总院（集团）有限公司	上海建工集团股份有限公司 上海振筑信息科技有限公司 上海浦东工程建设管理有限公司	罗攀、何魏、蒋剑、徐娈英、李剑飞、洞明、陈景亮、舒家琪、陈裕刚、王云鹏、向伟、郭世项、李强、侯海容
11	一等奖	竹园污水处理厂四期工程BIM技术应用	上海城投水务工程项目管理有限公司	上海市城市建设设计研究总院（集团）有限公司 北京市政工程设计研究总院有限公司 上海市机械设备成套（集团）有限公司	李明杰、王碧波、何羽融、高原、吴文高、屠越倩、鲍越鼎、邹帅、王艾凯、孙颖昊、张达石、边小宇、李钢、兰崑、陈建明
12	二等奖	基于MBS的工程全生命期BIM技术应用	上海城建信息科技有限公司	—	许铮铭、卓若尧、毛晴鹤、史菁霞、田国华、林煜申、庄睿、杜与冲、施林烽、环、卢学文、何晗
13	二等奖	油墩港航道整治工程（航道部分）BIM+GIS设计应用	上海城投航道建设有限公司	中交第三航务工程勘察设计院有限公司	彭玮、宋凯鹏、周琦、徐传超、陶伟、范文彰、闫晓敏、徐鑫、黄璐、周世光、邵民强、井聪聪
14	二等奖	数字化提升城市高架精细化管理——济阳路快速化改建工程2标	上海浦东建筑设计研究院有限公司	上海公路桥梁（集团）有限公司 上海市城市建设研究院（集团）有限公司 上海浦东工程建设管理有限公司	宋晓波、张尔海、蒋剑、凌宏伟、陆文亮、冯蕊、李孟矫、吴辉、蒋海里、李倩文、黄铃霞、孙柳霞、陈柳花、杨光、陆剑骏
15	二等奖	宝鹏通道工程（广深高速—侨城东路北延）数字设计集成与展示应用	上海市城市建设设计研究总院（集团）有限公司	—	王垄、杨光、何冬凌、张永海、颜美芳、黄仕武、张明杰、何丽、邵吕敏、李鹏、张弛

(续表)

序号	获奖名次	项目名称	申报单位	联合申报单位	参与人员
16	二等奖	杨高中路（中环立交—金海路）改建工程BIM应用	上海浦东工程建设管理有限公司	上海越瓅建筑咨询有限公司 上海城建市政工程（集团）有限公司	袁青峰、李凯、蒋剑、陶程珺、李晓丹、丁懿琳
17	二等奖	淀山湖堤防达标及岸线生态修复工程（一期）全生命周期BIM技术应用	上海市水利工程设计研究院有限公司	上海市堤防泵闸建设运行中心 上海建工（浙江）水利水电建设有限公司	陈丽芳、朱定国、黄龙、王雪丰、毛燈文、周亮、钟亚丽、杨佳伟、余欣然、朱子唯、杨华、蔡心怡、赵珏、吴中正、胡辰极
18	二等奖	杨高南路（高科西路—外环立交）改建工程BIM全生命周期应用	上海浦东工程建设管理有限公司	上海市城市建设设计研究总院（集团）有限公司 上海振旗信息科技有限公司 上海越瓅建筑咨询有限公司	袁青峰、蒋剑、张尔海、冯奇、龚静、代慧瑶、邹晨、李祎铭、冯德山、郭世顶、李强、倪佳斌、李微微、李晓丹、陶程珺
19	二等奖	昆阳路越江工程数字化应用	上海公路桥梁（集团）有限公司	—	蒋海里、王会丽、陈柳花、刘攀攀、黄铃霞、李倩雯、刘佳
20	二等奖	BIM智慧路桥科技在考兰封丘高速公路工程黄河大桥施工中的综合应用	上海浦东市政工程（集团）有限公司	—	朱金龙、陈栋、黄志魏、杨树祥、姚远、陈鹏、商凌峰、曾蕾洁、许铮铭、毛晴鹤、何晗、施林峰
21	二等奖	吴淞江工程（上海段）西段—G1501桥大修工程数字化应用	上海公路桥梁（集团）有限公司	—	王会丽、李倩雯、章苏亚、刘攀攀、黄铃霞、吴承宽、陈柳花
22	二等奖	数字化交通翻交管理应用—杨高南路（高科西路—外环立交）改建工程3标	上海浦东建筑设计研究院有限公司	上海浦东路桥（集团）有限公司 上海市城市建设设计研究总院（集团）有限公司 上海浦东工程建设管理有限公司	罗攀、张尔海、蒋剑、张大伟、张婷婷、吴辉、凌山、屠凌猛、廖剑、袁帅、戴宇、冯奇、代慧瑶、于辉
23	二等奖	BIM在三林环外区域公交停车场新建工程装配式预应力设计、施工一体化管理中的应用研究	上海市浦东新区交通投资发展有限公司	上海市建筑装饰工程集团有限公司 上海浦东建筑设计研究院有限公司	毛寅、陆怡、陈向琼、陶家妮、都庆彪、马宇哲、李孟桥、成梁、赵静雅、黎本鑫
24	三等奖	传承保护、创造提升——BIM赋能油墩港航道工程精细化设计新模式	上海城投航道建设有限公司	上海市城市建设设计研究总院（集团）有限公司	孟苏宇、范昭、吴昕炜、马军伟、黄东、刘鲜庆、龚静、代慧瑶、郝建华、于辉、庄鑫、黄修峰、刘泽辉、韩斌、周旋

(续表)

序号	获奖名次	项目名称	申报单位	联合申报单位	参与人员
25	三等奖	S26公路入城段（G15公路—嘉闵高架）新建工程BIM应用	上海沪申高速公路建设发展有限公司	上海市城市建设设计研究总院（集团）有限公司	葛景春、宋亮亮、徐则灵、杨海涛、陈曦、冯奇、杨光、陆剑骏、何东凌、朱敏、陈巧珊、代慧瑶、王佳竞、郝建华、于辉
26	三等奖	虹桥污水处理厂BIM技术应用	上海市城市建设设计研究总院（集团）有限公司	—	戴栋超、彭香葱、吕顺、吴文高、许霏、张达石、边小宇、杨文亮、谢珊珊、黄晓莉、张健、李晶伟
27	三等奖	济阳路快速化改建工程Ⅱ标数字化施工应用	上海公路桥梁（集团）有限公司	—	王会丽、李倩文、黄铃霞、刘攀攀、陈柳花、孙振杰
28	三等奖	智慧建造赋能重庆江北国际机场五期扩建项目站坪工程	上海公路桥梁（集团）有限公司	重庆机场集团有限公司 重庆大学	黄小雨、王玫、佘婷、史广平、樊志元、郑杰、宋高丰、陈柳花、李倩文、胡一俊、胡刚、何志、樊艳妮、龚南川、陈欢
29	三等奖	BIM技术在沿江通越江隧道（浦东外环线—浦西牡丹江路）新建工程机电工程中的应用	上海隧道工程有限公司	—	王晨、周伟栋、包勤峰、顾阳、秦海涛
30	三等奖	杨高南路（龙阳路立交—高科西路）新建工程全过程BIM设计与信息化咨询	上海浦东工程建设管理有限公司	上海新外建工程设计与顾问有限公司	徐业云、袁青峰、李花、蒋剑、夏莹、魏庆泰、袁笑、李花、丁静、彭艺梅
31	三等奖	金海路（民宝路—华东路东侧）项目BIM技术综合应用	上海浦东工程建设管理有限公司	上海今维物联网科技有限公司 上海浦东路桥（集团）有限公司	季凯、蒋剑、戴凤、康昊天、钱靖峰、武建伟、罗冬进、张玮、周鑫鑫
32	三等奖	杨高北路（洲海路—金海路）改建工程1标段BIM快速部署及数字化创新应用	上海浦东工程建设管理有限公司	上海市政工程设计研究总院（集团）有限公司 上海浦东新区建设工程顾问有限公司	袁青峰、何魏、吴应鑫、许张狄、徐明明、解洪、胡智超、李慧欣、吴昊、许鑫童、徐文杰、蔡颖
33	三等奖	BIM技术在硬X射线自由电子激光装置项目4标的应用	上海科技大学	上海隧道工程有限公司	赵兵、张军、王珏、金鑫、单晔、唐旭、唐晨茁、翟付成、周晓、刘永晓、徐流长、钱晨、袁航、叶琳、陈栋
34	三等奖	大田湾片区市政工程	上海市城市建设设计研究总院（集团）有限公司	—	张晓松、王宝辉、施早、刘龙、胡方健、凌保林、赵文宣、王凯丽、陈希、王俊帅、刘苗苗、高敏

(续表)

序号	获奖名次	项目名称	申报单位	联合申报单位	参与人员
35	三等奖	康桥路雨水泵站新建工程BIM+数字孪生信息化技术应用	上海浦东路桥（集团）有限公司	—	范翔、李委、徐艺铭、李江峰、仕佳、黄斌、赵蕊春
36	三等奖	杨高北路（乐园路—金海路）改建工程	上海浦东工程建设管理有限公司	上海振旗信息科技有限公司 上海公路桥梁（集团）有限公司	袁青峰、何魏、吴应鑫、郭世顶、李强、倪佳斌、黄伟、吴承亮、王昊
37	优秀奖	呼和浩特新机场飞行区场道工程05标段施工BIM技术应用	上海公路桥梁（集团）有限公司	—	曹培航、张德、佘婷、窦翠国、王琰、陈冠良、丁强、徐芳永、李建华、杨荣开、刘金金、陈柳花
38	优秀奖	"南北黄金中轴线，临港片区新布局"——上海S3公路新建工程BIM技术施工应用	上海建工四建集团有限公司	—	张连发、张锡霖、邹志强、董少白、汪普、秦文豪、顾飞、程伟、周乐、俞长河、钱哲皓
39	优秀奖	松江区南永丰公交停车保养新建工程BIM技术应用	上海市城市建设设计研究总院（集团）有限公司	上海市松江区交通委员会 上海名亭建筑设计有限公司	李卫东、杨海涛、范兴家、宋琳、吴文高、邹帅、王佳竞、代慧瑶、刘湘娟、钱兵、杨勇、张炜
40	优秀奖	杨高中路（罗山路立交—中环立交）改建工程	上海浦东工程建设管理有限公司	上海振旗信息科技有限公司 上海浦东路桥（集团）有限公司	袁青峰、蒋剑、李凯、郭世顶、李强、倪佳斌、李微微、朱洪胜、刘海龙、袁帅
41	优秀奖	数字化驱动林海公路（外环立交—秀浦路）工程项目全过程管理能效提升	上海浦东工程建设管理有限公司	上海浦东路桥（集团）有限公司 上海浦东建筑设计研究院有限公司	袁青峰、冯俊领、吴应鑫、宋健、李正泉、侯艳斌、杨高文、刘高文、袁帅、冯蕊、凌宏伟、陆文亮、宋俊杰、王达、郑成党
42	优秀奖	BIM技术在新建上海至南通铁路太仓至四团吴淞口长江隧道越江段及外高桥集装箱工作站前工程HTZQⅡ-1标项目中的应用	沪宁城际铁路股份有限公司	上海隧道工程有限公司	杨永宏、徐文庆、钱文杰、刘凯、包蓁、赵龙、胡明坤、李志伟、赵星智、马宇航、李胜男、张雅秋、吕晶晶、陆欣怡、王魏
43	优秀奖	大口径污水干线不断水修复的全寿命期BIM技术应用	上海城市环境集团有限公司	上海市城市排水有限公司 上海城建水务工程有限公司	黄捷、顾佳宏、赵勇、任龙、赵宁、朱晟远、周凯杰、倪智超、姚智超、陆健、李杰、汤倩倩、高廷宇、刘振恺、林振锋

(续表)

序号	获奖名次	项目名称	申报单位	联合申报单位	参与人员
44	优秀奖	御桥路（御水路—金科南路）新建工程BIM技术应用	上海浦东路桥（集团）有限公司	—	范翔、李江峰、徐艺铭、刘亚晴、仕佳、赵蕊春、张玮、秦洋军
45	优秀奖	临港新城北岛西综合管廊工程BIM技术应用	上海市城市建设设计研究总院（集团）有限公司	—	戴栋超、吴文高、张达石、蒋玖璐、方晨、边小宇、毛峰、陈翀、杨婉茹、李溪源、王艾凯、徐荦先
46	优秀奖	深圳市龙岗区中心城水厂全过程BIM运用	中铁上海工程局集团有限公司	中铁上海工程局集团华南市政建设工程有限公司	琚兆勇、黄家路、王文浩、徐旭、黄信初、曹润敏、廖云、单光猛、张涣钊、张刘永
47	优秀奖	嘉兴市秀洲区王江泾工业污水处理工程EPC项目全过程BIM应用	上海市城市建设设计研究总院（集团）有限公司	—	张凯龙、秦雯、麦攀登、许曹斌、周翔玮、刘大山、吴展、刘兴祖、孔祥平、韩晓军、闫智、卜宝翔
48	优秀奖	金海路（金京路—金穗路）改建工程	上海市城市建设设计研究总院（集团）有限公司	中铁上海工程局集团华南市政建设工程有限公司	袁青峰、蒋剑、郭世项、李强、倪佳斌、李微微、陈盛才、吴静、王家祥
49	优秀奖	竹园片区污泥处理处置扩建工程	上海市城市建设设计研究总院（集团）有限公司	—	黄瑾、陈翀、谢勇、罗承皓、许霏、吴文高、盛一楠、李忠、王艾凯、王伟、黄晓莉、吴晓明
50	优秀奖	金海路（台儿庄路—金京路）改建工程	上海浦东工程建设管理有限公司	上海嘉厚建筑工程咨询有限公司	袁青峰、戴凤、蒋剑、李花、毛万全、杨邵镪、魏庆泰、葛静
51	优秀奖	杨高南路（板泉路—高清路）改建工程	上海浦东工程建设管理有限公司	上海越霓建筑咨询有限公司	袁青峰、蒋剑、张尔海、李晓丹、陶程珺、丁懿琳
52	优秀奖	金海路（金穗路—民宝路）改建工程	上海浦东工程建设管理有限公司	上海越霓建筑咨询有限公司	袁青峰、蒋剑、戴凤、李晓丹、陶程珺、丁懿琳
53	优秀奖	坝头水厂一期工程主体及配套工程	中铁上海工程局集团有限公司	中铁上海工程局集团华南市政建设工程有限公司	崔立志、常兴起、李庆峰、蔡创佳、周卫华、尚新怡、黄尉素、邓怀波、廖云、单光猛、张涣钊、张刘永
54	优秀奖	数字化集成助力沪南路（南祝路—G1503公路）改建工程项目管理能效提升	上海浦东工程建设管理有限公司	上海临港新城市政工程有限公司 上海禹创工程顾问有限公司	袁青峰、张杨广、吴应鑫、汤新春、张荣、陈鸣昊、许鑫童、时凯旋、蔡颖
55	优秀奖	有轨电车2号线工程火车西站综合交通枢纽工程BIM技术应用	上海市城市建设设计研究总院（集团）有限公司	—	杨海涛、邵苇、戴卓敏、徐仕涛、黄晓莉、陈倩倩、范兴家、李卫东、宋琳、吴文高、邹帅、王佳贲

(续表)

序号	获奖名次	项目名称	申报单位	联合申报单位	参与人员
56	优秀奖	金汇港智慧水务	上海市城市建设设计研究总院有限公司	—	戴栋超、吴文高、纪莎莎、邹帅、陈泽伟、史佳媛、宋晨曦、鄢铭、徐奇奇、李春芬、高浩阳、祝竞成
57	优秀奖	龙东大道快速化3标（华东路—庆达路段）BIM应用	上海市城市建设设计研究总院有限公司	上海隧道工程有限公司 上海营邑城市规划设计股份有限公司 上海浦东工程建设管理有限公司	罗攀、何巍、蒋剑、杨光、朱伟、钟小军、胡世琴、邱汉琪、祝金伟、陆剑骏、何冬凌、徐峰、罗坤、王一超
58	优秀奖	中央创新区中央森林公园BIM技术综合应用	上海市城市建设设计研究总院有限公司	南通市市级政府投资项目建设中心	乔雪松、倪勇兵、渠开可、朱敏君、何冬凌、陆剑骏、范兴家、李卫东、沈鑫、李逢春、顾钺、樊园园、高璟濛
59	优秀奖	BIM技术在宣黄公路施工中的研究与实践	上海建工四建集团有限公司	—	李申杰、郑宇杰、吴联华、曹盈、张锡森、邹志强、陈宇杰、辛佩康、吴应鑫、宋健、赵泳
60	优秀奖	基于BIM技术的林海公路（秀浦路—上南路）工程项目全过程管理应用	上海浦东工程建设管理有限公司	上海浦东路桥（集团）有限公司	袁青峰、冯俊领、袁帅、刘高文、杨国章

3. 房屋建筑设计赛道

序号	获奖名次	项目名称	申报单位	联合申报单位	参与人员
1	一等奖	片区级项目设计建造数字总控创新方案（临港新片区105社区）	华东建筑设计研究院有限公司	上海临港经济发展（集团）有限公司	余飞、陈栋梁、魏世明、陈顺
2	一等奖	威高（上海）国际研究院项目	信永中和工程管理有限公司	上海大境建筑规划设计有限公司 上海威恒医疗科技有限公司	陈焕、崔学强、何中、徐俊、秦娜、许亮、江阳、吴继刚、赵柯宇、尹兆刚、张建中、王郑、朱峰、夏自学、范德福
3	一等奖	上海西郊国际农产品交易中心改扩建一期项目BIM应用	光明食品集团置地有限公司 上海西郊国际农产品交易有限公司	华东建筑设计研究院有限公司 旭密林能源科技（上海）有限公司	余飞、朱红坤、张涛、叶冉辰、柳闻潼、林佩玲、李明新

(续表)

序号	获奖名次	项目名称	申报单位	联合申报单位	参与人员
4	一等奖	张江"智盒"项目BIM智慧设计	同济大学建筑设计研究院（集团）有限公司	上海慧之建建设顾问有限公司 上海张江集成电路产业区开发有限公司	应宁坚、文小琴、盛兴尧、曾毅、徐若云、曹灵泳、喻倍杭、皮英俊、王文清、盛楠、刘惠哲、冯山鉴、曹柏玄、熊仕豪、黄昀恺、李臣杰
5	一等奖	浦东美术馆	同济大学建筑设计研究院（集团）有限公司		张东升、尹武先、姚穆澍、吉久茂、王冰雪、赵琦、姚郁雅、杜建芬
6	一等奖	浦东新区Z00-1603单元（张江集镇单元）B07-9地块商办项目BIM技术应用	柏瞻（上海）工程顾问有限公司	上海市隧道工程轨道交通设计研究院 上海中建张江投资发展有限公司	宋炳辉、刘凯歌、杨冬、李鑫、张磊、陈昌根、刘赛鹏、刘世昌、李艳净、陈昊裕、刘恒君、淮运梅、雷忠、魏伟、苏志远
7	一等奖	上海临港滴水湖金融湾二期工程项目智能建造综合应用	上海华筑信息科技有限公司	上海临港新片区经济发展有限公司	王飞、丁浩、丘奇、余士杰、张博、钱俊杰、韩骅、吴捷、柳春节、王冲炎、咸嘉言、陈应妙、高晶、李托、徐俊
8	一等奖	宛平南路75号科研办公楼改扩建项目	上海建科建筑设计有限公司	—	董浩明、王丹、闫长江、王孝斌、张景涵、张玉琨、杨振琨、平洁静、廖梦莹、李李运茂、张要林、张淼林、夏德航
9	一等奖	长三角一体化绿色科技示范楼	上海建工集团股份有限公司	上海园林（集团）有限公司	张凯会、潘全胜、苗亮、姜洛、胡立蛟、葛敬元、姚静卿、刘一乐、孙凤娟、顾书卿、林杰、周奇鑫、张洋、裴至豪
10	二等奖	电力工程地下装配式结构体系BIM技术应用	华东建筑设计研究院有限公司（上海建筑科创中心）	上海存志建筑工程有限公司	李进军、郭柳、纵斌、刘智龙、张艳琪、唐辉姣
11	二等奖	浦东新区北蔡南新地区9C-8地块项目BIM全生命周期应用	上海市建工设计研究总院有限公司	上海建工五建集团有限公司 上海北蔡新城镇开发有限公司	韩丁、王俊伟、陈佳伟、常欢、武龙泉、孙玉虎、徐嘉臻、李慧萍、何飞、杨振宇、王叶、黄骏懿
12	二等奖	洋泾西区E08、E10、E12地块项目BIM技术管理应用	同济大学建筑设计研究院（集团）有限公司	上海市工程建设咨询监理有限公司 上海东袤置业有限公司	邱经纬、林粤麒、张艳、邱彦文、曹灵泳、魏君宇、徐钦、陈瑜、王浩、石若皓、刘军、唐素娟、董春雷、王钰舒、康曼、周晓卉
13	二等奖	金桥出口加工区T29号地块通用厂房项目	华东建筑设计研究院有限公司		余飞、朱红坤、张涛、方超然、王怡卉

(续表)

序号	获奖名次	项目名称	申报单位	联合申报单位	参与人员
14	二等奖	金桥临港平和国际学校设计阶段BIM应用	上海天华建筑设计有限公司		刘伟、魏奇、潘艳、夏雷、李姗、徐文、陈风、丁烨村、冯露、郑开满、仲伟
15	二等奖	临港新片区PDC1-0401单元H01-01地块项目	上海建筑设计研究院有限公司	上海诺港会展有限公司	于亮、刘雯、吴反反、刘文鹏、苏昶、春晖、左雷、陈迪、燕艳、张肤磊、田心心、龚心蕾
16	二等奖	上海先普气体技术研发总部设计项目	中国建筑上海设计研究院有限公司	上海先普气体技术有限公司	郑敦、赵光辉、刘浩、高国红、杨莹、刘林、韩佳莹、李方刚、戴司亮、邓传杰、王发龙、颜彦、吴纯子、纪晓峰、胡创立
17	二等奖	基于BIM技术的智慧粮库建设	光明食品集团重大项目建设管理中心	上海华建工程建设咨询有限公司 上海光明粮油储备管理有限公司	张鹏程、苏雯、王晓亮、张泽伟、陆扬、蒋晓华、嵇晓辉、王顺晨、黄月勤、王星焱、许诗蕾、杨奕波、祝诚宇
18	二等奖	虹口区四平路171街坊180地块项目	上海中森建筑与工程设计顾问有限公司		王思凡、房金龙、李新华、马海英、刘丽广、张广成、初英吉、郭连琴、赵辉、肖五芬、杨云昭、唐政炜
19	三等奖	黄浦区160街坊保护性综合改造项目全过程BIM应用实践	上海建工二建集团有限公司		余飞、陈顺、高培丽、龚雨晨、高爽、虞涛、孙承、赵英吉、陈楠、段佳祥、高伟冯、虞海杰
20	三等奖	上海大歌剧院建设项目室内工程	华东建筑设计研究院有限公司	上海现代建筑装饰环境设计研究院有限公司	余飞、朱红坤、张志豪、左润雪、林佩玲、王岩、赖文连、缪维维、王增连、彭欣
21	三等奖	浦东新区杨思社区Z000602单元20C-14地块项目智能建造-BIM精细化设计	华东建筑设计研究院有限公司	上海浦东新区房地产(集团)有限公司	舒之捷、张赛、韩楠、顾鑫、邵建、雅婷、董雪、周涛、褚伟、段施海
22	三等奖	金色中环上的"活力之巅"——张江集成电路产业园集盛中心项目BIM应用	上海慧之建建设顾问有限公司	同济大学建筑设计研究院(集团)有限公司 上海张江集成电路产业区开发有限公司	刘亚楼、张康诠、江歌缘、游博林、李冰、盛楠、赵飞、刘惠哲、曹柏玄、刘传奎、陈国祥、缪金星、冯山鉴、黄昀远、盛兴尧

(续表)

序号	获奖名次	项目名称	申报单位	联合申报单位	参与人员
23	三等奖	基于BIM技术的项目总控模式创新——滴水湖金融总部湾一期	华东建筑设计研究院有限公司	上海临港新片区经济发展有限公司	朱益帮、涂强、花炳灿、王宇、邱东星、余飞、顾洁、郭强、陈栋梁、顾于珏、李亮、李宏伟、路少平、王飞
24	三等奖	数字孪生住宅——临港新片区顶尖科学家社区超低能耗高品质住宅项目设计、施工和运营一体化管控	华东建筑设计研究院有限公司	上海浦东开发（集团）有限公司 中建八局科技建设有限公司	朱益帮、顾于珏、颜嘉琪、李亮、郭强、张子俊、顾洁、蒋彦、居丽、缪鹏飞、刘欣、孙菲尧、史美乐、李杰、吴逸辰
25	三等奖	上海第一妇婴保健院东院妇肿瘤临床诊疗中心及科教综合楼BIM全过程应用	华东建筑设计研究院有限公司	上海市第一妇婴保健院	王文刚、何凯、吴建杰、陆园园、林新植、李明新、余飞、汪莹、张涛、柳闻潼、朱红坤、杨
26	三等奖	东华大学现代纺织创新大楼	华东建筑设计研究院有限公司	东华大学	房滋敏、杨国豪、余飞、朱红坤、叶再辰、林新植、汪莹
27	三等奖	BIM技术助力张江机器人合一期平台数字化应用（浦东新区康桥镇项目）	上海华筑信息科技有限公司	上海张江（集团）有限公司	丘奇、余士杰、张博、钱俊杰、罗伟、凌溯、朱静洁
28	三等奖	张园城市更新（东区115-06、115-08地块保护性综合改造）工程数字化设计创新应用	上海静安城市更新建设发展有限公司	华东建筑设计研究院有限公司 华建数创（上海）科技有限公司	陈汝俭、孙菲、刘昕、李林、杜希敏、陶妮娜、刘翀、邵成志、位阳、周蓝兵、吴昊、曾丹美、黄佳慧、顾智浩
29	三等奖	模拟集成电路产品的升级及产业化项目专项BIM应用	上海华建工程建设咨询有限公司	华东建筑设计研究院有限公司	蒋琴华、杨明、俞楠、邓晔、高心怡、烨、季晨、佘佳琤、姚正东、王顺晨、朱素娟、许诗蕾
30	三等奖	临港新片区水华路09-01社区服务中心	上海中森建筑与工程设计顾问有限公司	中建八局浙江建设有限公司	冯扬、何婷、初明阳、迟晓彤、徐享亨、李畅、郑煜凡、施勇、陈超、温智信
31	优秀奖	光明03-02地块24班中学基于国产平台BIM应用案例	上海城乡建筑设计院有限公司	—	丁杨兵、庄严、浦雨斌、姚安娜、陈佳琦
32	优秀奖	集成电路设计产业园3C-10 BIM技术应用项目	上海张江集成电路产业区开发有限公司	同济大学建筑设计研究院（集团）有限公司 上海鲁班工程顾问有限公司	杨云帆、王翔、陶漪蓝、谢文黎、李文、施锦岳、邵华夏、罗伸、张建、葛佳洁、李雪冰、浦锦斌、徐杰、金俊杰

(续表)

序号	获奖名次	项目名称	申报单位	联合申报单位	参与人员
33	优秀奖	上海集成电路设计产业园5-1项目	上海建筑设计研究院有限公司	上海建科工程咨询有限公司、上海张江集成电路产业区开发有限公司	徐顾鑫、杨路遥、顾成竹、卫子豪、贾京、祁汉逸、张继红、唐杰方、陆子昂、姜韵骅、焦天明、张恒、毛秦之、杨云帆
34	优秀奖	上海金湾40地块新建项目	上海金桥（集团）有限公司	华东建筑设计研究院有限公司、上海羽和墨数字科技有限公司	苏尧、龚凯、沈宾斌、张志豪、郭锋、婕、李若琛、叶昌、王永杰、吴恩、玲、刘威、朱红坤
35	优秀奖	金桥出口加工区4-02地块通用厂房新建项目	华东建筑设计研究院有限公司		余飞、朱红坤、张涛、方超然、王怡井
36	优秀奖	国家儿童医学中心	上海思弗建筑科技有限公司	上海申康卫生基建管理有限公司、上海交通大学医学院附属上海儿童医学中心	朱夔旻、虞德军、钱欣怡、吴莹、李立柱、于力、赵志刚、魏永胜、王卿贵、李益艳、陆伟、杨伟峰
37	优秀奖	康桥镇御桥社区配套初中新建工程	上海市城市建设设计研究总院（集团）有限公司	上海市浦东新区康桥镇人民政府、上海社发项目管理服务公司	杨光、何冬凌、陆剑骏、李英强、张又升、倪国权
38	优秀奖	智能云环——上海市域铁路调度、运营和技能培训基地工程	中铁上海设计院集团有限公司	—	任宏宁、杨白冰、陈超、李凌霄、姜佳男、聂浩宇、王玉忠、朱田、刘殷佐、国中馨、吕亮瞳、严欣腾
39	优秀奖	华东电力设计院办公大楼改扩建工程项目BIM设计应用	上海华建工程建设咨询有限公司	华东建筑设计研究院有限公司	王杨、陈国飞、江晓锋、郁晓铭、杨志刚、袁浩波、蒋琴华、万绍发、蔡磊、黄月勤、葛潇、秘晓辉
40	优秀奖	彼友商业中心	上海中森建筑与工程设计顾问有限公司	上海昀曦房地产有限公司	覃海梅、何鑫（建筑）、蒋卓希、贾滢滢、石磊、何鑫（结构）、杨添博、庄碧瑶、于滋斌、胡大伟、万正、金燕飞、王凯、张国华
41	优秀奖	低温工程实验中心	中船九院设计研究工程有限公司	—	姬泽强、沈俊、丁嘉卿、杨柳枝、蒋斌、王骏、王超、夏璐、邢宇骏、廖青莹、沈青青、郭凤群

(续表)

序号	获奖名次	项目名称	申报单位	联合申报单位	参与人员
42	优秀奖	BIM技术在张江国际人才公寓建设项目中的全过程应用	华东建筑设计研究院有限公司	上海张江（集团）有限公司	王良超、宋军振、余飞、朱红坤、杨杰、康强、潘娟
43	优秀奖	梅陇209地块配套学校项目	浙江精工钢结构集团有限公司	精工绿筑科技集团有限公司 绿筑建筑设计（上海）有限公司	田宇治、刘佳华、徐晓艳、徐川、郭得旺、王留成、施元强、任强、程智良、江志红、岑朝春、叶凡
44	优秀奖	浦东新区宣桥镇老港农民集中安置单元03-01地块征收安置房项目	上海浦东新区房地产（集团）有限公司	上海市浦东新区规划建筑设计有限公司 卡思傲建筑科技（上海）有限公司	宋林俊、卢海宁、倪水、许晓华、鲍晓春、何学、金燕、杜雯倩、翟壮、陈兵、杨宇航、姚黎康、陈缪苗、刘昕毅
45	优秀奖	浦东新区惠南镇东城区南单元B8-7地块项目BIM应用	上海建工房产有限公司	上海市政工程设计研究总院（集团）有限公司	施亮、刘野、陈红玲、姜莹、张琦、奥克孜、汗·吾斯曼、张引玉、于锋、陈淑敏、欧悟
46	优秀奖	松江区新桥镇XQC-21-001号（科技城西片区07-02）地块（长三角G60科创之眼07-02地块）新建生产及辅助用房项目	上海毕模建设有限公司	上海长三角G60科创经济发展集团有限公司	杜伟、柏瑶、张雪冰、徐慧铭、范嘉晟、张宇豪、奚智杰、王兴卫、孙从济、李亚丽、蒋思琦、姚恒、王帅、孟祥来、陶益兰
47	优秀奖	张江总部园区部企业及上市公司总部园区（B6-02）项目BIM技术应用	上海中建建设院有限公司	上海禹创工程顾问有限公司 上海张江（集团）有限公司	徐峰、张景静、季维平、王崇光、池琦、卢慧、陈妍妍、鞠媛媛、徐捷、倪家卿、王浩、陈佳、王良超、辛颖
48	优秀奖	商业综合体项目数字化技术应用及管控体系——上海临港万达广场	上海联创设计集团股份有限公司	—	陈润葆、周俊阳、闫函、迟亦天、罗明、刘同、王守明、张励、张恒豪、陈茂霞、任爽、张熙

4. 房屋建筑施工赛道

序号	获奖名次	项目名称	申报单位	联合申报单位	参与人员
1	一等奖	基于BIM的仿古建数字化建造——上海岩花园项目施工BIM应用实践	上海建工四建集团有限公司		叶子青、许琼琳、仇春华、黄亦楠、曹旭、张英楠、何娇、曹文根、罗玲丽、刘佳、罗明、肖海帆、赵泳

(续表)

序号	获奖名次	项目名称	申报单位	联合申报单位	参与人员
2	一等奖	上海久事国际马术中心外立面及屋面装修数字化技术运用	上海久事(集团)有限公司	上海市建筑装饰工程集团有限公司 上海建工四建集团有限公司	李芬、管文超、李功绩、朱军、郝元元、刘其龙、周翼成
3	一等奖	"新基建"交通银行数据中心BIM技术施工应用	中国建筑第八工程局有限公司	—	王伟强、张竣辉、王晓晗、相佳佳、尹健航、王玉、张浩、张飞
4	一等奖	宝山再生能源利用中心项目数字化建造创新应用	上海宝冶集团有限公司	上海上实金刚环境资源科技有限公司 上海宝冶冶金工程有限公司	刘卫健、闵良建、郭小康、岑江华、韩啸、刘莎莎、张明荣、马子涵、刘家悦、黄俊、阳志玉、代丽云
5	一等奖	徐家汇体育公园"两馆一建"项目施工BIM技术综合应用	上海建工五建集团有限公司	—	辛家舜、曹阳、吴顺佳、夏静平、王斌、叶子涵、陈伟杰、王孙骏
6	一等奖	世博文化公园双子山项目BIM施工技术方案正向应用	上海地产(集团)有限公司	上海建工一建集团有限公司	周臻全、朱刚、张斌、曾浩东、杜量、王子瑞、施政、王润泽、王宇超、陈志豪、袁嘉敏、程彪
7	一等奖	张江"科学之门"BIM技术施工应用	上海建工集团股份有限公司	上海市安装工程集团有限公司 英发建筑科技(上海)有限公司	吴启晨、谢天强、尚志强、季帅帅、田瑞赐
8	一等奖	长三角一体化绿色科技示范楼-楼园一体化施工BIM应用	上海市园林设计研究总院有限公司	上海建工五建集团有限公司 上海安装工程集团有限公司	赵春峰、江天、余斌、倪泽安、丁振宇、刘瑶、陶强、葛梦龙、王忠臣、石祥颧、盛华、黎佳华、袁洋、施强、林岚、王之兰、吴昕、朱赟、朱敏、高旭怡、王建勃
9	一等奖	上海市第六人民医院骨科临床诊疗中心项目逆作法施工全过程BIM创新应用	上海市第六人民医院	上海建工四建集团有限公司 上海科建瑞真诚建设项目管理有限公司	谭欣诚、陈梅、蒋凤昌、张阳、杨铁斌、张优优、宋德龙、缪金星、董玲、梁宇鹏、沈邱蒙、顾成云
10	一等奖	同济大学生命科学与创新创业大楼项目BIM施工应用	中国建筑第八工程局有限公司	—	陶玲、刘丹、朱钱丰、龚文睿、于鑫
11	一等奖	XDG-2020-9号地块开发建设一期项目(世界物联网大会永久会址)——EPC模式下的BIM技术在幕墙方向的施工BIM应用	中国建筑第八工程局有限公司	—	张增强、武念铎、王二亚、唐杰、胡亮、李强、张立伟

(续表)

序号	获奖名次	项目名称	申报单位	联合申报单位	参与人员
12	一等奖	高标准科研实验室数字化建造实践——张江实验室研发大楼项目BIM施工应用	中国科学院上海高等研究院	上海建工四建集团有限公司杭萧钢构股份有限公司	叶子青、黄亦楠、曹旭、王鹏、曹盈耀、曹文根、吴海弟、范海东、陈小龙、高蚊龙、章燕婷
13	一等奖	前滩21地块超高层综合体项目数字化创新施工应用	上海建工一建集团有限公司	—	周臻全、王子瑞、凌旭辉、丁剑磊、耿涛、王少纯、陈志豪、王润泽、李子乔、袁嘉敏、武大伟
14	一等奖	黄浦区160街坊保护性综合改造项目施工BIM应用	上海建工二建集团有限公司	上海外滩老建筑投资发展有限公司华东建筑设计研究院有限公司	孙承、赵英吉、陈楠、段家祥、高伟冯、虞海杰、余飞、高培丽、陈顺、龚雨晨、高爽、虞涛
15	一等奖	上海天文馆展示与布展施工工程BIM技术施工应用	上海市建筑装饰工程集团有限公司	上海科技馆	忻歌、韩啸啸、赵晖、陈颖、孟冉、韩煜、陈征、倪立莹、刘苗苗、黄佳丽
16	一等奖	上海体育场钢屋盖改造数字化更新技术应用	上海市机械施工集团有限公司	—	周锋、武谐森、刘伟、严斌、罗建冬、晁松、马良
17	二等奖	打造机场国际化高端酒店虹桥希尔顿酒店BIM技术施工应用	上海建工集团股份有限公司	—	臧麒、周琛博、金宇、申诗意、魏富强
18	二等奖	中国福利会国际和平妇幼保健院奉贤院区新建项目BIM技术施工应用	上海建工五建集团有限公司	—	辛家舜、曹阳、吴顺佳、夏静平、夏元卿、胡文杰、杨俊、王孙骏
19	二等奖	威高（上海）国际研究院项目施工BIM应用	中铁城建集团第一工程有限公司	信永中和工程管理有限公司上海威高恒医疗科技有限公司	贾金刚、李小兵、依安、宋俊豪、吴继刚、陈唤、崔学强、赵柯宇、尹兆刚、朱峰、夏自学、范德福
20	二等奖	张江西北区07-03科技总部平台项目施工BIM应用	上海城建信息科技有限公司	上海静志建设工程咨询有限公司	许铮铭、史菁霞、许凯、刘沛沛、林煜申、陶波、罗浩敏、王浩、施迪文
21	二等奖	BIM技术在上海生物医药制品研究所的施工深化设计应用	中国二十二冶集团有限公司	—	李云鹏、周伟、汪进胜、穆久源、陆俊杰
22	二等奖	"正向+逆向"数字建造技术在中国电科院武汉科研基地搬迁项目施工应用实践	中国建筑第八工程局有限公司	—	范玮武、徐罗平、何建军、黎志、于鑫、郭志忠

(续表)

序号	获奖名次	项目名称	申报单位	联合申报单位	参与人员
23	二等奖	浦东新区北蔡南新地区9C-8地块项目施工BIM应用	上海北蔡新城镇开发有限公司	上海市建工设计研究总院有限公司、上海建工五建集团有限公司	王叶、黄骏意、王俊伟、陈佳伟、常欢、武龙泉、孙玉虎、徐嘉臻、何飞、杨振宇、李慧洋
24	二等奖	张江中区C-6-3项目施工BIM应用	中建科工集团有限公司	—	于新礼、李柄彤、王谡鸣、梅寒、丁葛阳、陈晨
25	二等奖	张江B4-02项目施工BIM应用	以见科技（上海）有限公司	上海张江（集团）有限公司	季晋、王喻通、沈飞
26	二等奖	张江科学之门东塔58地块数字化建造	上海灏集张新建设发展有限公司	华东建筑设计研究院有限公司、上海建工一建集团有限公司、上海建科工程咨询有限公司	陈国俊、李宗奇、华佳勇、刑婷婷、蒲洋、张明华、陆帅一、陆子昂、朱天祺、朱泽浩、应逸俊、欧阳斌
27	二等奖	三林镇东明村"城中村"改造CO3B-4地块项目施工BIM应用	上海市浦东新区房地产（集团）有限公司	卡思傲建筑科技（上海）有限公司	孙建兵、徐明明、翟壮、杨宇航、陈兵
28	二等奖	临港产业区"先租后售"园区公共租赁住房三期项目施工BIM应用	上海临港产业区公共租赁房建设运营管理有限公司	上海建科工程咨询有限公司	刑一东、戴震宇、张永清、张荟、黄宁宇、陈帅晶、陆子昂、张斌、翟威、孙然然、王凯、刘长森
29	二等奖	宜家购物中心上海临空项目BIM技术施工应用	上海建工集团股份有限公司	—	雷福鹏、谢天璞、蒋沂倍、李思宇、胡志勇
30	二等奖	数字建设，智慧赋能——BIM技术助力浦东机场南区地下交通枢纽及配套工程超大超深地下空间工程建设	上海建工集团股份有限公司	上海建科工程咨询有限公司、上海机场集团有限公司	张松、马晋、孙智浩、李鑫生、徐荣梅、任倩、杨奇、王亚康、吴玉林、张逸、刘金鹿、施颖东
31	二等奖	龙阳路04街坊商业办公项目智慧建造应用	上海建工四建集团有限公司	上海德畅置业有限公司	胡斌、叶俊昌、何荣、秦笛、郝肇轩、张子一、俞水情、杨喻声
32	二等奖	上海电子信息职业技术学院四期建设工程标段二施工BIM应用	上海建工四建集团有限公司	上海电子信息职业技术学院、上海华筑信息科技有限公司	谭欣诚、韩烊、姜涛、董飞、朱晓君、刘坤、王凯元、董玲、梁宇鹏、冯杰、孙阳、王冲炎

(续表)

序号	获奖名次	项目名称	申报单位	联合申报单位	参与人员
33	二等奖	基于BIM创新施工应用打造行业灯塔工地——上海美的全球创新园区项目	中建八局科技建设有限公司	—	刘李、刘博、陈书怀、金俊杰、付冠杰、乔沛、冯尚宏、刘昂、陈宣化、李栋、陆嘉航、程帅虎
34	二等奖	徐汇滨江复星中心项目超低能耗住宅施工BIM应用	中建八局第四建设有限公司	—	李洋、戴昊辰、臣庆龙、吴春桃、赵岩、鲍宇威、常振吉、殷泰劼、罗铃、戴勇
35	二等奖	BIM+IoT技术在静安区江宁社区C050201单元047-1047-9地块的数智化创新融合应用（施工阶段）	上海中远泰兴置业有限公司	上海建工七建集团有限公司	曹晔东、徐哲健、范卓烨、朱海兵、邱丹
36	二等奖	D1C108#～116#通用厂房项目施工BIM应用	上海外高桥保税区联合发展有限公司	上海慧之建建设顾问有限公司 上海建工五建集团有限公司	贾君、韩振宇、王舰、李伟、范程龙、王俊峰
37	三等奖	国家重大科技基础设施的BIM全球首创应用	中建八局总承包建设有限公司	—	慎旭双、曹伟东、曹茂辉、郭志鑫、于鑫、陈华、季晓普、钱洪福、张博
38	三等奖	徐家汇中心Lot3项目施工BIM应用	上海一建安装工程有限公司	—	李健、许培峰、张琪、李怡、方小勇、陈志悦、陈庚、张琪、许阳、于喆清、邵俊豪、杨雪鸣、谭海峰
39	三等奖	中山街道国际生态商务区7-3地块办公楼施工BIM应用	龙元建设集团股份有限公司	—	施赛博、阎恩思、杜宏彬、郑国栋、黄伟栋
40	三等奖	上海市精神卫生中心重性精神疾病临床诊疗中心项目施工BIM应用	上海建工二建集团有限公司	上海市精神卫生中心 上海市科研瑞真诚建设项目管理有限公司	包铁凡、杨杨、潘杰、高峰、丁夏、李晶、虞德军
41	三等奖	张江科技创新城新地标数字产业创新平台项目BIM智慧建造	上海建工四建集团有限公司	上海张江高科技园区开发股份有限公司 上海慧之建建设顾问有限公司	黄昀恒、徐嘉晨、刘惠哲、陆悦伟、曹柏玄、赵飞、江永春、刘伟、马磊、奚赞毅、刘尹冬、张佳琪
42	三等奖	上海临港创新城公共租赁住房项目施工BIM应用	上海建工七建集团有限公司	—	孟铁群、刘依柳、张旭、朱孙庭、毛劼人、龚毓瑄、周俊池、张博卿、朱俊毅
43	三等奖	上海市张江中区77-02地块项目施工阶段数字技术应用	上海建工五建集团有限公司	—	辛家舜、曹阳、吴顺佳、夏静平、王斌、叶子涵、陈伟杰、王孙骏
44	三等奖	浦东新区宣桥老农民集中安置单元07-01地块征收安置房项目施工BIM应用	上海南汇建工建设（集团）有限公司	—	刘攀、杨源、郭璐阳、陈璐、曹震、王翰艺

(续表)

序号	获奖名次	项目名称	申报单位	联合申报单位	参与人员
45	三等奖	BIM数字化技术辅助浦东新区杨思社区Z000602单元20C-1地块项目智能建造落地应用	上海浦东新区房地产(集团)有限公司	上海肃诚建筑设计有限公司 上海市浦东新区建设(集团)有限公司	舒之捷、楮伟、施海、张赛、韩楠、顾鑫、段雅婷、何雷、倪黄、盛孝耀、吴雪洁
46	三等奖	基于数字化的上海展览中心外立面保护修缮技术研究与应用	上海市建筑装饰工程集团有限公司	—	邹翔、洪燕、顾文静、姚骞骞、王倪雄、崔丽莉、赵文斌、黄赏诚、王震东、鲁新华
47	三等奖	上海集成电路产业园4-2项目办公楼施工BIM应用	上海张江集成电路产业区开发有限公司	北京建工集团有限责任公司 上海慧之建建设顾问有限公司	黄昀恒、刘亚楼、熊仕豪、陆悦伟、曹柏玄、赵飞、吴广利、杨金波、高一多、王小刚、韩笑笑、何亮
48	三等奖	中建临港K01-01地块综合机电项目BIM施工应用	中国建筑第八工程局有限公司	—	张为、李悦、钱洪福、盛佳、高大鹏、董腾飞、臧灿林、吴东明
49	三等奖	上海新江湾城F1E地块国内双塔典型偏心筒项目BIM施工应用	中建三局第一建设工程有限责任公司	—	郭书宁、贾佰渠、王棋、李昕阳、刘玉欢
50	三等奖	上海普陀区桃浦科技智慧城(W06-1401单元)026-01地块装配式BIM技术应用	中建三局第一建设工程有限责任公司	江苏淼水录建筑科技有限公司	王少天、徐辉、唐童杰、李小乌、张旭、王贺、陈登胜、朱建武、项飞
51	三等奖	BIM技术助力"三化"模块体系在网易西岸研发中心的施工阶段应用	中天建筑集团有限公司	—	叶文启、尹晨新、吴毕文、李伸鑫
52	三等奖	德州市肛肠医院新院区项目施工BIM应用	中国建筑一局(集团)有限公司	中建一局集团第一建筑有限公司	张营、刘强、刑兆印、孙琪琦、吴浩男、赵念、刘华、吕波、贾鑫、那晓鑫、许奇
53	三等奖	浦东机场自贸区a4地块创新供应链基地(一期)项目设计施工阶段BIM技术应用	上海宝冶集团有限公司建筑设计研究院	—	王红全、程洋、乌迪、郭紫薇、杨聪聪、邓艳艳、王荥桂、万亮亮、吉卫思、匡耀辉、刘建坤
54	三等奖	昆明恒隆酒店及公寓楼项目机电BIM施工应用	上海市安装工程集团有限公司	—	钟玮、杨宇宸、熊康、黄宁康、王聪、何艺翰、苟启娟、杨贤

(续表)

序号	获奖名次	项目名称	申报单位	联合申报单位	参与人员
55	三等奖	张江科学之门项目基于BIM的机电数字化建造	上海市安装工程集团有限公司	—	刘建港、石赞、陈新、陈璋瑜、王志浩、朱嘉雨、王建劲
56	三等奖	成都天府国际机场旅客过夜用房幕墙工程数字化技术运用	上海市建筑装饰工程集团有限公司	—	李芬、管文超、李功绩、朱军、郝元元、刘其龙、周翼成
57	三等奖	成都科学馆装饰装修工程数字化建造技术应用	上海市建筑装饰工程集团有限公司	—	俞杰、鲁新华、刘苗苗、王志钦、黄景铖、蔡晟敏、何安翔、马少东、卢瑞、王倪雄
58	三等奖	上海南大111-01地块项目BIM技术施工应用	中国二十冶集团有限公司	—	孙颖、王文星、叶凡、王鑫、李开宇、梁旭、瞿乾、吴佳栋、刘国仁、杨战胜
59	三等奖	BIM技术助力南通金鹰超大型商业综合体项目施工应用	上海宝冶集团有限公司建筑设计研究院	—	周厚雄、牟琦、王晋、李强、谭秋阳、咸恩泽、万亮亮、高全文、王茂、朱素君、申录华、王雄飞
60	三等奖	嘉兴南湖未来广场项目现阶段施工BIM应用及展望	上海建工二建集团有限公司	—	黄辰、王威、赵军、程璐、曾凡兴、余萍、蒋瑞鑫、权兵祥、黄跃铭、李诗雨、胡童超、代国彬
61	三等奖	北蔡镇同福村"城中村"改造C01-2地块项目施工BIM应用	上海市浦东新区房地产（集团）有限公司	上海市浦东新区建设（集团）有限公司 卡思傲建筑科技（上海）有限公司	孙建兵、徐明明、瞿壮、杨宇航、陈兵
62	三等奖	BIM助力珠海星河湖山春晓花园项目数字集成建造施工落地应用	中天建设集团	—	彭建良、胡凯勇、黄柯、刘陈、刘华、润碧、刘文诗、徐衍华、方金星、罗晓东、林瑶达、林懿汭
63	优秀奖	宁波地铁4号线TJ4017标东钱湖站施工BIM应用	龙元建设集团股份有限公司	—	施赛博、闫恩忠、杜宏彬、张萍
64	优秀奖	"金色中环首发"周家渡综合项目施工阶段+BIM综合应用	上海浦兴创智企业管理有限公司	上海市浦东新区建设（集团）有限公司 上海禹创工程顾问有限公司	徐佳炜、朱云、包正、刘宇驰、倪黄
65	优秀奖	上海大名城临港奉贤E01A-05地块项目施工BIM应用	陕西建工第八建设集团有限公司	—	李超、常权博、余申奇、武林、王泽良、刘日、彭冲冲、陈付盛、杨志强、陈亮

(续表)

序号	获奖名次	项目名称	申报单位	联合申报单位	参与人员
66	优秀奖	"数字化集成"赋能综保扩区 C06-02 项目打造科技高端绿色生态园区	上海保嗢科技发展有限公司	中建八局第一建设有限公司	张玮、潘晓、马佳琦、徐佳杰、黄涛
67	优秀奖	南汇新城 PDC1-0201 单元 WNW-A1-16-1 等七个地块新建工程 BIM 技术施工应用	上海港辰置业有限公司	上海建工集团股份有限公司 上海禹创工程顾问有限公司	王伟、王莉斯、瞿哲豪、唐佳、陈竹晨、焦常科、解纯涛、许鑫童、唐萍、时凯旋、徐文杰
68	优秀奖	汇聚世界眼光，打造顶尖会址——基于BIM的数字化应用助力顶尖科学家论坛会址项目极限冲刺	上海建工集团股份有限公司	中照遵创（上海）建筑工程有限公司	王健、袁铮奕、魏富强、邓金涛、顾凯
69	优秀奖	张家浜 C1d-01、C1d-02 地块商业办公项目施工 BIM 应用	上海建工集团股份有限公司	—	于晓春、范天宇、陈爱春、郑远化、张晨
70	优秀奖	万科南站商务城三期项目（278b-02地块）基于 BIM 应用的施工成果及创新应用	上海建工四建集团有限公司机电设备安装工程公司	—	李凌、周娅、董玲、孙钰婕、赵鑫鹏、于淼、梁宇鹏、姜宇惠、韩高洋
71	优秀奖	BIM 技术在仁济医院诊疗中心医疗建筑施工中的应用	上海建工四建集团有限公司	—	陆辉、朱天诚、陈斌、熊存龙、吴镇宇
72	优秀奖	前滩中心项目全过程施工优化管理BIM应用	上海建工一建集团有限公司	—	周臻全、凌旭辉、丁剑磊、陈志豪、袁嘉敏、王俊杰、王子瑞、王润泽
73	优秀奖	宣桥 11-01 地块施工 BIM 应用	上海南汇建工建设（集团）有限公司	—	徐如波、谢银龙、程龙、宋玲、丁志洋
74	优秀奖	浦东新区国际医学园区 PDPO-1501 单元 44A-06 地块租赁住房项目施工 BIM 应用	上海浦东新区房地产（集团）有限公司	上海市浦东新区建设（集团）有限公司	孔懋卿、顾冬杰、李雷、杨柳、王海龙
75	优秀奖	浦东新区唐镇 PDPO-0403 单元 W15-01 地块普通商品房项目施工 BIM 应用	上海市浦东新区房地产（集团）有限公司	上海禹创工程顾问有限公司 上海市建工五建集团有限公司	余拔信、芮华、朱茂华、王天航、合申明

(续表)

序号	获奖名次	项目名称	申报单位	联合申报单位	参与人员
76	优秀奖	城港广场建设项目08-1地块BIM技术施工应用	中建八局第一建设有限公司	—	李迪安、付亮、王润辉、王阿维、王朔
77	优秀奖	曹路07-02地块BIM全过程施工应用	中建八局第四建设有限公司	—	赵君波、赵东凤、谢延锁、刘鹏、屈云艳、罗铃、戴昊辰、陈志强
78	优秀奖	览海西南骨科医院项目施工BIM应用	中建八局第四建设有限公司	—	殷铁军、许峰、杨江、李笑雨、仲国庆、候德洁、杨璇、邹川、罗铃、戴昊辰
79	优秀奖	中交集团上海总部基地超高层项目BIM技术施工应用	中交建筑集团有限公司	中交建筑集团有限公司第一工程分公司	宋晨星、张美莲、刘琨、苏天亮、李礼强、郭振志、洪重诺、罗稳周、孙志国、郑宇博、万松岭
80	优秀奖	合浦棚户区改造项目施工阶段BIM应用	上海二十冶建设有限公司	—	何帆、黄文聪、孙健杰、李质平、黄允文、钱凌琦、钱秀平、梁郜才、韦标波、崔阁
81	优秀奖	德州商务中心项目施工BIM应用	中国建筑一局（集团）有限公司	—	徐小峰、周传福、张营、于洪海、许奇、刘金明、魏贺贺、余锦翰、关志、祝文韬
82	优秀奖	济南大学工科综合楼项目施工BIM应用	中建一局一公司	—	张营、秦正祥、齐登强、董庆超、胡玥、李化刚、胡锦浩、于海鹏、李安民、莫文鑫、王若兰、闫桑
83	优秀奖	上海漕河泾开发区浦江高科技园"先租后售"公共租赁住房（二期）项目施工BIM应用	上海临港奉贤公共租赁住房运营有限公司	上海建科工程咨询有限公司	夏明、徐烨、张岩、卫燕青、陈丽英、乔磊、邵晓冬、王博、金冠航、焦天明、杨可可
84	优秀奖	上海博物馆东馆装饰工程BIM技术施工应用	上海市建筑装饰工程集团有限公司	—	白海明、顾文静、何豹、黄景钦、魏艳军、沈悦、邵曦雨、王震东、王一幸、王倪雄
85	优秀奖	海南大学协同创新中心项目施工BIM应用	中建一局集团第一建筑有限公司	海南省发控公共服务设施建设管理有限公司、海南海控中能建工程有限公司	孙发理、李旺、李平华、吴育佳、陈钢、李志岩、吴承姗、钟慧敏、黄东海、罗柳江、马伟超、林家平
86	优秀奖	张家浜C1b-06、C1c-05地块商业办公项目BIM施工应用——基于BIM的三维算量深度应用	上海建工集团股份有限公司	—	田震、严德柱、黄飞、玉松、潘帅

（续表）

序号	获奖名次	项目名称	申报单位	联合申报单位	参与人员
87	优秀奖	BIM技术在医院施工中的应用	上海建工四建集团有限公司	—	周黄华、朱天诚、仇春华、陆辉
88	优秀奖	基于CIM的数字监测技术助力濒海超大规模深基坑群风险管控	上海勘察设计研究院（集团）有限公司	华建数创（上海）科技有限公司 上海机场（集团）有限公司	褚伟洪、蔡国栋、陈卫南、刘金典、成龙、戴加东、刘莉、张超、朱文杰、郜俊、徐良义、沈皓然
89	优秀奖	北外滩世界会客厅数字化建造技术应用	上海市建筑装饰工程集团有限公司	—	李骋、叶智新、顾文静、司晓汗、刘天择
90	优秀奖	周浦养护院新建工程项目施工阶段BIM技术应用	上海市浦东新区建设（集团）有限公司	—	张晓纲、吴雪洁、王鹏、汪益君、于帆、齐梦菊、王维、王良章、闫媛、黄帅杰、赵婧彤
91	优秀奖	张江中区78-02地块项目施工BIM应用	上海张投圆业科技发展有限公司	上海市工程建设咨询监理有限公司 中国建筑一局（集团）有限公司	曾伟、黄卫权、王志伟、李树仁、陈晓玲、任文明、郭忠斌、蔡挺、龚日强、闫红光、甘茂宇、江增峰、陈凯
92	优秀奖	蚌埠机场施工BIM应用引领建筑业变革	中国建筑第八工程局有限公司	华东建筑设计研究院有限公司	庞程程、季小普、赵宇、张鑫、王基诚、彭鸿宇、曹军、王志文、罗松、平怀松、廖凯峰、黄松
93	优秀奖	正定新区污水处理厂（二期）项目施工BIM应用	中国建筑一局（集团）有限公司	中建一局集团第一建筑有限公司	郑尚坤、张营、韩震震、吴键、马敏、邱也、侯旭东、罗超、王震、任社勇、杨凡、韩东飞
94	优秀奖	天津国际中心酒店工程EPC项目BIM技术应用	上海市建筑装饰工程集团有限公司	—	张小涛、吴鹏、张敏茹、陈芳、兰敬敬、管琦强、袁成超、廖燕飞、谢青青、赵晓阳
95	优秀奖	重庆江北嘴金融城5号工程BIM技术施工应用	上海宝冶集团有限公司建筑设计研究院	—	汪林、张承谊、闫勇先、牟琦、高全文、匡耀辉、邓恺、尹川
96	优秀奖	BIM技术在长春龙翔国际商务中心项目施工中的应用	上海宝冶集团有限公司建筑设计研究院	—	林闪宇、阮江平、高全文、邓艳艳、杨聪、袁相遥、叶云飞、郭紫微、匡耀辉、胡德志

(续表)

序号	获奖名次	项目名称	申报单位	联合申报单位	参与人员
97	优秀奖	湖北文理学院迁建项目施工全过程BIM应用	上海宝冶集团有限公司建筑设计研究院	—	朱长根、万迎春、晋柯锋、金超、袁泓、陈茂、才琦、李元、王娟、郭潇、刘建坤
98	优秀奖	超高层塔楼及附属结构的智能绿色建造技术	上海建工二建集团有限公司	—	赵英吉、彭光磊、黄岩、陈辰、李响、陆家祺、葛文君、王晨晖、张均燕
99	优秀奖	上海张江集成电路设计产业园3-4项目施工BIM应用	上海张江集成电路产业区开发有限公司	上海华城工程建设管理有限公司英宝建筑科技有限公司	张金华、朱明高、肖婷、郭贵宾
100	优秀奖	临港新城主城区WNW-A1-4-3地块新建工程施工BIM应用	上海港星置业有限公司	上海建工集团股份有限公司上海禹创工程顾问有限公司	张玮、范永峰、周宽、周奕全、张健、宁、许鑫童、徐文杰、唐萍、时凯旋
101	优秀奖	金桥国培研发项目钢结构BIM技术施工应用	上海建工集团股份有限公司	—	李炎地、杨帅、张晨、潘溢溢、许腾
102	优秀奖	同济大学嘉定校区土木工程抗火科研综合楼从BIM正向到CIM落地	上海建工七建集团有限公司	江苏天信建设项目咨询有限公司	汪文书、吴炜程、张浩、邵俊华、陈韩成、于小龙、朱宁建、周云轩
103	优秀奖	张江科学会堂项目BIM技术施工应用	上海建工一建集团有限公司	—	周臻全、宁海涛、朱刚、曾浩东、王子瑞、王宇超、郭晓君、邹振宇、王润泽、陈志豪、袁嘉敏
104	优秀奖	无锡国际会议中心装饰工程数字化建造技术应用	上海市建筑装饰工程集团有限公司	—	黄敏杰、鲁新华、周渊、潇洪、高超、黎明、蔡晟旻、邵曦雨、李骋、黄贲铖
105	优秀奖	中法航空大学EPC项目BIM及数字化建造	上海市安装工程集团有限公司	—	顾周平、陈豪、孟亚彬、赵向阳、路城陈
106	优秀奖	山东太古飞机维修新厂区项目施工BIM应用	中国建筑一局（集团）有限公司	中建一局集团第一建筑有限公司	马洪卿、李畅、杨坤、侯海涛、黄帅、刘立强、陈博、宋洪海、孟繁淇、张营、贾子铭、刘华

5. 城市数字孪生赛道

序号	获奖名次	项目名称	申报单位	联合申报单位	参与人员
1	一等奖	上海港智慧指挥中心	港航纵横（上海）数字科技有限公司	上海国际港务（集团）股份有限公司	朱季超、范莉青、潘旭峰、沙科斌、高咏
2	一等奖	基于数字孪生的化工管廊资产全生命周期管理	上海化学工业区公共管廊有限公司	—	孙华、杨兴怡、朱统权、徐宇锋
3	一等奖	基于数字孪生的桥梁运营安全检测与评估管控技术	上海市建筑科学研究院有限公司	上海大风技术有限公司 上海建科数创智能科技有限公司	吴华勇、邢云、周子杰、贾鹏飞、王枫、余力、徐学东、余威镭、任雅颖、谢鹏华、贺见芳
4	一等奖	从"住有所居"迈向"住有宜居"——临港新片区首个智慧社区数字孪生应用	上海临港产业区公共租赁房建设运营管理有限公司	上海市建筑科学研究院有限公司	张芸、陈丽英、王晟峰、刘炜、卞征宇、曾莎洁、王科、吕麒珉
5	二等奖	基于工业互联网平台的上海图书馆东馆全生命期BIM应用	上海建工四建集团有限公司	—	许璟琳、宋天任、欧金武、江凯、张淳毅
6	二等奖	新虹桥研创中心（除桩基）项目数字孪生及运营信息化平台	中建八局总承包建设有限公司	上海新虹桥国际医学中心建设发展有限公司 上海华筑信息科技有限公司	康鹏、崔君敏、冯硕、姚俊杰、王翔、黎军、丁洁、柳春节、陈应妙
7	二等奖	基于数字孪生的医院建筑智慧运维关键技术	上海建工四建集团有限公司	上海交通大学医学院附属新华医院 上海建筑科学研究院有限公司	许璟琳、淡骏杰、程明、何晓燕、左锋、叶聪、江凯、吴友、邵正达、崔蒙蒙
8	二等奖	杭州亚运桐庐马术中心智慧场馆	上海华筑信息科技有限公司	—	丁洁、柳春节、陈应妙、李诗怡、高晶、秦阳、周冲、王冲炎、潘卓翔、罗先荣
9	二等奖	基于数字孪生技术的污水处理厂智慧运维创新应用——以嘉定安亭污水处理厂三期扩建工程为例	上海环保（集团）有限公司	上海安亭污水处理有限公司（业主单位） 中国电建集团华东勘测设计研究院有限公司 建经投资咨询有限公司	姜晓先、袁飞、张孜渊、肖瑶、孙媛媛、张欢峰、从善畅、鲁英奇、罗志达、周洁、俞阳

(续表)

序号	获奖名次	项目名称	申报单位	联合申报单位	参与人员
10	二等奖	CIM底座及应用场景建设解决方案	同济大学建筑设计研究院(集团)有限公司	上海金桥(集团)有限公司	刘建、戴薇、陈岱维、陈潇、杜明、应坚国、王金栋
11	三等奖	长宁八八中心智慧运营平台	上海汇通房地产有限公司	上海新世纪房产服务有限公司、上海市建筑科学研究院有限公司	王星、谭日俊、周海平、李守科、秦俊、朱俊、花嘉玮、李少伟、肖朋林、李学环、李兴林
12	三等奖	上海临港新片区主城区综合管廊项目BIM运维管理技术应用	上海临港新城建设工程管理有限公司	上建建科工程咨询有限公司	徐锦飞、夏泰、陶伟、毕海波、钱寒军、陆子易、孙然然、沈鑫
13	三等奖	基于CIM技术的城市桥隧基础设施群数字孪生	上海城建信息科技有限公司	上海城建数字产业集团有限公司、上海智能交通有限公司	邱枫、陶源、郑帅、郭磊、高建勇、刘健、贺霞、俞震中、汪志涛、谢勇、汪汉
14	三等奖	基于数字孪生的大型城市轨道交通运营管理应用	上海城建信息科技有限公司	—	张兴军、林健、陈泽霖、乌亚楠、江燕萍
15	三等奖	杨浦滨江智慧管理平台	上海漂漂视网络股份有限公司	—	杨毅、胡院辉、王晓辉、汪海源
16	三等奖	基于BIM的上海城市规划展示馆智慧全景运维	上海城市规划展示馆	华建数创(上海)科技有限公司	王发财、郑维妙、丰江、袁路伊、邵成志、赵超、孙常峰
17	三等奖	复旦大学枫林学院医学楼BIM可视化运运维系统	上海睿钦环境科技有限公司	上海漂漂视网络股份有限公司	金鹏、高文光、王晓辉、姜桂江
18	三等奖	独角兽岛园区智慧园区项目	上海蓝色星球科技股份有限公司	—	张根喜、魏晋、刘新萍、柯尊伟、程丽丽
19	优秀奖	上海虹桥国际机场西区配套业务用房项目智慧运维平台	上海虹桥国际机场有限责任公司	华建数创(上海)科技有限公司	邱承平、叶刘利、杨立、袁逸峰、林鹏程、李银、王灿、赵超
20	优秀奖	莫干山路优秀历史建筑群检测设计一体化修缮项目	上海市建筑科学研究院有限公司	—	张逢伯、张斌、张雅琴、左芳芳、龚皇宇
21	优秀奖	济南某智慧校园数字孪生管理平台CIM应用成果	上海凯云建筑工程咨询有限公司	上海越霓建筑咨询有限公司	史益军、吕嘉琪、李晓丹
22	优秀奖	横沙浅滩固沙保滩海陆智能勘测管理平台	上海山南勘测设计有限公司	—	徐四一、顾小双、丁美、李忠诚、施文君

(续表)

序号	获奖名次	项目名称	申报单位	联合申报单位	参与人员
23	优秀奖	自贸区智能考核巡查系统	上海综合保税区市政养护管理有限公司	上海浦东建筑设计研究院有限公司	姚远、陈伟、郑剑宇、芮至健、黄飞、凌宏伟、李孟矫、张婷婷
24	优秀奖	江都多式联运物流基地数字孪生平台	中铁上海设计院集团有限公司	—	柏锋、刘信、李凌健、孙吉、贾静
25	优秀奖	湖南宝山国家矿山公园实景三维体验项目	上海宽创国际文化科技股份有限公司	湖南省第一测绘院	张东、金开明、岳玉臣、庄浩天、田永雨、何浩、曾庆、吴迪
26	优秀奖	华能上海大厦不动产智慧运营平台	上海德信信息技术股份有限公司	上海漂视网络股份有限公司	谢赞、董云州、王庆贺、胡晓辉

6. 数字城市建设软件赛道

序号	获奖名次	项目名称	申报单位	联合申报单位	参与人员
1	一等奖	BIMBase-PC 装配式建筑设计软件	北京构力科技有限公司上海分公司	—	张晓龙、姜文明、杨广剑、韩菲、牛瑞刚、于贵有、左超、王建城、王新洋、王琛、张雷、崔明阳
2	一等奖	广联达设计平台 GDMP	广联达数字科技（上海）有限公司	—	贾合丰、杨涛、胡易容
3	一等奖	D5 渲染器	南京维伍网络科技有限公司（D5）	—	韩峰、赵明军、蒋嘉诚、罗猛、苗静雯
4	一等奖	AI SPACE 智建管理套件	科大讯飞（上海）科技有限公司	—	江潇、冯安全、郭笑、王占军、龚瑞春、柳庆、华竹根
5	一等奖	公路工程设计 BIM 系统	上海同豪土木工程咨询有限公司	—	李万海、韩厚正、李雪娇、荣绍洋、韩天柱、陈刚、张亚辉、代丽萍、师建荣、孙云龙

(续表)

序号	获奖名次	项目名称	申报单位	联合申报单位	参与人员
6	一等奖	国产高性能"黑洞"三维实时渲染图形引擎	上海秉匠信息科技有限公司	—	夏海兵、沈沁宁、高阳、方维、韩兵
7	二等奖	建筑碳排放计算分析软件PKPM-CES	北京构力科技有限公司上海分公司	—	朱峰磊、刘剑涛、陈金亚、林林、窦金鹏、孙朋、杨奕泓、何思思、刘昊、王新花
8	二等奖	PKPW-AID-MJ门刚智能铺助设计软件	北京构力科技有限公司上海分公司	奥雅纳工程顾问	林庚浩、闫威、张洪磊、郑晓彬、李璐、郭华锋、王砺寒、陈剑、李健、刘文、付秀颖、黄怡萍、王新花
9	二等奖	深理工大学基于BIM的数字化管理中心	深圳市建筑工务署工程管理中心	上海建科工程咨询有限公司、上海宝冶集团有限公司	何维荣、黄磊、刘啸、彭志涵、郎灏川、柏永春、张艺源、兰彦、陈正欢、张绍波
10	二等奖	装配式建筑设计软件PKPM-PC	北京构力科技有限公司上海分公司	—	曹龙、王小丽、陆丹妮、王晓倩、舒文俊、王正凯、倪嵩陟、应荣、朱磊、姜建明、马煜琦、黄放
11	二等奖	广联达数维道路设计	广联达数字科技（上海）有限公司	—	田孝杰、胡易咨、曹政、李晓龙、梁亚伟、王亚辉、郭智胜、张思、夏彬磊、王月
12	二等奖	Aretron AreOS 建筑操作系统	华建数创（上海）科技有限公司	—	方瑾、夏麟、来水政、朱建龙、林秋佳、夏德成、全春南、高帅、王燕、贾志彦
13	二等奖	路网级大件运输智能选线与通行安全评估系统	上海同豪土木工程咨询有限公司	—	田清勇、周正茂、杨向美、李程、殷晨昂、陆云、张亚辉、马点月
14	二等奖	上海市排水运行调度系统排水模型建设（白龙港片区）项目	上海市城市建设设计研究总院（集团）有限公司	—	纪莎莎、黄瑾、陈泽伟、史佳媛、徐率先、宋晨曦
15	三等奖	PKPW-CAE通用仿真云计算系统	北京构力科技有限公司上海分公司	—	闫瑞华、席志强、刘慧鹏、孟令宁、王文杰、刘璇、李宇华、张跃飞
16	三等奖	BIMBase生态三维移植和对应的审查模块建设	北京构力科技有限公司上海分公司	上海电力设计院有限公司	李柏、孔令华、何幸、祁桐、李翔中、鲍骏成、侯国涛、吴立志、陈瑶、杨双舟、何全、高雄、方浩、吕嘉文、郭瑞、张苤
17	三等奖	数字新成本—成本全生命周期作业中心	广联达数字科技（上海）有限公司	—	施梦阳、王月、王孟超、耿尔新

(续表)

序号	获奖名次	项目名称	申报单位	联合申报单位	参与人员
18	三等奖	CIMPro李大师	上海漂视网络股份有限公司	—	杨毅、罗隆慧、胡晓辉、孙乾、王庆贺
19	三等奖	建筑工程全专业施工图智能审查软件PKPW-AIChecker	北京构力科技股份有限公司上海分公司	—	顾宏晔、高凤、周鸿图、姚元庆、冯川川、史宁、张继锋、张才、徐关金、周运、王鑫雨
20	三等奖	城建信息数字孪生城市基础设施全生命周期数字底座平台软件V1.0	上海城建信息科技有限公司	—	谢妖、戴文祺、陈彬、吕曦、宣仁五
21	三等奖	鲁班工程管理数字平台	鲁班软件股份有限公司	—	李大伟、祁志强、罗思聪、赵伟
22	三等奖	"浦慧通"智能建造管理系统	上海浦东建设股份有限公司	上海浦东建筑设计研究院有限公司	卢建光、张伟平、李孟娇、张婷婷
23	三等奖	ArcManage智慧园区管理系统	华建数创（上海）科技有限公司	—	朱洪波、陈蔚、陈飞、封伟波、吴垠华
24	三等奖	桥梁BIM设计师	上海同豪土木工程咨询有限公司	—	任浩、王友同、李浩男、张景前、刘永端、王任重、蒋玉雪、王浣灵、浦俊伟、龚蕾、张亚龙
25	优秀奖	数字新成本——成本数据库	广联达数字科技（上海）有限公司	—	牛玲、王月、江纯、姜晓丽
26	优秀奖	光明食品集团全过程BIM技术应用协同管理平台	光明食品集团上海置地有限公司	上海华建工程建设咨询有限公司、上海蓝色星球科技股份有限公司	张鹏程、陆扬、王晓亮、张泽伟、杨帆
27	优秀奖	上饶至浦城高速公路（江西境内）新建工程BIM+信息化管理	上饶市上浦高速项目建设管理有限公司	鲁班软件股份有限公司	刘定亮、陈幼华、徐梦期、周泽兵、祝晓东、黄俊、周孟纯、范金华、吕日飞、何萧、刘定亮
28	优秀奖	基于数字孪生的工程建设管理解决方案	上海城建信息科技有限公司	—	许铮铭、史菁霞、刘沛沛、田文渊、许凯
29	优秀奖	元睿筑人工智能云平台	元睿筑科技（深圳）有限公司	—	牛和平、吴刚、李远鹤、黄天鑫

(续表)

序号	获奖名次	项目名称	申报单位	联合申报单位	参与人员
30	优秀奖	基于"BIM+"技术的装配式建筑协同管控平台	上海建工五建集团有限公司	—	辛家舜、王斌、曹阳、夏静平、王孙骏
31	优秀奖	SCAD草图快手	上海泓科晟睿软件技术有限公司	—	李华、任耀、刘静宜、苗娜、张帅、刘友广、黎光华、田宇轩、李凯、张斌、史胜兰

3 领军英才获奖名单

序号	奖项	姓名	单位
1	领军英才	尤旭东	上海机场建设指挥部
2	领军英才	崔 静	中国建研院北京构力科技有限公司上海分公司
3	领军英才	赵荣欣	上海市建筑科学研究院有限公司
4	领军英才	毕佐先	上海市隧道工程轨道交通设计研究院
5	领军英才	余 飞	华东建筑设计研究院有限公司
6	领军英才	袁青峰	上海浦东工程建设管理有限公司
7	领军英才	韩 峰	南京维伍网络科技有限公司
8	领军英才	罗 伟	广联达数字科技（上海）有限公司
9	领军英才	王孙骏	上海建工五建集团有限公司
10	领军英才	朱季超	港航纵横（上海）数字科技有限公司
11	领军英才提名奖	杨海涛	上海市城市建设设计研究总院（集团）有限公司
14	领军英才提名奖	刘 健	上海城建数字产业集团有限公司
12	领军英才提名奖	许璟琳	上海建工四建集团有限公司
13	领军英才提名奖	夏海兵	上海秉匠信息科技有限公司
15	领军英才提名奖	浦定艳	上海化学工业区公共管廊有限公司

4 技术能手获奖名单

序号	奖项	姓名	单位
1	技术能手	叶子青	上海建工四建集团有限公司
2	技术能手	吴华勇	上海市建筑科学研究院有限公司
3	技术能手	杨 光	上海市城市建设设计研究总院（集团）有限公司
4	技术能手	戴 薇	同济大学建筑设计研究院（集团）有限公司
5	技术能手	丁 洁	上海华筑信息科技有限公司
6	技术能手	罗 锋	以见科技（上海）有限公司
7	技术能手	崔明阳	中国建研院北京构力科技有限公司上海分公司
8	技术能手	马 良	上海市机械施工集团有限公司
9	技术能手	任晓栋	上海市城市建设设计研究总院（集团）有限公司
10	技术能手	汲小涛	上海市隧道工程轨道交通设计研究院
11	技术能手	张守军	上海市政工程设计研究总院（集团）有限公司
12	技术能手	刘金典	上海机场建设指挥部
13	技术能手	潘旭峰	港航纵横（上海）数字科技有限公司
14	技术能手	朱红坤	华东建筑设计研究院有限公司
15	技术能手	韩 丁	上海市建工设计研究总院有限公司
16	技术能手	杨 涛	广联达数字科技（上海）有限公司
17	技术能手	蒋 剑	上海浦东工程建设管理有限公司
18	技术能手	李鑫生	上海建工集团股份有限公司
19	技术能手	郭 笑	科大讯飞（上海）科技有限公司
20	技术能手	陈 唤	信永中和工程管理有限公司昆明分公司
21	技术能手提名奖	于维欣	上海城建城市运营（集团）有限公司
22	技术能手提名奖	孙 宇	上海化学工业区公共管廊有限公司
23	技术能手提名奖	盛 楠	上海慧之建建设顾问有限公司
24	技术能手提名奖	吴文高	上海市城市建设设计研究总院（集团）有限公司
25	技术能手提名奖	宿文德	上海隧道工程有限公司
26	技术能手提名奖	王 斌	上海建工五建集团有限公司
27	技术能手提名奖	徐传超	中交第三航务工程勘察设计院有限公司
28	技术能手提名奖	冯 硕	中建八局总承包建设有限公司
29	技术能手提名奖	申秀成	中铁上海设计院集团有限公司
30	技术能手提名奖	李万海	上海同豪土木工程咨询有限公司

5　优秀组织

北京构力科技有限公司
上海建工四建集团有限公司
华东建筑设计研究院有限公司
上海市建筑科学研究院有限公司
上海市隧道工程轨道交通设计研究院
上海城建数字产业集团有限公司
上海市城市建设设计研究总院（集团）有限公司

6　优秀组织者

王新花　北京构力科技有限公司
黄　放　北京构力科技有限公司
王鑫雨　北京构力科技有限公司
曾莎洁　上海市建筑科学研究院有限公司
芮烨豪　上海市建筑科学研究院有限公司
贺见芳　上海市建筑科学研究院有限公司
余　飞　华东建筑设计研究院有限公司
束　瑜　华东建筑设计研究院有限公司
陈　顺　华东建筑设计研究院有限公司
余芳强　上海建工四建集团有限公司
仇春华　上海建工四建集团有限公司
邵正达　上海建工四建集团有限公司
孟　柯　上海市隧道工程轨道交通设计研究院
陈　琳　上海市隧道工程轨道交通设计研究院
陈　聪　上海市隧道工程轨道交通设计研究院
力　盈　上海城建数字产业集团有限公司
石　磊　上海城建数字产业集团有限公司
沈东日　上海城建数字产业集团有限公司
王佳亮　上海市城市建设设计研究总院（集团）有限公司

附录 B　大赛组织机构

主 办 单 位： 上海市交通委员会

指 导 单 位： 上海市住房和城乡建设管理委员会
　　　　　　　上海市科学技术协会

主承办单位： 上海市建筑信息模型技术协会

承 办 单 位： 上海申通地铁集团有限公司
　　　　　　　上海建工集团股份有限公司
　　　　　　　上海隧道工程股份有限公司
　　　　　　　华东建筑集团股份有限公司
　　　　　　　上海建科集团股份有限公司
　　　　　　　上海地产（集团）有限公司
　　　　　　　光明食品（集团）有限公司
　　　　　　　上海仪电集团有限公司
　　　　　　　中国建筑科学研究院有限公司

技 术 支 持： 上海市建筑建材业市场管理总站
　　　　　　　上海市交通建设工程管理中心
　　　　　　　上海市浦东新区建设工程审查事务中心
　　　　　　　清华大学软件学院

附录 C　专家简介

卢昱杰

同济大学土木工程学院教授、博士生导师、青年百人，入选 2023 年全球前 2% 科学家，现任中国建筑业协会绿色建造与智能建筑分会副秘书长、上海市 BIM 技术协会专家委员会委员。长期致力于智能建造、绿色建造、工程管理等领域的科学研究与工程实践，积极推动人工智能与建造技术的深度融合。主持包括"十四五"重点研发计划课题、国家自然科学基金、新加坡国家研究基金等多个项目，发表学术论文超过 170 篇，担任 Automation in Construction，Journal of Management in Engineering 等多本国际顶级学术期刊编委。

周红波

博士、教授级高级工程师，同济大学兼职教授。享受国务院政府特殊津贴专家，荣获全国建设系统劳动模范、上海市领军人才、上海市优秀技术带头人、上海市重大工程立功竞赛杰出人物、上海市劳模创新工作室等荣誉称号。担任英国皇家特许建造师学会 CIOB 资深会员、中国土木工程学会工程风险与保险研究分会副理事长、中国图学学会 BIM 专委员委员、上海市建筑信息模型技术协会副会长。致力于城市建设和运营全过程风险评估与管理、建设项目全生命周期 BIM 技术应用、大型复杂建设项目数字化建造与管理等领域的技术研发和实践，主持国家和省部级课题 20 余项，多项成果获得教育部科学技术进步奖一等奖 1 项、上海市科技进步奖二等奖 8 项；以第一作者发表论文 40 余篇，被 SCI、EI 等收录近 20 篇，授权发明专利 10 项；主编及参编著作 10 余本、国家和地方标准 16 本，其中 BIM 相关国家标准 3 项、地方标准 6 项。

蒋应红

教授级高级工程师，任上海城建设计集团党委书记、董事长、道路交通专业总工程师。专注于道路与公共交通、城市基础设施及相关领域的规划设计研究工作逾 30 年。兼任中国科协联合国咨商交通与可持续的基础设施专业委员会专家、中科协城市基础设施更新及智慧运营管理决策专家团队委员，入选中国公路学会国际公路交通科技领军人才（第一批）、2016 年上海市领军人才，担任第九届上海市住房和城乡建设管理委员会科学技术委员会委员、上海市公路学会第八届理事会学术工作委员会副主任委员、上海市智能交通标准化技术委员会委员、上海市交通委科技委综合交通规划委员会委员、上海市科技成果评价研究院科技评价专家库"入库专家"。

谢雄耀

同济大学长聘特聘教授，国家万人计划科技创新领军人才。同济大学城市深部地下空间中心主任，同济大学房屋质量检测站站长，兼任中国岩石力学与工程学会常务理事，中国城市轨道交通协会常务理事，上海市建筑信息模型技术协会副会长。长期从事隧道及地下工程等方面的研究。主持包括国家自然科学基金重点项目等国家及地方课题 70 余项，曾获得国家科学技术进步奖二等奖 1 项，上海市科技进步奖一等奖，以及其他省部级科技进步奖一等奖 5 项共计 20 余项科技奖励。

裴　贞

上海建工集团股份有限公司信息化管理部总经理、上海市建筑信息模型技术协会副会长、上海计算机用户协会理事、中国施工企业协会信息化工作委员会专家委员会委员。曾参与"BIM 应用丛书"（同济大学出版社）《BIM 应用·施工》编写的组织工作。长期从事企业信息化建设，在全国行业会议和刊物上多篇论文获优秀论文奖。

熊　诚

教授级高级工程师，同济大学土建结构工程专业，现任上海隧道工程股份有限公司首席信息官，同时担任中国土木工程学会市政工程分会常务副理事长，上海市建筑信息模型技术协会副会长，上海总工程师协会副会长，上海建筑信息化工程技术研究中心主任，上海 BIM 技术创新联盟理事长，华中科技大学兼职教授，上海大学兼职教授。历任上海城建（集团）公司建设管理部总工程师，上海市地下空间设计研究总院院长，曾获"上海市新长征突击手""上海市劳动模范""上海市建设功臣"等荣誉。专业擅长领域：地下空间工程、轨道交通工程设计与施工；企业信息化管理；建筑行业数字化。目前主要工作方向为城市基础设施全生命周期管理体系建设及相关的软硬件体系研发，负责省部级以上城市基础设施信息化重大科研项目 8 个，承担城市基础设施领域工程全生命周期信息化平台研发项目 10 余个。

后记

《上海市第一届"数建杯"数字城市建设成果赛获奖作品全案精解》（以下简称《案例集》）付梓在即，《案例集》由各参赛单位供稿，上海市建筑信息模型技术协会作为大赛主要组织方之一，对稿件进行统筹整理。《案例集》编撰涉及的知识产权问题，同济大学出版社给予了专业的指导，尊重每个案例部分的内容，包括《案例集》使用的人物照片，其版权均归属供稿者。《案例集》工作涉及27篇文章的供稿者，为统一内容、减少修改的工作量，专家在策划之初特意制定了样稿撰写指南，保障了稿件的统一性。在此向各供稿单位及参与编撰工作的全体人员表示崇高的敬意和衷心的感谢！

上海市建筑信息模型技术协会，以推进BIM技术在建设领域的普及推广，深化BIM技术在数字孪生城市建设中的应用，实现项目规划、设计、施工、运维全生命期管理为目标，发挥政策咨询、团标制定、年度报告、技能大赛、技术评估、行业交流等平台功能，致力于协调各方力量共同推动BIM技术应用和城市信息模型（CIM）平台应用，促进BIM技术与相关技术融合发展。为推动上海的城市数字化转型、构建数字城市孪生底座作出积极贡献。

此次举办上海市第一届"数建杯"数字城市建设成果赛，并结合"数建杯"出版《案例集》是一次新的尝试，在办赛及《案例集》出版过程中存在的不足之处，还请读者不吝赐教。

未来，《案例集》的出版将随着"数建杯"大赛的不断延续和创新，进一步拓展和丰富内容，为行业的发展和数字技术应用推广尽绵薄之力。

编 者
2024年8月

关注我们

意见反馈联系人：刘　凡
联系电话：021-50829006